"十二五"职业教育国家规划教材
经全国职业教育教材审定委员会审定
高等职业教育市场营销专业"21世纪多元整合一体化"系列教材

WANGLUO YINGXIAO

网络营销
——理论、实务、案例、实训

（第二版）

中国高等院校市场学研究会
中国教育技术协会实践教学委员会　组编　　邵安兆　许茂伟　主编

高等教育出版社·北京

内容提要

本书是"十二五"职业教育国家规划教材,是高等职业教育市场营销专业"21世纪多元整合一体化"系列教材之一。本书立足于提高学生整体素质,依照理论讲透、注重实务、案例同步、实训到位的原则组织教学内容,让学生在做中学,在学中练,提高其网络营销实践技能。

本书作为实用型教材,共由10章组成,分别为:网络营销概论、网络营销环境、企业网站建设与推广、搜索引擎营销、E-mail营销、网络广告营销、移动营销、博客营销、免费营销策略、线下营销。

本书可作为高职高专市场营销等相关专业的教材,也可作为企业在职人员的培训用书与参考读物。

本书配套开发有相关数字化教学资源,具体获取方式请见书后"郑重声明"页的资源服务提示。

图书在版编目(CIP)数据

网络营销:理论、实务、案例、实训／邵安兆,许茂伟主编;中国高等院校市场学研究会,中国教育技术协会实践教学委员会组编. --2版. --北京:高等教育出版社,2014.11(2018.12重印)

ISBN 978-7-04-041151-5

Ⅰ.①网… Ⅱ.①邵… ②许… ③中… ④中… Ⅲ.①网络营销-高等职业教育-教材 Ⅳ.①F713.36

中国版本图书馆 CIP 数据核字(2014)第 226085 号

| 策划编辑 | 谷轶波 | 责任编辑 | 谷轶波 | 封面设计 | 杨立新 | 版式设计 | 于 婕 |
| 插图绘制 | 郝 林 | 责任校对 | 王 雨 | 责任印制 | 韩 刚 | | |

出版发行	高等教育出版社	网　　址	http://www.hep.edu.cn
社　　址	北京市西城区德外大街4号		http://www.hep.com.cn
邮政编码	100120	网上订购	http://www.landraco.com
印　　刷	北京汇林印务有限公司		http://www.landraco.com.cn
开　　本	787mm×1092mm 1/16		
印　　张	21.25	版　　次	2010年7月第1版
字　　数	510千字		2014年11月第2版
购书热线	010-58581118	印　　次	2018年12月第8次印刷
咨询电话	400-810-0598	定　　价	43.80元

本书如有缺页、倒页、脱页等质量问题,请到所购图书销售部门联系调换
版权所有　侵权必究
物　料　号　41151-00

出版说明

教材是教学过程的重要载体,加强教材建设是深化职业教育教学改革的有效途径,推进人才培养模式改革的重要条件,也是推动中高职协调发展的基础性工程,对促进现代职业教育体系建设,切实提高职业教育人才培养质量具有十分重要的作用。

为了认真贯彻《教育部关于"十二五"职业教育教材建设的若干意见》(教职成〔2012〕9号),2012年12月,教育部职业教育与成人教育司启动了"十二五"职业教育国家规划教材(高等职业教育部分)的选题立项工作。作为全国最大的职业教育教材出版基地,我社按照"统筹规划,优化结构,锤炼精品,鼓励创新"的原则,完成了立项选题的论证遴选与申报工作。在教育部职业教育与成人教育司随后组织的选题评审中,由我社申报的1 338种选题被确定为"十二五"职业教育国家规划教材立项选题。现在,这批选题相继完成了编写工作,并由全国职业教育教材审定委员会审定通过后,陆续出版。

这批规划教材中,部分为修订版,其前身多为普通高等教育"十一五"国家级规划教材(高职高专)或普通高等教育"十五"国家级规划教材(高职高专),在高等职业教育教学改革进程中不断吐故纳新,在长期的教学实践中接受检验并修改完善,是"锤炼精品"的基础与传承创新的硕果;部分为新编教材,反映了近年来高职院校教学内容与课程体系改革的成果,并对接新的职业标准和新的产业需求,反映新知识、新技术、新工艺和新方法,具有鲜明的时代特色和职教特色。无论是修订版,还是新编版,我社都将发挥自身在数字化教学资源建设方面的优势,为规划教材开发配备数字化教学资源,实现教材的一体化服务。

这批规划教材立项之时,也是国家职业教育专业教学资源库建设项目及国家精品资源共享课建设项目深入开展之际,而专业、课程、教材之间的紧密联系,无疑为融通教改项目、整合优质资源、打造精品力作奠定了基础。我社作为国家专业教学资源库平台建设和资源运营机构及国家精品开放课程项目组织实施单位,将建设成果以系列教材的形式成功申报立项,并在审定通过后陆续推出。这两个系列的规划教材,具有作者队伍强大、教改基础深厚、示范效应显著、配套资源丰富、纸质教材与在线资源一体化设计的鲜明特点,将是职业教育信息化条件下,扩展教学手段和范围,推动教学方式方法变革的重要媒介与典型代表。

教学改革无止境,精品教材永追求。我社将在今后一到两年内,集中优势力量,全力以赴,出版好、推广好这批规划教材,力促优质教材进校园、精品资源进课堂,从而更好地服务于高等职业教育教学改革,更好地服务于现代职教体系建设,更好地服务于青年成才。

高等教育出版社
2014年7月

多元整合：面向未来的中国高职课程建设取向

"多元整合"是反映当代世界特别是发达国家高等职业教育课程观综合化趋势，通过博采诸多课程观之所长、避其所短而产生的一种面向未来的课程建设取向。这种取向有充分的历史依据、坚实的现实基础与深刻的理论反思背景。

一、当代欧美国家高职课改及其理论反思

（一）课改历程

当代欧美主要发达国家高职课程改革经历了由"'知识本位'的学术性课改"到"'能力本位'的职业性课改"，再到"'学术性'与'职业性'整合课改"的三阶段发展。

1. "学术性"课改

第二次世界大战后初期，欧美主要发达国家的经济发展面临两大任务：一是由战时经济转向战后经济的恢复与发展；二是使经济发展服务于美苏两大阵营的冷战需要。与此相应，其高等职业教育有两大功能：一是为退伍军人提供就业培训；二是为人们提供可进入大学深造的转学教育。

此后不久，随着美苏冷战对抗的加剧，科技竞争成为美国关注的焦点，初级学院转而反对"狭隘的技能训练"，把强化普通教育视为战胜苏联的手段。在美国初级学院协会1950年年会上，有三份报告反对学院课程过度"职业化"的倾向，要求强化学术课程。这种"强化学术"的课改倾向因"斯普特尼克事件"（1957）的发生、美国《国防教育法》（1958）的出台和布鲁纳"学科结构运动"（1959）的倡导而一度在社区学院中占据上风。在同一期间，欧洲主要发达国家的高职院校也普遍重视普通教育。

在总体上由"学术性"向"职业性"转变的课改继起阶段，"学术性课程"在美国社区学院的"转学教育"、英国第三级学院、德国完全中学和学术性高校，以及欧美综合性大学等教育职能或机构中得以延续。此间相继提出的各种建构主义课程理论，为"学术性课程"的发展提供了进一步支撑。

2. "职业性"课改

20世纪60年代，美国经济迅速发展，技能型人才供不应求，高职教育朝着职业化、大众化和规模化方向发展。《职业教育法》（1963）出台后，美国初级学院的规模迅速扩大，其功能由"转学教育"为主转向"职业教育"为主，"非学术课程改革运动"取代"学科结构运动"成为主流，培训与企业岗位对接的技能成为人们关注的重点，并催生了DACUM（Developing A

Curriculum,教学计划开发)模式的 CBE(Competency Based Education,能力本位教育)课程开发与推广。

20 世纪 70—80 年代,以原子能、计算机、微电子技术、生物工程技术和空间技术广泛应用为标志的新技术革命席卷欧美,传统工业时代的产业结构、市场需求结构和职业结构发生改变,行业内乃至跨行业的职业流动渐成常态[①]。为满足新时期的职业需求,美国"职业群集课程"、德国"双元制"和英国 BTEC(Business & Technology Education Council,商业与技术教育委员会)等课程模式,通过导入"关键能力"或"通用能力",将"能力本位"内涵由"专业能力"提升为"'专业能力'与'核心能力'并重"。

20 世纪 90 年代以来,德国不来梅大学技术与教育研究所(ITB)以菲利克斯·劳耐尔(Felix Rauner)教授为首的研究团队与德国大众汽车公司合作,提出并推广了一种"基于工作过程"的职业教育课程模式,即依据不同"工作过程"来划分"行动领域",将每个"行动领域"转化为融"专业能力"与"关键能力"于一体的"学习领域"课程,并具体化为诸多"学习情境"或"学习单元"。所谓"工作过程",是指"在企业里为完成一个工作任务并获得工作成果而进行的一个完整的工作程序"。

3. "整合性"课改

从 20 世纪 90 年代起,美国"非学术课程改革运动"所导致的过度"职业化"和教育质量下降问题受到关注,一种倡导"职业教育与学术教育有机结合"的 AOI(Academic and Occupational Integration 的简称)职业教育观应运而生。美国 1984 年通过的《卡尔·D.波金斯职业教育法案》和 1990 年对该法案的修正,均要求使用联邦基金来资助"学术课程与职业课程整合"计划。1994 年美国颁布的《从学校到工作多途径法》提出,要实现"三个整合",即普通教育与职业教育的整合、学校学习与岗位学习的整合、高中教育与社区学院教育的整合,指出做到这一点的更好改革策略是"加强学术课程与职业课程的整合"。进入 21 世纪后,在延续"整合性"课改策略的同时,着眼于可持续发展,"从学校到工作"的课改主题被"从学校到生涯"的主题取代,"职业技术教育"更名为"生涯与技术教育"。

英国于 21 世纪初颁布实施了以整合"学术教育"与"职业教育"为特色的"基础学位",学制二年,具有独立高等教育资格。为该学位设置的"预科课程"体系鼓励学生在经过调整的学术资格(A-Level)课程和职业资格(GNVQ,General National Vocational Qualification 的简称)课程之间选择多种多样的组合,以达到既学到必要的学术知识,又获得企业所需要的工作技能,并为更高水平的学术及专业资格铺路的目的。新课程体系还把原为 GNVQ 体系组分的"关键能力"训练,扩展到 A-Level 各门课程的具体设计中。

同期,法国短期技术学院出现了由先前"专注职业能力培养"转向"兼顾专业基础理论"的倾向,其办学目标中提出的主张令人耳目一新:专业基础理论是技术革新的源泉,与其让学生单纯获得某些具体技术知识,不如培养学生从无限的知识系统中汲取和提炼所需知识的能力。

20 世纪末至 21 世纪初,为适应产业结构升级,欧洲一些国家的高职院校升格为"科技大

---

① 联合国教科文组织国际教育发展委员会报告《学会生存——教育世界的今天和明天》(1972)最早要求职业教育关注"职业流动性"。

学"。升格后的这些"科技大学"面向所有中等教育毕业生招生；其办学目标由"就业导向"转向"就业与升学并重"；教学模式由"能力本位"转向"知识与能力并重"；课程设置由"专业课程"和"职业课程"转向"基础教育与专业教育并重""职业课程与学术课程并重"，并向"课程综合化"方向发展。学生完成所修课程，可同时获得相应学位和资格证书。

进入21世纪，Co-op（Co-operative Education 的缩写）合作教育模式在美国许多大学试行，并被世界四十多个国家的高校借鉴。在该模式下，"整合"不仅存在于高校商学院和其他专业学院的"学术课程"与"职业课程"之间，而且被扩展到学校、用人单位与学生三方之间。学生有机会将高校课堂学到的理论与实务知识，在用人单位运用于工作实践；高校通过与用人单位的联系，能直接了解人才市场需要，改进教学，并提高毕业生的就业率；用人单位既可随时得到高校的科技支持，又可获得"学力结构"更佳的员工。

（二）理论反思

与"学术性"课改和"职业性"课改相对应的课程理论，分别是传统"知识本位"与"能力本位"课程理论；与"整合性"课改相对应的课程理论，是"辩证课程理论"；作为两者中介的课程理论，是传统课程理论中"两极互渗"趋势中的探索。

1."知识本位"课程理论

（1）代表性理论

"知识本位"的代表性课程理论有布鲁纳（J.S. Bruner, 1915—　）的"结构主义课程理论"、皮亚杰（Jean Piaget, 1896—1980）的"双向建构理论"、维果茨基（Lev Semenovich Vygotsky, 1896—1934）的"最近发展区理论"、冯·格拉塞斯菲尔德（Von Glasersfeld）的"概念框架理论"（20世纪80年代）、维特罗克（M.C. Wittrock）的"生成过程理论"（1983）和斯皮罗（R.J. Spiro）与乔纳生（D.H. Jonassen）的"认知灵活性理论"（1991）等。

（2）可取之处

"知识本位"课程理论的可取之处主要有三：其一，将"学会认知"作为课程教学的宗旨，依照"学会认知"有赖于"知识迁移"，"知识迁移"有赖于"知识学习"，"知识学习"有赖于"课程设计"的基本思路进行课程建设。这样的宗旨和思路在今天也有生命力。其二，从个体层面"发生学视角"，建立了关于学科知识"结构－建构"的课程理论和关于学生认知"结构－建构"的学习理论。在高职教育未来课改中，最需要借鉴的就是这种"发生学视角"。其三，与"发生学视角"密切相关的是课程设计的"纵向组织"原则，即要求在课程设计中依照逻辑次序循序渐进地展开知识内容，并使其与"学生认知的心理发展次序"相一致的原则。该原则作为"知识本位"课程观的合理内核，不仅对于"学术型"课程设计具有指导意义，对高职课程设计也有借鉴价值。

（3）主要局限性

"知识本位"课程理论的主要局限性涉及三个层面：其一，"知识本位"教育是人类历史上"体力劳动"与"脑力劳动"分工加剧时代的产物，反映了工业时代和后工业时代早期职业结构的特定需求，其课程适用于该时段的基础教育、社区学院的转学教育和普通高等教育，服务于少数高端学术人才培养。这是它的历史局限性。其二，"知识本位"只教人"学会认知"，忽视"学会做事"和"学会做人"。如果用于造就今日职业人才，不仅存在"行为自律"欠缺问题，其多数还将面临结构性失业。这是它的现实局限性。其三,在"知识本位"课程理论的建构主义早期代表那里,尽管通过导入"同化""顺应""平衡"机制,克服了行为主义"刺激－反应"模式的弊端,但未能完全摆脱经验主义影响①。这是其哲学基础局限性。

2. "能力本位"课程理论

(1) 代表性理论

北美早期 CBE 课程理论以"学会在企业特定职业岗位做事"为宗旨,其"教学计划开发"着眼于"特殊技能培训与迁移";美英德中期"能力本位"课程理论以"学会在行业职业群综合岗位做事"为宗旨,其"课程开发"着眼于"综合技能培训与迁移";德国后期"学习领域"课程理论以"学会在行业职业群系统工作岗位做事"为宗旨,其课程设计着眼于"系统技能培训与迁移"。

(2) 可取之处

"能力本位"课程理论主要可取之处同样有三:其一,将"学会做事"作为课程教学宗旨,依照"学会做事"有赖于"技能迁移","技能迁移"有赖于"技能培训","技能培训"有赖于"课程设计"的基本思路进行课程建设。在优化其课程设计原则的前提下,这样的宗旨和思路有可取之处。其二,着眼于企业职场对技能型人才的需求,发掘被"学科导向"课程忽视的"职业工作要素",有助于克服传统"学科导向"课程观的片面性,历史上功不可没,现实中有借鉴价值。其三,通过导入"横向组织"原则,将"工作要素"融入课程设计是其亮点。在高职教育未来课改中,"横向组织"是课程设计中一个不可或缺的维度,而应否"横向为主"则须研究。

(3) 主要局限性

"能力本位"课程理论的主要局限性涉及更多层面:其一,该理论也产生于"脑力劳动"与"体力劳动"社会分工加剧的时代,在一定程度上满足了特定时期企业对"工匠"的规模化需求。随着世界由后工业时代进入知识经济时代,反映旧有产业结构和职业需求的"能力本位"课程观渐失根基,其历史局限性也越来越明显。其二,该理论只教人"学会做事",忽视"学会认知"和"学会做人",与21世纪的职业需求不符。这是它的现实局限性。其三,该理论主张学校复制企业,教学模仿工作,学生模仿工匠,反过来学校又向企业输送"克隆工匠"。其陷入的"克隆"怪圈,有导致产业结构落后和人才结构僵化之风险。这是它的模式局限性。其四,该理论倡导的"横向为主"的建构原则,是将"高等职业个体发生机制"嫁接于"高等职业成体行动机制",其做法有如生物学领域将"胚胎发育机制"嫁接于"成体生理活动机制";而其要求学员通过"从生手到专家"的"工作情境"进行技能建构,又将"发生中的职业个体"混同于"职业成体"②。这是其理论局限性。其五,该理论在后期发展("学习领域"理论)中,尽管立足于整体论反对CBE还原论,立足于格式塔心理学③反对构造主义和行为主义心理学,但未与经验主义彻底划清

---

① 皮亚杰对于儿童认知发生的研究专注于个体的"结构－建构"经验,而忽视"社会化"过程中的"文化觅母"表达作用;布鲁纳要求学生通过"发现学习"体验科学家发现过程,无视教师在课程教学中的诱导作用,混淆了中小学生"认知发育"与"科学家成体活动"的原则区别。

② 不言而喻,"生手"也是职业成体,只不过是刚走上岗位的职业成体罢了。

③ 格式塔理论自诩秉承了康德先验论,然而它至多从康德那里秉承了整体论,却始终未能提升到先验论高度,其经验主义研究方法和引证猩猩吃香蕉就是证明。

界限。这是其哲学与心理学基础局限性[①]。其六,在该理论中,学员只扮演"工具理性"的角色,重"功利"而轻"人本"。不仅如此,将"工匠行动能力"作为目标,让学员围绕"工作过程"旋转,还会导致主体的缺失。这是其人才目标的局限性。

3. 传统课程观发展趋势

(1) 从"学术性"向"职业性"的延伸

综观当代"知识本位"课程观发展,可发现其呈现一种趋势,即:其"学习迁移"理论内涵经历了由 E.L. 桑代克的"文化共同要素"和"经验类化"、布鲁纳"学科的基本结构"和 D.P. 奥苏贝尔的"认知结构"等迁移,进向 J. 安德森"产生式迁移"和弗拉威尔"认知策略迁移"的发展;其"学习理论"指向的"知识",经历了由概念原理知识、策略性知识和图式知识(鲁梅尔哈特,1977;威多森,1983;汤姆斯·迪瓦恩,1987)等"结构良好领域知识",进向"结构不良领域"的"情境知识"乃至"从生手到专家"的业务知识(斯皮罗和乔纳森,1990)的发展;其研究重心经历了由一般性的"学术认知"进向特殊的,乃至具体的"职业认知"的发展。

这种趋势表明:传统"知识本位"课程观在发展过程中,出于"突破自身发展瓶颈"的内在需要,已通过"职业性"要素的导入而渗入另一极,即"能力本位"的世袭领域。

(2) 在"职业性"中导入"学术性"

当代"能力本位"课程观发展呈现的则是相反趋势,即:由北美 CBE 模式关注的"特殊技能迁移",经过美国"职业群课程"、英国 BTEC 和德国"双元制"课程关注的"综合技能迁移",进向德国"学习领域"理论关注的"系统技能迁移"。这种由"特殊性"到"综合性"和"系统性"的发展,显示了"能力一般化"的倾向。应当指出的是:在"系统"与"一般"之间尚存有质的差异,这个差异不可能在"能力本位"范围内消除。要将"系统技能"提升到"一般职业能力",须借助于"学术性"一般要素,无论这种"一般性要素"是"抽象的一般性""自身特殊化的一般性",还是"重建自身的一般性"。

上述趋势表明:由关注"特殊技能"进向关注"综合技能"和"系统技能"的"能力本位"课程观,要"突破自身发展瓶颈",也不得不考虑导入"学术性"要素,从而指向另一极,即"知识本位"的世袭领域。

4. "整合"阶段的课程理论

与"整合"阶段欧美高职教育课改相对应的理论,主要是课程社会学中的"辩证课程理论";此外,联合国教科文组织提出的 21 世纪教育"基本要求"也是一种"整合性"主张。

(1) 课程社会学中的"辩证课程理论"

课程社会学中"辩证课程理论"的代表是麦克·扬(Michael Young),他在 1998 年出版的专著——《未来的课程》中,对这一理论作了系统阐述。

该理论揭示了教育和课程模式转换与时代、社会及其经济结构变化的密切联系,剖析了第二次世界大战以来欧美课程发展中"学术课程"与"职业课程"的分离过程及相关课程理论的局限性,并着眼于后工业时代的经济变革及由此引起的职业结构变化,指明未来课程发展的总趋势是

[①] 正如生物学领域"自然发生说"曾借助于巴斯德"生源论",为分子生物学"基因表达说"扬弃一样:在课程论领域,这种残存于"学习领域理论"、布鲁纳"发现学习论"和皮亚杰"发生认识论"中的"经验发生说",须借助于康德先验论的提升,为"觅母表达说"扬弃。

"学术课程"与"职业课程"的整合。

麦克•扬关于课程模式转换与社会经济结构变化相关的研究,对于"学术学习与职业学习""作为事实课程与作为实践课程"等片面观点的批判,关于"以结果定义课程方式"和"模块化课程方式"利弊的分析,对于从"分化的专业化""总和的专业化"向"联系的专业化"发展趋势的描述,以及将"联系的策略"作为未来课程内容组织新方式、将"辩证形式"作为未来课程原则等主张,既是对"整合"阶段欧美国家高职教育课改的理论总结,也是对其未来发展的指导性建议。

（2）21世纪教育"基本要求"

1996年,由雅克•德洛尔任主席的国际21世纪教育委员会在其向联合国教科文组织提交的《教育——财富蕴藏其中》的报告中,对21世纪教育提出了四个"基本要求",即：使学生"学会认知、学会做事、学会共同生活、学会生存"。它们合起来构成了未来人才的四大支柱。

四个"基本要求"是在总结"整合"阶段欧美国家乃至世界教育和课改发展经验的基础上提出的。其中："学会共同生活"强调的是"与人合作"、"与人交流"和"团队精神"等社会协调能力,可并入"学会做事"；"学会生存"的核心是"学会做人"。

课程社会学中的"辩证课程理论"和21世纪教育的"基本要求",是中国高职教育未来课程理论建设应更多借鉴的。

二、中国现实发展向高职教育课改提出的要求

（一）中国高职教育课改历程

1. 高职高专层次课改

"文革"后初期,我国高职教育部分受苏联影响,部分受我国普通高等教育影响,"知识本位"一度占主导地位。高职院校的主要类型是"高等专科学校",而专科学校早在"文革"前就已存在,其中有不少是借鉴20世纪50年代苏联模式建立起来的。"专科"被理解为"专门学科",**教学理论尚未完全摆脱凯洛夫"三中心"框架,开设的课程大都是"学科导向"。在这里,"专科"与"普通本科"的区别被理解为"'专科'是简化和压缩的'本科'"。

20世纪80年代中期起,我国职教界借鉴欧美模式,进入了类似20世纪60—80年代欧美高职教育课改的阶段,出现了由"知识本位"向"能力本位"的转变,其中包括20世纪80年代中期借鉴德国"双元制"模式、20世纪90年代借鉴美国和加拿大CBE模式以及英国BTEC课程模式、20世纪90年代末借鉴德国"双元制"模式、进入21世纪借鉴德国"学习领域"课程模式等。

目前,关于高职高专层次的课改取向,我国较为流行主张是：建构与"'知识本位'学科体系"相对峙的"'能力本位'行动体系"。这种止步于欧美国家"职业性课改"的流行主张理论上保守,现实上与中国发展要求和趋势不符。

2. 职业本科和研究生层次课改

当我国高职高专教育倡导用"能力本位"取代"知识本位"的时候,国外高等教育"学术课程与职业课程整合"的浪潮波及我国普通高校本科以上层次,与同期关于"全面提高高等教育质量""扩大应用型、复合型人才培养规模"等国家战略决策产生共鸣。在两种力量的交互作用下,我国本科和研究生教育已部分融入"高等职业教育"范畴：区别于"研究型本科"的普通高校

"应用型本科"的推出,区别于"学术型研究生"的"专业研究生"的出台等,便是此种融入的证明。在这里,借鉴发达国家整合"学术课程"与"职业课程"的成功经验,借以推进我国"应用型本科"和"专业研究生"的课程建设,是普通高校教育工作者有待探索的课题。

(二)"超越对峙"的呼声

以《国家中长期科学和技术发展规划纲要(2006—2020年)》和《全民科学素质行动计划纲要(2006—2010—2020年)》颁布为标志,中国已进入"科技大众化"时代。在这一时段,以科学知识为基础,以提高全社会科技认知和科学素养为目的,推进自然科学和工程技术成果的普及与应用,引导公众进入对科技从"知"到"用"的过程,是国家的战略选择;超越"知识本位"与"能力本位"的"两极对峙",是高职教育课改的大势所趋。

(三)"两化融合"与"两性整合"的发展趋势

在经济全球化大背景下,从现在起的未来20年,中国产业价值链在由中低端向中高端提升的过程中,产业结构将沿着后工业化和信息化"两化融合"的道路发展:其结构重心在由一、二次产业向三次产业转移的同时,将与信息化同步推进,各次产业结构将日趋"软化"[①]。产业结构的这种"两化融合"将导致科学、技术与生产朝着"一体化"方向发展。"一体化"的内涵之一是"科学技术化与技术科学化":一方面,当代高新技术是知识密集型技术,技术的发展离不开科学的突破与指导;另一方面,科学的深化需要得到各种技术的支持和保证,更离不开各种类型技术人员的合作。科学与技术相互依赖、促进与融合,导致了技术科学化和科学技术化的发展。"一体化"的内涵之二是"产业科技化与科技产业化":产业结构升级是通过科学技术向生产的高度渗透实现的;这种渗透反过来又使现代生产日益成为科技化的生产。

与产业结构"两化融合"和科学、技术与生产"一体化"的发展趋势相伴随,中国职业结构将沿着"'职业性'和'学术性'两性整合"的道路发展:其结构重心在由农业、制造业向服务业转移的同时,将与科技化同步推进,科学技术将日趋"产业化",各次产业的生产性职业将日趋"科技化"。受中国产业结构"两化融合"和职业结构"两性整合"的发展总趋势制约,中国高职教育人才培养目标将沿着"'职业知识'与'职业能力'并重"的道路发展,其课程改革将沿着"多元整合"的道路发展。

(四)因势利导,全面推进

从"科技大众化"国策引发的"超越对峙"呼声,到中国产业与职业结构转型的"两化融合"与"两性整合"发展趋势都在表明:我国高职课改已处于20世纪末发达国家经历的"'学术性'与'职业性'整合"阶段,具备了超越"两极对峙"的现实条件。

目前,缺少"整合"环节是我国高职课改的主要差距,这个差距体现在许多层面,诸如:"'专业能力'与'职业核心能力'的整合"仅限于个别院校探索;"学术性课程"与"职业性课程"整合"试验正在起步;其他方面的"整合"未曾顾及;"整合性"课程理论研究相当薄弱等。因势利导地推广第一种"整合",将第二种"整合"作为高职课改重点,研究与落实其他层面的"整合",全面推进"整合型"高职课程建设及其理论研究,已属当务之急。

要全面推进"整合型"高职课程建设及其理论研究,就要以《国家中长期教育改革和发展

[①] 资料显示:在全球生产总值的高速增长中,"知识份额"已由20世纪初的5%上升到如今的80%。

规划纲要（2010—2020年）》和十八大精神为指导，扬欧美国家传统课程理论之所长而避其所短，发掘其发展趋势中的"两极互渗"理论要素，借鉴包括"辩证课程观"和"21世纪教育基本要求"在内的"整合论"思想资料，以此为基础探索有中国特色的高职课程建设及其理论研究。

三、中国高职课程建设的未来取向

（一）深化"高等职业个体发生机制"研究

深入研究"高等职业个体发生机制"，建构"信息层面"的课程理论，借以弥补传统"知识本位"与"能力本位"课程观之不足，是新时期我国高职课程建设的需要。

1. 区别两类"职业个体"

在高职课程建设中，有必要区分两类"职业个体"，即"发生中的高等职业个体"与"高等职业成体"。前者指以"基础教育"阶段"学力结构"为"原格局"，接受高等职业学历教育的在校生；后者指高等应用型职业岗位中"从生手到专家"的各级在职人员。高等职业学历教育的对象不是"高等职业成体"，而是"发生中的高等职业个体"。高等职业"教育过程"是"发生中的高等职业个体"向"高等职业成体"一系列有序的变化发展过程。就像高等动物个体的"发育过程"不同于其成体组织的"活动过程"一样，"发生中的高等职业个体"的"教育过程"也不同于"高等职业成体"的"工作过程"。

2. 从"文化信息"层面切入的必要性

布鲁纳的"结构课程改革"和始于皮亚杰的建构主义课程理论已在个体层面，分别将"学科知识结构"和心理发展的"结构－建构"活动置于课程中心地位；21世纪高职课程建设需要从"文化信息"层面，将发生于教育过程中的"人类职业文化信息传递"置于课程中心地位。

从"文化信息"层面研究"高等职业个体发生机制"，就是研究与"课程觅母"、"觅母表达"以及"觅母突变"相关，"纵向为主、横向为辅、纵横交错"的"职业学力"建构规律或法则。

3. 需要导入的概念与原理

（1）关于"课程觅母"

道金斯（Richard Dawkins, 1941— ）在其开山之作《自私的基因》中，比照生物基因，将通过教育过程传递的人类"文化编码结构"称之为"觅母"（meme）。表征"高等职业个体发生机制"时有必要借用这一术语[①]。

我们用"课程觅母"指称以教材为载体，教师为实现课程目标，在教学活动中引导学生建构"职业学力"的"职业文化信息编码系统"，这个编码系统凝结着人类职业活动的历史积淀与现实发展各种要素之精华。"发生中的高等职业个体"之"职业学力"建构过程，应理解为"课程觅母"逻辑结构的程序化表达过程。

（2）关于"觅母表达"

在高等职业个体发生中，"觅母表达"起决定作用。所谓"觅母表达"，是指浓缩在教材的

---

① 在科学发展史上，不同领域（特别是层次相近领域）研究相互借鉴并有所成就的例子屡见不鲜：康德借鉴比较解剖学创立了精神解剖学；皮亚杰借鉴胚胎学创立了"发生认识论"；道金斯借鉴"基因"学说创立了"觅母"学说；如此等等。笔者认为，在"高等职业个体发生机制"研究上，有必要借鉴分子生物学的"基因表达"理论。

"课程觅母"中被编码的"人类高等职业文化信息",通过教师(相当于职业文化"信使RNA")备课与授课(相当于职业文化"激活"与"转录")和学生的学习与训练(相当于职业文化"翻译"),到学生职业胜任力建构(相当于职业文化"蛋白")的信息流动过程。

比照分子生物学的"中心法则"——最早由英国剑桥大学物理学家弗朗西斯·克里克(Francis H.C.Crick)于1958年提出,可以把"高等职业个体发生"中的这种"觅母表达"机制,称为现代教育学的"中心法则"。

(3)关于"觅母表达"的特异性、纽带和关键

"觅母表达"在儿童接受早期教育时就开始了,贯串于从那时起到高等教育乃至终身教育的始终。在所有阶段,"中心法则"对于文化层面的人类"个体发生"都起决定性作用。高等职业个体"职业学力"的建构发生于"觅母表达"的较高级阶段,即"后基础教育"阶段。通过"觅母表达",课程教材中关于"高等职业活动文化信息"的编码程序,一方面转化为具有时间特异性的"职业学力"结构发展,另一方面转化为具有空间特异性的"职业学力"结构形态。

在这一过程中:个体层面以"同化""顺应""平衡"为主要机制的"职业学力"之"结构－建构"活动,是"文化信息"层面连接"课程觅母"与"教学诱导"的纽带;教师对"人类职业文化信息"传递的有组织的"教学诱导"与调控,是学生"职业学力"之"结构－建构"水平发展的关键。

(4)关于"觅母表达"与环境要素的关系

"觅母表达"主导的"高等职业学力"建构,不是在一个自我封闭的系统中进行的,而是在与教育环境要素相互作用的开放系统中进行的。

教育的环境要素包括实体环境与虚拟环境。实体环境又包括内环境与外环境:前者指由课堂、学校及其规章制度、教育技术、设备设施等构成的要素;后者指由家庭、社区、社会(特别是由国家发展战略、现实产业结构与职业结构决定的职业需求,以及体现于国家教育体制、方针、政策、规划与机构中的"教育导向")和世界(特别是其政治、经济、教育等现实发展态势)构成的要素。虚拟环境指以图书馆和互联网为载体和中介的人类文化信息(特别是与"职业学力"建构相关的职业文化信息)要素。

着眼于"开放系统",可以将"发生中的高等职业个体"之"职业学力"建构过程,更具体地表述为"以教学活动为中介,受制于内外教育环境要素并与之非线性互动的'觅母表达'过程"。这个过程决定个体"职业学力"结构的最终形态。

(5)关于"觅母突变"

"课程觅母"在"自我复制"过程中,通过内因(课程与教材设计、师生互动、自主性选择等要素)与外因(各种教育环境要素)的交互作用,会发生结构性改变,包括组成、排序、量的变化与质的"创新"等,这种改变可称之为课程的"觅母突变"。

导入"觅母突变"可以使"高等职业个体发生机制"进一步具体化,即:一方面承认"觅母表达"在教育过程中的"中心地位",从而与过分强调"自我活动"的自然主义、过分强调"从做中学"的经验主义乃至过分强调师生"主观目的"和"行为作用"的激进建构主义划清界限;另一方面承认实践活动(个体与社会的)在教育过程中的"主动性"、"否定性"和"创新性"作用,从而同将课程视为一成不变的单纯"知识传承"、"社会化"和"心理转录"的保守建构主义划清

界限①。

从本质上看，现代课程论中的保守建构主义和激进建构主义分别立足于人类职业文化的历史积淀和每一代人对职业文化的现实创新：两种观点各有片面性，又各有合理内核；全盘否定其一，也就否定了其他。

（二）推进"多元整合型"高职课程建设

中国高职课程建设应当把"多元整合"理念作为"基本取向"来定位，其中包括课程类型、课程目标、课程方法、课程设计、课程组织、教学途径、教学方法及训练与考核等层面的"多元整合"取向。

1. 课程类型取向

在课程类型上，应当着眼于"从学校到生涯"，与时俱进地从"觅母库"中有选择地提取"人类职业活动的历史积淀与现实发展各种要素之精华"，扬弃传统课程中"学术性"与"职业性"、"人本主义"与"工具主义"、"道德主义"与"功利主义"等"两极对立"，探索以"课程觅母"建构为信息基础的"多元整合型"课程建设。

扬弃传统课程类型中"学术性"与"职业性"的"两极对立"，就是使传统"学术性"课程"职业化"，使传统"职业性"课程"学术化"。其中："学术化"要兼顾"科学化"与"技术化"、"核心化"与"专业化"；"职业化"要兼顾"类化"与"群化"、"全球化"与"特色化"。

扬弃传统课程类型中"人本主义"与"工具主义"的"两极对立"，就是使课程兼具"人本属性"与"工具属性"。其中：课程的"人本属性"是指坚持"以人为本"，把全面提高学生的教育水平、文化品位、精神追求和道德修养作为课程的根本；课程的"工具属性"是指把树立学生的"服务意识"作为课程的宗旨。

扬弃传统课程类型中的"道德主义"与"功利主义"，就是使课程兼具"道德属性"与"功利属性"。其中：课程的"道德属性"是指把"做人道德"作为课程价值的主导取向；课程的"功利属性"是指把"为社会、为国家、为人民谋利益"作为课程价值的基本取向，把"三个有利于"作为判断课程的最终标准。

2. 课程目标取向

在课程目标上，应当借鉴"21世纪教育'基本要求'"，扬弃传统课程中"重认知轻做事"与"重做事轻认知"的"两极对立"，探索以"健全职业人格"为"职业学力"框架、兼顾学生发展后劲的"多元整合型"课程建设。

扬弃传统课程目标中的"两极对立"，就是在兼顾"职业知识"与"职业能力"目标的同时导入"职业道德"目标，借以克服传统课程目标中"重成才轻成人""重文凭轻人品"的通病，用"健全职业人格"的"职业学力"框架来整合"职业知识"、"职业能力"和"职业道德"三大基本内涵，向培养"既会认知，也能做事，更懂做人"的"高端科技'应用型'、'复合型'和'技能型'健全职业人"的人才目标转型。

---

① 在面向未来的中国高等教育（包括高等职业教育）课程建设中，需要研究和创建一种更具兼容性的课程基础理论，即承认实践创造性的"觅母表达"课程理论，或承认"人类文化信息传递"中心地位的实践课程理论；以其为基本内涵的课程学科，可称为"觅母课程学"。就像基因生物学是研究基因结构、表达与控制的生物学科一样，"觅母课程学"是研究"觅母"结构设计、表达与控制的课程学科。

兼顾学生发展后劲，就是兼顾其"职业学力"建构中的"核心层面"、"通用层面"和"专业层面"，并用"与生涯对接"扬弃狭隘片面的"与工作对接"。

3. 课程方法取向

在课程方法上，应当扬弃传统课程模式"学科中心"与"工作中心"、"知识中心"与"活动中心"、"教师中心"与"学生中心"等"两极对立"，探索以"觅母表达"为中心的"多元整合"型课程建设。

扬弃上述"两极对立"，就是将教材、教师与学生组成的"整合系统"作为课程主体，用"觅母表达中心"取代传统课程方法中的诸多"中心"。其中："课程觅母"（教材）是人类文化传递的信息基础；教师具有"文化信使RNA"的地位，其"备课"与"授课"相当于对"课程觅母"的"激活"与"转录"，"教学诱导"（而非"主导"）与"调控"对学生学习水平的发展起关键作用；学生的"学习活动"是连接"课程觅母"与教师"教学诱导"的纽带；"中心法则"在"觅母表达"过程中起决定作用。

4. 课程设计取向

在课程设计上，应当扬弃传统课程"目标模式"（拉尔夫·泰勒，Ralph Taylor）与"'实践－过程'模式"（约瑟夫·施瓦布，Jeseph Schwab；劳伦斯·斯腾豪斯，Lawrence Stenhouse）的"两极对立"，探索兼顾"情境模式"（斯基尔贝克，M. Skilbelk；劳顿，D. Lawton）的"多元整合型"课程建设。

扬弃"目标模式"与"'实践－过程'模式"中的"两极对立"，就是既承认基于"觅母表达"的传承型课程目标的中心地位，也承认基于教师和学生"问题思维"和"实践活动"（个体的与社会的）等创新型课程目标的"否定性"作用；兼顾"情境模式"，就是兼顾课程设计对诸多"内外情境"要素的"文化选择"。

5. 课程组织取向

课程的组织取向包括"要素组织"取向与"结构组织"取向。

（1）要素组织取向

在课程的"要素组织"上，应当扬弃传统课程中"纵向组织"与"横向组织"、"逻辑顺序"与"心理顺序"、"直线式"与"螺旋式"等"两极对立"，探索立足于"职业个体发生机制"的"多元整合型"课程建设。

扬弃"纵向组织"与"横向组织"的"两极对立"，就是用"纵向为主、横向为辅、纵横交错"的基本原则取代传统"知识本位"课程的"纵向组织"与传统"能力本位"的"横向组织"的基本原则；扬弃"逻辑顺序"与"心理顺序"的"两极对立"，就是通过导入"职业个体发生机制"，将两者统一于"觅母表达顺序"中，借以清除传统"学科导向"与"工作导向"课程模式中"两种顺序"的经验主义残余；摒弃"直线式"与"螺旋式"的"两极对立"，就是通过将"道德要素"按照"顺从级、认同级和内化级"，将"核心层面"的"知识要素"与"能力要素"按照"初级、中级和高级"分阶段螺旋式地融入课程中，将"公共基础"、"专业基础"和"专业"层面的"知识要素"与"能力要素"在课程中直线式展开，使两者各得其所[①]。

---

① 就经管专业课程而言，在中职与高职高专、高职高专与"应用本科"、"应用本科"与"专业研究生"等课程之间的呈梯度衔接中，"职业要素"应以螺旋式衔接为主，"学术要素"应分别以"后中等教育层面"、"战略层面"和"研究层面"的直线式衔接为主。

（2）结构组织取向

"结构组织"包括"层次结构组织"与"内容结构组织"。在课程建设中优化这两种"结构组织"，是着眼于日益加速的"知识更新"的挑战。

联合国教科文组织的研究表明：19世纪到20世纪初，知识更新周期缩短为30年；20世纪六七十年代，一般学科的知识更新周期为5～10年；到了20世纪八九十年代，许多学科的知识更新周期缩短为5年；而进入21世纪，已缩短至2～3年。随着"知识更新"的加速，处于"科学、技术与生产的一体化"趋势中的"技术更新"与"生产更新"也在加速。

统计资料显示，不同层次的知识，其更新周期是不同的：深层知识（哲学和人文层面的知识）更新周期最长；中层知识（基础理论知识）更新周期居中；表层知识（专业知识）更新周期最短。

为从容应对不断加速的"知识更新"、"技术更新"和"生产更新"的挑战，应当探索使知识"层次结构合理化""内容结构无限化"的"多元整合型"课程建设，借以克服现行课程中知识"层次结构单一""内容结构有限"的片面性。

① 层次结构合理化

使知识"层次结构合理化"，就是合理配置"深层""中层""浅层"知识的层次结构，通过深层知识对中层知识、中层知识对浅层知识的"一般性"、"稳定性"和"指导性"作用，赋予课程以应对"知识更新"的必要弹性。

② 内容结构无限化

使知识"内容结构无限化"，就是在"授之以鱼"的同时"授之以渔"，通过"学会学习"，即导入关于"学习理论"、"学习方法"与"学习策略"等"否定性"学习机制，赋予课程以应对"从学校到生涯"的"知识更新"（"重建自身的一般性"）之无限潜力。

6. 教学途径取向

在教学途径上，应当借鉴认知心理学和建构主义学习理论中的合理内核，克服传统课程模式中各教学环节相互脱节的弊端，探索"原理居先、实务跟进、案例同步、实训到位"的"多元整合型"课程建设。

借鉴认知心理学和建构主义学习理论中的合理内核，就是借鉴J.安德森"产生式迁移理论"关于"'产生式规则'的获得必须先经历一个'陈述性阶段'"、弗拉威尔"认知策略迁移理论"关于"'反省认知过程'是在新的情境下使用'认知过程'的前提"、斯皮罗和乔纳"认知灵活性理论"关于"'高级学习'以'初级学习'为前提"、R.M.加涅教学心理学和信息加工心理学关于"技能的本质是概念和规则（程序性知识）对人的行为控制"等研究成果，将各阶段"程序性知识"教学置于该阶段"陈述性知识"教学之后，将"认知策略知识"教学置于"反省认知过程"教学之后，将"结构不良领域知识"教学置于"结构良好领域知识"教学之后，将"实践教学"置于以之为据的"陈述性知识"、"程序性知识"和"认知策略知识"教学之后，并在其中融入相应水平的"专业性"、"通用性"、"核心性"及"道德性"等"职业性"要素，围绕"觅母表达"这个"中心"，进行以"职业知识"、"职业能力"和"职业道德"为基本内涵的"职业学力"系列阶段性建构，将"职业学力"最终打造成各类"学习迁移"由以出发的结构中心与枢纽。

7. 教学方法取向

在教学方法上，应当着眼于每种方法的特定适用性，探索将各种方法"兼收并蓄"的"多元整合型"课程建设。

将各种教学方法"兼收并蓄",就是将"学导教学法"、"互动教学法"、"案例教学法"、"讨论教学法"和"项目教学法"等诸多教学方法,有针对性地运用于相应教学环节,使其相辅相成、相得益彰,借以克服教学"重鱼""轻渔",教师"一言堂""满堂灌"和学生"轻交流""少体验"等传统教学方法的弊端。

8. 训练与考核取向

在训练与考核上,应当扬弃传统课程模式中的各种片面性,探索"融多种训练与考核方式于一体"的"多元整合型"课程建设。"融多种训练与考核方式于一体",就是在实施"教学途径取向"各环节的训练时,融"传承型训练与考核"和"创新型训练与考核"、"过程性训练与考核"和"成果性训练与考核"于一体。

(三)概括性表述

一位伟人说过:"把抽象的观念生硬地应用于现实,就是破坏了现实。"在世界教育领域,历史上的"抽象观念",部分是"分化现实"的反映,部分是"认识局限性"的反映。

就前者而言,"知识本位"与"能力本位"两种"抽象观念",是工业时代和后工业时代早期"脑力劳动"与"体力劳动"社会分工"两极对立"的反映。在这个可以称之为"分化的现实"的历史阶段,人们在"理论的态度"中一面提炼出反映"脑力劳动"的"学术性结晶",一面提炼出反映"体力劳动"的"职业性结晶";在"实践的态度"中分别实施了"知识本位"与"能力本位"教育。两种做法因受制于那个时代产业结构与职业结构的"分化的现实",皆属"历史性"无奈。

就后者而言,无论是"知识本位"与"能力本位"教育之理论与哲学基础局限性,还是体现于其课程类型、课程目标、课程方法、课程设计、课程组织、教学途径、教学方法等诸多传统观念中的对立,都带有人类认识发展的阶段性烙印,皆属"认识性"无奈。

在今日中国,随着经济全球化、产业结构"两化融合"、职业结构"两性整合"和"'科学、技术与生产'一体化"纷至沓来,"脑力劳动"与"体力劳动"已由传统的"两极对立"转化为"两极互渗"和"两极相通";"现实"正在由"分化的现实"转化为"联系的现实"。

在今日世界,以数字化、网络化、信息化为标志的信息革命已为人类认识"从抽象上升到具体"提供了方便、及时的信息共享平台,条件性"无知"再不能被用作"充足理由"。

在这种情况下,如果在"理论的态度"中仍止步于各种"分离的观念"之"两极对立",在"实践的态度"中仍把这些"分离的观念"生硬地应用于"联系的、具体的现实",就是破坏了现实。

从哲学层面概括以上阐述,可以将"中国高职课程建设未来取向"简要地表述为:在"理论的态度"中,深入探索、研究与建构"反映联系的、具体的现实"之课程改革的各种"具体观念";在"实践的态度"中,能动地将其运用于高职教育"联系的、具体的现实",以贯彻落实国家新时期发展战略,顺应并助推中国产业结构与职业结构转型,服务中华民族伟大复兴。

许景行

2014 年 1 月

第二版前言

网络营销模式具有传统营销模式所不具备的优势和特点，受到企业的强烈追捧。网络营销策略及措施随着信息技术和营销策略的发展而日新月异，企业为了能在竞争中保持有利地位，紧紧跟随网络营销的发展步伐，唯恐落后一步，从而促使网络营销在企业实践中的应用越来越广泛。

网络营销作为市场营销专业的核心课程，是一门新兴的综合性边缘学科，研究内容涉及面宽，实践性与应用性很强。本课程的学习，有利于学生了解网络营销的一般方法与步骤，掌握各种营销策略及其综合运用，树立网络营销策划观念，培养创新意识和实践能力，而且能帮助学生运用网络营销理论去发现问题、分析问题和解决问题。

本教材在一版基础上修订而成，依据《国家中长期教育改革和发展规划纲要（2010—2020年）》中提出的"着力提高人才培养水平""坚持育人为本、德育为先""强化能力培养，创新人才培养模式"等要求，对教材设计进行了同步提升。其具有如下特色：

1. 体现先进高职教育教学理念。修订版教材紧跟市场营销策划研究的最新进展与成果，及时吸收教材使用过程中学生的反馈意见。

2. 注重健全职业人格的培育。适应新时期高等应用型职场既需要"职业认知"，也需要"职业能力"和"行为自律"的人才需求现实，重构并优化以"职业知识"、"职业能力"和"职业道德"为"三重本位"，以"健全职业人格"为最高整合框架的高等职业教育"职业学力"教材赋型机制。

3. 突出职业学力的提升。着眼于新时期愈演愈烈的行业内与行业间跨专业的人才流动现实，在教材修订中尽量处理好"职业学力"建构中的"专业性"、"通用性"与"核心性"三重内涵。

4. 强调结构合理务实。依据高职课改理论研究最新成果，进一步处理好教材"纵向组织结构"与"横向组织结构"的关系，依照"原理先行、实务跟进、案例同步、实训到位"的原则，循序渐进地展开修订版教材内容。

5. 增加教学方法的结合应用。将"学导式教学法"、"互动式教学法"、"案例教学法"和"项目教学法"等先进教学方法，运用到各章的教学设计中。

6. 更新增添鲜活的素材。优化了各章引例、同步业务、同步实训、同步案例、教学互动、职业道德与营销伦理等功能性专栏，以及章后"案例分析"、"决策设计"、"道德研判"和"实训题"设计，并部分更新了相关资料。

7. 便于师生授课与学习。本次修订，各章"单元训练"题型进行了调整和优化，一版中原"单元考核"内容移入网络教学资源包的《学生考核手册》中，不仅使教材更加简明，而且更方便教师授课和学生学习，还能确保实训的成效，使学生能力的提高与修养的提升高度融合。

本系列教材从第二版起增加了总序。阅读总序，有助于全面、深入地了解"多元整合型"课程理念与教材编写依据，从而更好地把握与使用本教材。

为方便教学，本教材配有网络教学资源包，内含多媒体教学网络课件、电子教案、案例库、试题库、参考答案与提示和《学生考核手册》等，使用本教材的教师可登录高等教育出版社网站，下载和使用这些网络教学资源。

本教材第二版根据高教社特约总策划许景行提供的"'多元整合一体化'Ⅰ型"教材代型设计和《修订方案》编写，由邵安兆和许茂伟担任主编。具体编写任务分工如下：邵安兆修订第1、2章（"实训题"除外）；许茂伟修订第3、7章，以及综合训练和课业范例（"实训题"除外）；周岩修订第4、5章；邵鸿翔修订第6、8章；刘芳修订第9、10章。许茂伟承担了以上部分的统稿工作，邵安兆进行了审阅。许景行撰写总序及三个附录，并对全书实训题进行了审改与优化。

在教材修订过程中，得到了许景行教授的指导，在此深表谢意。同时，感谢高等教育出版社相关编辑人员的辛勤工作，对引用、参考相关资料、书籍的作者一并表示诚挚的谢意。

由于网络营销涉及的知识面较广、发展很快，再加上编者水平有限，难免出现不当之处。敬请专家、学者以及读者批评指正。

编者

2014年8月

第1章 网络营销概论 ········· 1

学习目标 ················· 3
引例　从2013天猫"双11"看网络
　　　营销 ················ 3
1.1　网络营销基础理论 ········ 4
1.2　网络营销含义与内容体系 ···· 14
1.3　网络营销发展历程与展望 ··· 20
本章内容结构图 ············ 26
主要概念和观念 ············ 26
重点实务和操作 ············ 27
习题和训练 ·············· 27
单元考核 ················ 33

第2章 网络营销环境 ········ 35

学习目标 ················ 37
引例　家具行业掀起网络营销热潮 ··· 37
2.1　网络营销微观环境 ········ 38
2.2　网络营销宏观环境 ········ 53
2.3　网络营销环境与用户对策分析 ··· 59
本章内容结构图 ············ 63

主要概念和观念 ············ 63
重点实务和操作 ············ 63
习题和训练 ·············· 64
单元考核 ················ 69

第3章 企业网站建设与推广 ··· 71

学习目标 ················ 73
引例　河南大张实业有限公司网站
　　　建设案例 ············· 73
3.1　企业网站的功能与主要内容 ··· 74
3.2　企业网站建设 ··········· 80
3.3　企业网站的管理与推广 ···· 84
本章内容结构图 ············ 90
主要概念和观念 ············ 90
重点实务和操作 ············ 91
习题和训练 ·············· 91
单元考核 ················ 98

第4章 搜索引擎营销 ········ 99

学习目标 ················101

引例　珍爱网搜索引擎营销案例……… 101
4.1　搜索引擎基础原理 ……………… 102
4.2　搜索引擎营销内涵 ……………… 109
4.3　搜索引擎登录方法 ……………… 112
4.4　搜索引擎排名优化 ……………… 116
本章内容结构图 ……………………… 123
主要概念和观念 ……………………… 123
重点实务和操作 ……………………… 123
习题和训练 …………………………… 124
单元考核 ……………………………… 129

第 5 章　E-mail 营销 ………… 131

学习目标 ……………………………… 133
引例　CPA2Biz 的电子贺卡 E-mail
　　　营销 ………………………… 133
5.1　E-mail 营销概述 ………………… 134
5.2　许可 E-mail 营销 ………………… 140
5.3　病毒性营销 ……………………… 148
本章内容结构图 ……………………… 151
主要概念和观念 ……………………… 152
重点实务和操作 ……………………… 152
习题和训练 …………………………… 152
单元考核 ……………………………… 157

第 6 章　网络广告营销 ……… 159

学习目标 ……………………………… 161
引例　润妍洗发水的网络广告 ……… 161
6.1　网络广告概述 …………………… 163

6.2　网络广告策划 …………………… 171
6.3　网络广告中介和服务系统的
　　　选择策略 ………………………… 176
6.4　网络广告发布 …………………… 179
本章内容结构图 ……………………… 184
主要概念和观念 ……………………… 184
重点实务和操作 ……………………… 184
习题和训练 …………………………… 185
单元考核 ……………………………… 190

第 7 章　移动营销 …………… 191

学习目标 ……………………………… 193
引例　家乐福成功运用短信营销 …… 193
7.1　移动商务概述 …………………… 194
7.2　移动营销概述 …………………… 197
7.3　短信营销 ………………………… 204
7.4　无线广告营销 …………………… 207
本章内容结构图 ……………………… 209
主要概念和观念 ……………………… 209
重点实务和操作 ……………………… 210
习题和训练 …………………………… 210
单元考核 ……………………………… 214

第 8 章　博客营销 …………… 215

学习目标 ……………………………… 217
引例　Stormhoek 麻雀变凤凰 ……… 217
8.1　博客营销原理 …………………… 218
8.2　企业博客营销 …………………… 222

本章内容结构图	227
主要概念和观念	227
重点实务和操作	227
习题和训练	228
单元考核	233

第9章 免费营销策略 235

学习目标	237
引例 免费是最好的营销方式	237
9.1 网络免费营销概述	238
9.2 网络免费营销的适用范围及功能	244
9.3 网络免费营销策略的制订及实施	247
本章内容结构图	253
主要概念和观念	253
重点实务和操作	253
习题和训练	254
单元考核	259

第10章 线下营销 261

学习目标	263
引例 苏宁的"第一届O2O购物节"	263
10.1 线下营销概述	264
10.2 线下营销与网络营销的有机结合	269
10.3 传统媒体广告与网络广告	275
本章内容结构图	284
主要概念和观念	284
重点实务和操作	285
习题和训练	285
单元考核	290

综合训练与考核 291

课业范例 298

主要参考文献 309

附录一 案例训练参照指标与规范 310

附录二 职业核心能力训练参照种类、等级、规范与标准 311

附录三 职业道德教育领域及参照规范与标准 314

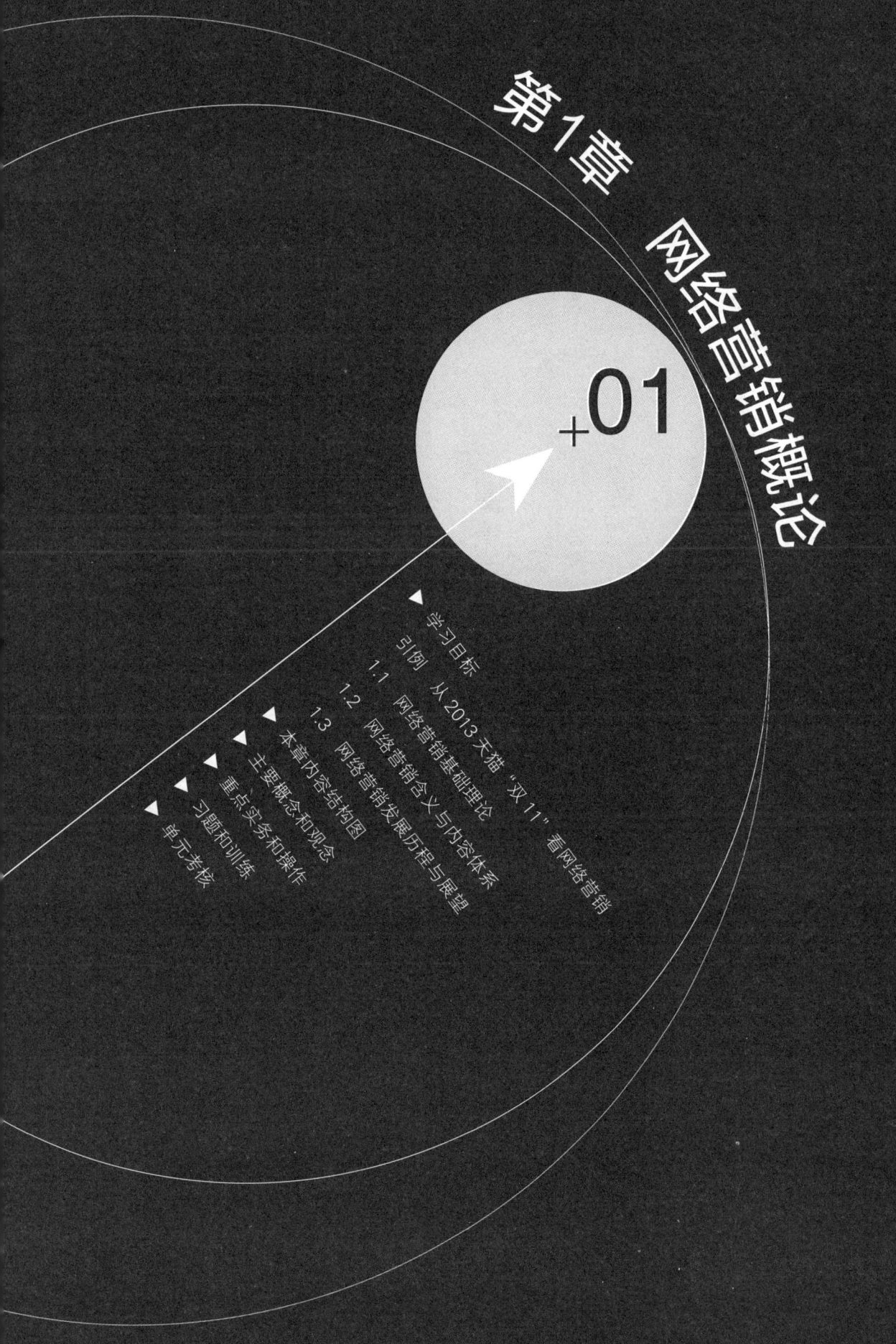

通过本章学习，要求达到以下目标：

▶ 理论目标：学习和把握市场营销及其相关概念，营销观念的演进，市场营销组合构成中的相关概念，网络营销的含义与基本特征，网络营销对传统营销的影响，网络营销的发展历程与展望等陈述性知识；能用其指导"网络营销概论"中的相关认知活动。

▶ 实务目标：学习和把握产品策略、价格策略、分销策略和促销策略，网络营销的内容，网络营销的内容体系，以及"同步业务"等程序性知识；能用其规范"网络营销概论"中的相关技能开展活动。

▶ 案例目标：运用本章理论与实务知识研究相关案例，培养在与"网络营销概论"相关的业务情境中分析解决问题、决策设计和道德研判能力。

▶ 实训目标：参加"'营销观念与网络营销内容'知识应用"的实践训练。在了解和把握本实训相关技能点"规范与标准"的基础上，通过系列技能操作的实施，相应《实训报告》的准备、撰写、讨论与交流等有质量与有效率的活动，培养"'营销观念与网络营销内容'知识应用"的专业能力和相关选项的职业核心能力（高级），强化职业道德（内化级）教育，促进健全职业人格的塑造。

▶ 引例

从 2013 天猫"双 11"看网络营销

背景与情境： 2009 年淘宝尝试"双 11"概念，提出在光棍节进行大促销，当年的销售额是 5 000 多万元人民币；网购狂欢节引爆了这个时间点的网络消费热情，并且一发不可收拾；次年"双 11"，销售额突破 9 亿元人民币大关；到了 2011 年，这个数字已经飙升到 52 亿元人民币；2013 年热情不减，当天销售额竟然达到了令人咋舌的 191 亿元人民币！天猫的商城系统历经了千万用户的严峻考验。2013 年的"双 11"大促销，天猫网上商城的流量已突破 900 G，并且每天将商品放到购物车及收藏夹的人数有 2 000 万。另外，支付宝充值送红包的红包被抢完以后，天猫还不得不采取积分兑换优惠券的方式持续推进网购狂欢节。

> 4年前曾经只属于天猫的购物狂欢节，在各个互联网行业的参与下俨然已成为整个行业的盛会。在这4年中，电商基础设施的逐渐完善也在很大程度上为天猫赢得了更多的销售额。据天猫方面介绍，2013年"双11"第1个小时，就有近700万用户涌入手机淘宝平台，支付宝交易额突破1亿元人民币，凌晨1点36分，手机淘宝支付宝交易额即达到2012年"双11"全天支付宝交易额的2倍，当天13点36分，手机淘宝支付宝交易额达到5.2亿元人民币，刷新2011年一季度交易总金额，同时超越2012年美国"网络星期一"移动网购销售总额。
>
> 　　2013年10月初天猫就开始宣传"双11"概念，先入为主地给顾客一个便宜的感觉，抢到先机，并且从现在很火的微博开始入手宣传，连到微博可以送红包代金券，非常吸引人，转发好友知道，吸引更多人，从显著的效果可以看出天猫网络营销的成功。
>
> （资料来源：陈贝妃. 从2013天猫双11看网络营销［EB/OL］.（2013-11-04）［2014-08-08］. http://www.wm23.com/chenbeifei/280840.html）

　　淘宝网2009年11月11日光棍节当天进行的打折促销活动引发了全民网购狂潮，从此"双11"，继而"双12"成了全民网购狂欢节，创造了新的消费需求，创造了众多企业实现电子商务的机会，创造了网络营销的神话。网络营销作为企业常用的营销手段之一，已经成为传统市场营销的有机组成部分，并且发挥着日益重要的作用。本章将系统地阐述市场营销和网络营销的基本原理，作为学习网络营销的理论基础。

▶ 1.1 网络营销基础理论

　　网络营销（E-Marketing）是在市场营销（Marketing）理论基础上发展起来的方法体系，是企业整体营销战略的一个组成部分。网络营销遵循的仍然是市场营销的基本观念和理论精髓，是市场营销理论在互联网环境中的延伸和发展。必须认真学习市场营销的原理、方法、手段和策略，正确把握和运用市场营销基础理论来指导企业的网络营销过程。

▶ 1.1.1 市场营销的含义及相关概念

1. 市场营销的含义

　　对于什么是企业的市场营销，曾经有过多种宽窄不一、重点有别的表述。目前被广泛接受的概念是：**市场营销**是指经由市场交易程序，导致满足顾客需求并实现赢利目标的企业整体经营销售活动过程。关于营销，重要的不是文字上的表述，而是对其多角度的认识。首先，市场营销是满足社会需要的一种经营哲学，一切以顾客为中心，以满足需求为行为准则。其次，市场营销是解决经营问题的一种心智过程，在复杂多变的环境中通过事前信息分析、形势判断，精密策划，制定有效竞争方案以保证营销成功。再次，市场营销是包括计划、组织、控制等职能在内的管理过程，营销管理是企业管理的核心职能。最后，市场营销是企业开拓市场，实现经营目标的一种微观活动，是保证产品顺利销售的系统方法，借助一系列的手段和策略来实施。

2. 市场营销的相关概念

（1）需要、产品、欲望和需求。需要和欲望是市场营销活动的起点。所谓**需要，是指人类在社会生活和实践中感到某种生理或心理的欠缺而产生不平衡的主观状态**。如人类为了生存必然有对吃、穿、住、安全、归属、受人尊重的需要。这些需要存在于人类自身生理和社会之中，市场营销者可用不同方式去满足它，但不能凭空创造。在营销学中，**产品特指能够满足人的需要的任何东西**。产品的价值不在于拥有它，而在于它给我们带来满足感。人们购买小汽车不是为了观赏，而是为了得到它所提供的交通服务。产品实际上只是获得服务的载体。这种载体可以是物，也可以是"服务"，如人员、地点、活动、组织和观念等。当我们心情烦闷时，为满足轻松解脱的需要：可以去参加音乐会，听歌手演唱（人员）；可以到风景区旅游（地点）；可以参加希望工程"百万行"（活动）；可以参加消费者假日俱乐部（组织）；也可以参加研讨会，接受一种不同的价值观（观念）。市场营销者必须清醒地认识到，其创造的产品不管形态如何，如果不能满足人们的需要，就必然会失败。**欲望是指想得到上述需要的具体满足品的愿望，是个人受不同文化及社会环境影响而表现出来的对基本需要的特定追求**。如为满足"解渴"的生理需要，人们可能选择（追求）喝开水、茶、汽水、果汁、绿豆汤或者蒸馏水。市场营销者无法创造需要，但可以影响欲望，开发及销售特定的产品和服务来满足欲望。**需求是指人们有能力购买并愿意购买某个具体产品的欲望，实际上也就是对某特定产品及服务的市场需求**。市场营销者总是通过各种营销手段来影响需求，并根据对需求的预测结果决定是否进入某一产品（服务）市场。

▶【教学互动 1-1】

> 互动内容：比较分析需要、欲望与需求三者之间的联系与区别。
>
> 要求：
>
> （1）教师不直接提供上述问题的答案，而是引导学生结合本节教学内容就这些问题进行独立思考、自由发表见解，组织课堂讨论。
>
> （2）教师把握好讨论节奏，对学生提出的典型见解进行点评。

（2）效用、费用、价值和满足。**效用是消费者对产品满足其需要的整体能力的主观评价；费用是消费者获得效用所支付的成本；价值是消费者获得效用与支付费用的相对比较；满足是人们对价值判断的心理感受**。消费者通常根据对产品价值高低判断来做出购买决定和评价，进而反映出满足程度。如某人为解决其每天上班的交通需要，他会对可能满足这种需要的产品选择组合（如自行车、摩托车、公交车、出租车等）和他的需要组合（如速度、安全、方便、舒适、经济等）进行综合评价，以决定哪一种产品能提供最大的总满足。假如他主要对速度和舒适感兴趣，也许会考虑购买汽车。但是，汽车购买与使用的费用要比自行车高许多。若购买汽车，他必须放弃用其有限收入可购置的其他产品（服务）。因此，他将全面衡量产品的费用和效用，选择购买能使每一元花费带来最大效用的产品。

（3）交换、交易、营销者和关系营销。**交换**是指从他人处取得所需之物，而以自己的某种东西作为回报的行为过程。人们对满足需求或欲望之物的取得，可以有多种方式，如自产自用、强取豪夺、乞讨和交换等。其中，只有交换方式才存在市场营销。交换的发生，必须具备五个条件：至少有交换双方；每一方都有对方需要的有价值的东西；每一方都有沟通和运送货品的能力；每一方都可以自由地接受或拒绝；每一方都认为与对方交易是合适或称心的。**交易**是交换的基本组成单位，是交换双方之间的价值交换。如果双方正在洽谈并逐渐达成协议，称为在交换中。如果双方通过谈判并达成协议，交易便发生。交易通常有两种方式：一是货币交易，如甲支付800元给商店而得到一台微波炉；二是非货币交易，包括以物易物、以服务易服务的交易等。一项交易通常要涉及几个方面：至少两件有价值的物品；双方同意的交易条件、时间、地点；有法律制度来维护和迫使交易双方执行承诺。在交换双方中，如果一方比另一方更主动、更积极地寻求交换，我们就将前者称为市场营销者，后者称为潜在顾客。换句话说，所谓**市场营销者**，是指希望从别人那里取得资源并愿意以某种有价值的东西作为交换的人。市场营销者可以是卖方，也可以是买方。当买卖双方都表现积极时，我们就把双方都称为市场营销者，并将这种情况称为相互市场营销。一些学者将建立在交易基础上的营销称之为交易营销。为使企业获得较之交易营销所得到的更多，就需要关系营销。**关系营销**是市场营销者与顾客、分销商、经销商、供应商等建立、保持并加强合作关系，通过互利交换及共同履行诺言，使各方实现各自目的的营销方式。与顾客建立长期合作关系是关系营销的核心内容。与各方保持良好的关系要靠长期承诺和提供优质产品、良好服务和公平价格，以及加强经济、技术和社会各方面联系来实现。关系营销可以节约交易的时间和成本，使市场营销宗旨从追求每一笔交易利润最大化转向追求各方利益关系的最大化。

▶ 1.1.2 营销观念的演进

营销观念是指企业在进行营销管理的过程中所依据的指导思想和行为准则，其实质是在处理企业、顾客和社会三者利益关系方面所持的态度、思想和观念。它随着社会经济的发展经历了两大阶段五种观念的演变过程。

1. 传统商业观念

（1）生产观念。这是一种传统的、古老的经营思想。所谓生产观念，就是企业的一切经营活动以生产为中心，围绕生产来安排一切业务，生产什么产品就销售什么产品，以产定销。生产观念适用的条件是：① 市场商品需求超过供给，卖方竞争较弱，买方争购，选择余地不多；② 产品成本和售价很高，只有提高生产效率，降低成本，从而降低售价，方能扩大销路；③ 消费者期求能够购买到有用产品，而并不计较产品的具体特色或特性。

（2）产品观念。这是与生产观念类似的一种经营思想。这种经营思想认为：消费者或用户总是欢迎那些质量高、性能好、价格合理的产品，"酒香不怕巷子深"，只要注意提高产品质量，做到物美价廉，就一定会产生良好的市场反应，顾客就会自动找上门来，因而无须花大力气开展营销活动。因此，它认为企业的主要任务就是提高产品质量：只要产品好，不怕卖不了；只要有特色产品，自然会顾客盈门。

（3）推销观念。推销观念是生产观念的发展和延伸。这种观念的基本内容是：产品的销路是企业生存、发展的关键。如果不经过销售努力，消费者就不会大量购买本企业产品。换句话说，只要企业努力推销什么产品，消费者或用户就会更多地购买什么产品。因此企业的中心任务是把生产出来的产品推销出去，企业应充分运用推销术和广告术，向现实买主和潜在买主大肆兜售产品，以期压倒竞争者，提高市场占有率，取得较大利润。

2. 现代营销观念

（1）市场营销观念。市场营销观念以顾客为中心，市场需要什么，就生产什么和销售什么，以需定销，以销定产。它是第二次世界大战后在美国新的市场形势下形成的，是商品经济发展史上的一种全新的经营哲学，是企业经营思想上的一次根本性的变革。

市场营销观念有四个支柱：目标市场、整体营销、顾客满意与盈利率，其核心是通过提供最高顾客让渡价值达到顾客满意。

▶【同步思考 1-1】

> 某公司在营销培训中为引导职工正确处理社会、企业和用户的利益关系，提出要让三个不同群体满意：股东、顾客和员工。让这三个不同群体满意的先后顺序可做如下排序：
> 股东——员工——顾客；股东——顾客——员工；
> 员工——股东——顾客；员工——顾客——股东；
> 顾客——员工——股东；顾客——股东——员工。
> 问题：哪种排序更符合现代营销观念？为什么？
> 理解要点：现代营销观念强调市场导向，因而必须把顾客满意放在首位；企业员工的工作与服务质量是保证顾客满意的基础，股东的利益是顾客满意的回报。

（2）社会营销观念。所谓社会营销观念，就是企业的生产经营，不仅要满足消费者的需要和欲望，并由此获得企业的利益，而且要符合消费者切身利益和社会的长远福利，要正确处理消费者需要、消费者利益、企业利益和社会长远利益之间的矛盾，把这四个方面协调起来，统筹兼顾，关心与增进社会福利。

综合以上分析，基于现代营销观念的营销导向可以概括为：满足消费者的特定需要；符合消费者的切身利益；兼顾企业利益与社会长期福利。

▶【教学互动 1-2】

> 互动内容：比较分析现代营销观念与传统商业观念的区别。
> 要求：同"教学互动 1-1"的要求。

▶【同步业务 1-1】

　　××建材企业由于多年来产品不愁销路，一直坚持"做自己的产品、做好现有产品、积极推向市场"的传统观念；但近来由于国家政策调整和需求变化对其冲击很大。请你为该企业面临转型制订行为准则。

　　业务分析：××建材企业转型首先必须是营销观念的转变，根据现代营销观念的要义，明确企业遵循的行为准则。

　　业务程序：分析国家的产业政策和市场需求的变化，理清制约企业发展的环境因素，按照现代营销观念的要义处理顾客、社会、企业的关系。

　　业务说明：根据调查统计，很多建材企业面临产品结构老化、产能过剩、环保压力等突出问题，由此必须制订符合国家产业政策和环保政策的发展规划，以市场需求为导向调整优化企业产品结构。

▶ 1.1.3　市场营销组合策略

　　市场营销组合是市场营销理论体系中一个非常重要的概念，是市场营销战略的一个组成部分。企业经过市场探查、市场细分和目标市场选择之后，就要确定适当的市场营销组合策略。企业战略目标的实现，很大程度上依赖于市场营销组合策略的正确运用。

1. 市场营销组合的定义

　　市场营销组合是美国哈佛大学鲍敦教授于 20 世纪 60 年代提出的概念。**市场营销组合**（MadcehnSMix）是指企业为实施营销战略，将可控制的各种市场营销手段综合运用所形成的整体化营销策略。其结构如图 1-1 所示：

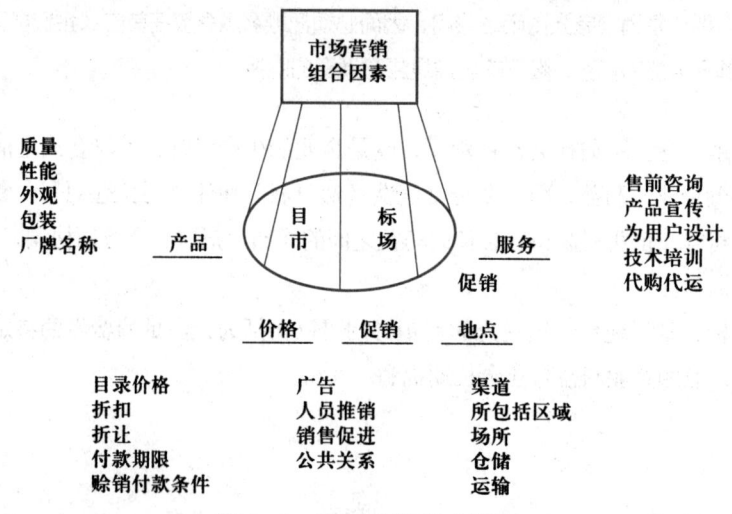

图 1-1　市场营销组合策略

2. 市场营销组合构成

　　市场营销组合因素较多，美国营销专家麦克锡将其概括为四个基本变量：产品（Product）、价格（Price）、渠道（Place）、促销（Promotion）。由于四要素英文单词都以"P"开头，简称

"4Ps"理论。

（1）产品策略。包括以下内容：

① 整体产品概念。从现代营销角度优化企业产品组合，首先应树立整体产品观念。**整体产品是满足用户特定需求和利益物质形态的实体与非物质形态服务的总和**。它包含三个层次：其一是核心产品，向买主提供的实质性效用或利益。其二是形式产品，把产品推向市场时，它必须有一定的包装，具有某种特点，达到与其售价相宜的质量水平。它还要有与众不同的式样，有它自己的品牌名称。正是这些有形产品才是顾客购买时加以选择、鉴别的依据。其三是延伸产品，是指为顾客提供附加利益和附加服务，每家公司都应当寻找有效途径来为自己的产品提供尽可能多的附加价值，从而增强产品的市场竞争力。

② 产品组合策略。**产品组合是指一个企业的生产经营的全部产品线和这些产品线上的所有产品项目的有机构成方式**。产品组合优化主要围绕质和量三个方面：其一是**产品组合的广度**，即组合包含的产品线数目；其二是**产品组合深度**，即各条产品线包含的产品项目数目；其三是**产品组合密度**，即产品线之间在技术、用途、销售渠道等方面的关联程度。

A. 产品组合扩展策略。指企业通过增加新的产品线和增加线内项目，拓展产品组合的广度和深度。

● 产品组合拓宽策略。增加全新产品系列，向多样化方向发展。

● 产品线向上延伸策略。又称产品线高档化决策，指企业在市场定位上处于低级、低档，欲图打进高级、高档产品市场而使原有产品线向高质、高价方向扩展，借此提高声誉、增加收入，同时满足顾客对高档产品的需求，带动低档产品的销售。

● 产品线向下扩展策略。又称产品线低档化决策，指定位于高级、中级市场的企业向低级市场拓展其产品项目的策略。取此策略的动机有几种：其一是反击竞争对手产品线向上扩展；其二是为了树立企业形象，起初涉足高级市场，然后向下扩展；其三是为了填补市场空隙而拓展低档产品项目，堵住竞争对手的"可乘之机"。

● 产品线填补策略。指在现有产品线范围内增加一些项目的策略。取此策略可以充分利用剩余生产能力获取增量利润，争取成为领先的产品线，提高公司声誉，填补市场空隙不让竞争对手有空可钻。但是切勿为了填补而填补，主要应依据市场是否存在着对填补项目的需求，又要防止新项目上市后与现有项目间"兄弟相残"，以致得不偿失。

B. 产品组合收缩策略。指企业通过删除产品线和线内项目压缩产品组合的广度和深度。

● 产品组合削减策略。压缩产品系列，向专业化方向发展。

● 产品线削减策略。指根据市场需要情况，把产品线上那些销势疲软、利润减少的项目削减掉，从而保持长期的丰厚利润的策略。这条策略也可用于另一情况，即公司生产能力有限，不可能确保产品线上所有产品的生产都能达标，只好把其中利润较低的项目削减掉，以维持利润较高产品的生产和销售，取得集中力量于有利产品的优势。这种削减幅度有时很大。

C. 产品线现代化策略。指产品线上的设备升级换代，并生产出升级换代产品的策略。这条策略在高技术产品领域尤为重要。在竞争激烈的现代市场，企业决胜之策很多，但产品的升级换代则是其中根本之策。但采取此策略的时机把握上极有讲究，决策者必须确切了解消费者需求、市场需要的结构变化态势，对竞争对手正在干什么以及产品生命周期等作综合考虑。

（2）价格策略。企业定价是一项很复杂的工作，从成功企业营销的定价实践看，下述基本程序是可资借鉴的。

① 明确目标市场。目标市场是企业商品与劳务的销售对象，只有经过细分以企业优势选定目标市场，掌握目标顾客基本特征、需求程度、需求潜量、需求目标、购买力水平和风俗习惯等情况，才能准确进行价格定位。

② 分析产品定价的影响因素。现代市场营销学认为，产品的价格是市场营销组合的因素之一，产品的畅销还有赖于其他组合因素的配合。因此，现代企业的价格是多种因素综合作用的结果，定价时须考虑多种因素的影响，包括产品成本、产品的供求状态与供求弹性、市场竞争状况等。由此形成了企业定价的三原则：保证企业收益，顺应顾客需求，适应竞争需要。

③ 确定定价目标。目标的确定是关系价格有效性的关键，定价目标的选择一般以影响企业生存和发展的重大因素为依据。企业的定价目标是指企业为实现其经营目标而对产品定价提出的总要求，它是指导企业进行价格决策的依据，也是企业进行价格决策的首要过程。一般来说，定价目标可分为利润目标、销量目标和竞争目标三大类。

④ 选择定价方法。定价方法是在特定的定价目标指导下，依据对影响价格因素的综合分析，运用价格决策理论，进行价格计算的具体方式。根据前述影响价格的三要素，营销定价方法可概括为三大类：

A. 成本导向定价法。该定价方法以成本作为制约产品定价的最主要因素，在成本基础上加上目标盈利，从而计算出产品的售卖价格。

B. 需求导向定价法。需求导向定价法是企业根据消费者可能接受的价格水平进行定价的方法，它与成本导向定价法的程序正好相反。

C. 竞争导向定价法。竞争导向定价法是指企业以竞争对手的同质产品价格为依据来制订本企业产品价格的方法。

⑤ 确定定价策略。由于产品目标市场的需求状况、竞争状况以及企业成本因素经常发生变化，因此，企业对上述定价方法在具体运用时，还必须灵活巧妙地选择相应的定价策略，从而使产品的价格最有利于实现企业营销的价格目标。

⑥ 价格调整。产品价格制定之后，由于市场环境的变化，企业需及时根据市场需求状况、竞争者情况和产品成本的变动等因素及时对产品的价格进行调整，以便企业更好地适应需求和成本的变化，给企业创造新的市场机会。

▶【同步案例 1-1】

让一分利给顾客

背景与情境： 吉诺·鲍洛奇是 20 世纪六七十年代美国零售业大王。有一次公司生产的一种蔬菜罐头上市，市场同类产品的价格几乎都在每罐 0.5 美元以下，公司营销人员建议定价为每罐

0.47~0.48美元,但鲍洛奇却将价格定为每罐0.59美元,并进行了"让一分利给顾客"的促销活动,而且不轻易降价,企业很快占领了市场。

(资料来源:厚利之策,让一分利给顾客[EB/OL].(2012-09-01)[2014-08-08]. http: //www.worlduc.com/blog 2012.aspx?bid=10711092)

问题:吉诺·鲍洛奇的做法是否可以长期坚持下去,对企业发展有何影响?

分析提示:吉诺·鲍洛奇坚持优质优价的定价策略,在市场竞争中是否可以长期坚持,取决于能否提供优质产品并维持高端形象。如能长期坚持,则会使得企业的长期发展避开低端市场的残酷竞争。

(3) 分销策略。

① 分销渠道含义。**分销渠道**是指企业的产品(或劳务)从生产者向最后消费者或工业用户直接转移所有权或间接转移所有权时,所经过的由企业内部的机构和外部的中间商组成的通道。其主要功能在于调节生产和消费在时间、空间、数量等方面的矛盾。以最节省的时间、最合理的环节、最经济的费用,实现产品的价值。分销渠道一般都有如下的特征:首先,分销渠道由参加产品转移的多种类型的社会组织所构成。其次,每一条分销渠道的起点都是生产者,终点都是最后消费者或最终用户。最后,分销渠道又是多种物质或非物质形式的运动"流"的载体。

② 分销渠道决策。包括基本策略和策略优化两部分。

A. 分销渠道的基本策略。分销渠道的类型和策略,可以从不同的角度,按不同的标准进行剖析和选择,主要包括以下四个方面:

• 直接渠道和间接渠道(直分决策)。这种划分是看企业在其分销活动中是否通过中间商。直接渠道是指商品从生产领域转移至消费领域时不经过任何中间商转手的直销渠道。间接渠道则是指商品从生产领域转移至消费者或用户手中经过若干中间环节的分销渠道。

• 长渠道和短渠道(长度决策)。渠道长度是指企业在纵向上配置的不同类型中间商的层次数,通常称作阶数。对于间接渠道来讲,根据其介入的中间商层次的多少可分为长渠道和短渠道。长渠道是指生产者经过两道以上的中间环节,把产品销售给消费者;而短渠道则指生产者没有或只经过一个中间环节,把商品销售给消费者。

• 宽渠道和窄渠道(宽度决策)。渠道宽度是指组成每个层次的同种类型中间商数目的多少,可分为宽渠道和窄渠道。一般来说,使用的同类中间商越多,企业在市场上的分销面就越广;反之,则越窄。

• 单渠道和多渠道(广度决策)。渠道广度是指生产者所采用的渠道类型的多少,分销渠道可以分为单渠道和多渠道。如果企业将所有产品由自己直销或全部交给批发商经销,则称之为单渠道。如果企业对不同产品,在不同区域采用不同渠道模式或在同一层次中利用不同类型的销售组织,则称之为多渠道分销。

B. 分销渠道策略优化。在买方市场条件下,企业选择正确的分销渠道是使产品有效地达到目标市场的关键问题。在产品的市场投入期,选择合适的分销渠道,能够使消费者迅速接受新产品;在成长期,选择合适的分销渠道有利于扩大商品销售。总之,在制造商和消费者之间必须有最迅速、最节省、最准确的分销渠道。

在确定分销渠道模式的基础上，企业还要选择和决定具体的渠道对象，即选择哪些中间商来销售本企业的产品。合理地选择分销渠道，实施分销渠道策略是顺利实现产品价值的前提和关键。企业在选择分销渠道之前，应综合分析影响分销渠道选择的各种因素，详细了解市场营销环境，以便做出正确的决策。影响企业选择分销渠道的因素很多，主要有如下几大类：

- 产品因素。包括产品的单价、体积、重量、物化性能、通用性等。
- 市场因素。包括用户数量与分布、购买习性、市场竞争状况等。
- 企业自身因素。包括企业的规模、管理能力及控制渠道的愿望等。
- 国家政策因素。包括税收法、商品检验法、出口法等。

▶【同步业务 1-2】

> ××啤酒厂商做南方市场，采取酒店推销的形式销售其中档啤酒，屡屡受挫。请你为该企业制订销售策略。
>
> **业务分析**：××啤酒属中档产品，适合讲究实惠的消费者消费，据此选择目标市场的产品销售渠道模式。
>
> **业务程序**：按照消费者群对酒类市场进行调查和细分，确定该啤酒的目标市场，针对目标市场选择分销方式。
>
> **业务说明**：根据调查统计，除公款外，中高档酒水自带率平均达60%，尤其是家宴和会议招待均为自带酒水，而在自带酒水的顾客中，有80%以上的人是在酒店附近的烟酒店里购买，然后带入酒店内消费。据此可知，××啤酒目标市场是自带酒水的顾客，以此应把销售的重点放到以目标酒店为中心，半径500米左右的烟酒专卖店，或许能够打开销量。

（4）促销策略。

① 促销概念。企业不仅要开发出适合其目标市场需要的产品，并定出合理的价格让目标顾客所接受，还要与它的顾客"沟通"。促销是企业为了诱导顾客购买其产品或劳务，借助人力和非人力的方式所进行的说服沟通活动。促销的核心是与中间商、消费者、公众进行信息沟通；促销的手段是借助推销员、营业员和市场服务人员进行人力推销，以及推出有效的广告、设计营业推广方案、组织公关活动等展开非人力促销；促销的目标是说服诱导顾客购买。

② 促销组合及其策略。促销组合是指企业在市场营销活动中，有计划、有目的地把人员推销、广告宣传、营业推广和公共关系诸形式配合起来综合运用所形成的一个完整的促销策略。从指导思想上分析，促销组合包括推动策略和拉引策略两方面的内容。

推动策略是指工商企业利用推销人员将产品推入渠道。即生产者将产品积极推销给批发商，批发商又积极推销给零售商，零售商再将产品推向消费者。常用策略有走访销售法、示范推销法、网点销售法和服务销售法等。

拉引策略是指企业针对最终消费者，将大量资金用于从事广告宣传、营业推广和公关活动，引发消费者对产品的兴趣和购买欲望，进而向零售商提出购买要求。零售商会向批发商或生产企业要求进货，从而推动整个分销系统。常用的策略有会议推销法、广告促销法、代销试销法、信誉销售法等。

▶【职业道德与营销伦理 1-1】

虚 假 广 告

背景与情境：某市工商局发出 2012 年第一号虚假违法广告公告（在主要媒体发布），本次公告案例涉及电视、报纸、互联网、印刷品等多个媒体，涵盖了食品、保健用品、药品、收藏品、餐饮、医疗服务、教育培训、留学中介等多个民生热点领域，内容大多虚假不实和夸大。曝光的虚假广告包括：

1. 江中牌儿童健胃消食片虚构销量广告
2. 百脉淤痛贴保健用品夸大功效广告
3. 好尔多糖初乳粉保健食品夸大功效广告
4. SAMPAR 欣蔓纯美平衡祛痘印液化妆品夸大功效广告
5. 张玉珊修身堂美容服务虚构企业负责人社会职务广告
6. 天材教育超越经营范围，虚构师资力量广告
7. "复旦名师精品课程"教育培训服务超越经营范围，夸大师资和教学效果广告
8. 启德教育服务公司虚构留学中介资质广告
9. 上海英港泌尿外科医院虚假医疗广告
10. 松丰齿科洗牙套餐医疗服务虚构团购数据广告
11. 阿一海鲜酒家虚构食源地广告
12. "中国红"钱币纪念册等收藏品虚构收藏事实广告

（资料来源：沈文林. 上海工商曙光修身堂等 12 则虚假广告案例 [EB/OL]. (2012-03-08) [2014-08-08]. http://shanghai.xinmin.cn/msrx/2012/03/08/13951634.html）

问题：如何才能避免因虚假广告等制造的"促销陷阱"引起消费者不信任感而削弱企业促销的效果？

分析提示：如上述媒体曝光案例，社会上虚假广告屡禁不止，扰乱视听，不但动摇消费者信心，而且极大伤害诚信经营的企业。为此，厂商与媒体应加强自律约束，诚信经营，保证促销信息的真实，才能在消费群体中树立起好的口碑，最终达到促销的目的。同时政府应强化法律法规的硬约束，净化市场环境。

3. 市场营销策划

市场营销策划主要内容包括：营销环境分析、营销目标确定、市场细分与目标市场选择、营销组合设计、实施方案策划。其程序如图 1-2 所示：

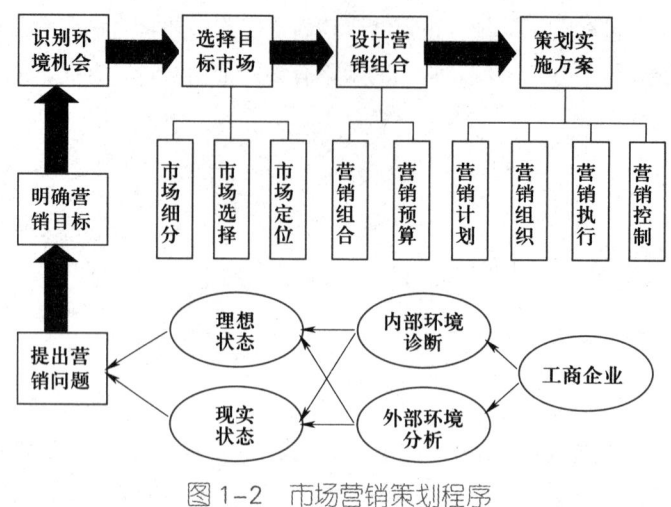

图 1-2　市场营销策划程序

▶【同步业务 1-3】

　　××多元化经营的公司，产品组合中有大型设备和标准件等工业品，还有高档礼品和日用品等消费品，请你为该企业策划营销方案提出建议。

　　业务分析：产品性质不同，面对的目标顾客不同，因而应对策略就不同，应根据产品组合与市场特征分析来确定市场营销组合。

　　业务程序：按照市场调查、市场细分，确定目标市场，针对目标市场制订价格、渠道和促销策略。

　　业务说明：工业品用户少而集中，购买批量较大，大型设备宜采用直接渠道，标准件可采用间接的、短和窄的渠道，促销采取推动策略；消费品用户多而分散，购买批量较小，宜采用间接渠道，其中高档礼品可采用较窄的专营分销，日用品可采用既长又宽的密集型分销渠道，促销采取拉引策略。

▶ 1.2　网络营销含义与内容体系

▶ 1.2.1　网络营销概念解读

　　综观现有专著教材、期刊文章、互联网上资料的各种观点，"网络营销"目前不仅没有形成一个公认的、完善的定义和完整的体系，而且在不同时期、从不同的角度对网络营销的内涵和实质有不同理解，这种状况主要是因为网络营销环境在不断发展变化，各种网络营销模式不断出现，并且网络营销涉及多个学科的知识，不同研究人员具有不同的知识背景，因此在对网络营销的研究方法和研究内容方面必然会产生差异。为了理解网络营销的全貌,有必要为网络营销下一个比较合理的定义。

本书将"网络营销"定义如下:**网络营销**是指企业面对互联网环境,在整体营销战略规划指导下,将传统市场营销理论予以继承和延伸,综合运用各种信息技术作为营销工具,为实现企业营销目标而进行的一系列活动过程。据此定义,可以得出以下认识:

1. 网络营销是企业整体营销战略的重要组成部分

网络营销理论是传统营销理论在虚拟的互联网环境中的应用和发展,借助信息技术,主要是网站、E-mail、搜索引擎和网络广告等手段实现营销组合"4P"功能,网络营销活动不可能脱离一般营销环境而独立存在。对于不同的企业,网络营销所处的地位有所不同,以经营网络服务产品为主的网络公司,更加注重网络营销策略;而在传统的工商企业中,网络营销通常只处于辅助地位。由此也可以看出,网络营销与传统市场营销策略之间并没有冲突,但网络营销依赖互联网应用环境而具有自身的特点,因而其有相对独立的理论和方法体系。

2. 网络营销不只是网上销售

网上销售是网络营销发展到一定阶段产生的结果,网络营销是为实现网上销售目的而进行的一项基本活动,但网络营销本身并不等于网上销售。这可以从两个方面来说明:一方面,因为网络营销的效果可能表现在多个方面,如企业品牌价值的提升、拓展对外信息发布的渠道、加强与客户之间的沟通。作为一种对外发布信息的工具,网络营销活动并不一定能实现网上直接销售的目的,但是,很可能有利于增加总的销售,加强与客户之间的沟通。另一方面,网上销售的推广手段也不仅仅靠网络营销,许多企业网站根本不具备网上销售产品的条件,在把网站作为企业发布产品信息渠道,通过网站推广手段宣传产品的同时,往往还要采取许多传统的方式,如传统媒体广告、发布新闻、印发宣传册等。

3. 网络营销不等于电子商务

网络营销和电子商务既紧密相关又有明显区别。网络营销与电子商务面对的都是互联网环境,都要运用以信息技术为主的各种先进科技手段。两者的区别主要体现在研究范围方面,电子商务指的是商务活动电子化,而商务活动则涵盖企业各种经营活动,涵盖生产、财务、营销等交易过程的各个环节。网络营销的定义已经表明,网络营销是企业整体营销战略的一个组成部分。可见,无论传统企业还是基于互联网开展业务的企业,也无论是否具有电子化交易的发生,都需要网络营销。但网络营销本身并不是一个完整的商业交易过程,它为促成交易提供支持,是电子商务中的一个重要环节。尤其在交易发生之前,网络营销发挥着主要的信息传递作用。网络营销和电子商务的这种关系也表明,发生在电子交易过程中的网上支付和交易之后的商品配送等问题并不是网络营销所能包含的内容,同样,电子商务体系中所涉及的安全、法律等问题也不适合全部包括在网络营销中。

4. 网络营销是对网上经营环境的营造

企业网上经营环境由网络服务环境、上网用户数量、合作伙伴、供应商、销售商、相关行业的网络环境等因素构成。网络环境为企业开展网络营销活动提供了潜在用户,以及向用户传递营销信息、建立顾客关系、进行网上市场调研等各种营销活动的手段和渠道。企业的网络营销活动也是整个网络环境的组成部分,开展网络营销的过程,就是与这些环境因素建立关系的过程,这些关系发展好了，网络营销才能取得成效。例如，网站推广常用的搜索引擎策略和网站链接策略的实施，也就是和搜索引擎服务商以及合作伙伴之间建立良好关系的过程，网站访问量的增长以及网上销售得以实现都是对网上经营环境营造的结果。因此，网络营销是对企业网上经营环境的营造过程，也就是综合利用各种网络营销手段、方法和条件并协调其间的相互关系，从而更加有效地实现企业的营销目标。

▶ 1.2.2 网络营销基本特征

随着互联网技术发展的成熟以及联网成本的低廉，互联网像一种"黏合剂"，将政府、企业以及个人跨时空联结在一起，使得他们之间信息的交换变得容易。市场营销中最重要也最本质的是企业和顾客之间进行信息传播与交换。如果没有信息交换，交易就成了无本之木。营销理论和互联网发展使得网络营销具备了以下特性：

（1）全球性。由于互联网具有超越时间约束和空间限制进行信息交换的功能，其连通性与开放性决定了网络营销的跨国性和全球性。在此之前，任何一种营销理念和营销方式，都是在一定的范围内去寻找目标客户。而网络营销，却是在一种无国界的、开放的、全球的范围内去寻找目标客户。市场的广域性、文化的差异性、交易的安全性、价格的变动性、需求的民族性、信息价值跨区域的不同增值性及网上顾客的可选择性等，都给网络经济理论和网络营销理论研究提供了广阔的发展空间与无尽的研究课题。

（2）整合性。在网络营销的过程中，将对多种资源进行整合，将对多种营销手段和营销方法进行整合，将对有形资产和无形资产的交叉运作和交叉延伸进行整合。这种整合的复杂性、多样性、包容性、变动性和增值性具有丰富的理论内涵。互联网上的营销可由商品信息发布至收款、售后服务一气呵成，因此也是一种全程的营销。企业可以借助互联网将不同的传播营销活动进行统一设计规划和协调实施，以统一的传播活动向消费者传达信息，避免不同传播的不一致性产生的消极影响。

（3）交互式。互联网可以展示商品目录，联结资料库提供有关商品信息的查询，可以和顾客做互动双向沟通，可以收集市场情报，可以进行产品测试与消费者满意调查等。它是产品设计、商品信息提供以及服务的最佳工具。

（4）高效性。计算机可存储大量的信息，并代消费者查询，可传送的信息数量与精确度远超过其他媒体，并能适应市场需求，及时更新产品或调整价格。网络营销有利于及时、有效地了解并满足顾客的需求。

（5）经济性。形成和促成网络营销经济性的诸多原因，如资源的广域性、地域价格的差异性、交易双方的最短连接性、市场开拓费用的锐减性、无形资产在网络中的延伸增值性，以及所有这一切对网络营销经济性的关系和影响，越来越清晰地、鲜明地显现出来。具体来说，通过互联网进行信息交换，代替以前的实物交换，一方面可以减少印刷与邮递成本，可以无店面销售，免交租金，节约水电与人工成本，另一方面可以减少由于迂回多次交换带来的损耗。

（6）技术性。网络营销是建立在高技术作为支撑的互联网的基础上的，企业实施网络营销必须有一定的技术投入和技术支持，改变传统的组织形态，提升信息管理部门的功能，引进懂营销与电脑技术的复合型人才，未来才能具备市场的竞争优势。

▶【教学互动 1-3】

互动内容：怎么理解网络营销的交互式特征？在网购中与商家互动有何体会？
要求：同"教学互动 1-1"的要求。

▶ 1.2.3 网络营销的内容体系

网络营销作为依托互联网的新的营销方式和手段，有利于实现整体经营效益最大化目标，其内容非常丰富。

（1）网络环境调研。指企业利用互联网和企业站点的交互式的信息沟通渠道来收集网络宏观与微观环境因素、消费者和竞争对手的市场信息并进行分析研究。主要包括网络数据库的利用、网上调查问卷、网上市场调研等。相对传统市场调研，网上调研具有高效率、低成本的特点，因此，网上调研成为网络营销的主要职能之一。网络营销的目标顾客是因特网用户，深入了解其需求特征、购买动机和购买行为模式，也成为网络营销成功的关键所在。

（2）网络营销基本方法应用。包括搜索引擎、关键词搜索、网络广告、TMTW 来电付费广告、交换链接、信息发布、邮件列表、许可 E-mail 营销、移动营销、博客营销、会员制营销、病毒式营销等。

（3）网络营销组合策划。企业实施网络营销需要进行投入，而且也会有一定的风险，必须考虑各种因素对网络营销策划的影响，从而进行与企业所处地位相适应的网络营销组合策划。包括：网络营销产品策划、网络营销价格策划、网络营销渠道策划、网络营销促销与沟通策划。

（4）网络广告的制作与发布。信息发布是网络营销的基本职能，网络广告是进行网络营销最重要的促销工具，是在第五类媒体上发布的广告，有交互性和直接性的特点，具有在报纸、杂志、无线电广播和电视等传统媒体发布广告所无法比拟的优势。

（5）网站的建设与推广。企业站点是开展网络营销的主要场所，是企业与消费者交流的平台，是网络营销的基石。内容主要有域名策划、网站内容策划和网站推广策略。网站所有功能的发挥都要一定的访问量为基础，所以，网站推广是网络营销的核心工作。通过一系列的推广措施，达到顾客和公众对企业的认知和认可，树立品牌形象。

（6）在线客户服务管理。顾客关系对于培养顾客的长期价值具有至关重要的作用。通过网络营销的交互性功能和良好的顾客服务手段增进顾客关系，成为网络营销取得长期效果的必要条件。在线客户服务为建立顾客关系、提高顾客满意度和忠诚度提供了更为有效的手段，具有成本低、效率高的优点，在提高顾客服务水平方面具有重要作用，同时也直接影响到网络营销的效果。

（7）网络营销策划与管理。企业开展网络营销，必须事先进行充分的准备，进行完善的策划，才有可能成功。

▶ 1.2.4 网络营销对传统营销的影响

1. 网络营销对传统营销的冲击

传统营销致力于建立、维持和依赖层层密布的分销渠道，在市场上投入大量促销费用。在网络时代，人员推销、市场调查、广告促销、经销代理等传统营销手法，将与网络相结合，并充分运用互联网上的各项资源，形成以最低成本投入获得最大市场销售量的新型营销模式。网络营销将在以下几个方面对传统营销策略带来冲击：

（1）对传统产品策略的冲击。作为一种新型媒体，互联网可以在全球范围内进行市场调研。通过互联网厂商可以迅速获得关于产品概念和广告效果测试的反馈信息，也可以测试顾客的不同认同水平，从而更加容易地对消费者行为方式和偏好进行跟踪。因而，在大量使用互联网的情况下，对不同的消费者提供不同的商品将不再是天方夜谭。著名的 Dell 公司在网上进行的计算机设备直销，并不规定统一的内在配置，而是可以由客户自己按照需要提出一个设备的配置方案和要求，公司再根据客户的需求进行生产和销售。这种顾客化方式的驱动力是最终消费者，而非按惯例由国外分销商的兴趣决定。同时，互联网的新型沟通能力又加速了这种趋势。因此，怎样更有效地满足各种个性化的需求，是每个上网公司面临的一大挑战。

（2）对传统定价策略的冲击。如果公司某种产品的价格标准不统一或经常改变，客户将会通过互联网认识到这种价格的差异，并可能因此而对公司产生不满。所以相对于目前的各种传统媒体来说，互联网的先进的网络浏览功能会使变化不定的且存在差异的价格水平趋于一致。这将对有分销商分布在海外并在各地采取不同价格的公司产生巨大冲击。例如：如果一个公司对某地的顾客提供 20% 的价格折扣，那么在世界各地的互联网用户都会了解到这项交易，从而可能会影响到那些通过分销商或本来并不需要折扣的业务。另外，通过互联网搜索特定产品的代理商也将认识到这种价格差别，从而加剧了公司采取价格歧视策略的不利影响。总之，互联网将导致国际间的价格水平标准化或至少缩小国别间的价格差别。这对于执行差别化定价策略的公司来说确实是一个严重的问题。

（3）对传统分销策略的冲击。在网络的环境下，生产商可以通过互联网与最终用户直接联系，因此，中间商的重要性将有所降低。这种情况会造成以下两种后果：一是由跨国公司所建立的传统的国际分销网络对其他小竞争者或新的进入者造成的进入障碍将明显降低。二是对于目前直接通过互联网进行产品销售的生产商来说，其售后服务工作是由各分销商承担，但随着他们代理销售利润的消失，分销商将很有可能不再承担这些工作，所以在不破坏现存营销渠道的情况下，如何提供这些售后服务将是网上公司不得不面对的又一问题。

（4）对传统促销策略的冲击。网络营销使强制式促销转向加强与消费者沟通和联系，传统的促销是以企业为主体，通过一定的媒体或人员对消费者进行强制式的灌输，以加强消费者对其企业和产品的接受度和忠诚度，消费者完全处于被动状态，缺乏企业与消费者之间的沟通和联系，这种促销方式使企业的促销成本逐年上升。而网络营销是一对一和交互式的营销方式，消费者完全可以参与到企业的营销活动中来。因此，企业借助互联网络更能加强自己与消费者的沟通和联系，能了解消费者的需求，也更易引起消费者的认同。

2. 网络营销与传统营销的整合

与传统营销相比，网络营销作为一种新的营销理念和策略，有许多与生俱来、令传统营销方式可望而不可即的优势。网络营销与传统营销只能是一个整合的过程——即使在今后可预见的很长一段时期，网络营销和传统营销也将互相影响、互相补缺和互相促进，直到将来最后实现相互融合的内在统一——并非网络营销取代传统营销。其理由如下：

（1）到目前为止，互联网上的电子商务市场仅仅是整个商品市场的一部分，从电子商务市场的交易金额来看，还仅仅占有整个市场交易金额的一小部分。

（2）互联网作为一种有效的营销渠道有着自己的特点和优势，但许多消费者由于个人生活方式的原因不愿意接受或者使用新的沟通方式和营销渠道。例如许多消费者习惯于在传统的商场里边购物边休闲而不愿意在网上购物。

（3）互联网作为一种有效沟通方式，虽然可以使企业与用户相互之间方便地直接进行双向沟通，但有些消费者因个人偏好和习惯，仍愿意选择传统方式进行沟通。例如目前许多报纸已经发行了网上电子版本，但是并没有冲击报纸原来的印刷出版业务，相反起到相互促进的作用。

（4）营销活动所面对的是有灵性的人，而互联网只是一种工具，因此传统的以人为本的营销策略所具有的独特的亲和力是网络营销所无法替代的。随着网络技术的发展和网络社会的进步，虽然互联网将逐步克服其不足之处，但是，网络营销与传统营销在相当长的一段时期内将是一种相互促进和补充的关系。因此，企业在进行营销活动时应根据企业的经营目标来进行市场细分，并恰当地整合网络营销和传统营销的策略，以最低成本达到最佳的营销目标。

虽然已经有越来越多的公司开始认识到利用因特网的必要性，但只有很少一部分公司认识到将网络与传统营销整合起来的重要性。按照美国Matrixx营销公司的调查，还有不少被调查公司没有将网络用于顾客的服务体系当中，这些公司只将因特网看作一个销售工具。正确的观点应该是：网络营销应该支持公司的整个营销体系，网络只是营销海洋的一个水域，它不是唯一的解决方案，而是整体方案的一部分，网络营销必须与公司的战略策划相互匹配和相互支撑，最终将网络整合到整个公司营销计划之中。

▶【同步思考 1-2】

目前很多人认为电子商务就是开个网店卖东西，并将市场营销理解为推销。对于网络营销，大家就顺理成章地认为是在网上推销商品。

问题：该观点是否正确？为什么？

理解要点：网络营销作为市场营销与电子商务两个专业的交叉课程，必然与两者存在某种联系，但绝不能简单地将其理解为网上推销。网络营销实际是依托互联网平台，充分利用各种信息技术手段开展营销活动，属于企业整体营销的有机组成部分。

▶ 1.3 网络营销发展历程与展望

▶ 1.3.1 网络营销诞生及其演变

网络营销在国外有许多译法，如 CyberMarketing、InternetMarketing、NetworkMarketing、E-Marketing 等。不同的单词词组有着不同的含义，目前，比较习惯采用的翻译方法是 E-Marketing，E- 表示电子化、信息化、网络化的含义，既简洁又直观明了，而且与电子商务（E-Business）、电子虚拟市场（E-Market）等相对应。网络营销是伴随互联网进入商业应用和信息技术的发展逐渐诞生与发展的，尤其是万维网（WWW）、电子邮件、搜索引擎等得到广泛应用之后，网络营销的价值才越来越明显。电子邮件虽然早在 1971 年就已经诞生，但在互联网普及应用之前，并没有被应用于营销领域，到了 1993 年，才出现基于互联网的搜索引擎，1994 年 10 月网络广告诞生，1995 年 7 月全球最大的网上商店亚马逊成立。1994 年被认为是网络营销发展的重要一年，因为网络广告诞生的同时，基于互联网的知名搜索引擎 Yahoo!、Webcrawler、Infoseek、Lycos 等也相继在 1994 年诞生，另外，美国亚利桑那州两位从事移民签证咨询服务的律师 LaurenceCanter 和 MarthaSiegel 通过互联网发布 E-mail 广告，只花费了 20 美元的上网通信费用就吸引来 25 000 名客户，赚了 10 万美元。由于这次事件所产生的影响，人们才开始认真思考和研究网络营销的有关问题，网络营销的概念也逐渐开始形成。从这种事实来看，可以认为网络营销诞生于 1994 年。

此后，随着企业网站数量和上网人数的日益增加，各种网络营销方法也开始陆续出现，网络营销进入了快速发展时期。

▶ 1.3.2 我国网络营销发展历程

相对于互联网发达国家，我国的网络营销起步较晚，到目前为止，我国的网络营销大致可分为三个发展阶段：播种期、萌芽期、发展应用期。

1. 我国网络营销的播种期（1997 年之前）

中国国际互联网 1994 年 4 月 20 日正式开通，网络营销是随着互联网的应用而逐渐开始为企业所重视的。1997 年之前，中国并没有清晰的网络营销概念和方法，也很少有企业将网络营销作为主要的营销手段。在早期有关网络营销的文章中，经常会描写某个企业在网上发布商品供应信息，然后接到大量订单的故事，并将互联网的作用人为地加以夸大，给人造成只要上网就有滚滚财源的印象。其实，即使那些故事是真实可信的，也都是在互联网上信息很不丰富的时代发生的传奇，别人也无法从那些故事中找出可复制的、一般性的规律。在很大程度上，早期的"网络营销"更多的具有神话色彩，与网络营销的实际应用还有很大一段距离，何况无论是学术界还是企业界，大多数人对网络营销的概念还相当陌生，更不用说将网络营销应用于企业经营了。在网络营销的传奇阶段，虽然概念和方法不明确，产生效果主要取决于偶然因素，但毕竟在我国网络营销的沃土中播下了良种。

2. 中国网络营销的萌芽期（1997—2000 年）

根据中国互联网络信息中心（CNNIC）发布的《第一次中国互联网络发展状况调查统计报告（1997 年 10 月）》的结果，到 1997 年 10 月底，我国上网人数为 62 万人，WWW 站点数约 1 500 个。无论上网人数还是网站数量均微不足道，但发生于 1997 年前后的部分事件标志着中国网络营销进入萌芽阶段，如网络广告和 E-mail 策略在中国的诞生、电子商务的促进、网络服务如域名注册和搜索引擎的涌现等。到 2000 年年底，多种形式的网络营销被应用，网络营销呈现出快速发展的势头并且有逐步走向实用的趋势。与我国网络营销密切相关的事件包括：

（1）网络广告和 e-mail 策略的诞生。1997 年 2 月，chinabyte 正式开通免费新闻邮件服务，到同年 12 月，新闻邮件订户数接近 3 万；1997 年 3 月，在 chinabyte 网站（http://www.chinabyte.com）上出现了第一个商业性网络广告；1997 年 11 月，国内首家专业的网络杂志发行商索易开始提供第一份免费网络杂志，到 1998 年 12 月，索易获得第一个邮件赞助商，这标志着我国专业 e-mail 策略服务的诞生；还有一些外资 e-mail 策略专业服务商如"现在网"（http://www.xianzai.com）等，也在 1997 年相继诞生，在 e-mail 策略服务的规范操作中发挥了积极作用。发生于 1997 年中的几项重要事件为网络营销从概念进入实用发挥了一定的启蒙作用，这也是国内早期网络营销的萌芽。

（2）电子商务网站对网络营销的推动。1995 年 4 月，第一家网上中文商业信息站点"中国黄页"（http://www.chinapages.com）开通。这是国内最早的企业信息发布平台，上网的企业通过这个平台了解了最基本的网络营销手段——发布供求信息，这种简易的网络营销方法现在仍然为许多企业所采用。在随后的几年中，不断出现各种专业的商贸信息网，既有各个行业的专业门户网站，也有综合性的商业信息供求平台。1999 年，以阿里巴巴为代表的一批 B2B 网站不仅让企业间电子商务概念热火朝天，也为中小企业开展网络营销提供了广阔的空间。电子商务的另一个重要分支网上零售（B2C、C2C）的发展也对网络营销概念的推广起了积极的推动作用。1999 年之后，中国电子商务开始迅速发展，以网上零售为例，其标志是诞生了以 8848 为代表的一批电子商务网站，风险投资大量投向 B2C 网站，媒体将电子商务吹捧上了天，虽然这些并不表明网上零售业当时的真实情况，不过在客观上为网络营销概念的传播发挥了一定的作用。

（3）企业网站建设从神话到现实。1997 年前后，网站建设是一项技术性非常强的工作，非一般企业电脑操作人员所能掌握。作为企业建立网站必不可缺少的域名注册也是国内企业感到困难的事情，不仅费用昂贵而且注册非常麻烦，建立网站服务器的价格更是让一般企业难以承受，同时还存在着网络接入通信费用高昂的问题。这些客观因素严重制约着网络营销从神话走入现实的步伐。一些企业尝试利用网络服务商提供的免费个人主页空间和免费电子邮箱作为网络营销的基本工具，开展网络营销的方法也无非到一些免费信息发布平台和网络社区张贴商品信息。这种游击战方式的网络营销很难为企业带来实际的效果，从而使得一些企业对早期的网络营销失去了兴趣。随着中国频道、新网、万网等一批域名注册和虚拟主机服务商的诞生及其销售服务体系的建立，企业建站的域名注册和空间租用问题变得简单了，基于企业网站的网络营销因此才逐渐成为网络营销的基本策略。

（4）搜索引擎对网络营销的贡献。1998 年之前，一些网络营销从业人员和研究人员将网络营销主要理解为网址推广，其核心内容是网站设计的优化以及搜索引擎注册和排名。当时的一些观点甚至认为，只要可以将网址登录到雅虎网站（http：//www.yahoo.com）并保持排名比较靠前，网络营销的任务就算基本完成，甚至就意味着网络营销已经取得了成功。这种主要依赖搜索引擎来进行网站推广的阶段可称为传统网络营销阶段。1997年前后，除了中文雅虎之外，国内也出现了一批影响力比较大的中文搜索引擎，如搜狐、网易搜索引擎、常青藤、搜索客、北极星、若比邻等，并且为企业利用搜索引擎开展网络营销提供了最初的试验园地。后来随着门户网站的崛起和搜索技术的迅猛发展，尤其是2000年Google中文网站的开通以及百度搜索引擎的出现，使得一些早期的搜索引擎在2000年之后开始日渐衰退甚至销声匿迹。到2000年年底，中国的网络营销应用已经具备了基本的外部环境，一些新的网络营销方法如会员制营销等也开始在国内的网站出现，但总体来说网络营销仍处于概念阶段。总体上来说，2000年是网络营销开始走向实际应用的一个重要转折时期，为网络营销进入应用和发展打下了一定基础。

3. 中国网络营销的应用和发展期（2001年至今）

进入21世纪之后，网络营销已不再是空洞的概念，而是进入了实质性的应用和发展时期。其主要特征表现在六个方面：

（1）网络营销服务市场初步形成。2001年之后，以"企业上网"为主要业务的一批专业服务商开始快速发展，一些公司已经形成了在该领域的优势地位，这种状况也标志着国内的网络营销服务领域逐渐开始走向清晰化。域名注册、虚拟主机和企业网站建设已经比较成熟，成为网络营销服务的基本业务内容。其他比较有代表性的网络营销服务包括大型门户网站的分类目录登录、专业搜索引擎的关键词广告和竞价排名、供求信息发布等，另外一些比较重要的领域如专业E-mail策略、电子商务平台等也取得了明显的发展，并出现了一批具有较高知名度的规范的服务商。另一方面，以出售收集邮件地址的软件、贩卖用户邮件地址、发送垃圾邮件等为主要业务的"网络营销公司"也在悄然发展，成为网络营销服务健康发展的障碍。

（2）网站建设已成为企业网络营销的基础。根据中国互联网信息中心的统计报告，2001—2012年我国的WWW网站数量从24万个发展到268万个，其中绝大多数为企业网站，企业网站数量在快速增长，这也反映了网站建设已经成为企业网络营销的基础。

（3）网络广告形式和应用不断发展。21世纪的前几年，国内网络广告市场虽然也受到网络经济滑坡的影响，但仍然保持一定的增长。更重要的是，网络广告市场的集中趋势更为明显。2002年之后，中国最大的两家网络广告媒体新浪和搜狐均取得了令人瞩目的业绩，网络广告从表现形式、媒体技术等多方面开始发生变革，如广告规格尺寸不断加大、表现方式更加丰富多样、通过网络广告可以展示更多的信息等。

（4）E-mail策略在困境中期待曙光。E-mail策略是国内较早诞生的一项网络营销活动，但从1997年至今，仍然没有在网络营销服务市场占据重要地位。不过，尽管面对市场不成熟，以及受到垃圾邮件的冲击、服务商的屏蔽等问题的困扰，但E-mail策略的重要性依然存在。从总体上说，采用专业手段开展E-mail策略效果仍然值得肯定。由于规范的E-mail策略活动没有得以普遍应用，使得发送垃圾邮件者有可乘之机，垃圾邮件造成的混乱使得部分用户对E-mail策略产生误解，要么把所有的商业邮件误以为是"E-mail策略"，要么把所有的商业邮件都认为是垃圾邮件。大量的垃圾邮件破坏了正规E-mail策略的声誉和网络环境，不仅为规范的E-mail策略带来了直接的威胁，甚至影响了整个网络通信环境，使得一些正常的电子商务和顾客服务工作等无法正常进行。

（5）搜索引擎策略向深层次发展。搜索引擎注册一直是网站推广的基本手段，甚至曾经一度被认为是网络营销的核心内容。搜索引擎策略之所以得以广泛应用，其中有一个重要原因就是登录网站是免费的，但从 2001 年后半年开始，国内的主要搜索引擎服务收费商陆续开始了收费登录服务。收费服务自然会影响部分网站登录的积极性，不过也为网站提供了更多专业的服务，从功能上为网络营销提供了更为广阔的发展空间，从而提高了营销的效果。从目前的发展趋势看，搜索引擎策略仍然是企业在网站建设之后最主要的推广手段之一，也成为网络营销专业服务的重要业务内容。

（6）网上销售环境日趋完善。建设和维护一个完善电子商务功能的网站并非易事，不仅投资大，还要涉及网上支付、网络安全、商品配送等一系列复杂的问题，随着一些网上商店平台的成功运营，网上销售产品不再复杂，电子商务不再是网络公司和大型企业的特权，而逐渐成为中小企业销售产品的常规渠道。

▶ 1.3.3 我国网络营销发展现状

1. 搜索引擎策略仍在高速发展中

搜索引擎在网络营销中的地位越来越显得重要，搜索引擎策略包括基于自然检索的搜索引擎推广方式和付费搜索引擎广告等模式。以百度竞价排名为代表的搜索引擎广告在 2006 年持续快速发展，成为各种规模的企业网络推广的重要渠道之一。搜索引擎广告市场的高速增长也反映了企业对搜索引擎推广的重视程度。随着上网用户数量的增加，用户使用搜索引擎检索的次数也在增长，进一步提高了搜索引擎的网络营销价值。另外，随着 Google、雅虎等搜索引擎市场推广力度的增加，以及各种新的搜索引擎出现（如电信互联星空搜索、MSN 搜索、QQ 搜搜等）和专业搜索引擎的发展，也为搜索引擎策略发展带来更大的活力。

2. WEB2.0 网络营销受到的重视程度越来越高

尽管 WEB2.0 网络营销尚未形成主流，但随着 WEB2.0 网站的快速发展，不仅提供了更多的网络营销资源，也随之出现了更多的网络营销方法。因为网络营销方法是随着网络营销环境的发展而发展的，一些典型的 WEB2.0 应用如博客、RSS、网摘、播客等逐渐表现出其网络营销价值，成为可以被有效利用的网络营销工具。

3. 规范的网站优化思想影响力继续提高

在搜索引擎策略中，基于搜索引擎自然检索的推广模式涉及搜索引擎优化方法。在搜索引擎优化发展历程中（尤其是 2003—2005 年），曾经因为一些从业者不规范的操作方式为企业搜索引擎策略带来较大的伤害。后来"新竞争力"提出规范的网站优化思想，并且通过大量实例和理论研究传播正确的网站优化理念和方法，根据"新竞争力"综合众多企业的反应分析发现，规范的网站优化思想得到广泛认可并且影响力继续提高。

4. 企业网络营销管理意识提高

多家专业免费流量统计系统的出现提高了企业网络营销管理的意识。网站流量统计分析是网络营销管理中的基础内容,是了解网站运营状况、评价网站推广效果、分析用户访问行为,并在此基础上改进网络营销策略的基本手段之一。免费流量统计工具为企业关注网站运营效果、提高网络营销管理能力发挥了重要作用。在一定程度上可以说,是免费网站流量统计服务的发展为企业网络营销管理提供了启蒙教育。不过,网络营销管理的内容非常丰富,也比一般的网络推广更加专业,因此企业网络营销管理仅处于起步阶段。

5. 企业网站数量增长速度缓慢,企业网站的专业水平仍然比较低

尽管企业互联网应用已经有 10 几年的发展历程,但企业网站数量仍然比较少,相对于互联网用户增加速度而言,企业网站数量增长速度缓慢。根据中国互联网络信息中心的统计,2012 年 12 月底中国 WWW 网站数量为 268 万个,其中企业网站数量仍然偏低,特别是 80% 的中小企业没有建立独立的专业网站。企业网站数量增长速度不高的现象在一定程度上表明前几年建成的企业网站因专业水平等因素的制约,使得企业网站未能为企业带来明显的效益,从而影响了更多企业建设网站的积极性。根据新竞争力网络营销管理顾问的调查,超过 75% 的企业网站在专业性方面都存在非常突出的问题。造成这种状况的主要因素之一在于,大部分企业的网站建设工作都依赖于网络营销服务商的专业水平,而各个网络营销服务商的水平差别很大,一些服务商自身的专业水平不高,为企业建设的网站体现不了网络营销效果。这种状况无论对于网站建设服务市场的进一步发展,还是对于企业的网络营销水平提升都是非常不利的。

6. B2B 电子商务平台仍然是普及程度最高的网络营销方法之一

尽管企业网站数量还比较少,专业水平也有限,不过中小企业的网络营销仍然非常活跃,信息发布、网上商店等无站点网络营销方法多年来一直在稳定发展,借助于阿里巴巴、慧聪等 B2B 平台发布供求信息并进行推广可能是目前为止普及应用程度最高的网络营销方法之一。外贸企业网络营销对 B2B 电子商务平台的依赖性更大,是外贸出口企业的主要网络推广渠道之一。中小企业对 B2B 平台信任的原因除了技术门槛较低之外,还在于阿里巴巴等领先的 B2B 电子商务网站信息资源整体优化状况比较好,潜在用户通过网站内部以及公共搜索引擎检索很容易发现企业发布的供求信息,其效果甚至比自行建设一个专业性欠佳的独立网站更加明显。

7. 网络营销产品在线直接购买程度低

在众多网络营销服务商的努力推动下,购买网络营销服务产品(尤其是网络推广产品,如网络实名、百度竞价排名、Google 关键词广告等)的企业日益增加。但到目前为止,网络营销服务产品还主要依靠服务商的推销,用户直接在线购买程度很低。即使像域名注册、虚拟主机等基础网络营销服务已经实现了在线购买的电子商务流程,大部分企业用户仍然需要依靠本地服务商的当面服务,google 关键词广告在中国也主要通过发展渠道代理模式开拓市场。网络营销产品提供商对传统代理渠道依赖的状况一方面表明网络营销渠道服务商的价值,另一方面也表明国内企业网络营销服务的层次还比较低。

▶ 1.3.4 我国网络营销发展趋势展望

1. 搜索引擎仍然是首选网络营销工具

搜索引擎策略的发展势不可当,并且随着多种专业搜索引擎和新型搜索引擎的发展,搜索引

擎在网络营销中的作用更为突出。搜索引擎策略的模式也在不断发展演变,除了常规的搜索引擎优化和搜索引擎关键词广告、网页内容定位广告等基本方式之外,专业搜索引擎(如博客搜索引擎)、本地化搜索引擎推广等也将促进搜索引擎策略方法体系进一步扩大和完善。

2. WEB2.0网络营销模式的深度发展

2006年以后博客营销进入快速发展期,企业博客营销逐步成为主流网络营销方法和企业网络营销策略的组成部分,引领网络营销进入全员营销时代。与此同时,更多WEB2.0网络营销模式获得不同层次的发展,如RSS营销、网摘营销、播客营销、基于SNS网络社区的各种营销模式等。

3. 企业网站的网络营销价值将得到提高

随着IE7和火狐浏览器用户数量的增加,那些不符合WEB标准的网站将无法获得正常浏览效果,这将在一定程度上促进网站建设采用WEB标准的进程。2007年正式发布的中国互联网协会企业网站建设指导规范,基于国际认可的WEB标准和新竞争力网站优化思想并且经过大量调查研究而制定,这一规范对于提高网站建设服务商以及企业网站建设的专业水平将发挥积极作用。当越来越多的企业网站建设符合网络营销导向,企业网站的网络营销价值将得到明显提升。

4. 视频网络广告将成为新的竞争热点

受到You Tube等视频网站成功的刺激,将有大量视频类网站爆发性发展,而传统门户网站和搜索引擎等也将视频网络广告作为未来发展的方向之一。目前视频广告还没有真正发展到比较成熟的阶段,但已成为一个值得关注的领域。

5. 更多适用于中小企业的网络广告形式

传统的展示类BANNER网络广告和Rich Media广告,由于制作复杂,播出价格高昂,至今仍然只是大企业展示品牌形象的手段,传统网络广告难以走进中小企业。不过随着更多分类信息、本地化服务网站等网络媒体的发展,以及不同形式的付费广告模式的出现,将有更多成本较低的网络广告,为中小企业扩大信息传播渠道提供机会。

6. 网站运营注重用户体验改善

网站运营进入精细化管理阶段,即体现出作者一直倡导的网络营销细节制胜理念。尽管很难详尽罗列用户体验的各项因素,也很难为用户体验下一个准确的定义,甚至对同一现象的用户体验没有统一的解决方案,但是这种听起来似乎有些空洞和玄虚的概念将通过各种细节体现出来并成为网站运营成功的法宝。"让用户可以方便地获取有价值的信息和服务,才是网络营销的精髓。"这是新竞争力网络营销管理顾问提出的用户体验的基本思想。

7. 系统的用户行为研究将受到重视

以网站流量统计分析为基础的网络营销管理的基本意识已经有明显提高,今后网络营销管理的内容将进一步扩大,应用层次也将逐渐提高。互联网用户行为研究是网站运营管理必不可少的内容,同时也是网站运营中用户体验研究的基础,因此系统的用户行为研究将成为网络营销的重要研究领域。

此外还有更多值得关注的领域,包括成熟的传统网络营销方法在新的网络营销环境中的发展演变、网络营销效果分析管理、网络营销与企业经营策略等。总之,网络营销将不仅仅是网站建设和网站推广等常规内容,网络营销的关注点也不仅仅是访问量的增长和短期收益,而是关系到企业营销竞争力的全局性策略。

▶【同步思考 1-3】

网络营销已经在我国企业的营销活动中占据重要位置,未来的发展仍将具有明显的趋势性特征。

问题:我国的网络营销未来有哪些发展趋势?

理解要点:根据本书列出的发展趋势要点,结合自身理解感受,阐述我国网络营销的未来发展趋势。未来网络营销发展将综合搜索引擎、web2.0、网上视频的多种工具手段,特别是互联网、移动通信网、有线电视网三网整合为企业提供更多网络信息传播渠道,并逐步提高效果评价的精确度。

■ 本章内容结构图

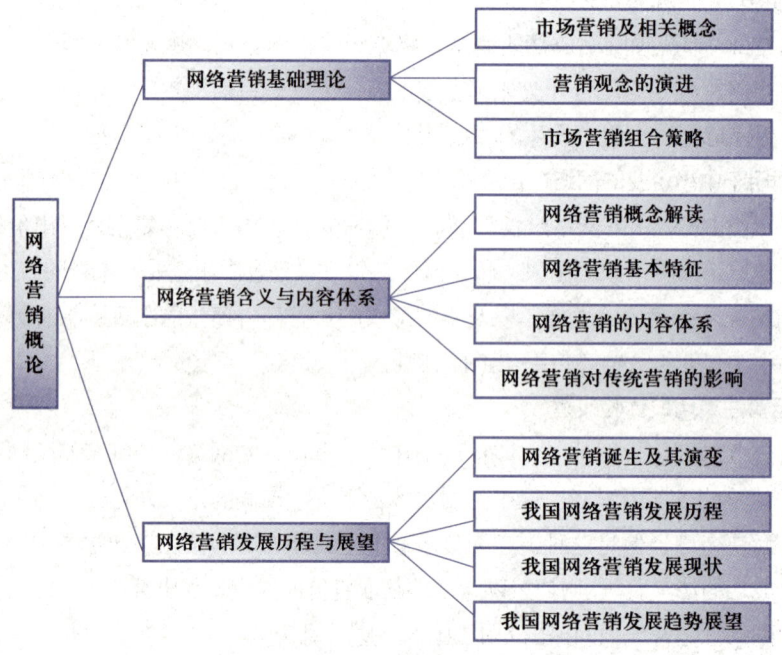

■ 主要概念和观念

□ 主要概念
市场营销　营销观念　市场营销组合　网络营销

□ 主要观念
市场营销体系　网络营销理论内涵

■ 重点实务和操作

□ 重点实务
市场营销组合策略　网络营销内容体系

□ 重点操作
营销观念与网络营销内容知识应用

■ 习题和训练

□ 理论题

▲ 客观题

△ 选择题

○ 单项选择

1. "酒香不怕巷子深"反映的是（　　）。
   A. 生产观念　　B. 产品观念　　C. 推销观念　　D. 市场观念
2. 被称为网络营销基石的是（　　）。
   A. 网络环境调研　　　　　　B. 网站的建设与推广
   C. 网络广告的制作与发布　　D. 网络营销组合策划
3. 网络营销的特点是（　　）。
   A. 全球性、整合性、交互性、经济性
   B. 虚拟性、区域性、交互性、技术性
   C. 虚拟性、全球性、常规性、高效性
   D. 互动性、虚拟性、独立性、全球性

○ 多项选择

1. 现代营销观念包括（　　）。
   A. 生产观念　　B. 市场观念　　C. 推销观念　　D. 产品观念　　E. 社会观念
2. 市场营销相关概念中"价值"的决定因素包括（　　）。
   A. 需求　　B. 交易　　C. 效用　　D. 费用　　E. 满足
3. 我国网络营销发展历程，大致可分（　　）。
   A. 播种期　　B. 萌芽期　　C. 成长期　　D. 应用发展期　　E. 成熟收获期

△ 判断题

1. 网络营销就是网上销售产品。（　　）

2. 网络营销与电子商务在研究范围方面具有一致性。（　　）

▲ 主观题

△ 简答题
1. 营销观念的演进分为哪几个阶段？
2. 网络营销的特点有哪些？
3. 目前我国网络营销发展具有哪些特征。

△ 论述题
1. 试述网络营销发展历程及未来趋势。
2. 试述网络营销基本概念及理论内涵。
3. 试述网络营销与相关学科的关系。

□ 实务题

▲ 规则复习
1. 简述市场营销组合策略。
2. 简述网络营销的内容。

▲ 业务解析

某食品加工企业通过各区域代理商以及众多批发商、零售商（包括网店）将其产品销向全国市场，同时借助电视、报纸、互联网等媒体的广告宣传和推广活动强势促销，品牌影响力与销售业绩得到明显提升。

该企业用的是什么分销策略与促销策略？该策略的适用条件是什么？

□ 案例题

▲ 案例分析

库尔斯公司营销观念

背景与情境：库尔斯公司是美国一家啤酒酿造公司，地处科罗拉多峡谷。公司生产的啤酒是用纯净的洛基山泉水酿制的。公司只生产一种品质啤酒，而且只有一家酿造厂生产这种啤酒，啤酒只在美国西部 11 个州销售。它没有设立分厂，22 年没有扩大过规模。同时，每一桶酒都要销往 900 英里以外的地方。啤酒质量很好，从福特总统到亨利·基辛格，无不对库尔斯啤酒赞不绝口。每年大约有 30 万库尔斯的崇拜者来啤酒厂游玩，人们一直称库尔斯有"秘密武器"。在西部 11 个州，库尔斯啤酒的市场占有率达 30%。在加州，1973 年库尔斯公司啤酒占有了 41% 的市场，比美国啤酒行业产量最大的安修斯－布希的 18% 的市场份额还多。这与来自那些知名的和不知名的人士对库尔斯产品的狂热追求与爱好、与来自环境清洁的形象以及来自味道清洁适口的啤酒形象分不开。

到 20 世纪 70 年代中叶，啤酒的消费趋势发生了很大变化，啤酒行业最热门的产品是凉爽型（或低热量）啤酒，这种啤酒的销售量几乎占到啤酒总销量的 10%，而其中美国发展最快的米勒公司的啤酒市场份额达 30%，且还有上升趋势。其他热门的啤酒是高级名牌啤酒。安修斯－布希的米歇洛布牌啤酒竞争力很强，每年以 3% 的速度增长，几乎所有的增长均来自这两种产品：凉爽型（或低热量）啤酒和高级名牌啤酒。而这些啤酒库尔斯一种也不生产，只是一味依赖于它的原先生产那一种啤酒。1978 年，该公司利润下降到 5.48 亿美元，比利润最高的 1976 年减少近 29%。公司不得不承认："酿造我们能酿造的最好啤酒已经不够了。"

（资料来源：《市场营销学》复习资料［EB/OL］.［2014-08-08］. http://www.doc88.com/p-997595701621.html.）

问题：

1. 库尔斯公司持有的是什么样的经营观念？
2. 到 20 世纪 70 年代以后为什么"秘密武器"失灵了？
3. 怎样才能使产品长盛不衰？

分析要求：

1. 形成性要求

学生分析案例提出的问题，拟出《案例分析提纲》；小组讨论，形成小组《案例分析报告》；班级交流，教师对各小组《案例分析报告》进行点评；在班级展出附有"教师点评"的各小组《案例分析报告》，供学生比较研究。

2. 成果性要求

案例分析课业：提交《案例分析报告》。

3. 其他要求

（1）"形成性要求"和"成果性要求"的指标与内容参见本教材附录一的附表 1。

（2）《案例分析报告》结构与体例参照本教材"课业范例"中的范例综 -1。

▲ 决策设计

如意酒店网络营销计划

背景与情境：如意酒店是一家全国性连锁快捷酒店，2010 年成立至今，已经在国内省会城市与主要地方城市开设连锁快捷酒店 100 余家，业务发展相当顺利。随着近年来互联网的迅速发展以及众多竞争对手相继涉足网络营销，如意酒店管理层开始考虑是否要设立统一网站，并开通网上订房、订餐等网络营销服务，但迄今仍未最后做出决定。

问题：如果你是如意酒店的决策者，你对此如何做决策？

设计要求：

1. 形成性要求

学生分析如意酒店是否适合开展网络营销，拟出《决策设计提纲》；小组讨论，形成小组《决策设计方案》；班级交流，教师对各小组《决策设计方案》进行点评；在班级展出附有"教师点评"的各小组《决策设计方案》，供学生比较研究。

2. 成果性要求

决策设计课业：提交《决策设计方案》。

3. 其他要求

（1）"形成性要求"和"成果性要求"的指标与内容参见本教材附录一的附表1。

（2）《决策设计方案》结构与体例参照本教材"课业范例"中的范例综-2。

▲ 道德研判

巴将军与巴元帅

背景与情境：某老板以特许连锁加盟方式在某市开办了一家巴将军火锅城，生意火爆。3年以后，该老板离开巴将军火锅城，采用与巴将军火锅一样的市场定位和营销策略在巴将军火锅城对面开办了一家巴元帅火锅城。从此，两家采取网上宣传、张贴广告、邀请锣鼓队、降价竞销等手段，开始了势不两立的残酷角逐。

问题：

1. 该老板为什么要离开巴将军火锅城？该老板的行为符合企业伦理要求吗？

2. 试对上述问题做出你的道德研判。

3. 对照本教材附录三的附表3和网上调研资料，说明你的道德研判所依据的职业道德规范。

研判要求：

1. 形成性要求

学生分析案例提出的问题，拟出《道德研判提纲》；小组讨论，形成小组《道德研判报告》；班级交流，教师对各小组《道德研判报告》进行点评；在校园网的本课程平台上展出经过修订并附有教师点评的各组《道德研判报告》，供学生借鉴。

2. 成果性要求

道德研判课业：提交《道德研判报告》。

3. 其他要求

（1）"形成性要求"和"成果性要求"的指标与内容参见本教材附录一附表1。

（2）《道德研判报告》结构与体例参照本教材"课业范例"中的范例综-3。

□ 实训题

"营销观念与网络营销内容"知识应用

【实训目标】

见本章"学习目标"中的"实训目标"。

【实训内容】

专业能力训练：其领域、技能点内容及其参照规范与标准见表1-1。

表1-1 专业能力训练领域、技能点内容及其参照规范与标准

能力领域	技能点	名称	参照规范与标准
"营销观念与网络营销内容"知识应用	技能点1	"基于现代营销观念的营销导向"知识应用	1. 能全面把握本章"营销观念的演进"和"基于现代营销观念的营销导向"知识。 2. 能从"基于现代营销观念的营销导向"的特定视角并应用相应知识，有质量、有效率地进行以下操作： （1）分析企业网络营销决策和业务运作的现状，分析其成功、不足与尚待解决的各种问题。 （2）提出优化建议和解决实际问题方案。
"营销观念与网络营销内容"知识应用	技能点2	"网络营销内容"知识应用技能	1. 能全面把握本章"网络营销内容"知识。 2. 能从"网络营销内容"的特定视角并应用相应知识，有质量、有效率地进行以下操作： （1）分析企业网络营销决策和业务运作的现状，分析其成功、不足与尚待解决的各种问题。 （2）提出优化建议和解决实际问题方案。
"营销观念与网络营销内容"知识应用	技能点3	相应《实训报告》撰写技能	1．能通过自我学习，全面把握《实训报告》的内容、结构和撰写方法与技巧知识。 2．能应用上述知识，进行以下操作： （1）能正确设计基于"现代营销观念的营销导向与网络营销内容知识应用"的《实训报告》，其结构合理，层次分明。 （2）能依照商务应用文的规范撰写所述《实训报告》。 （3）能参照网络教学资源包中《学生考核手册》考核表1-4-2的"考核指标"和"考核标准"撰写《实训报告》。

职业核心能力和职业道德训练：其内容、种类、等级与选项见表1-2；各选项的"规范与标准"分别参见本教材附录二的附表2和附录三的附表3。

表1-2 职业核心能力与职业道德训练的内容、种类、等级与选项

内容	职业核心能力						职业道德					
种类	自我学习	信息处理	数字应用	与人交往	与人合作	解决问题	革新观念	职业观念	职业情感	职业理想	职业态度	职业良心	职业作风	职业守则
等级	高级	高级	高级	高级	高级	高级	高级	内化级	内化级	内化级	内化级	内化级	内化级	内化级
选项	√		√	√	√	√	√	√	√		√	√	√

【实训任务】

1. 对专业能力的各技能点，依照其"参照规范与标准"，实施基本训练。
2. 对职业核心能力选项，依照其"参照规范与标准"，实施"高级"强化训练。
3. 对职业道德选项，依照其"参照规范与标准"，实施"内化级"相关训练。

【组织形式】
1. 以小组为单位组成营销团队。
2. 结合实训任务对各营销团队进行适当的角色分工，确保组织合理和每位成员的积极参与。

【情境设计】
将学生组成若干营销团队（该营销团队在课程进行期间成员固定），每个团队分别选择一家已开展网络营销业务的企业（或学校专业教育实训基地，该课程进行期间选定企业也要固定），结合课业题目，从"营销观念与网络营销内容知识应用"的视角，对该企业（或学校专业教育实训基地）网络营销决策及业务运作现状进行调查研究，分析其成功经验与不足之处，在此基础上提出《××（表示实训单位名称）网络营销优化方案》构思，通过系统体验各项相关操作完成本次实训的各项任务，撰写相应《实训报告》。

【实训时间】
结束本课程授课后一周内。

【操作步骤】
1. 各营销团队，结合本实训任务进行适当的角色分工。
2. 各团队结合实训任务、情境设计和课业题目，讨论和制订本次《实训计划》。
3. 各团队实施《实训计划》，分别选择一个企业（或学校专业教育实训基地），从"营销观念与网络营销内容知识应用"的特定视角，对该企业网络营销决策及运作现状进行调查、研究与评估，系统体验如下操作：
（1）依照"技能点1"的"参照规范与标准"，从"'基于现代营销观念的营销导向'知识应用"的特定视角，分析该企业网络营销决策和业务运作的成功与不足，提出优化建议或解决方案。
（2）依照"技能点2"的"参照规范与标准"，从"'网络营销内容'知识应用"的特定视角，分析该企业网络营销决策和业务运作的成功与不足，提出优化建议或解决方案。
4. 各团队总结上述操作体验，撰写《××（表示实训单位名称）网络营销优化方案》。
5. 在上述"专业能力"的基本训练中，融入"职业核心能力"的"高级"强化训练和"职业道德"的"内化级"相关训练。
6. 各团队综合以上阶段性成果，依照"技能点3"的"参照规范与标准"，撰写《"营销观念与网络营销内容"知识应用实训报告》。其内容包括：实训组成员与分工；实训过程；实训总结（包括对专业能力训练、职业核心能力训练和职业道德训练成功与不足的分析说明）；附件（指阶段性成果全文）。
7. 在班级讨论、交流和修订各团队的《实训报告》，使其各具特色。

【成果形式】
实训课业：《"营销观念与网络营销内容"知识应用实训报告》。

课业要求：

1. "实训课业"的结构与体例参照本教材"课业范例"中的范例综-4。

2. 将《实训计划》和《××企业网络营销优化方案》以"附件"形式附于《实训报告》之后。

3. 在校园网平台上展示经过教师点评的班级优秀《实训报告》，并将其纳入本课程的教学资源库。

■ 单元考核

考核要求：考核的模式、目的、种类、范围、方式与成绩核定等，均依照本教材网络教学资源包中《学生考核手册》的相关要求进行，考核成绩由任课教师填入该手册本章各相应考核表中。

第2章 网络营销环境

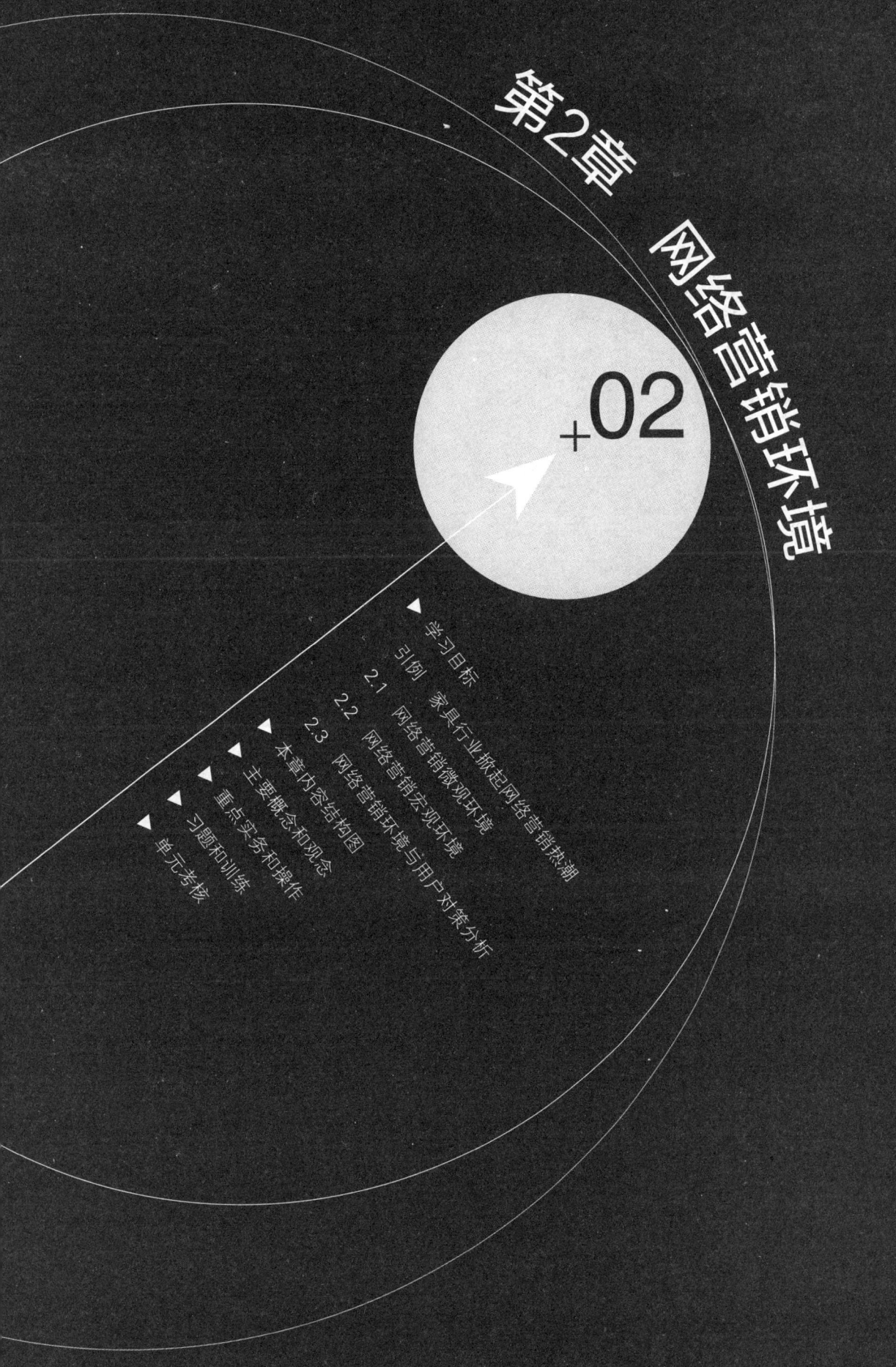

- 学习目标
- 引例 家具行业掀起网络营销热潮
- 2.1 网络营销微观环境
- 2.2 网络营销宏观环境
- 2.3 网络营销环境与用户对策分析
- 本章内容结构图
- 主要概念和观念
- 重点实务和操作
- 习题和训练
- 单元考核

通过本章学习，要求达到以下目标：

▶ 理论目标：学习和把握网络营销微观与宏观环境构成要素、特点，网民行为习惯的基本特征，网络营销环境分析的 SWOT 模型等陈述性知识；能用其指导"网络营销环境"的相关认知活动。

▶ 实务目标：学习和把握网络营销环境分析的基本方法与操作要点，网络营销环境应对策略应用，以及"同步业务"等程序性知识；能用其规范"网络营销环境分析与应对"的相关技能活动。

▶ 案例目标：运用本章理论与实务知识研究相关案例，培养在与"网络营销环境分析与应对策略"相关的业务情境中分析解决问题、决策设计和道德研判能力。

▶ 实训目标：参加"'网络营销环境'知识应用"的实践训练。在了解和把握本实训相关技能点"规范与标准"的基础上，通过系列技能操作的实施，相应《实训报告》的准备、撰写、讨论与交流等有质量、有效率的活动，培养"'网络营销环境'知识应用"的专业能力和相关选项的职业核心能力（高级），强化职业道德（内化级）教育，促进健全职业人格的塑造。

▶ 引例

家具行业掀起网络营销热潮

背景与情境：在经济全球化日益加剧的大背景下，以及当前较为困难的经营环境，家具企业亟须创新营销思维，提升行业竞争力，借助网络营销的优势平台已经成为企业的必然选择。

最近几年，以搜狐、焦点家居网为代表的强势网络媒体深入行业一线宣传推广，为家具企业提供海量、及时、全面的行业资讯，使得家具行业对于网络的认知度大幅提升，越来越多家具企业开始运用互联网进行品牌推广、网络营销。网络品牌广告也越来越被企业所接受，而家具企业对于网络在线商城、B2B 的投入也持续增加，家具电子商务方兴未艾。

喜梦宝就是家具行业内在线销售的探索者，早在 2008 年年初，喜梦宝就斥资率先开通了"网上商城",被媒体誉为成功开辟了家具营销的"第三条道路"。国内知名家居连锁企业好百年也推出了 E 购店的新模式,在线商品 8 万余种,专业经营生活家具、欧陆灯饰、床上用品、时尚布艺、家居用品及家居饰品,陈列规模相当于十多万平方米大型实体商场。此外,红星美凯龙、康升、耀邦家具、东方家园等一批知名企业都已推出或正在准备推出自己的网络商城,率先抢分家具电子商务新蛋糕。

（资料来源：互联网发展迅猛 家具行业掀起网络营销热潮［EB/OL］.（2012-03-26）［2014-08-08］.
http：//blog.sina.com.cn/s/blog_861b779d0100ygqo.html）

由上述案例可见，随着企业竞争加剧、互联网用户迅速攀升等外部宏观环境变化，作为传统行业之一的家具企业也开始改变经营方式，尝试运用互联网平台拓展产品销售渠道，并在实践中取得了不错的效果。

网络营销环境既能为企业提供机遇，也可能给企业营销造成威胁。企业的**网络营销环境**是指在网络营销活动之外，能够影响网络营销部门发展，并保持与网上目标顾客良好关系的各种因素和力量。研究网络营销环境及其变化，是企业开展网络营销活动的一个重要课题。下面本章将就网络营销环境的构成原理与分析实务进行阐述。

▶ 2.1 网络营销微观环境

企业的网络营销环境由网络营销微观环境和网络营销宏观环境构成，**网络营销微观环境**是指与企业关系密切、能够影响企业网络营销能力的因素，主要包括企业内部环境与网上公众。本节结合国内企业网络营销实际需要，根据中国互联网络信息中心发布的权威统计资料，对中国网民的整体特征及结构行为进行阐述。

▶ 2.1.1 中国网民整体特征

1. 总体网民规模

2008 年以来的金融危机对中国产生了一定的冲击，但并没有对中国的互联网发展产生过大影响，2013 年上半年网民规模稳步增长，互联网普及率平稳上升。截至 2013 年年底，我国网民规模达 6.18 亿，全年新增网民 5 358 万人。互联网普及率 45.8%，较 2012 年年底提升 3.7 个百分点（见图 2-1）。

虽然目前中国网民规模持续增长，但与互联网发达国家相比，我国的互联网普及率还处于较低水平，网络信息化的优势还没有充分发挥。截至 2013 年上半年，我国宽带产业全行业有线宽带用户 1.56 亿户，人口普及率不到 14%，远低于发达国家 30% 到 40% 的平均水平。全行业平均接入带宽 1.8 兆比特每秒（Mbps），不到经合组织平均水平的 1/10。目前互联网基础设施建设正在

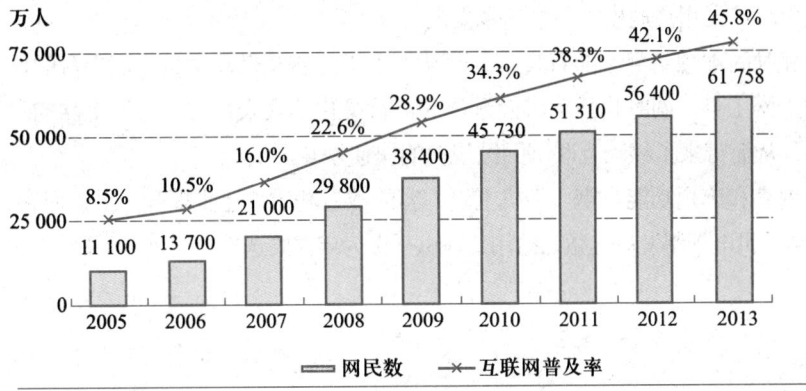

图 2-1 中国网民规模与互联网普及率

完善、网络接入以及上网终端的费用逐步下降,通过政府和互联网业界的努力以及技术的发展,这些限制因素可以通过外部环境的改变来消除,下一代互联网、移动互联网的发展为这些改变的实现创造了机遇。中国政府针对宽带普及、物联网和云计算等新型服务业态提出了"宽带中国"战略并制定了未来发展目标和规划。经过 2012 年、2013 年连续两年的宽带中国专项行动后,我国的宽带覆盖水平大幅提升,光纤到户覆盖用户两年分别增长 4 900 万户、7 200 万户,总量已经达到 1.67 亿户。2014 年 3 月 21 日,工信部启动 2014 年宽带中国专项行动,提出新增光纤到户(FTTH)覆盖家庭 3 000 万户,建设完成 TD-LTE 基站 30 万个,新增 1.38 万个行政村通宽带的目标。这些政策加快了我国新技术的应用步伐,将推动互联网的持续创新。

2. 手机上网网民规模

截至 2013 年年底,我国手机网民规模为 5 亿,较 2012 年年底增加 8 009 万人,网民中使用手机上网的人群占比由 2012 年年底的 74.5% 提升至 81.0%,手机网民规模呈现迅速增长的势头(见图 2-2)。手机网民的快速增长源于以下几方面的原因:

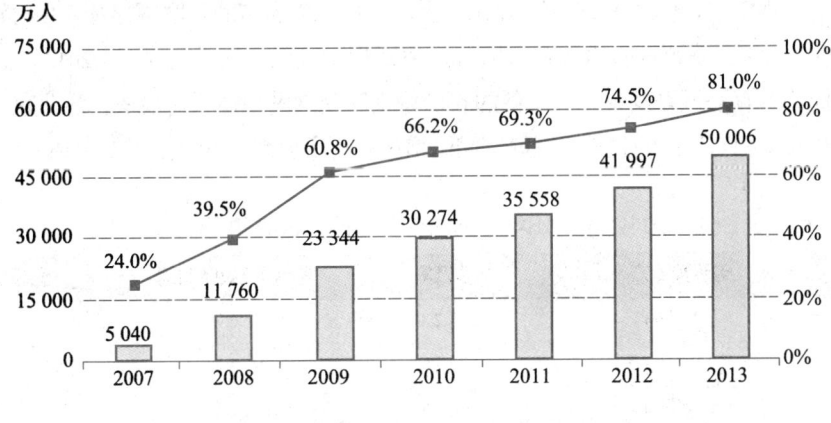

图 2-2 中国手机网民规模及其占网民比例

(1)政府和运营商的合力推动。2009 年国务院通过 3G 牌照发放工作启动决议,3G 牌照的发放为运营商提供了更大的发展空间,同时强化了移动互联网概念。此后,中国移动下调 GPRS 数据流量资费,中国电信调低无线上网套餐费用,中国联通推出多样化 GPRS 套餐,主要运营商纷纷采取行动吸引和扩大用户规模，促进市场发展。

（2）上网和时尚理念结合。随着具有上网功能手机的普及以及手机上网平台的便利，手机不仅是更便利的上网工具，同时也成为时尚潮流和流行文化的代表符号。手机上网的时尚色彩吸引年轻用户使用，从而带来了移动互联网网民规模的快速增长。

（3）上网内容和应用功能丰富。手机上网内容的数量和质量逐步提升，手机博客、微博微信、手机视频，乃至手机电视都发展迅猛，给用户提供了更为丰富的选择，促进了手机上网用户的扩张。

▶【同步思考2-1】

手机网络营销

随着智能手机的普及，以及手机版网络平台的便利性，手机上网已成为一种新的时尚，吸引了众多用户，也为企业网络营销提供了新的商机。

问题：手机上网对网络营销有哪些影响？

理解要点：手机网络营销就是利用手机的移动网络，把网站推广的模式由传统的固网拓展为固网与手机移动网络相融合的新模式，进一步发展网络营销。手机网络与固网双管齐下，把计算机顾客群范围扩大到手机顾客群。企业网站推广与顾客的互动更为普及、更为实时，网络营销的效果会更为明显。

3. 分省区网民规模

2013年，我国各省市网民规模均有一定幅度增长，中国大陆31个省、直辖市、自治区中网民数量超过千万规模的省份已达25个，北京、上海、广东等省市的互联网普及率相对较高，超过65%，而江西、云南、贵州等省份的互联网普及率则相对较低，均不到33%。2013年，江西、云南、贵州、河南等互联网普及率相对较低的省份，互联网网民规模增速最快，而北京、上海、广东等互联网普及率相对较高的省份，互联网网民增速则有所放缓。具体如表2-1所示。

表2-1　2012—2013年中国内地各省网民规模和互联网普及率

省份	网民数（万人）	普及率	网民规模增速	普及率排名
北京	1 556	75.2%	6.7%	1
上海	1 683	70.7%	4.8%	2
广东	6 992	66.0%	5.5%	3
福建	2 402	64.1%	5.4%	4
天津	866	61.3%	9.2%	5
浙江	3 330	60.8%	3.4%	6
辽宁	2 453	55.9%	11.6%	7
江苏	4 095	51.7%	3.6%	8

续表

省份	网民数（万人）	普及率	网民规模增速	普及率排名
新疆	1 094	49.0%	13.7%	9
山西	1 755	48.6%	10.4%	10
青海	274	47.8%	15.1%	11
河北	3 389	46.5%	12.7%	12
海南	411	46.4%	7.0%	13
陕西	1 689	45.0%	8.9%	14
山东	4 329	44.7%	12.0%	15
重庆	1 293	43.9%	8.2%	16
内蒙古	1 093	43.9%	13.3%	17
宁夏	283	43.7%	9.7%	18
湖北	2 491	43.1%	7.9%	19
吉林	1 163	42.3%	9.5%	20
黑龙江	1 514	39.5%	13.9%	21
广西	1 774	37.9%	11.9%	22
西藏	115	37.4%	13.9%	23
湖南	2 410	36.3%	9.5%	24
安徽	2 150	35.9%	15.0%	25
四川	2 835	35.1%	10.7%	26
河南	3 283	34.9%	15.0%	27
甘肃	894	34.7%	12.5%	28
贵州	1 146	32.9%	15.6%	29
云南	1 528	32.8%	15.7%	30
江西	1 468	32.6%	15.9%	31
全国	61 758	45.8%	9.5%	—

▶ 2.1.2 中国网民结构特征

1. 网民城乡结构

截至 2013 年年底，我国网民中农村人口占比为 28.6%，规模达到 1.77 亿，比 2012 年年底增加约 2 101 万人（见图 2-3）。

近几年来，中国网民城乡结构变化幅度不大，这与中国急速推进的城镇化进程有关，2011 年中国城镇常住人口规模首次超越乡村常住人口，城镇化率突破 50% 的关口，农村人口已经由 2008 年的 7.28 亿持续降至目前的 6.57 亿，因而造成网民中农村人口比例没有显著提升。随着中国城镇化进程的推进，我国农村人口在总体人口中的占比持续下降，但我国农村网民在总体网民中的占比却保持上升，反映出农村互联网普及工作的成效。2013 年，中国农村互联网普及率为 27.5%，延续了 2012 年的增长态势，城乡互联网普及差距进一步减少，农村地区依然是目前中国网民规模增长的重要动力（见图 2-4）。

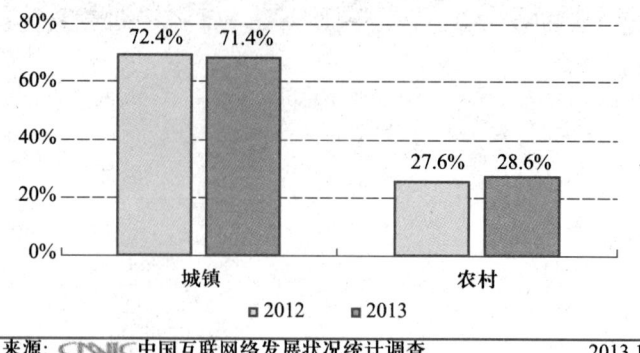

图 2-3 中国网民城乡结构

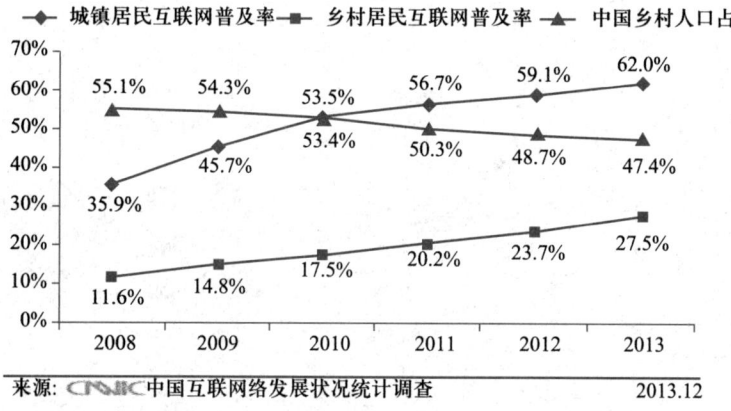

图 2-4 中国城镇居民互联网普及率和城镇化进程

▶【同步思考 2-2】

农村互联网普及率偏低

截至 2013 年 6 月底,我国网民中农村人口占比为 27.9%,规模达到 1.65 亿,相比 2012 年略有提升,增加约 908 万人。最近半年,农村网民规模的增长速度为 5.8%,略高于城镇但仍然偏低。

问题:农村互联网普及率偏低的主要原因是什么?

理解要点:一是包括硬件和软件两方面的基础设施薄弱,硬件方面是指各种网络线缆和设备,软件方面是指诸如网站建设人员、网络设备维护人员、相关信息资源开发的专业人员等;二是经济普遍落后于城镇地区,影响建设网络设施投资和网络产品消费;三是需求因素,由于农村地区人口文化素质偏低,生活方式比较传统和固化,信息意识比较淡薄,对网络应用的需求不强烈。

2. 网民性别结构

截至 2013 年年底，中国网民中男女比例为 56：44，与 2012 年情况基本保持一致，男性与女性居民的互联网使用率仍存在一定差距（见图 2-5）。

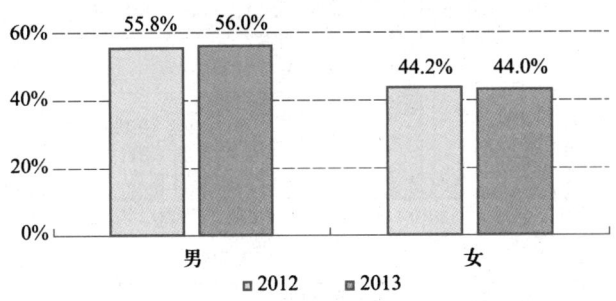

图 2-5 中国网民性别结构

3. 网民年龄结构

截至 2013 年年底，我国 20～29 岁年龄段网民的比例为 31.2%，在整体网民中占比最大，和 2012 年年底网民结构一致。而低龄和 40 岁以上各年龄段人群占比均有不同程度的提升，这意味着互联网的普及继续深入（见图 2-6）。

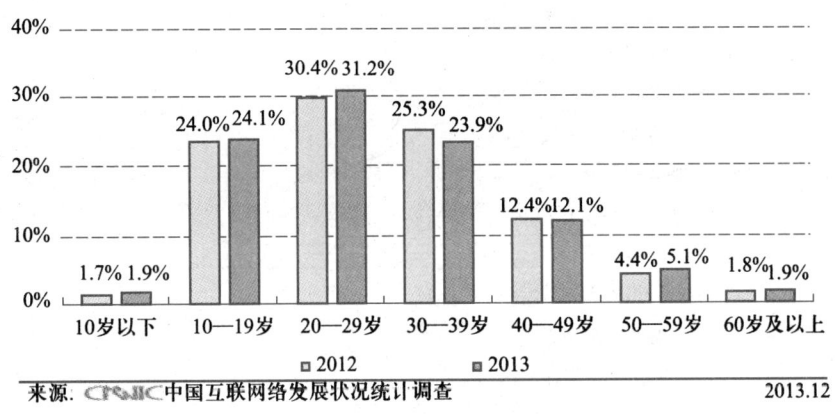

图 2-6 中国网民年龄结构

4. 网民学历结构

高中和大专以上学历人群中互联网普及率已经到了较高的水平，尤其是大专以上学历人群上网比例接近饱和，网民的增长动力来自低学历人群，截至 2013 年年底网民中小学及以下人群占比提升至 11.9%，保持增长趋势，中国网民继续向低学历人群扩散（见图 2-7）。

5. 网民职业结构

由于学生群体的互联网普及率已经处于高位，同时近年来中国中小学生人数呈逐年下降趋势，作为网民中规模最大的职业群体，学生的占比在 2013 年降至 25.5%。其次个体户/自由职业者占比为 18.6%。企业公司中，管理人员占整体网民的 2.5%，一般职员占 11.4%。党政机关事业单位中,领导干部和一般职员分别占整体网民的 0.5% 和 4.2%。另外,专业技术人员占比为 8.1%(见图 2-8)。

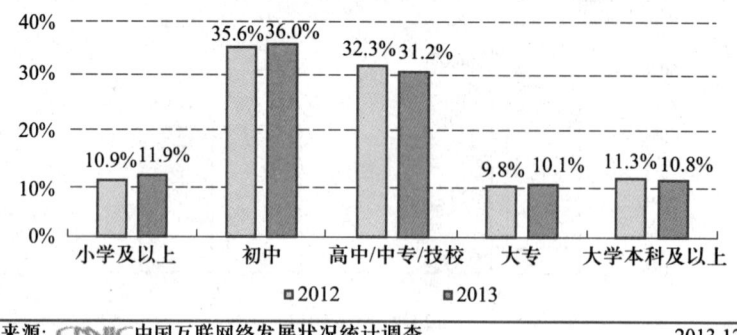

图 2-7　中国网民学历结构

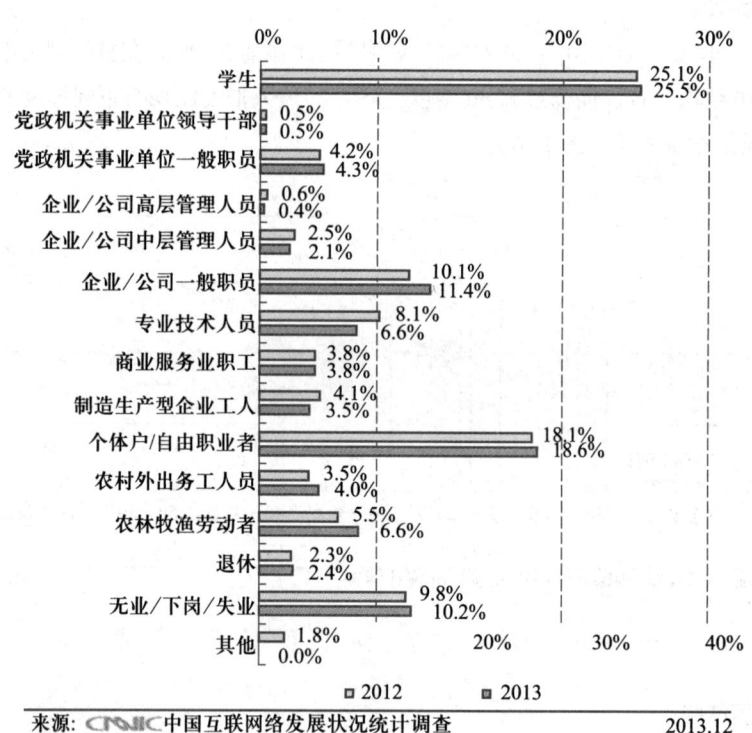

图 2-8　中国网民职业结构

6. 网民收入结构

月收入为 2 001 ~ 3 000 元和 3 001 ~ 5 000 元的上网群体规模最大,在总体网民中占比分别为 17.8% 和 15.8%。500 元以下及无收入人群占比为 20.8%(见图 2-9)。

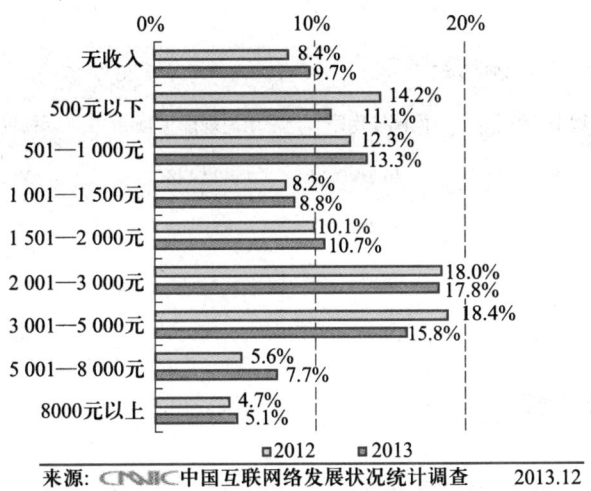

图 2-9 中国网民个人月收入结构

2.1.3 中国网民行为特征

从中国网民的使用目的来看，网络应用行为主要划分为信息获取与交流沟通类、商务交易类和网络娱乐类，基本涵盖了目前的网络新闻、搜索引擎、即时通信、博客、网络游戏、网络音乐、网络购物、网上支付、网络金融等具体应用类型。如表 2-2 所示。

表2-2 2012—2013中国网民各类网络应用的使用率

应用	2013 年 用户规模（万）	网民使用率	2012 年 用户规模（万）	网民使用率	年增长率
即时通信	53 215	86.2%	46 775	82.9%	13.8%
网络新闻[1]	49 132	79.6%	46 092	78.0%	6.6%
搜索引擎	48 966	79.3%	45 110	80.0%	8.5%
网络音乐	45 312	73.4%	43 586	77.3%	4.0%
博客/个人空间	43 658	70.7%	37 299	66.1%	17.0%
网络视频	42 820	69.3%	37 183	65.9%	15.2%
网络游戏	33 803	54.7%	33 569	59.5%	0.7%
网络购物	30 189	48.9%	24 202	42.9%	24.7%
微博	28 078	45.5%	30 861	54.7%	-9.0%
社交网站	27 769	45.0%	27 505	48.8%	1.0%
网络文学	27 441	44.4%	23 344	41.4%	17.6%
网上支付	26 020	42.1%	22 065	39.1%	17.9%
电子邮件	25 921	42.0%	25 080	44.5%	3.4%

续表

应用	2013年 用户规模（万）	2013年 网民使用率	2012年 用户规模（万）	2012年 网民使用率	年增长率
网上银行	25 006	40.5%	22 148	39.3%	12.9%
旅行预订[2]	18 077	29.3%	11 167	19.8%	61.9%
团购	14 067	22.8%	8 327	14.8%	68.9%
论坛/bbs	12 046	19.5%	14 925	26.5%	−19.3%

1. 信息获取与交流沟通类

（1）搜索引擎

截至 2013 年年底，我国搜索引擎用户规模为 4.90 亿，较 2012 年年底增长了 3 856 万人，增长率为 8.5%，使用率为 79.3%。目前搜索引擎已经成为网民获取信息的重要入口，深刻影响着网民的网络生活和现实生活（见图 2-10）。

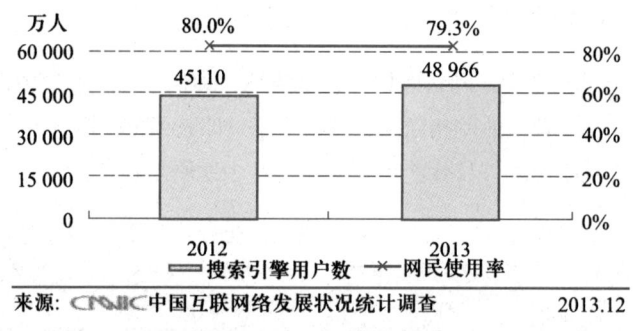

图 2-10　2012—2013 年中国搜索引擎用户数及网民使用率

（2）即时通信

截至 2013 年年底，我国即时通信用户规模达 5.32 亿，比 2012 年年底增长 6 440 万，年增长率为 13.8%。即时通信使用率为 86.2%，较 2012 年年底增长了 3.3 个百分点，使用率位居第一（见图 2-11）。

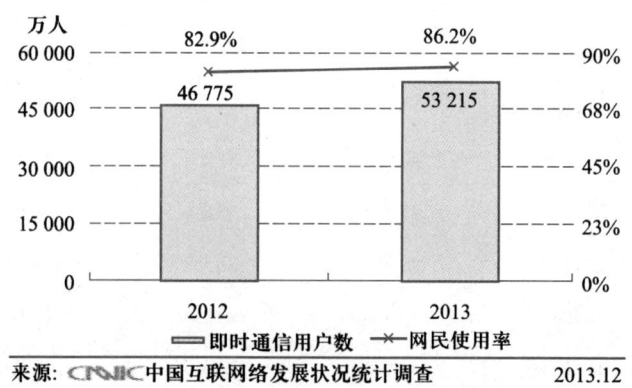

图 2-11　2012—2013 年中国即时通信用户数及网民使用率

▶【同步业务 2-1】

结合同学们在校学习生活需要,对在校大学生即时通信情况进行调研,统计分析大学生使用即时通信工具的类型与使用率。

业务分析:大学生是特殊的即时通信工具应用群体,通过大学生群体使用即时通信工具的类型及使用率分析,了解大学生信息消费的群体特征。

业务程序:首先,拟定调研计划。其次,在大学生群体中进行抽样问卷,搜集大学生使用即时通信工具的类型与使用频率数据资料。最后,分析总结大学生即时通信工具应用特征。

业务说明:随着网络迅速普及和发展,即时通信工具已成为当今人们最常用的通信方式和人际交往手段,目前国际上最有影响力的即时通信工具有 ICQ、MSN、AOL,国内有腾讯 QQ、移动飞信、网易 PP、新浪 UC 和雅虎通等,大学生是即时通信工具使用率较高的特殊群体。

(3)博客与微博

截至 2013 年年底,我国博客和个人空间用户数量为 4.37 亿人,较 2012 年年底增长 635 万人。网民中博客和个人空间用户使用率为 70.7%,较 2012 年年底上升 4.6 个百分点(见图 2-12)。博客用户在网民中的占比为 14.2%,相比 2012 年年底下降 10.6 个百分点,用户规模不断减少,且用户活跃度有所下降。2013 年,微博发展出现转折,用户规模和使用率均出现大幅下降。截至 2013 年年底,我国微博用户规模为 2.81 亿,较 2012 年年底减少 2 783 万,下降 9.0%。网民中微博使用率为 45.5%,较上年年底降低 9.2 个百分点,微博发展并不乐观(见图 2-13)。

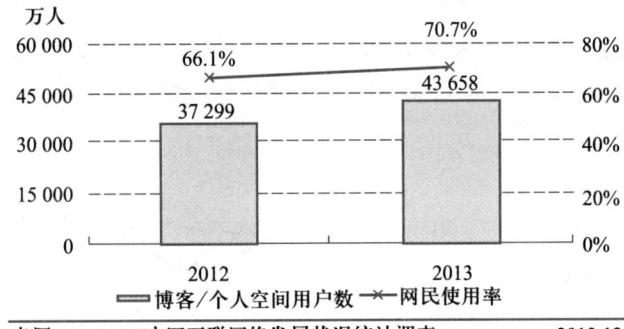

图 2-12　2012—2013 年博客/个人空间用户数及使用率

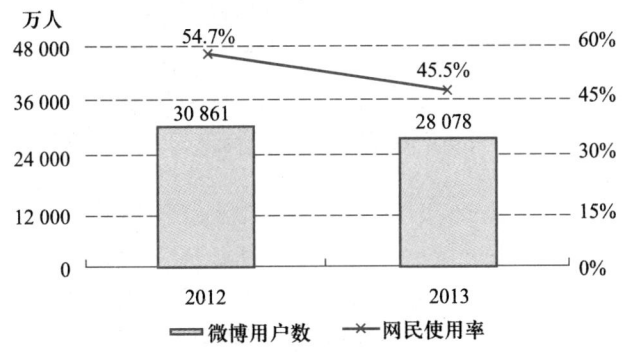

图 2-13　2012—2013 年中国微博用户数及网民使用率

（4）社交网站

截至 2013 年年底，我国社交网站用户规模达 2.78 亿，使用率为 45.0%，相比 2012 年年底降低 3.8 个百分点。近年来，虽然社交网站用户使用率下降，但社交已发展成为各种互联网应用的基本元素，如网络购物、游戏、视频等服务纷纷引入社交元素以促进发展（见图 2-14）。

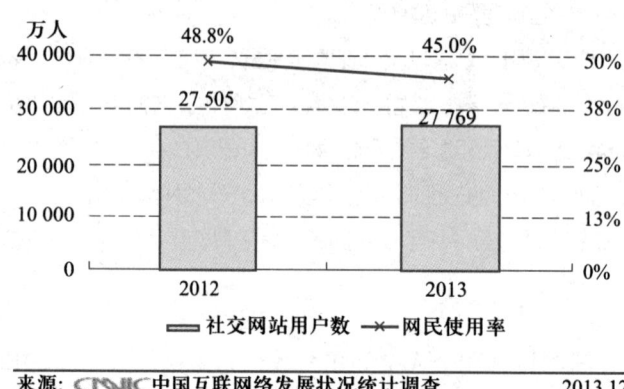

图 2-14　2012—2013 年中国社交网站用户数及网民使用率

2. 商务交易类

（1）网络购物

截至 2013 年年底，我国网络购物用户规模达到 3.02 亿人，网络购物使用率从 42.9% 提升至 48.9%。与 2012 年相比，网购用户增长 5 987 万人，增长率为 24.7%。随着电商企业从"价格驱动"转向"服务驱动"、整体应用环境的优化和网络购物法规的逐步完善，网络购物用户规模仍将继续增长（见图 2-15）。

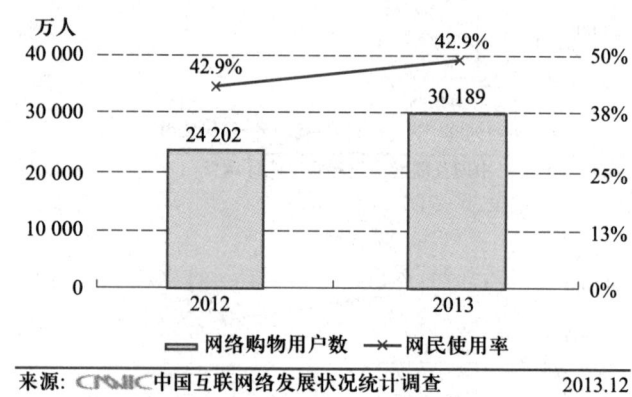

图 2-15　2012—2013 年中国网络购物用户数及网民使用率

（2）团购

截至 2013 年年底，我国团购用户规模 1.41 亿，同比增长 68.9%，使用率提升至 22.8%，同比增长 8 个百分点，依然保持相对较高的用户增长率（见图 2-16）。其中手机团购依然是重要的增长领域,手机端的快速发展推动团购的高速增长,手机团购使用率从 2012 年年底的 4.6% 增长至 16.3%。

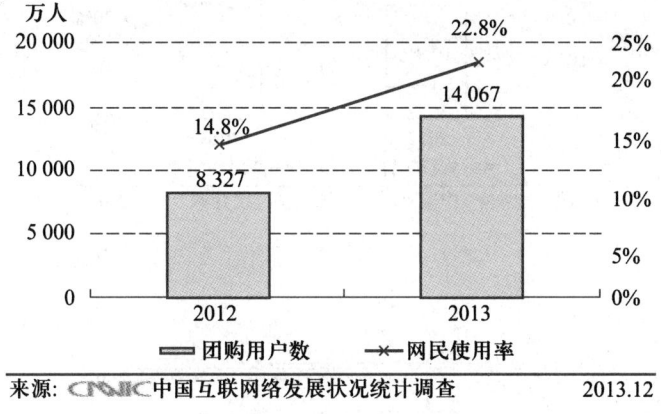

图 2-16 2012—2013 年中国团购用户数及网民使用率

（3）网上支付

截至 2013 年年底,我国使用网上支付的用户规模达到 2.60 亿,使用率提升至 42.1%。与 2012 年相比,用户增长 3 955 万,增长率为 17.9%。而随着移动支付技术标准确立,支付企业在手机支付领域的布局与发力,也带动了手机网上支付用户的快速增长（见图 2-17）。

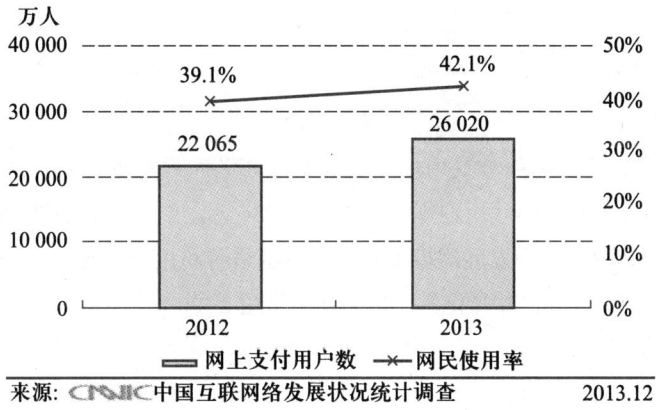

图 2-17 2012—2013 年中国网上支付用户数及网民使用率

（4）旅行预订

截至 2013 年年底,在网上预订过机票、酒店、火车票和旅行行程的网民规模达到 1.81 亿,年增长 6 910 万人,增幅 61.9%,使用率提升至 29.3%（见图 2-18）。其中,12.1% 的中国网民在网上预订机票,10.2% 在网上预订酒店,6.3% 在网上预订旅行行程,24.6% 在网上预订火车票。火车票网上预订比例上升最快,提升了 10.6 个百分点,成为整体在线旅行预订用户规模增长的主要贡献力量（见图 2-19）。

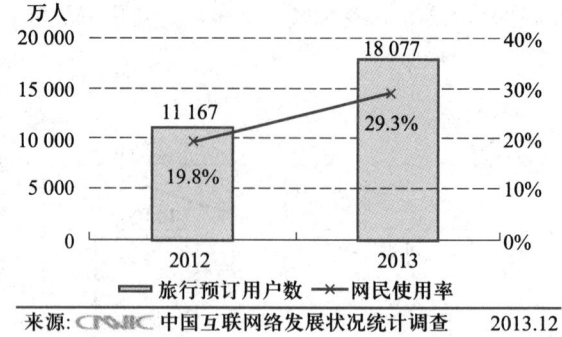

图 2-18　2012—2013 年旅行预订用户数及使用率

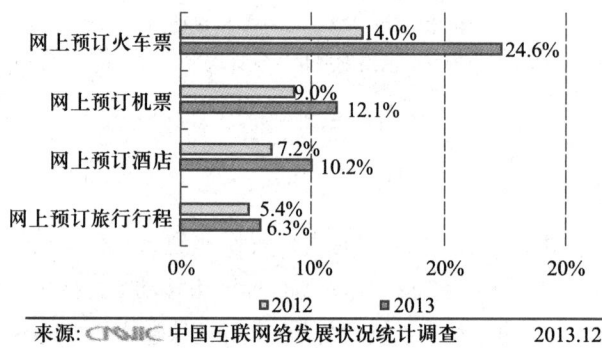

图 2-19　2012—2013 年中国网民各类在线旅行预订服务使用率

3. 网络娱乐类

（1）网络游戏

截至 2013 年年底，中国网络游戏用户规模达到 3.38 亿，网民使用率从 2012 年的 59.5% 降至 54.7%。与 2012 年相比，网络游戏用户规模增长仅为 234 万。中国网络游戏用户一直保持在低位发展。但是与整体网络游戏用户发展规模不同，手机网络游戏用户呈现快速增长趋势，这意味着中国网络游戏行业内用户向手机端转化进一步提升（见图 2-20）。

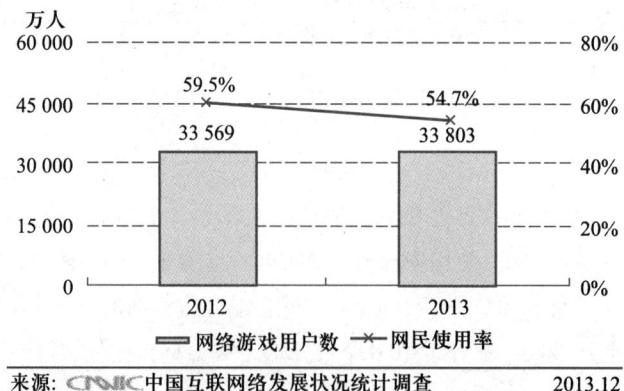

图 2-20　2012—2013 年中国网络游戏用户数及网民使用率

▶【职业道德与营销伦理 2-1】

专家称网络游戏对青少年危害大

背景与情境：2013年2月18日，著名社会学家、教育学家，华中师范大学特聘教授，被誉为中国戒网瘾第一人的陶宏开教授在其微博发帖，再度斥网络游戏为网瘾青少年沉迷网络的罪魁祸首，并列举反恐精英、英雄联盟、DotA、地下城与勇士等目前国内乃至世界都很受欢迎的网络竞技游戏对青少年危害非常大。陶宏开指出：如同没有毒品就没有人吸毒成瘾一样，网络上的不健康内容是导致青少年受害的主要外因。网瘾青少年96%是沉溺于妖魔鬼怪打打杀杀的游戏，其他的有些是迷恋玄幻离奇的网络小说、网上交友聊天、或网络色情等。不健康的网络游戏已成为毒害青少年的隐形杀手。

（资料来源：陶宏开再度斥网络游戏［EB/OL］．（2013-02-21）［2014-08-08］．http：//www.gamefy.cn/view_ 29325.html）

问题：作为中国网民主体之一的大学生应该如何正确对待消费网络游戏？

分析提示：休闲娱乐消费是人们日常生活的基本消费方式，网络游戏作为一种全新休闲娱乐方式，近年来随着互联网普及而呈现爆炸式增长。网络游戏一方面为众多互联网企业开启极具诱惑力的"金矿"，但同时也因为造成众多青少年沉迷其中而饱受抨击。大学生作为中国网民主体之一，也是网络游戏玩家的主流群体，应该将休闲娱乐作为学习之余的适当放松，要对网络游戏的易成瘾性保持警惕，更不可玩物丧志。

（2）网络文学

截至2013年年底，我国网络文学用户数为2.74亿，较2012年年底增长了4 097万人，年增长率为17.6%。网民网络文学的使用率为44.4%，比2012年年底增长了3个百分点（见图2-21）。

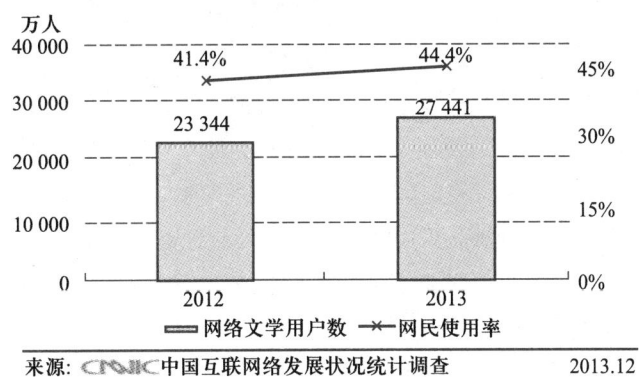

图2-21 2012—2013年中国网络文学用户数及网民使用率

（3）网络视频

截至2013年年底，中国网络视频用户达到4.28亿，较2012年年底增加了5 637万人，增长率为15.2%。网民中上网收看视频的用户比例较2012年年底提升了3.4个百分点，达到69.3%（见图2-22）。

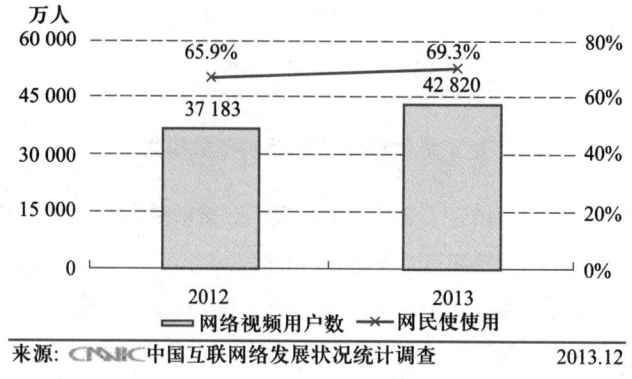

图 2-22 2012—2013 年中国网络视频用户数及网民使用率

▶【教学互动 2-1】

互动内容：目前大学生主要使用的交流沟通工具包括哪些？
要求：同"教学互动 1-1"的"要求"。

▶【同步案例 2-1】

七类用户群撑起中国互联网商业模式

背景与情境：中国互联网络信息中心（CNNIC）发布的第 23 次《中国互联网络发展状况统计报告》，以全新的视角对网民进行了互联网应用行为分群。

（1）网络依赖群。此群体占网民总规模的近 11%。他们在各种网络应用上的群体特征值都高于总体平均水平。他们使用的网络应用最多，每周上网时间也最长。他们是互联网的最忠实的用户。

（2）网络商务群。此群体占网民总体的 6.7%，是网民中最小的一个群体。此群体与网络依赖群比较接近，但是在上网时长、网络应用数量上都远低于网络依赖群，在应用上的一个重大区别在于此群体几乎不访问论坛。同时他们在电子商务、在线炒股、旅行预订等应用上的特征明显强于搜索引擎、即时通信、电子邮件等基础应用。

（3）网络社交群。此群体占网民总体的 12.3%。他们在具有社交特征的应用上的比例明显高于其他群体。他们在即时通信、博客、论坛/BBS、交友网站等社区类网络应用上的渗透率明显偏高。

（4）自我展示群。此群体占总体的 12.6%。此群体中的用户 100% 拥有博客，而在其他应用上他们的使用率明显低于总体。此群体平均使用 5.3 个应用，每周上网 12.27 个小时。

（5）基础应用群。此群体在网民总体中所占比重达到 21.5%，是最大的一个群体。此群体在搜索引擎、电子邮件、即时通信等互联网基础应用上的比例远高于总体水平，而在其他应用上的使用率却明显偏低。

（6）非主流网游群。此群体中的网民 100% 玩网络游戏，他们占总网民规模的近 18%。此群体除了游戏之外，在其他应用上的指数都低于总体。此群体在年龄上与网游用户总体相比，表现出明显的非主流特征。此群体的年龄特征指数显示，在年龄上更偏向于两端；在网络行为上，他们的网络行为较为单一，平均使用的网络应用数量只有 4.7 个；在上网时间花费上，他们平均每周上网大约 12 个小时，低于整体网民在互联网上的时间花费，更低于一般网游用户在互联网上的时间花费。但是，结合他们网络应用少的特点，可以初步判断，他们在互联网上的时间绝大部分花在了网络游戏上面。

（7）网络浅尝者。此群体占总体的 18.2%，是规模仅次于基础应用群的一个群体。此群体在各个应用上的群体特征都不突出，他们上网时间最少，使用的网络应用数量最少，同时他们也是网龄最短的群体，但是他们却是平均年龄最大的群体，平均年龄达到 32 岁。此群体显示了互联网向高年龄群体的扩张。

问题：你如何理解目前中国网民行为特征结构对国内企业网络营销的影响？

分析提示：消费者行为分析往往带给企业营销人员新的启发，本案例中我国网民的行为结构呈现出明显的群体分隔特征，企业在进行网络营销过程中，需要根据产品特性与目标顾客定位，结合网民群体行为特征，采取相应的网络营销策略，才能取得良好网络营销效果。

▶【同步业务 2-2】

结合同学们在校学习生活需要，对在校大学生的网络应用情况进行调研，统计分析大学生网络应用的类型与使用率。

业务分析：大学生作为特殊的网络应用群体，其网络应用行为具有较为明显的群体特征，通过大学生群体网络应用类型及使用率分析，了解对网络营销环境的影响。

业务程序：首先，拟定调研计划。其次，在大学生群体中进行抽样问卷调查，搜集大学生网络应用类型与使用频率数据资料。最后，与中国网民各类网络应用的使用率对比，分析总结大学生网络应用特征。

业务说明：大学生网民是使用网络较多的群体之一，在大部分网络应用上使用率都很高，特别是网络娱乐、交流沟通、信息获取方面大学生网民表现活跃，在商务应用上大学生网民网购、使用网上支付和网上银行的比例很大。

▶ 2.2 网络营销宏观环境

网络营销宏观环境是指能影响整个微观环境的广泛的社会性因素，包括网上人口、经济因素、科技因素、政治因素、网络文化因素和网络法律因素。宏观环境对企业的短期网络营销活动可能影响不大，但对网络营销的长期发展具有很大的影响。所以，企业一定要重视网络营销宏观环境的分析研究。网络营销宏观环境主要包括以下三方面的因素。

▶ 2.2.1 经济环境

经济环境是指企业网络营销过程中所面临的各种经济条件、经济特征、经济联系等客观因素。在影响企业网络营销的众多因素中，经济环境是内部分类最多、具体因素最多，并对市场具有广泛和直接影响的环境因素。

经济环境不仅包括经济体制、经济增长、经济周期与发展阶段，以及经济政策体系等大的方面的内容，同时也包括收入水平、市场价格水平、利率、汇率、税收等经济参数和政府调节取向等内容。

1. 经济发展水平

企业的网络营销活动受到一个国家或地区的整个经济发展水平的制约。经济发展阶段不同，居民的收入不同，顾客对产品的需求不一样，网络的普及程度也不一样，从而会在一定程度上影响企业的营销活动。以消费者市场来说，经济发展水平比较高的地区，在网络营销方面，强调产品款式、性能及特色，品质竞争多于价格竞争；而在经济发展水平低的地区，则侧重于产品的功能及实用性，价格因素比产品品质更为重要。在生产者市场方面，经济发展水平高的地区着重投资较大、能节省劳动力的、先进、精密、自动化程度高、性能好的生产设备；在经济发展水平低的地区，其机器设备大多是一些投资少而耗劳动力多、简单易操作、较为落后的设备。因此，对于不同经济发展水平的地区，企业应采取不同的网络营销策略。

我国目前正处于经济发展的关键阶段，随着对外开放的进一步深化，国民经济总量的不断增强，网络市场规模进一步扩大，企业投资机会增多，市场交换成为企业的根本活动，信息竞争将成为市场竞争的焦点。因此，企业应当注意经济发展不同阶段网络营销环境的变化，把握时机，主动迎接市场的挑战。

2. 经济体制

不同的经济体制对企业网络营销活动的制约和影响不同。例如，现阶段，我国正处于社会主义市场经济体制的初级阶段，市场情况十分复杂。一方面，通过改革，企业正在逐步摆脱行政附属物的地位，具有一定的生产经营自主权，开始真正走向市场且以市场为目标开展自己的网络营销活动；另一方面，企业经营机制还没有完全转变过来，政府的直接干预还严重存在，企业的生产经营活动还受到较强的控制，因而企业的网络营销活动在一定程度上受到制约。另外，市场发育不完善，市场秩序混乱，行业垄断和地方保护主义盛行，极不利于企业开展网络营销活动。因此，企业要尽量注意选择不同的网络营销策略。

3. 地区与行业发展状况

我国地区经济发展很不平衡，基本上形成了东部、中部、西部三大地带和东高西低的发展格局。同时在各个地区的不同省市，还呈现出多极化发展趋势。这种地区经济发展的不平衡，对企业的投资方向、目标市场以及网络营销战略的制订等都会带来巨大影响。

我国行业与部门的发展也有差异。今后一段时间，我国将重点发展农业、原料和能源等基础产业。这些行业的发展必将带动商业、交通、通信、金融等行业和部门的相应发展，也给市场营销带来一系列影响。因此，企业一方面要处理好与有关部门的关系，加强联系；另一方面，则要根据与本企业联系紧密的行业或部门的发展状况，制订切实可行的营销策略。

4. 社会购买力水平

人口、需求和购买力是构成市场和影响市场规模大小的三大要素。购买力受宏观经济环境的制约，是经济环境的具体体现。购买力的大小取决于现有的收入、价格、储蓄及借贷情况。

▶ 2.2.2 政治法律环境

政治法律环境是指国家或地区的政治制度、体制、政治形势、方针政策、法律法规等方面。市场经济是法制经济，包括网络营销在内的所有企业行为都必然受到政治与法律环境的影响和制约。所以，在开展网络营销活动时，就要对政治法律环境进行认真的分析和研究。

1. 政治法律环境对企业网络营销活动的影响

政治法律环境因素对企业网络营销活动具有规范和保障作用，主要表现为如下三点。

（1）政府通过营造和建立良好的国际政治环境和稳定的国内政治环境，改善投资环境，吸引国外投资者和资金，赢得众多发达国家和周边地区企业的投资信心。

截至 2013 年 4 月底，我国已累计实际吸收外资金额 1.3 万亿美元。目前，绝大多数国家和地区都有企业来华投资，《财富》500 强企业中已有多家在华投资，外商投资在华设立的研发中心达 700 多家。随着中国的不断发展，中国同世界各国和各类企业的合作必将进一步扩大。这既给企业带来机遇，也带来挑战。

（2）我国政府为推动网络营销的发展，在研究国际先进经验的基础上，结合本国国情，逐步制订并完善相关的电子商务法律法规。例如：1996 年 2 月国务院第 195 号令发布了《中华人民共和国计算机信息网络国际互联网管理暂行规定》；1997 年 5 月，国务院信息办发布了《中国互联网络域名注册暂行管理办法》；1997 年 12 月，公安部发布了《计算机信息网络国际联网安全保护管理办法》；1999 年 8 月，信息产业部发布了《电信网间互联网管理暂行规定》；2000 年 9 月国务院发布了《中华人民共和国电信条例》和《互联网信息服务管理办法》；2004 年 8 月 28 日，十届全国人大常委会第十一次会议表决通过《中华人民共和国电子签名法》，并决定于 2005 年 4 月 1 日开始实行，标志着我国通信信息立法迈出重要步伐。之后又相继颁布《中国电子商务发展战略纲要》《中国电子商务"十二五"发展规划》，主要阐述在全球信息化革命潮流中，我国企业应如何利用网际网络提高企业竞争力的问题。这两个文件是我国企业今后利用网际网络进行网络营销活动的指导性文件。按纲要和规划，我国将建立营销认证中心、推出管理办法，然后批准一些网络营销的试点，从政策、资金和技术上加以扶持和推广；将成立专门机构和制订规则，负责解决网上交易的经济和商务纠纷法律仲裁。随着相关电子商务法律法规的相继出台和实施，我国互联网信息服务业、网站管理将越来越规范化，企业的网络营销活动应对其政治法律环境认真进行研究，以实现趋利避害的目的。

（3）政府通过制订一系列的方针、政策，刺激经济的扩张和发展，相继出台《2006—2020 年国家信息化发展战略》《国务院关于大力推进信息化发展和切实保障信息安全的若干意见》《关于加快推进信息化与工业化深度融合的若干意见》《信息化和工业化深度融合专项行动计划（2013—2018年）》等进行导向和政策支持。对某些特定行业或企业进行补贴，给予税收优惠，支持研究开发工作。甚至采取更加特殊的保护政策，以扶持这些行业或企业的发展。在规范作用方面，政府通过制定相关的法律、政策，制约和规范企业网络营销，让企业在法律、政策允许的范围内从事生产经营活动。为了保护劳动者、消费者和社区的利益，各国政府采取了积极干预活动，颁布各方面的法规，加强对企业的管制和监督。目前我国正逐步实现经济体制的转变，政府职能逐渐改变，政府由过去对企业的直接干预向间接管理转变。

2. 企业开展网络营销活动的注意事项

（1）企业的网络营销活动要遵守目标市场所在国家的相关法律、法规的规范。

（2）企业的网络营销活动要服从国家有关发展战略与政策要求。

（3）企业要积极利用国家政策给网络营销带来的机会，尽量争取对企业、社会、消费者皆有利的法律、法规和政策出台。

▶ 2.2.3 科学技术环境

科学技术对经济社会发展的作用日益显著。科技环境是影响企业营销活动诸多因素中，影响最直接、力度最大、变化最快的环境因素。在当今世界，企业环境的变化与科学技术的发展有非常大的关系，特别是在网络营销时期，两者之间的联系更为密切。

科学技术的发展对于社会的进步、经济的增长和人类社会生活方式的变革都起着巨大的推动作用。现代科学技术是社会生产力中最活跃的和决定性的因素，它作为重要的营销环境因素，不仅直接影响企业内部的生产和经营，而且还与其他环境因素相互依赖、相互作用，影响企业的网络营销活动。

1. 科技环境对企业网络营销的影响

（1）科学技术的发展直接影响企业的经济活动。网络技术的发展与应用，为企业在信息的收集与利用、设备的技术开发、创造新的生产工艺和新的生产流程等方面提供了更为有利的条件，不仅对企业经营管理提出更高的要求，也为企业改善经营管理提供了物质条件。企业的经营管理工作变得效率更高，企业的效益更好。

（2）科学技术的发展和应用影响企业的营销决策。随着科学技术的发展，每天都有新品种、新款式、新功能、新材料的商品在市场上出现。科学技术进步所产生的效果，往往借助消费者和市场环境的变化而间接影响企业营销活动的组织。营销人员在进行决策时，必须考虑科技环境带来的影响。

（3）科学技术的发明和应用，可以造就一些新的行业、新的市场，同时又使一些旧的行业与市场走向衰落。例如，太阳能、核能等技术的应用，使得传统的水力和火力发电受到冲击。太阳能、核能行业的兴起，必然给掌握这些技术的企业带来新的机会，又给水力、火力发电行业带来较大的威胁。再如，晶体管取代电子管，后又被集成电路所取代，复印机工业打击复写纸工业，电视业打击电影业，化纤工业对传统棉纺业的冲击，等等。这一切无不说明，伴随着科学技术的进步，新行业替代、排挤旧行业，这对新行业技术拥有者是机会，但对旧行业却是威胁。

（4）科学技术的发展，使得产品更新换代速度加快，产品的市场寿命缩短。今天，科学技术突飞猛进，新原理、新工艺、新材料等不断涌现，使得刚刚炙手可热的技术和产品转瞬间成了明日黄花。这种情况，要求企业不断地进行技术革新，赶上技术进步的浪潮。否则，企业的产品跟不上更新换代的步伐，跟不上技术发展和消费需求的变化，就会被市场无情地淘汰。

（5）科学技术的发展，将使人们的生活方式、消费模式和消费需求结构发生深刻的变化。科学技术是一种"创造性的毁灭力量"。它本身创造出新的东西，同时又淘汰旧的东西。一种新技术的应用，必然导致新的产业部门和新的市场出现，使消费对象的品种不断增加，范围不断扩大，消费结构发生变化。例如，在美国，随着汽车工业的迅速发展，美国成了一个"装在车轮上的国家"，现代美国人的生活方式，无时无刻不依赖于汽车。这些生活方式的变革，如果能被企业深刻认识到，主动采取与之相适应的营销策略，就能获得成功。所以，企业在组织网络营销时，必须深刻认识和把握由于科学技术发展而引起的社会生活和消费的变化，看准营销机会，积极采取行动，且要尽量避免科技发展给企业造成的威胁。

（6）科学技术的发展为提高营销效率提供更新更好的物质条件。首先，科学技术的发展，为企业提高营销效率提供了物质条件。例如，新的交通运输工具的发明或旧的运输工具的技术改进，使运输的效率大大提高；信息、通信设备的改善，更便于企业组织营销，提高营销效率。其次，科学技术的发展，可使促销措施更有效。例如，移动通信、电视、互联网技术等现代信息传媒的发展，可使企业的商品和劳务信息及时准确地传送到全国乃至世界各地，这将大大有利于本国和世界各国消费者了解这方面的信息，并起到刺激消费、促进销售的作用。最后，现代计算技术和手段的运用，可使企业及时对消费者的消费需求及动向进行有效的了解，从而使企业营销活动更加切合消费者需求的实际情况。科学技术的发展，推动了消费者需求向高档次、多样化方向的变化，消费者消费的内容更加纷繁复杂。因此，生产什么商品，生产多少商品去满足消费者需要的问题，还得依靠调查研究和综合分析来解决。这种情况，完全依赖传统的计算和分析手段是无能为力的，而现代计算和分析手段的运用，提供了解决这些问题的武器。例如，利用高级电子计算机对消费者及其需求的资料进行模拟和计算、分析和预测，就能及时、准确地为企业提供相关资料，以作为企业营销活动的客观依据。

总之，科学技术的进步和发展，必将给社会经济、政治、军事以及社会生活等各个方面带来深刻的变化，这些变化必将深刻地影响企业的营销活动，给企业造成有利或不利的影响，甚至关系到企业的生存和发展。因此，企业应该特别重视科学技术这一重要的环境因素对企业营销活动的影响，以使企业能够抓住机会，避免风险，求得生存和发展。

2. 因特网对网络营销的影响

因特网作为跨时空传输的"超导体"媒体，能够克服营销过程中时空的限制，可为市场所有顾客提供及时的服务，同时通过因特网的交互性可以了解不同市场顾客特定需求并针对性地提供服务，因此，因特网可以说是营销中满足消费者需求最具魅力的营销工具之一。

因特网将同4P（产品/服务、价格、分销、促销）和以顾客为中心的4C（顾客、成本、方便、沟通）相结合对企业营销产生深刻影响。

（1）以顾客为中心提供产品和服务。市场上顾客需求差异性大，利用因特网具有很好的互动性和引导性，企业可引导用户对产品或服务进行选择或提出具体要求，根据顾客的选择和要求及时进行生产且提供及时服务。企业还可以及时了解顾客需求的变化，及时满足顾客变化的需求，并提高企业的生产效益和营销效率。

（2）以顾客能够接受的成本进行定价。传统的以生产成本为基准的成本导向定价，在当代经济全球化、全球竞争日益激烈的市场格局下，应当转变为以市场为导向的定价方法。由于营销可能面对不同市场和地区的顾客，其消费层次和需求可能千差万别，因而要求价格具有很大的弹性。以需求为导向定价，除考虑顾客的价值观念外，还要考虑顾客能接受的成本，并依据该成本来组织生产和销售。以顾客为中心定价，必须能测定市场中顾客的需求，及对价格认同的标准，否则以顾客的接受成本来定价是空中楼阁。通过因特网，顾客可以提出接受的成本，企业根据顾客的成本提供柔性的产品设计和生产方案供用户选择，直到顾客认同后再组织生产和销售。

（3）产品的分销以方便顾客为主。网络营销是一对一的分销渠道，是跨时空进行销售，顾客可以随时随地利用因特网订货和购买产品。

（4）从强迫式促销转向加强与顾客直接沟通的促销方式。传统的促销是以企业为主体，通过一定的媒体或工具对顾客进行强迫式促销，以加强顾客对公司和产品的接受度和忠诚度，顾客是被动地接受，企业缺乏与顾客的直接沟通，同时促销成本很高。因特网上的营销是一对一和交互式的，顾客可以参与公司的营销活动，因此，因特网更能加强与顾客的沟通和联系，直接了解顾客的需求，引起顾客的认同。

▶【教学互动 2-2】

> 互动内容：如果开设一家网店，可能会受到哪些网络营销宏观环境因素的影响？
> 要求：同"教学互动 1-1"的要求。

▶【同步业务 2-3】

网络营销技术环境调查分析

> 请同学们在课后，进行一次互联网信息技术发展的调研，并分析其对于企业网络营销活动的影响。
> 业务分析：要求学生通过 GOOGLE 等搜索引擎，选择信息技术关键词，查阅检索结果，了解互联网信息技术发展的最新动态，分析其对于企业网络营销活动的影响。

业务程序:(1)确定互联网信息技术关键词;(2)选择常用的搜索引擎对关键词进行检索;(3)翻阅检索结果,了解互联网信息技术发展的最新动态;(4)分析科学技术因素对企业网络营销活动的影响;(5)提交分析报告。

业务说明:网络营销方式是随着现代计算机技术和网络技术的发展而逐渐发展起来的。互联网经济规模化、普及性和与传统行业的结合、渗透的两大核心价值,正是未来整个互联网信息技术发展的趋势。由于互联网信息技术不断发展,互联网在企业经营中所起的作用日益显著,逐渐成为当代企业与客户、供应商及其各方之间沟通的桥梁,通过网络信息共享、互通有无,促使企业、客户、供应商及其各利益方形成战略联盟也成为大势所趋。特别是作为网络经济核心内容之一的电子商务的发展,意味着企业在营销理念、营销战略、营销方式、营销组织等各个方面的革命性变革。

▶ 2.3 网络营销环境与用户对策分析

▶ 2.3.1 网络营销环境对策分析

互联网上包含了无数信息资源,受到市场营销者的青睐,企业上网已经成为既定趋势。企业通过网络做广告、宣传产品,将网络上营销活动扩展到营销的整个过程。企业在进行网络营销过程中,可以从以下方面对所处网络营销环境进行对策分析:

1. 网络营销环境特点

市场营销环境是市场营销者的行为时空。互联网自身构成了一个市场营销的整体环境。从环境构成的五个要素来说,网络营销环境具有如下特点:

(1)提供资源。互联网是各种信息的载体,它能提供企业所需要的各种信息。信息是市场营销过程的关键资源,各种信息正是互联网的血液,互联网最终将全面反映现实世界的各类信息。

(2)动态变化。互联网信息的更新速度是所有媒体中最快的,几乎所有现实世界的最新动态都可以迅速出现在网上,信息的不断更新是互联网的生命力之所在。

(3)多因素相互作用。企业活动的各因素在互联网上通过网址来体现,如企业、金融、服务、顾客等,它们通过鼠标的点击相互联系。

(4)反应机制。企业可以将自己企业的信息通过网站,存储在互联网上。企业根据互联网上的信息,调整自己的决策。

(5)全面影响力。互联网与每一个上网者都发生作用,每一个上网者都是互联网上的一分子,他可以基本无限制地接触互联网的全部,并在这一过程中受到互联网的影响。因此,互联网已经不只是传统意义上的电子商务工具,而独立成为新的市场营销环境。

2. 网络营销环境的优势

网络营销环境相对于现实的传统营销环境,具有如下优势:

(1)易运作。互联网只需要企业上网就能进入网络环境,这减少了许多传统营销环境的中间环节。因此,网络营销环境缩短了市场营销者与顾客之间的距离,信息的广泛直接交流不仅提高了营销效率,也使市场营销者对其环境的适应能力得到加强,但同时也使企业的市场竞争环境变得更加复杂多变,市场强度大幅度提高。

(2)公平性。在互联网上,大企业和小型企业的竞争是公平的。小企业在互联网上找到了与大企业竞争的契机。

(3)灵敏度高。互联网是一个迅速变化的空间,各种各样的用户需求者可能在其中出现,但它总能迅速地作出反应,由另一些用户提供答复或解决问题的途径。

(4)全球性。目前全球几乎所有的国家和地区都已进入了互联网,企业通过互联网可以与全球市场进行联系,从而大大削弱了商业活动的地理空间限制。

(5)可视性。互联网以数字化的方式全面地反映着现实世界,使市场营销能轻松地直接进入所选择的环境,浏览到企业所需要的各种形式的信息。

(6)交互性。互联网使得市场营销者能与其环境进行实时信息沟通,高效率地完成全部信息交换过程,拓展了市场营销的时间概念。

(7)能动性。上网用户既是网络环境的接受者,又是网络环境的创造者,环境与其主体密不可分,同时大量的智能信息处理软件使互联网能够主动为用户服务。

3. 网络营销环境的分析

网络营销宏观和微观环境随时都在发生程度不等的变化,出现大大小小的事件,但并不是所有发生的事件都会影响企业的运营。首先企业可通过由高层领导和聘请的熟悉企业内外环境的专家和管理人员组成分析小组,制订环境探查的计划方案,然后经过有组织的调研、预测与分析,最终将所有可能影响企业网络营销活动的环境因素变化引发的事件——加以讨论分析,从中筛选出对企业经营有不同程度影响的事件,形成分析报告,为制订应对策略方案提供依据。

企业网络营销环境分析通常借助 SWOT 模型。对微观环境主要从行业竞争角度分析企业的优势与劣势,对宏观环境主要从外部大气候分析对企业可能提供的机会和造成的威胁。

(1)优势(S)分析。分析企业的长处、优势所在,解决如何去扬长,充分发挥企业的核心竞争力的问题。

(2)劣势(W)分析。分析企业的不足、短板所在,解决如何去避短的问题。

(3)机会(O)分析。分析未被满足的潜在需求和发展空间,解决如何去趋利,充分利用营销环境给企业提供的有利因素的问题。机会分析主要考虑其潜在的吸引力和成功的可能性。对市场机会的分析,必须分析机会的性质,以便企业寻找对自身发展最有利的机会,这种分析对企业网络营销具有现实意义。网络市场机会实质上是"网络市场未满足的需求",伴随着需求的变化,会不断出现新的网络市场机会,但企业的环境机会并不一定是合适机会。

(4)威胁(T)分析。分析环境造成的不利因素和挑战,解决如何去避害,尽可能去避开或减弱营销环境对企业带来不利影响的问题。一般着眼于两个方面：一是分析事件造成威胁的严重程度；二是分析威胁出现的可能性。

4. 网络营销环境的对策

企业通过对外部环境的分析，可找出网络营销重大的发展机会和避开重大的威胁，以谋求企业的发展。对于威胁与机会不等的各种网络营销业务，企业可分别采取不同的对策。"低机会高威胁"属于网络营销困难业务，要么努力改变环境，要么立即转移，摆脱暂时无法扭转的困境，等待新的市场机会的到来；"高机会低威胁"属于网络营销理想业务，必须抓住机遇，迅速行动，否则将丧失战机；"高机会高威胁"属于网络营销冒险业务，既不宜冒进，也不应迟疑不决，应审时度势，全面分析企业自身的优势和劣势，创造条件，争取实现突破性进展；"低机会低威胁"属于网络营销成熟业务，可作为企业的常规业务，同时为开展理想网络营销业务和冒险的网络营销业务准备条件。研究网络营销环境及其变化，是企业开展网络营销活动的一个重要课题。网络环境就是影响企业网络营销能力和效果的外部各种参与者和影响力。

▶ 2.3.2 网络营销用户对策分析

针对不同需求的网络用户，企业应该选择不同的对策。现代市场营销观念的中心是满足消费者的需要，这一指导思想同样也是网络营销的立足点。为了吸引网络营销中的消费者，首先要确定本企业的目标用户是哪类网络营销中的消费者，他们的需求特性是什么，这样才能有的放矢地设计网站结构和网页内容。下面就网络营销中的各类消费者来讨论不同的对策。

1. 针对浏览者的对策

为了吸引这类浏览者，企业要保证站点中永远有新鲜的内容。专门设置 What's News 这类页面，每隔一段时间对其内容进行更新，这些内容不一定非得与公司产品或服务直接相关，但一定是公司目标用户感兴趣的信息，如天气预报、名人逸事等。页面每天更新一次，吸引网络营销中的消费者反复访问本站点。

2. 针对信息寻求者的对策

信息寻求者往往目标明确，他们在网上寻找的通常都是特定的、及时的、相关的信息。针对这类人群，从营销的角度可采用以下几点对策：

（1）按不同详细程度，将公司的产品、服务、人事、财务、投资等信息分层次列出，即站点中包括这些信息从索引到单项信息不同详细层次的页面。

（2）在尽可能多的相关的搜索上登记，使网络营销中的消费者易于寻找。目前很多搜索都采用主题词自动检索，所以在登记主题词时要尽可能多地包括同义词甚至外围词，比如公司业务主题是机械制造，在登记时可包括机器制造、零件制造等，在为用户与本公司产品提供相关的信息的同时，也适当提供一些其他的信息。因为你并不知道网络营销中消费者在寻找该项信息时会选择哪个词。

（3）提供他们所需但与产品和服务不是直接相关的信息。这样做的主要原因是，让你的目标用户视你的站点为一个多方位的信息源泉，这会提高企业在用户心目中的地位，从而增加访问次数，增加购买的可能。

（4）用其他媒介推销网页。例如，可以在大型户外产品广告牌上、报纸广告上标明自己的网址等。

3. 针对学习工作者的对策

有些网民把工作学习作为上网的主要目的。他们的基本特征和信息浏览者大体上相同，也是一个努力向上的群体，只不过他们更加年轻。同时，这个群体受过或正在接受良好的教育，他们积极向上、奋发进取、思维活跃、接受观念快，乐于尝试未知的东西。对于网络企业来说，这是一个最具潜力的消费群体。从上述这部分网民的学习和工作入手是和他们进行沟通的最佳切入点，因此通过网络论坛、新闻组、电子邮件等网络工具提供学习材料、辅导和交流机会就是最有效的实现手段。

4. 针对娱乐追求者的对策

这类网络营销中的消费者上网的目的是追求娱乐与休闲，购物则可有可无，完全视心情而定。这类消费者是成熟的网络消费者，他们是未来网络营销的主要对象。针对这类网络营销中的消费者的对策应该是提供结合网络特点的、具有特定品位的娱乐活动，锁定目标用户群，以娱乐活动吸引消费者的注意，激发消费者对产品的兴趣，形成购买欲望，这是典型的网络营销购买过程。对这类网络营销中的消费者，首先，应该注意的是娱乐节目的定位。其对策是，针对不同目标用户群，提供不同品位的娱乐节目，吸引目标用户，使之首选成为网站的忠实观众，在娱乐中提升品位和需求。既可以充分利用网络的多媒体特性，提高娱乐的享受程度，也可以创作系列故事，采用类似"连载"的方法吸引他们反复访问。其次，是如何将他们转化为购买者。其对策是，提供相宜的产品，创造并且满足消费者的需求。此时可借鉴广告中的寓"推销"和"娱乐"于一体的手法，在提供"信息"的同时又促进"商品销售"。

5. 针对联络者的对策

有些网民把对外通信、联络，包括收发邮件、短信息、传真等作为上网的主要目的。联络者的基本特征是他们有交往的愿望。联络者喜欢接受各种各样的信息，并且乐于和别人分享这些信息，他们追求时尚，易受外界影响。针对联络者，正确的营销方法是向他们提供方便、快捷、可靠的联络工具，让他们在企业所提供的平台上进行联络，或使企业平台至少成为他们选择的平台之一。可以有选择地邀请少数联络者直接和企业进行沟通，向他们传递一些企业内部的消息，接受他们的某些建议并反馈意见给他们，使他们产生自己是产品开发参与者的印象，再通过他们向他们的联络对象传递，最终培养起品牌偏好。

6. 针对免费寻觅者的对策

有关研究表明这类网络营销中潜在的消费者在网上为数最多，这类消费者的特点是：只要有免费品，他们就会访问，但不易将他们转变为用户。如果他们只是拿走免费品而不购买东西，即使他们人数再多，访问再频繁，公司也无法获得利润回报。所以，针对这类网络营销中消费者的策略，应该是给他们免费品的同时也要设法使他们购买。例如，免费提供的商品本身用途有限，但如果和其他产品匹配使用就能获得很大益处。US News Online 就采用了此法：只要访问者填写一张简单的联系单，就能每周都得到 US News Online 免费新闻信札，其中包括一周热点新闻摘要、焦点人物采访、内幕新闻等内容。新闻信札均以简略的摘要形式传递信息，对需要了解详细内容的读者用途不大，但它可起到索引的作用，与杂志成为一种匹配关系，读者从新闻信札中明确他需要详细了解的内容，然后再购买该期 US News。

■ 本章内容结构图

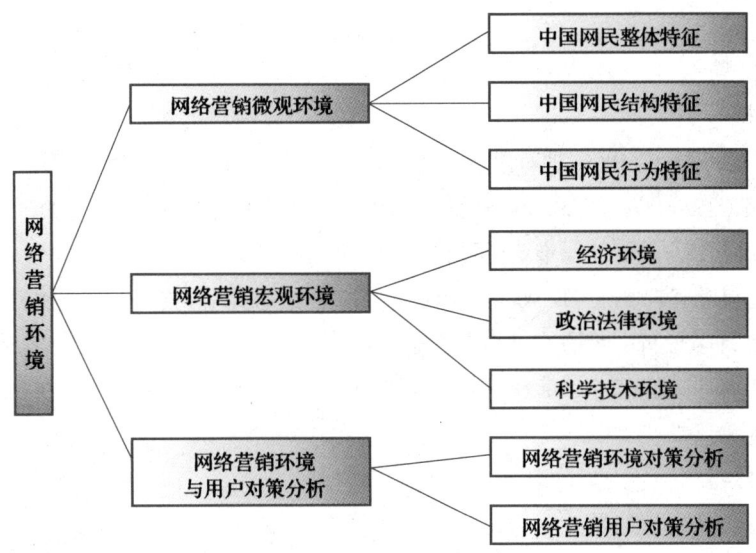

■ 主要概念和观念

□ 主要概念

网络营销环境　网络营销微观环境　网络营销宏观环境　经济环境　政治法律环境　科学技术环境

□ 主要观念

网络营销环境对策分析　网络营销用户对策分析

■ 重点实务和操作

□ 重点实务

网络营销环境分析　网民网络使用行为分析

□ 重点操作

根据最新统计资料，综合分析当前国内企业网络营销的宏微观环境

在校内进行实地调查，针对大学生网络使用行为开展行为分析及对策研究

■ 习题和训练

□ 理论题

▲ 客观题

△ 选择题

○ 单项选择

1. 网络应用行为群中 100% 拥有博客的是（   ）。
   A. 网络依赖群　　　B. 网络商务群　　　C. 网络社交群　　　D. 自我展示群
2. 公司从以下哪一种群体最难获得利润（   ）。
   A. 信息寻求者　　　B. 娱乐追求者　　　C. 联络者　　　　　D. 免费寻觅者
3. 网络营销环境分析中所谓的成熟业务是指（   ）。
   A. 高机会高威胁　　B. 高机会低威胁　　C. 低机会低威胁　　D. 低机会高威胁

○ 多项选择

1. 下列属于经济环境的是（   ）。
   A. 经济发展水平　　　　　　　　　　　B. 经济体制
   C. 国家政策法规　　　　　　　　　　　D. 社会购买力水平
2. 因特网对企业营销产生哪些影响（   ）。
   A. 以顾客为中心提供产品和服务
   B. 以顾客能够接受的成本进行定价
   C. 产品的分销以方便顾客为主
   D. 从强迫式促销转向加强与顾客直接沟通的促销方式
3. 网络应用行为的类型主要有（   ）。
   A. 信息获取与交流沟通类　　　　　　　B. 商务交易类
   C. 网络娱乐类　　　　　　　　　　　　D. 网络购物类

△ 判断题

1. 截至 2013 年 12 月底，我国网民规模达 6.18 亿（   ）
2. 我国网民结构在年龄上不断优化，呈现出成熟化的趋势。（   ）
3. 目前网民的增长动力来自高学历人群。（   ）

▲ 主观题

△ 简答题

1. 我国手机网民的快速增长的原因源于哪些方面？

2. 政治法律环境因素对企业网络营销活动的保障作用表现在哪些方面？
3. 科技环境对企业网络营销有何影响？

△ 论述题
1. 论述网络营销环境的特点。
2. 论述网络营销环境的优势。

□ 实务题

▲ 规则复习
1. 简述 SWOT 分析的基本思路。
2. 简述网络营销环境分析的步骤要点。
3. 简述网络营销环境应对策略。

▲ 业务解析
某食品加工企业拟建立独立网站进行品牌推广，同时借助 B2C 平台建网店销售产品，以提升品牌影响力与销售业绩。
你认为该企业决策时应该分析哪些环境因素？你认为该采取什么分析步骤？

□ 案例题

▲ 案例分析

探寻安利（中国）的成功之路

背景与情境：10 几年前，安利进军中国市场。今天，在中国直销领域，安利占据行业龙头的位置，早已毫无争议，其产品品牌也早已家喻户晓。近年来，全球经济增长速度普遍放缓，加之国家宏观调控政策影响，中国经济增速持续回落。在这样复杂的形势下，作为行业风向标的安利，举手投足都备受瞩目。值得关注的是，2011 年全球业绩首次突破 100 亿美元，达到 109 亿，增长幅度 17%；安利（中国）的销售额过去 5 年都实现了两位数的增长，2011 年达到了 267 亿人民币，增长幅度 22%。逆势飞扬，安利是怎样成就了辉煌？

安利大中华总裁颜志荣表示：发展新生代是安利近两年的一个重要战略，我们的方向是通过专属的服务，实现对年轻营销人员的针对性培养。现在安利有一个叫"青英荟"的平台，专门围绕年轻人来组织活动，有自己的网站和微博，也用网络、视频、移动互联等方式来设计培训和交流，提高安利事业对年轻营销人员的吸引力，帮助他们获得成长。在下一个海外研讨会，我们还会专门准备一个"青英号"邮轮，让年轻人聚在一起，有一个专属的空间，释放他们的活力。互联网技术的发展和应用，注定了它在未来很长一段时间里将深刻地影响人们的生活。数字化营销也是安利未来发展的一项重要策略。公司现在已经通过互联网和手机移动商务领域，提高对营销人员的服务覆盖率，也在开发新的数字化传播方式，更好地为营销人员的事业开展提供帮助。但是，对于网上交易的模式，因为它还不具备直销特有的人对人的、个性化服务的优势，同时对直销的销售渠道可能会有一些冲击，也有假货渗透的风险，所以在此情况下，我们目前的态度还是比较慎重。

（资料来源：探寻安利（中国）的成功之路. 安徽商报，2012-08-01.）

问题：

1. 分析安利网络营销的成功经验和不足。
2. 试对安利公司未来发展网络营销提出建议。

分析要求：同第1章本题型的"分析要求"。

▲ 决策设计

优衣库淘宝网店营销策划

背景与情境：优衣库（UNIQLO）是排名全球服饰零售业前列的日本迅销（FAST RETAILING）集团旗下的实力核心品牌，其海量的设计、亲民的价格策略，曾让优衣库在日本成为国服。但到了中国，日本本土的成功经验却不灵了。2000年优衣库开始考察、尝试打入中国市场。2002年正式进军中国。2005年，在中国开店9家，其中上海7家、北京2家，由于业绩不尽如人意，北京2家门店当年即关门。2008年下半年开始，优衣库重新调整了自己的营销和产品理念，重新进入中国市场。2009年优衣库与淘宝网结成战略伙伴关系，同时开设官方网络旗舰店和淘宝旗舰店。2010年5月，优衣库全球最大的旗舰店在上海南京西路开张，这是继纽约、伦敦和巴黎之后优衣库全球第4家旗舰店。截至2012年4月30日，优衣库在中国大陆地区共有128家店铺，较2011年增长50家。

传统渠道的增速缓慢，最终让优衣库选择网络平台作为突破口。而淘宝网作为中国目前最大的网络零售平台，拥有上亿优质的用户资源和覆盖中国、辐射亚洲的渠道优势，优衣库希望能直接共享这些资源，并在最短的时间内创造出业绩。

从2011年的统计数据看，优衣库在淘宝11天的成交额和客流量相当于在中国线下所有实体店之和，而后者是优衣库进入中国9年时间累积的成果。11天时间，一件优衣库的女式运动连帽开衫累计在线售出近3 000件，平均每天售出200多件，创造了单件销售奇迹。优衣库淘宝旗舰店仅这一件衣服的每日销售额，就相当于半间优衣库实体店铺的销售业绩。开业10天，优衣库就稳居淘宝商城男装、女装销量第一位，超越了此前入驻淘宝商城的Levi's和Justyle等服装品牌。

（资料来源：优衣库网络营销策略分析［EB/OL］.（2013-11-12）［2014-08-08］. http：//wenku.baidu.com/view/74a3937ead02de80d5d84012.html）

问题：请结合本章讲授内容，根据优衣库目标顾客定位，以及中国网民群体特征与网络购物行为趋势，为优衣库淘宝店铺制订后续完整的营销方案。

设计要求：同第1章本题型的"设计要求"。

▲ 道德研判

小偷微博晒赃系营销炒作

背景与情境： 据新华社电 2012 年 5 月 7 日，名为"沪上阿飞"的网民通过微博讲述自己实施偷窃的经历并晒赃物，在另一条微博中，博主表示"今天周五运气不错，人民广场站，共搜到 14 部手机……"此条微博同时附有两幅含有多部手机的图片。很快，"沪上阿飞"迅速蹿红网络，网民大量转发和评论。上海警方当天下午查明，此事系上海威奔广告有限公司客户经理林某为推广某品牌手机，以赃物微博展示为名，向网民展现手机，以此达到推广手机的目的所做的网络营销行为。

（资料来源：上海警方曝光网络营销骗局. 京华时报，2012-05-09.）

问题：

1. 本案例中存在哪些道德伦理问题？
2. 试对上述问题做出你的道德研判。
3. 对照本教材"附录三"的附表 3 和网上调研资料，说明你的道德研判所依据的行业道德规范。

研判要求： 同第 1 章本题型的"研判要求"。

□ 实训题

"网络营销环境"知识应用

【实训目标】

见本章"学习目标"中的实训目标。

【实训内容】

专业能力训练：其领域、技能点内容及其参照规范与标准见表 2-3。

表 2-3　专业能力训练领域、技能点内容及其参照规范与标准

能力领域	技能点	名称	参照规范与标准
"网络营销环境"知识应用	技能点 1	"网络营销环境对策"知识应用技能	1. 能全面把握本章"网络营销环境对策"知识。 2. 能从"网络营销环境对策"的特定视角并应用相应知识，有质量、有效率地进行以下操作： （1）分析企业网络营销决策和业务运作的现状，分析其成功、不足与尚待解决的各种问题。 （2）提出优化建议和解决实际问题方案。
	技能点 2	"网络营销用户对策"知识应用技能	1. 能全面把握本章"网络营销用户对策"知识。 2. 能从"网络营销用户对策"的特定视角并应用相应知识，有质量、有效率地进行以下操作： （1）分析企业网络营销决策和业务运作的现状，分析其成功、不足与尚待解决的各种问题。 （2）提出优化建议和解决实际问题方案。

职业核心能力和职业道德训练：其内容、种类、等级与选项见表2-4；各选项的"规范与标准"分别参见本教材附录二的附表2和附录三的附表3。

表2-4 职业核心能力与职业道德训练的内容、种类、等级与选项表

内容	职业核心能力							职业道德				
种类	自我学习	信息处理	数字应用	与人交往	与人合作	解决问题	革新观念	职业观念	职业情感	职业理想	职业态度	职业良心	职业作风	职业守则
等级	高级	高级	高级	高级	高级	高级	高级	内化级	内化级	内化级	内化级	内化级	内化级	内化级
选项	√	√	√	√	√	√	√		√	√	√	√	√	√

【实训任务】

1. 对专业能力的各技能点，依照其"参照规范与标准"实施基本训练。
2. 对职业核心能力选项，依照其"参照规范与标准"实施"高级"强化训练。
3. 对职业道德选项，依照其"参照规范与标准"，实施"内化级"相关训练。

【组织形式】

1. 以小组为单位组成营销团队。
2. 结合实训任务对各营销团队进行适当的角色分工，确保组织合理和每位成员的积极参与。

【情境设计】

各营销团队就第一次实训选定企业或者校内实训基地，结合课业题目，从"'网络营销环境'知识应用"的视角，对该企业（或学校专业教育实训基地）网络营销决策及业务运作现状进行调查研究，分析其成功经验与不足之处，在此基础上提出《××网络营销优化方案》构思，通过系统体验各项相关操作完成本次实训的各项任务，撰写相应《实训报告》。

【实训时间】

在讲授本章时选择周末休息日。

【操作步骤】

1. 各营销团队就第一次实训选定企业（或者校内实训基地），结合本实训任务进行适当的角色分工。
2. 各团队结合实训任务、情境设计和课业题目，讨论和制订本次《实训计划》。
3. 各团队实施《实训计划》，应用"网络营销环境"知识，对该企业网络营销决策及运作现状进行调查、研究与评估，分析其成功与不足，系统体验如下操作：

（1）依照"技能点1"的"参照规范与标准"，从"'网络营销环境对策'知识应用"的特定视角，分析该企业（或者校内实训基地）网络营销决策和业务运作中的成功与不足，提出优化建

议或解决方案。

（2）依照"技能点2"的"参照规范与标准"，从"'网络营销用户对策'知识应用"的特定视角，分析该企业（或者校内实训基地）网络营销决策和业务运作中的成功与不足，提出优化建议或解决方案。

4. 各团队总结上述操作体验，撰写《××网络营销优化方案》。

5. 在上述"专业能力"的基本训练中，融入"职业核心能力"的"高级"强化训练和"职业道德"的"内化级"相关训练。

6. 各团队综合以上阶段性成果，依照"技能点3"的"参照规范与标准"，撰写《"网络营销环境"知识应用实训报告》。其内容包括：实训组成员与分工；实训过程；实训总结（包括对专业能力训练、职业核心能力训练和职业道德训练成功与不足的分析说明）；附件（指阶段性成果全文）。

7. 在班级讨论、交流和修订各团队的《实训报告》，使其各具特色。

【成果形式】

实训课业：《"网络营销环境"知识应用实训报告》。

课业要求：

1. "实训课业"的结构与体例参照本教材"课业范例"中的范例综-4。

2. 将《实训计划》和《××企业网络营销环境与用户对策优化方案》以"附件"形式附于《实训报告》之后。

3. 在校园网平台上展示经过教师点评的班级优秀《实训报告》，并将其纳入本课程的教学资源库。

■ 单元考核

考核要求：同第1章"单元考核"的"考核要求"。

第3章 企业网站建设与推广

+03

- ▼ 学习目标
- 引例 河南大张实业有限公司网站建设案例
- 3.1 企业网站的功能与主要内容
- 3.2 企业网站建设
- 3.3 企业网站的管理与推广
- ▼ 本章内容结构图
- ▼ 主要概念和观念
- ▼ 重点实务和操作
- ▼ 习题和训练
- ▼ 单元考核

通过本章学习，要求达到以下目标：

▶ 理论目标：学习和把握企业网站的目标、功能、分类和内容等相关概念，企业网站管理的概念、主要内容以及网站管理的主要意义等陈述性知识；能用其指导"企业网站建设与推广"的相关认知活动。

▶ 实务目标：学习和把握企业网站建设过程涉及的企业网站规划的内容、企业网站制作的要求、原则及步骤，企业网站管理的内容体系，企业网站推广的策略和措施，以及"同步业务"等程序性知识，能用其规范"企业网站建设与推广"中的相关技能活动。

▶ 案例目标：运用本章理论与实务知识研究相关案例，培养在与"企业网站建设与推广"相关的业务情境中分析问题、决策设计和道德研判能力。

▶ 实训目标：参加"'企业网站建设与推广'知识应用"的实践训练。在了解和把握本实训相关技能点"规范与标准"的基础上，通过系列技能操作的实施，相应《实训报告》的准备、撰写、讨论与交流等有质量、有效率的活动，培养企业网站建设与推广的专业能力和相关选项的职业核心能力（高级），强化职业道德（内化级）教育，促进健全职业人格的塑造。

▶ 引例

河南大张实业有限公司网站建设案例

背景与情境：始建于1992年的大张集团，全称"河南大张实业有限公司"，是一家在全国拥有60多家商业网点的零售连锁企业，是全国连锁百强、河南连锁十强的商业企业，总部设在洛阳市。公司在建立大配送系统支持下，以综合超市、标准超市、生鲜超市、便利店、服装百货等多种业态组合经营，为顾客提供优质生活的保障与便利！

大张实业有限公司早在2005年就根据发展的需要，通过调研，及时开通企业官网，设置了"魅力大张""新闻聚焦""合作共赢""荣誉殿堂""应聘加盟""服务与投诉"等栏目，全面地展示了企业的方方面面。这对扩大企业知名度，树立企业品牌形象起到了至关重要的作用。

随着电子商务的进一步发展，市民网络购物已经成为一种风尚，大张实业有限公司适时推出了自己的网络商城，开展网上销售。网络商城提供的内容非常丰富，分类仔细清晰。产品类别分为"生鲜蔬菜""食品零食""文体玩具""清洁护理""母婴中心""数码家电""美容美妆""服装服饰"等，每个大类下面又进行细节分类，对每款商品也有详细的介绍，包括品名、口味、保质期、重量、规格和产品的图片等客户最关心的信息。

在交易系统方面，网站使用了多种支付手段，如支付宝、财付通和网银支付，既安全又快捷，配合公司完善的配送队伍，同城客户9:00~19:00产生的订单当天即可收到商品。

在售后服务方面，网站有严密的退货政策、详尽的退货流程，解除了客户的后顾之忧。在网站技术方面，功能强大的网站后台管理系统，在产品管理、订单管理、会员查询等功能上都非常简单易用。

在市场推广方面，搜索引擎优化、搜索引擎推广、员工的博客推广以及传统媒体的联合推广，有效地扩大了网站的知名度，进站客户由于对实体店面和企业品牌的信赖，几乎都能转化成销售。另外，网站有专人为他们在一些相关网站上编写产品推介文章，从而带来流量。

（资料来源：根据大张实业公司官网（www.dazhang.com）和大张购物网（www.dzwg.com.cn）综合整理而成）

案例中所提到的大张实业有限公司实际上是一个典型的零售型企业，从最初的传统营销，发展成为传统营销和网络营销并重的销售模式，获得了成功。该公司开展电子商务的发展历程，也映射出企业开展电子商务的发展历程。即从最初的企业宣传性网站开始，慢慢向电子商务网站过渡。通过不同功能网站的建立，来展示自己商品、开展网上支付、对企业网站会员进行专门管理、利用搜索引擎优化功能推广网站、利用网站智能分析系统对网站进行改进和优化。企业建立网站，有助于展示企业实力，树立企业良好形象，同时也能够利用网站开展网络营销。本章系统介绍企业网站的功能和主要内容、企业网站的建立和推广、企业网站的管理和维护等一些基本知识和原理。

▶ 3.1 企业网站的功能与主要内容

▶ 3.1.1 企业网站的功能

随着网络技术和信息技术的广泛应用，企业通过网站开展商务活动已成为企业经营活动中不可或缺的一个重要组成部分，网站建设也越来越受到企业的广泛关注和重视。企业网站不仅代表着企业的品牌形象，同时也是企业在网络虚拟世界中开展网络营销的大本营，由此可见，企业网站建设是企业开展网上商务活动的前提和基础，网站建设的好坏、网站功能的成功定位与否也直接影响企业能否顺利开展网上商务活动。在企业网上开展商务活动初期，企业网站建设水平较低、网站功能不能很好定位等问题表现得比较突出。就目前而言，个别知名企业的网站设计水平与企业的品牌形象很不相称，功能也很不完善，甚至根本无法满足网络营销的基本需要，严重影响了企业网上商务活动的开展，进而对企业形象也产生了一定的影响。由此可见，成功定位一个企业网站不但有利于企业树立自己的网上品牌，也对企业的长远发展有着重要的意义。

企业建立自己的网站的目标是希望通过网站开辟企业网上销售渠道并让网站成为企业开展商务活动的有效工具，并不是为了跟风、赶时髦或者彰显自己的实力。成功定位企业网站，必须对企业网站的功能有一个全面的认识，只有这样，才能有的放矢地建立适合企业自身特点并与其初始目标相一致的企业网站。

著名企业管理学者冯英健将企业网站的功能概括为8个方面：品牌形象、产品/服务展示、信息发布、顾客服务、顾客关系、网上调查、网上联盟、网上销售。具体来讲：

品牌形象功能。企业借助自己网站的Web服务器、网站主页和电子邮件系统在全球范围内宣传自己。用户可以借助搜索引擎等其他方式方便地访问到企业网站，通过网站展示的具体信息，从一个侧面了解一个企业。因此，功能完善、界面友好的企业网站能为企业树立起良好的企业网上品牌形象。

产品/服务展示功能。顾客访问网站的主要目的是为了对公司的产品和服务进行深入的了解，企业网站的主要价值也就在于灵活地向用户展示产品说明及图片甚至多媒体信息，即使一个功能简单的网站至少也相当于一本可以随时更新的产品宣传资料。

信息发布功能。网站是一个信息载体，在法律许可的范围内，可以发布一切有利于企业形象、顾客服务，以及促进销售的企业新闻、产品信息、各种促销信息、招标信息、合作信息、人员招聘信息等。因此，拥有一个网站就相当于拥有一个强有力的宣传工具。

顾客服务功能。通过网站可以为顾客提供各种在线服务和帮助信息，比如常见问题解答（FAQ）、在线填写寻求帮助的表单、通过聊天实时回答顾客的咨询等。

顾客关系功能。通过网络社区等方式吸引顾客参与，不仅可以开展顾客服务，同时也有助于增进顾客关系。

网上调查功能。通过网站上的在线调查表，可以获得用户的反馈信息，用于产品调查、消费者行为调查、品牌形象调查等，是获得第一手市场资料有效的调查工具。

网上联盟功能。为了获得更好的网上推广效果，需要与供应商、经销商、客户网站，以及其他内容互补或者相关的企业建立合作关系，没有网站，合作就无从谈起。

网上销售功能。建立网站及开展网络营销活动的目的之一是为了增加销售，一个功能完善的网站本身就可以完成订单确认、网上支付等电子商务功能，即网站本身就是一个销售渠道。

当一个企业在规划自己的网站时，首先应明确建站的目的，然后还要对网站功能需求进行分析，网站的功能也决定了网站的规模和需要投入的资金。现实中的情形是，有的企业并不清楚网站的目的，也不了解需要哪些功能，却往往注重一些实际价值不高的内容，如网页美观性、价格等，由于网站功能设计先天不足，结果既浪费了金钱，又贻误了时机，如果对网站功能有充分的认识，可以少走很多弯路。

▶【同步案例 3-1】

洛阳独树格软轴控制器有限公司网站

背景与情境： 洛阳独树格软轴控制器有限公司是软轴和软轴控制器的专业生产制造企业，技术力量雄厚，拥有先进的生产设备、完善的质量检测控制及理化试验手段。产品在生产、制造过程中采用美国、德国、日本等国家的先进技术和工艺，产品更具有先进性、可靠性，已在同行业中形成自己独特的风格。公司产品主要有两大类，1 000 多个品种，广泛应用于汽车、工程机械、农业装备、矿山机械、船舶、起重运输机、航空、国防、装备等领域，用户覆盖国内上百家大中型知名企业。公司于 2011 年开通企业网站，企业的知名度更加提高，产品销量大幅增加。

（资料来源：根据洛阳独树格软轴控制器有限公司官网（www.lydsgrz.com）综合整理而成）

问题： 洛阳独树格软轴控制器有限公司建立网站的目的是什么？其网站实现了企业网站哪方面的功能？

分析提示： 洛阳独树格软轴控制器有限公司建立网站的目的是通过网站宣传产品和服务项目，用于提升公司形象，扩大品牌影响。主要实现了企业网站的品牌形象、产品/服务展示、信息发布、顾客服务等功能。

▶ 3.1.2 企业网站的分类

不同发展阶段的企业，建立网站的目的不同，网站的功能和内容也各有侧重。企业发展初期，企业建立网站主要是为了扩大影响、提高知名度、树立企业品牌形象，其网站侧重于信息发布；企业发展中期，具有了一定的规模和实力，企业利用网站开展网上销售，要求网站具有一定的销售功能；企业发展高级阶段，企业信息化程度较高，不仅能开展网上营销，还要求网站与内部信息系统高度融合。根据网站的功能定位不同，可以把企业网站分为以下三类：

1. 信息发布型

信息发布型网站是一种较为简单的企业网站，其建设技术含量较低，运行期间维护也比较简单，不需要较多的资金投入。企业构建这种类型的网站主要为了发布企业的产品和服务信息，类似于企业的一个网上宣传册。该类型网站因为其简单而对企业的产品和服务宣传性较强，受到了很多企业的青睐。信息发布型网站的主要作用有以下几个方面：

第一，信息发布型网站通过提供公司信息的方式宣传公司。比如在网站上设置公司历史、相关新闻、任务说明、重要项目介绍和常见问题解答等栏目，让浏览者从不同的层面来了解公司，进而达到宣传公司的目的。

第二，信息发布型网站可以宣传产品和服务。企业只有通过一定的平台对外宣传，才能够为其产品和服务找到更为广泛的市场。信息发布型网站便是一个企业发布产品和服务信息的理想平台。它不但保证了信息发布的及时有效性，同时也保证了信息的真实性和权威性。

第三，企业通过信息发布型网站来树立品牌形象。企业网站是企业互联网上的一个门户，其所展示的各种信息,能够影响浏览者对企业的总体印象,即影响企业品牌形象。

第四,信息发布型网站通过提供行业信息、资源和服务的方式增加浏览者黏性,开发潜在客户。信息发布型网站实时发布行业新闻、技术信息、公司新闻、提供同行交流论坛等栏目,吸引同行人员关注,增加企业行业方面的影响力,也进而为自己的产品和服务开发了市场。

2. 网上直销型

网上直销型网站建立在信息发布网站的基础上,进行网上销售。这种类型的网站,将自己的产品和服务在网站上展示,客户通过网站下订单并进行支付,企业根据用户的订单提供相应的产品和服务。这类网站技术要求不是很高,维护费用也低,但却可以直接进行网上销售,也是很多企业竞相采用的类型。

3. 电子商务型

电子商务型网站以较高的企业信息化为基础,是企业网站的最高等级。该类型网站规模庞大,技术要求较高,建立较为困难;该类型网站功能齐全,不仅具有信息发布和网上销售的功能,还包含了整个企业流程一体化的信息化平台,运行费用也高。

不同类型的网站,其规模、功能、内容、建站方式、经营方式、投资规模都不一样。大型企业资金雄厚,完全可以建设一个电子商务型的综合性网站,而小企业只是做个企业信息发布的窗口和宣传平台,是否进行网上销售都需要根据自身情况衡量。

▶ 3.1.3 企业网站的主要内容

1. 客户通过企业网站进行购物的过程,就是对企业进行选择的过程

企业通过网站开展营销的一般过程是"浏览量—访问者—潜在客户—客户—盈利"。可见,提高网站浏览量是企业开展网站营销成功的基础。只有浏览量的不断攀升,网站才能吸引更多的访问者。在这些访问者中,绝大多数是企业的潜在客户,如何把这些潜在客户转化为客户是企业开展网站营销成功的关键。其实,网站访问者浏览企业网站的过程,就是对企业进行选择的过程。在这个过程中,企业如果通过了潜在客户的选择,它就成功地将潜在客户转化为客户;否则,就被淘汰。

2. 网站提供有效信息,有助于潜在客户转化为客户

诚然,大气的企业网站能充分彰显企业实力,友好的界面能提升客户好感,独到的营销策略能吸引客户眼球,但仅有这些还是不够的。要实现潜在客户转化为客户,网站还要提供给浏览者足够的有效信息,以解除其各种疑虑。那么,哪些信息是有效信息呢?

(1)企业基本信息。企业网站内容应围绕企业的核心业务编排。但是,现在很多企业的网站,为了单纯地追求流量的提升,竟然包容有"有奖竞猜""手机或者IP归属查询""车票查询""天气咨询"等内容,背离企业的核心业务,忽视企业核心内容,起不到宣传企业的作用。其实,企业网站就是企业的一个网上名片,应该把企业最基本的信息包容进去,这些信息对浏览者来讲最有效。所以,企业在规划网站内容时,首先应考虑基本信息,即关于企业介绍、产品介绍、联系方式等基本信息,然后再考虑其他方面的内容。

(2)有助于把潜在客户转化为客户的信息。企业建设网站的目的之一就是把潜在客户转化为客户,那么设置网站内容时就要考虑哪些内容能够有助于实现这个目的。消费者通过企业网站了解有购买意向的商品，所关注的信息就是看看有什么新产品、对比不同规格产品的性能和价格、与其他品牌的同类产品进行对比、查询本地销售商和保修地址等。如果可以进行网上订购，用户自然也希望了解与此相关的信息，比如订货方式、支付手段、送货时间和费用、退换商品政策等。因此，企业网站应该涉及这些内容。

（3）促销信息。通过艾利艾咨询机构进行的调查发现：有超过一半用户（55%）希望从他们所访问的网站得到免费样品以及优惠券（占48%），然而提供免费样品的网站有22%，提供优惠券的网站只占19%。由此看来，在开发网上促销方面，企业网站还有很大的潜力。

（4）交互信息。企业网站有获取用户需求信息和客户服务功能。一方面，企业可以通过企业网站开展网上用户调查，收集用户反馈的信息，这些对制订营销策略具有重要的参考价值；另一方面，企业对用户反馈的信息及时在网上公布，并将企业对反馈信息所采取的措施也在网上公布，企业网站也就成了企业网上客户服务的一个重要组成部分。

3. 企业网站的内容设置与企业网站的类型相关

企业网站共有的扩大企业影响、提高企业知名度、树立企业品牌形象等功能，使其在内容编排上存在一定的共性。又由于处于不同发展阶段的企业，对企业网站的要求不同，也使得企业网站内容编排上存在一定差异。

企业网站共性内容包括：公司概况、产品信息、客户服务、联系信息、售后服务、市场调研以及其他信息。

（1）公司概况。公司概况主要是让访问者对公司的情况有一个概括性的了解，尽量提高公司资讯的透明度，让客户从多个方面了解公司的状况。在公司概况中，如果内容比较丰富，可以进一步分解为若干子栏目，如公司背景、发展历程、主要业绩、公司动态和组织结构等。这些作为网络推广的第一步，亦可能是非常重要的一步。

（2）产品信息。企业网站上的产品信息应全面反映所有系列和各种型号的产品，对产品进行详尽的介绍。为了方便客户在网上查看，有的产品还需配以图片、音频和视频信息等。用户的购买决策是一个复杂的过程，其中可能受到多种因素的影响，因此企业在产品信息中除了添加产品型号、性能等基本信息之外，其他有助于用户产生信任和购买决策的信息，如用户评论、权威机构认证等都可以适当地发布到企业网站上。

（3）客户服务。客户服务主要提供客户服务和技术帮助信息。满意的客户服务必定带来丰厚的回报。网站的客户服务常见的有产品说明书、产品使用常识及在线服务等。例如：有许多企业网站提供常见问题解答（FAQ），网上自动回答用户的常见问题；增加企业QQ，有效地提高客户服务响应速度。

（4）联系信息。企业网站上应该提供足够详尽的联系信息。除了企业的地址、电话、传真、邮政编码、E-mail地址等基本信息之外，最好能详细地列出客户或者业务伙伴可能需要联系的具体部门的联系方式。对于有分支机构的企业，同时还应当有各地分支机构的联系方式，在为客户提供方便的同时，也起到了对各地业务的支持作用。

（5）售后服务。有关质量保证条款、售后服务措施，以及各地售后服务的联系方式等是用户比较关心的信息。而且，是否可以在本地获得售后服务往往是影响用户购买决策的重要因素。这一部分内容应该尽可能地详细。

（6）市场调研。市场调研是营销的基础和关键环节，网上调研具有传统的市场调研不可比拟的优势。网上调研可以提供多种在线调查表格,收集客户对产品或服务的评价、建议等传统调研方式所能获得的大部分信息。由此可以建立起市场信息的数据库,作为营销决策的基础。

(7)其他信息。根据企业的需要,可以在网站上发表其他有关的信息,如招聘信息、采购信息等。也可以是本企业、合作伙伴、经销商或客户的一些新闻、产品发展趋势等信息。

企业网站差异性内容主要包括以下内容:

(1)直销型网站比信息发布型网站增加了销售功能,因此,其内容设置上也增加了与销售有关的内容:① 提供比较详细的产品和服务信息,借助于其他技术手段,比如照片、图像、视频,增加浏览者对产品和服务的理解与感受,有助于网络销售;② 增加购物车功能;③ 为了便于顾客为购买的产品或服务付款,提供线上支付入口,增加付款功能。

(2)电子商务型网站是企业网站的最高级别,网站与企业内部信息系统高度融合,其内容设置也与信息系统相关,是整个企业信息系统的一个组成部分。

▶【职业道德与营销伦理 3-1】

网上发布虚假信息 一企业被处罚

背景与情境: 通过网络发布虚假广告,会受到相应处罚。日前,宁波市镇海区人民法院依法审理了一起企业发布虚假网络广告的案件。

"镇海某金属制品公司成立于 2006 年,在 2007 年通过 ISO 9001 认证审核并获得证书,员工人数 51~100 人……"在阿里巴巴网站上,一则看似寻常的网页广告引起镇海工商部门执法人员的注意。经调查发现,该企业工商核准登记的成立日期为 2008 年 1 月,于当年通过 ISO 9001 认证审核并获得证书,而并非广告所称日期 2007 年。此外,该企业员工人数最多时也仅为 36 人。

工商部门认为,该公司在广告中发布与事实不符、夸大企业信息的行为违反了相关法律法规,于是责令该公司停止违法行为、消除影响,并处罚款 1 万元。

该企业负责人承认自己广告中的内容与事实不符,但该负责人表示,作夸大宣传是想在短时间内提高知名度,帮助企业尽快打开市场,实属无奈之举。处罚决定生效后,该公司对处罚迟迟不予履行。工商部门于是向法院申请强制执行。

办案法官审理后认为,根据《反不正当竞争法》第二十四条第一款:经营者利用广告或者其他方法,对商品作引人误解的虚假宣传的,监督检查部门应当责令其停止违法行为,消除影响,可以根据情节处以 1 万元以上 20 万元以下罚款。对于此案,工商部门的处罚恰当,企业理应履行。执行过程中,通过法官耐心说法,该企业最终撤回虚假不实的广告,该罚款也已执行到位。

办案法官认为,中小企业借助网络信息传播速度快、受众群体广泛等特点,使广告产生较大市场影响力。然而,发布虚假不实的网络广告会误导不少交易者,搅乱市场秩序,因此需要严厉打击,从而保护市场参与者的合法权益。

(资料来源:张晓庆. 网上发布虚假信息 一企业被处罚[EB/OL]. (2012-08-24)[2014-08-08]. http://zh.cnnb.com.cn/zhnews4073/mskd/mskd_news/201208/20120824073435.asp)

> 问题：企业通过网站发布虚假信息有什么危害？如何才能避免企业在网站发布虚假信息？
> 分析提示：企业发布用以误导受众的虚假信息，不仅挫伤了公众对企业的信任，损害了受众的利益以及企业经营者之间的正常的竞争关系，也损害了国家利益和社会公众利益，扰乱了正常的市场秩序。因此，应加强法律责任制度、严格执法、加大监督和查处力度，使发布虚假信息企业付出沉重代价，进而促进企业的自律水准，杜绝此类现象的发生。

▶ 3.2 企业网站建设

▶ 3.2.1 企业网站规划

企业网站建设是一个复杂的系统工程，因此在企业网站建设之前，必须对未来的企业网站有一个规划。网站规划就是对企业网站的目的、名称、域名、主要功能、技术解决方案、主要内容、测试和发布、维护和财务方面尽可能地做一个详尽的计划。网站规划是网站建设的基础，决定了一个网站的发展方向，同时对网站推广也具有指导意义。网站规划涉及如下几个方面的内容：

1. 企业网站建设的目的

网站建设的目的是网站规划中首先应考虑的问题。建立网站的目的也就是一个网站的目标定位问题。网站的功能和内容，以及各种网站推广策略都是为了实现网站的预期目的。如果侧重于通过网站宣传产品或者提供的服务项目，提升公司形象，扩大品牌影响，就建立宣传型网站；如果侧重于通过网站宣传公司产品和服务项目，达到与客户实时沟通以及为产品或服务提供技术支持，从而降低成本，提升工作效率为目的，就建立客户服务型网站。不同类型的网站其表达方式和实现手段是不一样的。

2. 拟定网站域名和名称

网站域名是接入因特网的企业或个人在网络上的名称，它是每个网络用户的 IP 地址的别名，是一个公司、企业或个人的网络地址，像注册商标一样，在整个因特网中是唯一的。一个好的域名是一个企业在因特网上的标志，是企业的无形资产，它和企业的形象紧紧地联系在一起。没有一家企业不重视自己产品的标志——商标，而域名的重要性和价值，也已经被全世界的企业所认识。好的域名便于展开网络推广和宣传。网站名称也具有重要意义，一个响亮好记的网站名称有利于网站宣传。因此，在规划阶段就要把域名和网站名称作为重要内容去考虑。

3. IP 地址的获得和分配

在互联网上，一个域名对应一个 IP 地址。企业网站有独立的域名，因此必有一个 IP 地址与其对应。企业一般拥有企业内部的局域网，然后通过局域网和外部网络相连。因而，规划 IP 地址其实就是规划申请何类 IP 地址和 IP 地址如何在企业内部分配。

4. 根据网站建设目的确定网站内容

网站建设目的是根本，是方向，而网站内容是为实现网站建设目的服务的。根据网站建设目的确定是建立基本型企业网站、宣传型企业网站、服务型企业网站还是完全电子商务运作型网站，然后根据网站的类型合理安排网站内容。

5. 网站技术解决方案

网站技术解决方案就是规划企业网站采用自营服务器或者是租用空间、选择何种操作系统、网站安全措施规划和具体程序开发工具的选择等内容。

6. 网站测试和发布

网站发布前要进行细致周密的测试，以保证正常浏览和使用。主要测试内容包括：服务器稳定性、安全性；程序及数据库测试；网页兼容性测试，如浏览器、显示器；根据需要的其他测试。

7. 网站推广

网站推广活动一般发生在网站正式发布之后，当然也不排除一些网站在筹备期间就开始宣传的可能。网站推广是网络营销的主要内容，可以说，大部分的网络营销活动都是为了网站推广的需要，如发布新闻、搜索引擎登记、交换链接、网络广告等。

因此，在网站规划阶段就应该对将来的推广活动有明确的认识和计划，而不是等网站建成之后才考虑采取什么样的推广手段。由此也可以看出，网站规划并不仅仅是为了网站建设的需要，而是整个网络营销活动的需要。

8. 网站维护

网站发布和推广之后，企业需要经常对其进行更新和维护，规划阶段就是对企业网站维护做个预案。具体维护内容可能涉及：服务器及相关软硬件的维护，对可能出现的问题进行评估，制订响应时间；数据库维护，有效地利用数据是网站维护的重要内容，因此数据库的维护要受到重视；内容的更新、调整等；制订相关网站维护的规定，将网站维护制度化、规范化。

9. 网站财务预算

除了上述各种技术解决方案、内容、功能、推广、测试等内容应该在网站规划书中详细说明之外，网站建设和推广的财务预算也是重要内容，网站建设和推广在很大程度上受到财务预算的制约，所有的规划都只能在财务许可的范围之内进行。财务预算应按照网站的开发周期进行，包含网站所有的费用明细清单。

▶ **3.2.2 企业网站制作**

1. 企业网站制作的方式

企业网站制作就是企业网站的软件开发，是一个复杂的系统工程，会耗费企业大量的人力、物力、财力和技术力量，因此，企业要重视企业网站制作。企业可以采用两种方式进行网站制作：外包制作网站和自主制作网站。

网站制作是一个技术含量比较高的工作，对企业来讲一般很难独立完成，外包网站制作是一个不错的选择。所谓外包制作企业网站，就是委托专业化的网站制作公司帮助企业迅速建立企业网站。外包网站制作，可以使企业迅速建立企业网站，获得定制的专业企业网站方案，以较低的成本，获得专业化的服务；缺点就是所设计开发的网站不一定符合企业的实际情况，片面地强调专业和技术先进，也许会给后续的企业网站管理工作带来隐患。

规模较大的企业一般都有自己的技术人员，可以采用自主制作网站的方式，利用现有的技术人员进行网站制作。自主制作网站对企业来讲，优点是可以使企业实现想要的方案，使企业网站具有独特和有竞争力的特征和功能；缺点是需要经验、时间和相当大的预算。因此，企业制作网站到底采用哪种形式，需要根据企业自身的条件决定。

2. 企业网站的设计要求

企业网站要简单实用、页面下载速度快、易于导航和使用、提供搜索引擎或网站地图、联系信息方便多样、设计易于更新的工具、兼容多种浏览器、无错误链接、强大的并发处理能力，要有良好的容错性能、可扩展性强、安全性好，有强大的后台支撑。

3. 电子商务网站设计原则

（1）明确目标和需求。必须明确设计网站的目的和用户需求，从实际出发制订设计计划。要根据用户的需求、市场的形势、企业自身运营的情况等进行综合分析，牢记以商务需求为中心进行规划设计。

（2）网站主题鲜明。在明确目标以后，要进行网站的构思创意，即做出总体设计方案。对网站的整体风格和特色做出定位，规划网站的组织结构。Web 站点应针对所服务对象（机构或人）的不同而具有不同的形式。

（3）注重网站整体服务功能。在信息技术和网络技术高速发展的今天，大部分企业拥有自己的网站，企业之间在虚拟世界里的竞争就要看网站的整体服务功能。因此，在设计网站时，应力求在每个项目的服务水平上达到最佳，以便在以后的竞争中处于有利地位。

（4）注重网页设计制作。网页设计作为一种视觉语言，要讲究编排和布局，要根据色彩对人们心理的影响，合理地加以运用。在设计中要考虑主要读者群的背景和构成；要将丰富的意义和多样的形式组织成统一的页面结构，体现内容的丰富含义；要运用对比与调和、对称与平衡、节奏与韵律以及留白等手段，通过空间、文字、图形之间的相互关系建立整体的均衡状态，产生和谐的美感。

（5）注意应用新技术。随着新技术的不断发展，将会推出更多的服务项目，给顾客带来更多的便利。企业网站的生存在很大程度上将依赖对新技术的应用。

4. 网站内容制作步骤

（1）网站主题的确定、网站域名和网站名称的确定。所谓**网站的主题**就是网站的题材，对于企业网站来讲，企业生产的产品或者提供的服务就是网站定位的题材。网站域名和网站名称在规划阶段已经考虑好了，这里进一步确定，并能轻易变更。

（2）定位网站的 CI 形象。所谓 CI，就是通过视觉来统一企业的形象。一个杰出的网站，和实体公司一样，也需要整体的形象包装和设计。准确的、有创意的 CI 设计，对网站的宣传推广有事半功倍的效果。在网站主题和名称定下来之后，需要思考的就是网站的 CI 形象。

（3）设计页面视觉信息。网页的内容由文字、图形、色彩等元素构成。为了获得最佳的视觉传达效果，使网页真正地成为可读性强而新颖的信息载体，就要确定各种视觉因素和它们之间的关系与秩序。对于网页文字，一般可采用网页默认的宋体，如果为了体现站点的风格，可以根据需要选择一些特殊的字体。网页中的色彩的基准色最好不超过 3 种，太多则让人眼花缭乱。标准色彩要用于网站的标志、标题、主菜单和主色块，给人以整体统一的感觉。至于其他色彩也可以使用，但只能作为点缀和衬托，绝不能喧宾夺主。适合于网页基准色的颜色有蓝色、黄／橙色、黑／灰／白色三大系列色。

（4）页面的版式设计。网页作为一个独立的背景方面，版式设计就是从大的方面考虑网页画面的分割。常见的分割方式有"T"型版式、"国"型版式、"三"型版式等。不论采用何种版式对网页进行分割，所得到的每一个区域就称之为板块，每个板块都有独立的栏目。如网易的站点分新闻、体育、财经、娱乐、教育等板块，每个板块下面有各自的主栏目。

（5）栏目设计。栏目的实质是一个网站的大纲索引，索引应该将网站的主体明确显示出来。在设计栏目的时候，要仔细考虑，合理安排。安排栏目时，一定要紧扣板块主题；设计一个最近更新或者网站指南之类的栏目，以便帮助初学者快速找到他们想要的内容；设计一个双向交流栏目，实现和网站受众的交互；设计一个下载或者常见问题回答栏目，方便用户更好地获取网站信息；其他的辅助内容，如关于本站、版权信息等可以不放在主栏目里，以免冲淡主题。

（6）网站的目录结构。网站的目录是指建立网站时创建的目录。目录的结构是一个容易忽略的问题，大多数网站都未经规划，随意创建子目录。目录结构的好坏，对浏览者来说并没有什么太大的感觉，但是对于站点本身的上传维护，以及内容未来的扩充和移植有着重要的影响。因此，应注意以下事项：不要将所有文件都存放在根目录下；按栏目内容建立子目录；其他的次要栏目，需要经常更新的可以建立独立的子目录；而一些相关性强，不需要经常更新的栏目，如关于本站、关于站长等可以合并放在一个统一目录下；在每个主目录下都建立独立的 Images；目录的层次不要太深，利于维护管理。

（7）网站的链接结构。网页之间链接可以用网页链接的拓扑结构来表示。网页链接拓扑结构就是将页面看作点、连接看作线所形成的图形。可见，网站的网页链接拓扑结构不是一个平面图形，而是一个立体空间图形。一般来讲，优化网页链接的目的就是用最少的链接，使得浏览最有效率。

（8）网页制作工具的选择。目前网站开发所选用的前台工具软件一般是 Dreamweaver。该软件是美国 MACROMEDIA 公司开发的集网页制作和网站管理于一身的所见即所得网页编辑器，也是第一套针对专业网页设计师特别发展的视觉化网页开发工具，利用它可以轻而易举地制作出跨越平台限制和跨越浏览器限制的充满动感的网页。所以，它很受网站开发者的欢迎，常作为网站开发的首选工具之一。在网站的开发过程中，还会使用到 Adobe PhotoShop、Fireworks 图片制作软件和 Flash 等动画制作软件。

（9）网站数据库的选择。企业网站在制作阶段要根据网站的类型确定合适的数据库。就目前来讲，一般小型的宣传型网站，选用 ACCESS 的比较多。因为该软件是由微软发布的关联式数据库管理系统，它结合了 Microsoft Jet Database Engine 和图形用户界面两项特点，能够存取 Access/Jet、Microsoft SQL Server、Oracle（甲骨文软件公司），或者任何 ODBC 兼容数据库内的资料。它是 microsoft 公司 office 系列套装软件之一，深受用户欢迎。大型网站选用 SQL SERVER 的也比较多。SQL Server 是 Microsoft 公司推出的 SQL Server 数据库管理系统，具有使用方便、可伸缩性好、与相关软件集成程度高等优点，可跨越从运行 Microsoft Windows 98 的膝上型电脑到运行 Microsoft Windows 2000 的大型多处理器的服务器等多种平台使用，能够处理大量数据而受到网站开发者的青睐。

（10）网页制作。网页可以分为静态网页和动态网页。

静态网页也称为静态 HTML 文件。制作好静态网页后，内容相对稳定，不需经常修改，文件比较小，适合在网上传输，执行效率很高；但具有固定信息的 HTML 文件，当需要改变其信息内容时，就必须重新使用设计工具来更改，然后重新放置在服务器上。静态网页中一般包含文本、图像和超链接。

动态网页能够动态地、随数据库内容不断变化地显示数据库中的信息，也称为网页应用程序。在网络上可以看到大量的各种各样的动态网页，如：php、asp、cgi、jsp 等文件。动态网页中包含的是需要频繁更新的数据，一般由数据库和相应的应用程序构成。由于其页面中包含的内容来自数据库，因此可根据用户的不同选择返回不同的页面。

目前的网站几乎都是动态网页。

▶【同步实训 3-1】

企业网站版式栏目设计

实训目的：训练学生在企业网站设计中有关版式和栏目布局的基本技能。

实训内容：设计"××企业网站"的版式和栏目

实训要求：

（1）要求教师帮助学生明确版式和栏目设置在企业网站设计中的重要地位和作用。

（2）要求教师向学生讲解清楚版式和栏目设置的方法与要点。

（3）要求学生运用所学的有关企业网站建设版式和栏目设计的理论，制定出目标企业网站的版式和栏目划分。

（4）要求老师提供目标企业网站建设版式和栏目设计的设计范例，并对学生设计的版式和栏目划分进行点评。

实训步骤：

（1）明确目标企业建立企业网站的目标。

（2）确定版式划分和栏目设计的标准。

（3）制作目标企业网站的版式和栏目划分草图。

组织形式：以班级学习小组为单位，每小组制作一份目标企业网站版式和栏目划分草图。

考核要点：企业建立企业网站的目标与企业网站栏目的设置，企业网站的版式设置。

▶ 3.3 企业网站的管理与推广

▶ 3.3.1 企业网站管理

中国的企业网站虽然数量相当庞大，但是由于没有进行有效的管理，其应用效果和访问情况并不乐观。现在的企业网站大多是动态网站，交互性很强，并且其运作具有延续性。这与企业其他的基础设备投入完全不同，它取得的利润和效益来自于科学的管理，而不是硬件本身。所以，企业网站建成之后，必须有相应的管理制度和专门的维护人员，也就是说应对企业网站进行有效的管理。

1. 企业网站管理的含义

企业网站管理是指一切与网站的运作管理有关的工作，一般涉及网站运行、日常更新及内容编辑、网站管理人员的管理、对计算机硬件和网络设备的管理等内容。当然，企业网站类型不同，对其网站管理的主要内容也不完全一致。一个规模比较小的企业网站，其主要目标就是为了宣传企业形象，对其进行的管理也主要体现在网页内容的不断更新和网站功能的进一步完善；对于一个通过网站开展网络营销的网站，对其管理除了上述内容之外，还包括对企业后台数据库进行管理、对后台进行管理和网上交易安全管理等方面；对于一个企业的门户网站来讲，管理的范围会更加广泛。

2. 网站管理的内容

（1）运行管理。网站的运行管理是网站管理的核心内容。网站要保证正常运行，就要不断地对网站实施域名维护、网站空间测试、邮件系统测试、网站系统维护服务等方面的管理工作。域名维护，保证域名的 DNS 和正常解析；网站空间测试，保证网站空间的正常运行；邮件系统测试，保证邮件系统的正常运行；网站系统维护服务方面的内容包括 e-mail 账号维护服务、域名续费服务、网站空间维护、与 IDC 进行联系、DNS 设置、域名解析服务等。

（2）网站内容管理。企业网站制作完成之后，由于发展状况不断变化，网站的内容也需要随之调整，给人以常新的感觉。只有企业网站的内容不断变化，才能显示有活力，进而更加吸引访问者，给访问者留下良好的印象，更好地树立企业形象。在企业推出新产品，或者有了新的服务项目内容之时，都应该把它及时反映出来，以便让客户和合作伙伴及时了解企业详细状况。对于企业来讲，也可以及时得到相应的反馈信息，以便做出合理的相应处理。网站内容管理涉及的方面比较多，主要包括如下几个方面：

① 网站页面管理。企业网站是企业的网上门户，其页面格式和版面也不能一成不变。定期对页面做一些调整或者是技术上的更新，都会给浏览者带来一种新鲜感，能够促使浏览者回访，进而留住浏览者。倘若企业网站长时间不更新，僵化死板，浏览者很难对其进行回访，企业也就失去了商业机会。

② 定期更新页面信息。企业网站应该根据企业实际运营状况定期更新企业的有关信息。新产品、新服务问世，需要及时更新；新的营销策略、促销措施也要及时发布；过时信息、无效链接要及时清理；企业重大事件、客户关注的热点问题要及时发布。

③ 增添功能或内容。企业网站在运营的过程中，随着时间的推移和企业对网站的进一步理解与感受，会考虑增加某些功能。如：有些企业网站在规划时没有客户的交互功能模块，随着企业网站运转，可能会收到大量的 E-mail，来询问产品情况、了解公司情况、价格情况等，回复不及时就可能失去商业机会。如果站在网站管理的角度讲，这时候就应该增加网站的实时交互功能，就能更好地赢得商业机会。

④ 重新设计和规划。有些企业随着网站的建设、网络的发展、网站知识的丰富，往往觉得目

前网站无论从规划、设计，还是内容方面都与企业的运作不相协调，为了让网站更好地为企业服务，有必要对网站重新进行规划设计。

由此可见，网站的内容管理涉及面非常多，同时也是网站管理的核心，是保证企业网站有序和有效运行的基本手段。

（3）企业网站的客户服务管理。企业网站的一个重要职能就是对客户进行有效管理。企业网站客户服务管理包括聊天室管理、个性化服务、论坛管理、在线技术服务等。企业通过网站可以向客户介绍和说明商品和服务、提供企业相关的信息、接受客户的咨询、处理客户的抱怨和听取客户的改进意见，以及进行商品的退换货处理、客户资料的建档和跟踪服务等。由此可见，企业网站的客户服务功能与企业的日常管理活动息息相关，不可轻视。企业网站客户服务做得好，可以更好地树立企业形象、提高企业管理水平、提供企业服务质量、提高企业个性化营销策略。

因此，提高企业网站的客户服务水平，应该考虑多个方面。首先要考虑网站是否实现了与客户的交互，如果没有实现，应该扩展网站内容，增设与客户交互功能。如果实现了e-mail联系，就可以考虑进一步使用BBS，扩大交互的程度，以达到即时回答客户的提问、收集客户信息的目的，当然使用实时通信工具也是一个不错的选择。建立自己的网站客户信息数据库则能够更好地与客户进行进一步的管理和沟通。

当然，企业网站还可建立客户关系管理反应系统，健全和完善客户数据库，实施数据库营销策略。其流程为：网站吸引客户注册为会员，系统提示注册流程，并引导注册；系统发送注册确认邮件；系统分析会员，进行分类、分级管理；系统定期通过电子邮件、网络传真、手机短信发送促销信息，以及关心、关怀、祝贺信息，维持和巩固客户关系，使客户成为终身客户。

（4）网站安全管理。企业网站安全是企业网站运营过程中的关键问题之一，也是企业客户最关注的问题，必须引起企业重视。网站安全管理主要涉及如下几个方面：

① 网站服务器安全。对服务器安全威胁最大的就是黑客入侵，一旦服务器被黑客入侵，就会给企业带来不可估量的损失。如何避免这些呢？首先要选择比较好的托管商，其硬件防火墙一定要能防CC攻击；当然托管的机房以及机房内其他电脑的安全也是很重要的。其次，服务器本身，各种安全补丁一定要及时更新，把那些用不到的端口全部关闭掉，越少的服务等于越大的安全。

② 网站程序安全。网站代码存在着漏洞也是造成安全隐患的一大途径。网站开发人员应该在开发网站的过程中注意网站程序各方面的安全性测试，包括防止SQL注入、密码加密、数据备份、使用验证码等。

③ 网站信息安全。首先要保证网站内容的合法性，避免网站上出现各种色情、走私贩毒、种族歧视及政治性错误等内容。其次防止网站信息被篡改，对于大型网站来说，所发布的信息影响面大，如果被不法分子篡改，会引起恶劣的负面效应。轻者收到网监的警告，重者服务器被强制性永久关闭。

④ 网站数据安全。网站数据库里面通常包含了整个网站的新闻、文章、注册用户、密码等信息，一些商业、政府类型的网站，里面甚至包含了重要的商业资料。随着网站之间的竞争加剧，就出现了不正当竞争，有部分经营者通过黑客手段窃取数据，进行推广，更有黑客直接把"拿站"

当作一项谋利的业务。所以加强一个网站的安全性，最根本的就是保护数据库不要被攻击剽窃。为了保证网站数据的安全，还要注意网站数据的定期备份，一旦发生意外，还可以通过数据恢复的方法，使企业损失降到最低。

（5）人员管理制度。网站应当制订详细的工作人员管理制度，明确工作人员的职责和权限。要通过定期开展业务培训，提高人员素质，重点加强负责系统操作和维护工作的人员的培训考核工作。同时，规范人员调离制度，做好保密义务承诺、资料退还、系统口令更换等必要的安全保密工作。

（6）网站的硬件、软件的管理和维护。计算机硬件在使用中常会出现一些问题，影响系统的正常运行。同样，网络设备故障也会影响企业网站运行。由于网络设备管理属于技术操作，非专业人员的误操作也可能导致整个企业网站瘫痪。

计算机软件系统方面也会出现一些问题。没有任何操作系统是绝对安全的。维护操作系统的安全必须不断留意相关网站，及时为系统安装升级包或者打上补丁。诸如 SQL Server 等服务器软件也要及时打上补丁。服务器配置本身就是安全防护的重要环节。

3. 企业网站管理的意义

企业网站是企业在互联网上的家，网站的运营状况直接对企业形象产生重要的影响，决定着企业网站建站的目标能否实现，因此，必须对企业网站进行有效的管理。

企业网站管理的重要意义，表现在以下几个方面：

（1）企业网站能否进行有效管理，直接决定着企业建站目标能否实现。对企业网站进行有效的管理，就有力地保证了企业建站目标的实现。企业建站目标各异，但都是以网站的正常运行为前提的。宣传型网站的正常运行，能有效宣传企业、树立企业形象；商务型网站的正常运行，能使企业更好地开展网上商务活动等。如果网站不能够进行有效的管理，网站的目标就不能实现。

（2）网站的有效管理，能够给企业带来更多的商机。对网站进行有效管理，就能保证企业网站在互联网上长期稳定地运行，及时地调整和更新网站内容，能使企业在瞬息万变的信息社会获得更多的网络商机。

（3）网站的有效管理，利于促进企业信息化的进程。企业网站建设是企业信息化的一个重要组成部分。对其进行有效的管埋和维护，有力地促进了企业信息化的进程。

▶ 3.3.2 企业网站推广

建立企业网站的目的是提高企业知名度，拓展企业销售渠道，使得网站成为企业创造利润的工具。如果没有对网站进行有效推广，网站就成为一个摆设，起不到应有的作用。网站推广的方法有以下几种：

1. 不断地对企业网站进行搜索引擎优化

搜索引擎优化是指针对搜索引擎对网页的检索特点，让网站建设各项基本要素适合搜索引擎的检索原则，从而获得搜索引擎收录尽可能多的网页，并在搜索引擎自然检索结果中排名靠前，最终达到网站推广的目的。企业网站搜索引擎优化常常遵循以下优化策略：

（1）对关键词进行优化分析。网站中所使用的关键词不能过泛，过泛的关键词会导致同行竞争激烈而关键字不关键；同样也不能用过于生僻的关键词，生僻的关键词反而限制了用户的搜索；当然关键词还要与页面的内容具有高度的关联性，过低的关联性会使用户无功而返，对网站来讲也没有起到将潜在客户转化为客户的目的。关键词确定时首先应考虑哪些词最能贴切地描述网页的内容，哪些词用户搜索的次数较多，进而确定核心关键词。确定关键词之后可以对关键词在词义上拓展，也可研究竞争对手的网站所使用的关键词，进而扩展一批与关键词高度相关的一些词汇，然后站在用户的角度确定网站的关键词。

▶【同步业务 3-1】

中青旅网络搜索引擎关键词优化案例

针对国外客户的旅游服务网站在做搜索引擎优化的时候，估计都不会放过对"china tour"和"china travel"这两个词的竞争，甚至有些上市公司也对这两个词情有独钟。是不是将这两个词放到网站首页就可以给网站带来很高的流量呢？结果是否定的。通过专业关键词分析工具发现，使用"china tours"这个词的人比使用"china tour"的人还要多好多倍，把"china tours"放在网站首页，也没有给网站带来很大的流量，搜索频率依然不高。中青旅英文站是针对国外客户旅游服务的网站，通王科技公司总裁、中国 SEO 第一人王通对其进行关键词优化，使得中青旅英文网站在 3 个月后流量增长了 15 倍。

业务分析：从关键词入手，"china tours""travel to china""china hotel"等热门词，只能带来有限的流量，不能做重点考虑；把所有的旅游景点列入关键词，也会带来不少的流量；地名 + "travel"、地名 + "hotels"或者"cheap"+ 地名 + "flights"能产生大量的关键词，也可以带来很大的流量；如果用"城市名 to 城市名 cheap flights"做关键词，会有更大量的关键词产生，基于此确定关键词的话，网站流量会剧增。

业务程序：用"城市名 to 城市名 cheap flights"作为网站的关键词。依据这个关键词优化策略，设计包含这些关键词的网页的模板，在模板中直接把关键词布局和内部链接构架设计好，接着用程序搞定 web 界面，于是几十万关键词网页就搞定了。有了容纳几十万关键词的网页，网站的流量自然就不成问题了。

业务说明：如果依然按照普通搜索引擎优化套路优化中青旅网站，反复在"china tour"、"china travel"和"china tours"几个关键词上做文章，势必导致中青旅的网站和其他对外旅游网站一样，没有出奇制胜的地方，也起不到搜索引擎优化的目的。要想在众多的对外旅游网站中脱颖而出，只有转换思路，从另外一个角度对关键词进行分析。

（资料来源：中青旅英文站的 SEO 引爆点［EB/OL］.［2014-08-08］http://www.ufoer.com/post/379.html）

（2）页面设计也要考虑搜索引擎友好。包括：代码应简洁、关键词不要放在 flash 或者图片中、带有关键词或者经常更新的信息放在网页代码的靠前位置等。

（3）做好站内链接。做好站内各类页面之间的相关链接，可以在推广初期先利用网站的内部链接，为重要的关键词页面建立众多反向链接。反向链接是网页和网页之间的，不是网站和网站之间的。网站内部页面之间相互的链接，也是相互的反向链接，对排名很有益。

2. 购买关键词竞价排名推广

竞价排名是搜索引擎推出的以关键词作为竞价对象，按照广告主设置的关键词的单次点击价格为依据，对购买了同一关键词的网站进行排名，广告主出价越高，排名越靠前。该项服务由 overture 在 2000 年首次使用，目前国内比较常见的竞价排名服务商有阿里巴巴、百度、雅虎等。

▶【同步业务 3-2】

龙行网百度竞价案例

龙行网（www.long369.com）是济南国联贝思科技有限公司的专门网站，是由旅美 MBA 技术团队创立的旅游电子商务品牌，主要提供酒店、机票打折预订、城市信息搜索等服务。网站凭借成熟的赢利模式、独具魅力的特色优势、先进的电子商务技术很快在行业内脱颖而出，但是由于国内旅游市场是一块非常有吸引力的蛋糕，大大小小的同类网站有成千上万家，行业竞争十分激烈。公司 CEO 秦长岭凭借高屋建瓴的眼光在百度开通竞价排名服务，使得销售收入比上年同期增加了近 10 倍。

业务分析：在中文搜索引擎平台上参与竞价排名，可以使竞价广告出现在搜索结果靠前的位置，又与用户检索的内容高度相关，容易引起客户点击，同时参与竞价排名可以免费注册多个关键词，数量没有限制，使得企业的每一种产品或者服务都能够被潜在的客户搜寻到。

业务程序：CEO 秦长岭认为在中国本土有着强大品牌优势、成熟度高、适用人群广的搜索引擎平台才是旅游业吸引广泛在网络上"游民"的首选，这当然是非百度莫属。对于关键词的选择，选定与业务高度相关的"预订酒店"、"预订机票"和"北京酒店"、"青岛酒店"等几百个关键词，并竞价到前几名。

业务说明：竞价排名是按点击支付费用的，广告出现在搜索结果中，如果没有用户点击，是不收取费用的，因此，获得新客户平均成本是比较低的。企业可以灵活控制网络推广投入，获得最大回报。

（资料来源：龙行百度．借力"搜索引擎"握金［EB/OL］．［2014-08-08］. http：// www.baidu.com/shifen/case/case_47.html）

3. 利用博客推广企业网站

企业可以根据自己的行业特征及需要选择适合自己的博客平台，并在其上发布博文，借助博文的受众，达到宣传企业网站的目的。企业拥有博文的发布资格增加了网站链接主动性和灵活性，巧妙地在自己的博文中为本公司的网站做链接，这样不仅可能为网站带来新的访问量，也增加了网站在搜索引擎排名中的优势。

4. 利用群发软件推广企业网站

企业可以利用群发软件将网站信息低成本高效率地发布出去。最常见的群发软件有论坛群发软件、博客群发软件、邮件群发软件、百度贴吧群发软件等。对于每一种群发方式，也相对应有很多软件。论坛群发软件常见的有信鸽论坛群发专家、海量论坛群发、论坛全能营销等；博客群发软件有新浪博客群发软件等；邮件群发软件也比较多，如 LD 邮件群发工具、鑫越邮件群发、久悠邮件群发器等软件。

5. 其他方式推广企业网站

推广企业网站的形式还有很多，如注册加入行业网站、邮件宣传、论坛留言、新闻组、友情链接、互换广告条、B2B 站点发布信息、Feed 推广、分类网站信息发布推广、导航网站登录、资源合作推广等。

▶【教学互动 3-1】

> 互动内容：利用邮件群发软件发送邮件，如果按照"邮件许可"群发，势必导致成本上升和邮件受众受限，反之，却可以降低成本和增加邮件受众。请问：是走"邮件许可"群发还是直接群发呢？
>
> 要求：同"教学互动 1-1"的要求。

■ 本章内容结构图

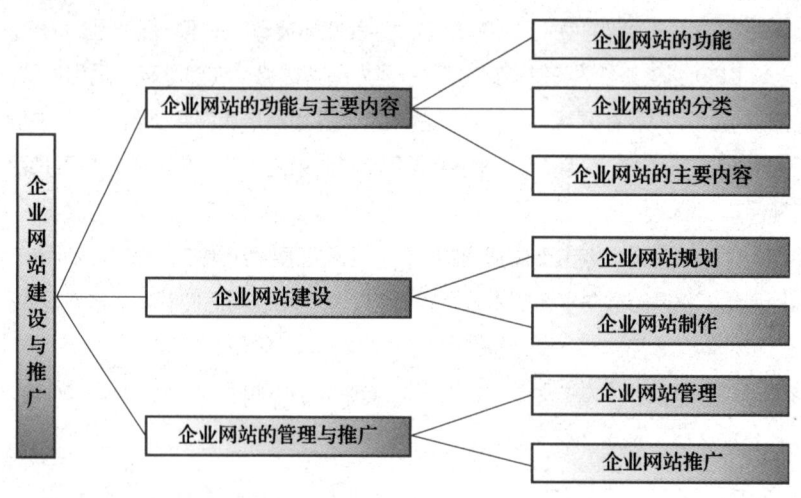

■ 主要概念和观念

□ 主要概念

企业网站　网站内容　网站推广　网站管理

- 主要观念

企业网站的营销功能　企业网站建设理论　企业网站管理理论

■ 重点实务和操作

- 重点实务

企业网站建设　企业网站管理　企业网站推广

- 重点操作

"企业网站建设与推广"知识应用

■ 习题和训练

- 理论题

▲ 客观题

△ 选择题

○ 单项选择

1. 企业网站的功能概括为：品牌形象、产品/服务展示、信息发布、顾客服务和（　　）8个方面。

    A. 顾客关系、网上调查、网上联盟和网上销售
    B. 顾客关系、网上调查、客户沟通和网上联盟
    C. 网上调查、客户沟通、网上联盟和即时服务
    D. 客户沟通、网上联盟、即时服务和促销告知

2. 展示性网站一般不具有的栏目是（　　）。

    A. 实时沟通　　B. 在线支付　　C. 信息发布　　D. 产品展示

3. 企业网站营销的过程模式是（　　）。

    A. 访问者—浏览量—潜在客户—客户—盈利
    B. 浏览量—访问者—潜在客户—客户—盈利
    C. 潜在客户—浏览量—访问者—客户—盈利
    D. 潜在客户—客户—浏览量—访问者—盈利

○ 多项选择

1. 直销型网站比信息发布型网站增加了如下哪些内容（　　）。

    A. 比较详细的产品和服务信息
    B. 增加购物车功能

C. 提供线上支付入口，增加付款功能

D. A、B、C 三项都正确。

2. 下列关于动态网页和静态网页叙述正确的是（　　）。

A. 静态网页内容相对固定，不需要经常修改

B. 静态网页的文件比较小，适合在网络上传输

C. 动态网页能随数据库内容不断变化地显示数据库中的信息

D. 静态网页文件小，执行的效率较高，所以网站几乎都用静态网页

3. 下列关于企业网站知识叙述正确的是（　　）。

A. 企业网站有独立的域名，那么必须有一个 IP 地址与其对应

B. 企业网站拥有一个好的域名，有利于企业展开网络推广和宣传

C. 企业网站投入运行之后，内容不能经常更新，以便让用户更好地熟悉网站

D. 网站的主题就是网站的题材

△ 判断题

1. 信息发布型网站没有起到网络营销功能，对线下营销影响也不大。（　　）
2. 企业网站需要整体的形象包装和设计。（　　）
3. 企业生产的产品或者提供的服务就是网站定位的题材。（　　）

▲ 主观题

△ 简答题

1. 企业网站的功能是什么？
2. 企业网站有哪些分类？
3. 企业网站的内容主要包括什么？
4. 企业网站的 IC 形象是什么？

△ 论述题

为什么说企业网站管理具有重要的意义？

☐ 实务题

▲ 规则复习

1. 简述企业网站内容制作的一般步骤。
2. 简述企业网站推广的一般策略。
3. 简述企业网站制作前应对网站做哪些规划。
4. 简述企业网站推广的策略。

▲ **业务解析**

某制造型企业建有信息发布型网站，网站的流量较大，许多客户反馈给企业销售人员，希望能通过网络直接下订单并支付货款，提高效率。假如你作为企业销售部门的管理人员，你认为企业应该建立一个什么类型的网站满足客户的需求，建立这样的网站需要的前提条件是什么？

□ **案例题**

▲ **案例分析**

背景与情境：

宁波公运集团网站管理规定（部分摘录）

公运股份办 [2011]44 号

第一章 总 则

第一条 为了进一步加强集团公司网站的管理与维护，保证网站的安全可靠运行，充分发挥网站的作用，促进公司内外部信息交流与沟通，及时掌握各种信息，拓展经营视野，提高经营管理水平，扩大公司对外知名度，提升公司外部形象，依据国家相关法规，结合集团公司实际，制定本办法。

第二条 本办法适用于集团公司内外网站和以后所属各单位新建的网站。

第三条 集团公司网站是集团公司对外宣传企业形象、发布信息的窗口，网站建设的宗旨是"宣传公运、构架桥梁、资源共享、服务公众"。

第四条 集团公司网站应当遵守国家和本市的法律、法规、规章和相关政策。

第二章 归 口 管 理

第五条 集团公司综合办公室是网站的总体运营、监督和协调主管和责任部门，负责网站规划、建设及网站系统升级工作，负责网站内容更新等。

第三章 网站版面与栏目更新

第六条 网站发布、转载新闻信息应当依据国家和本市的有关规定执行。

第七条 网站网页内容中，不得含有危害国家安全和社会稳定的不良信息，不得涉及国家秘密、暴力和色情等内容。

第八条 网站内容应当以集团公司企业信息为主，信息选择以有利于宣传企业、服务公众为原则。

第九条 网站应当注重上网信息的时效性和准确性，并及时更新上网内容。

第十条 网站主页面原则上每年进行一次审定或改版，改版内容包括页面的动画、颜色、栏目组合等。

第四章 信息的收集与发布

第十一条 建立网站栏目编辑责任制。各栏目的责任单位要加强信息组织和信息采集，及时更新信息。

1. 栏目（模块）——部门对应负责制，即指公司网站各栏目（模块）根据模块内容设立主责部门，主责部门负责对应栏目信息的搜集和整理，并对信息的安全性和有效性负责，各相关部门须设立一名兼职的网站信息管理员，结合不同栏目的时效性要求对信息进行必要更新。

主责部门兼职网络信息管理员须严格按照网站各栏目时效性要求及时拟稿。

综合办公室相关人员应每天查看公司网站内容和运行情况，如发现公司网站故障、网站运行不正常及虚假消息等，应及时向有关人员报告并进行检修或做其他处理。

公司全体员工有义务监督公司网站管理及维护，如发现问题，应及时向综合办公室反馈。

各主责部门对获取到的有价值信息要及时借助网站平台加以宣传，并对本部门所发布信息的真实性、合法性负责。

2. 反映集团公司生产经营、业务发展、企业管理等一切可以公开的信息资源，均可以通过内网进行传递发布，内网信息经过审核后可通过外网向社会公布。

3. 上网信息的收集范围应与本部门、本单位管理范围和业务范围相一致，原则上不得超出本部门、本单位管理范围和业务范围搜集和发布信息。

4. 上网发布的信息应具有真实性、完整性、可靠性、准确性和安全性，应具有完全的采信度。

5. 各部门、各单位应充分利用企业内网网站上图片新闻、集团新闻、部门主页等栏目，及时传递发布信息，集团公司综合办公室将根据发布的信息，进行定期的评比，并在集团公司的内网网站上予以公布。

6. 各部门、各单位要建立网上信息的定期或不定期更新制度，转移或删除过时信息，确保信息的时效性。

7. 外网网站的企业介绍、成员企业、物流仓储、旅游专线、服务承诺等栏目内容的更新及修改，由各相关单位自行负责资料修改，报集团公司综合办公室审核后更新。

8. 企业新闻：集团公司、所属各单位凡有重大活动、重要会议之后，各职能部门及所属单位均应及时将活动或会议的文字信息在内网网站上发布，综合办公室对于内网上发布的信息经各相关职能部门负责人确认后再在外网网站发布。各职能部门、所属各单位原则上每星期上报一次新闻。股份公司综合办公室，限时送入信息资源数据库。

9. 咨询、投诉、建议、留言本：由运输业务部、安全机务部以及所属各客运站，指定专门人员每天一次对留言进行审核回复，对留言中不能把握的内容须请示各级领导并取得处理意见后，再做出确切回复。

10. 电子商务：汽车中心站负责"公运"电子商务系统的日常运行和管理，处理系统运行中出现的问题；同时汽车中心站还承担网站的日常运行、维护、管理工作。如系统出现重大问题及时报股份公司综合办公室。

第五章 信息安全和保密

1. 公开的信息资源要符合有关保密规定，按照"谁公布、谁负责"的原则，各部门、各单位要严把信息安全保密关,对信息的真实性和合法性进行负责。

2. 严禁在企业网站上存贮、处理、传递内容淫秽、反动、迷信等国家禁止传播的信息。

第六章 网 络 安 全

第十二条 依据集团公司相关规定,加强网站的日常管理,提高网站安全意识,确保网站可靠、安全运行。网站管理人员一旦在本公司网站发现网页被黑客攻击,出现违反《计算机信息网络国际互联网安全保护管理办法》的信息,具体如下:

1. 煽动抗拒、破坏宪法和法律、行政法规实施;
2. 煽动颠覆国家政权,推翻社会主义制度;

……

按照国家有关规定,删除本网络中含有上述内容的地址、目录或者关闭服务器。并保留原始记录,在二十四小时之内向当地公安机关报告。

第七章 附 则(略)

(资料来源:宁波公运集团有限公司网站管理规定〔EB/OL〕.〔2014-08-08〕http://www.nbgy.com/news/05/0100136151182887.phtml)

问题:

1. 该规章制度涉及网站管理的哪方面内容?
2. 该规章制度对网站管理有什么作用?

分析要求:同第1章本题型的"分析要求"。

▲ 决策设计

某玩具制造企业网站的失败

背景与情境:某玩具企业位于中原腹地,在国内也算小有名气。随着信息时代的到来,该企业也不失时机地建立了自己的网站,这在当时来讲,可谓具有超前意识。原本打算通过网站进一步开拓市场,提高信誉,扩大知名度,但事与愿违,网站从运营开始至今除了支付一大笔的开发费用和一些固定开支之外,没有给企业带来任何好处。企业网站很少有人访问,更别说网上开展商务活动了,以至于企业高层一度准备关闭网站。

问题:假如你是企业的网站管理者,你打算如何为企业网站设计完整的推广方案。

设计要求:同第1章本题型的"设计要求"。

▲ 道德研判

儋州两名男子制作虚假网站 群发中奖信息诈骗获刑

背景与情境:日前,海南儋州两男子符某某、李某某在网上花钱找人制作《中国梦之声》的虚假官方网站,通过电子邮件群发中奖信息,骗取他人财物2万多元。两男子因诈骗罪被分别判处有期徒刑1年5个月和1年。

（资料来源：刘麦. 儋州两名男子制作虚假网站 群发中奖信息诈骗获刑［EB/OL］.（2014-04-08）[2014-08-08］. http：//www.hinews.cn/news/system/2014/04/08/016586347.shtml）

问题：
1. 本案例中存在哪些道德伦理问题？
2. 请从"企业网站建设与推广"角度对该案例做出评价。

研判要求：同第1章本题型的"研判要求"。

□ 实训题

"企业网站建设与推广"知识应用

【实训目标】

见本章"学习目标"中的实训目标。

【实训内容】

专业技能与能力：其能力领域、技能点内容及其参照规范与标准见表3-1。

表3-1 专业能力训练领域、技能点内容及其参照规范与标准

能力领域	技能点	名称	参照规范与标准
"企业网站建设与推广"知识应用训练	技能点1	"企业网站建设"知识应用技能	1. 能全面把握本章"企业网站建设"知识。 2. 能从"企业网站建设"的特定视角并应用相应知识，有质量、有效率地进行以下操作： （1）分析企业网站建设现状，分析其成功、不足与尚待解决的各种问题。 （2）提出优化建议和解决实际问题的方案。
	技能点2	"企业网站管理"知识应用技能	1. 能全面把握本章"企业网站管理"知识。 2. 能从"企业网站管理"的特定视角并应用相应知识，有质量、有效率地进行以下操作： （1）分析企业网站管理现状，分析其成功、不足与尚待解决的各种问题。 （2）提出优化建议和解决实际问题的方案。
	技能点3	"企业网站推广"知识应用技能	1. 能全面把握本章"企业网站推广"知识。 2. 能从"企业网站推广"的特定视角并应用相应知识，有质量、有效率地进行以下操作： （1）分析企业网站推广现状，分析其成功、不足与尚待解决的实际问题。 （2）提出优化建议和解决实际问题的方案。

职业核心能力和职业道德训练：其内容、种类、等级与选项见表3-2；各选项的"规范与标准"分别参见本教材附录二的附表2和附录三的附表3。

表3-2 职业核心能力与职业道德训练的内容、种类、等级与选项表

内容	职业核心能力						职业道德					
种类	自我学习	信息处理	数字应用	与人交往	与人合作	解决问题	革新观念	职业观念	职业情感	职业理想	职业态度	职业良心	职业作风	职业守则
等级	高级	高级	高级	高级	高级	高级	内化级	内化级	内化级	内化级	内化级	内化级	内化级
选项	√	√	√	√	√	√	√	√	√	√	√	√	√

【实训任务】

1. 对专业能力的各技能点，依照其"参照规范与标准"实施基本训练。
2. 对职业核心能力选项，依照其"参照规范与标准"实施"高级"强化训练。
3. 对职业道德选项，依照其"参照规范与标准"，实施"内化级"相关训练。

【组织形式】

1. 将班级学生分成若干实训团队。
2. 结合实训任务对各团队进行适当的角色分工，确保组织合理和每位成员的积极参与。

【情境设计】

各营销团队就第一次实训选定企业或者校内实训基地，结合课业题目，从"'企业网站建设与推广'知识应用"的视角，对该企业（或学校专业教育实训基地）网站营销运作现状进行调查研究，分析其成功经验与不足之处，在此基础上有针对性地提出《××（表示实训单位名称）网站建设与推广优化方案》，通过系统体验各项相关操作完成本次实训的各项任务，撰写相应《实训报告》。

【实训时间】

结束本章授课后一周内。

【操作步骤】

1. 各营销团队就第一次实训选定企业或者校内实训基地，结合本实训任务进行适当角色分工。
2. 各团队结合实训任务、情境设计和课业题目，讨论和制订本次《实训计划》。
3. 各团队实施《实训计划》，应用"企业网站建设与推广"知识，对该企业网站营销的运作现状进行调查、研究与评估，分析其成功与不足，系统体验如下操作：

（1）依照"技能点1"的"参照规范与标准"，从"'企业网站建设'知识应用"的特定视角，分析该企业（或者校内实训基地）网站建设中的成功与不足，提出优化建议或解决方案。

（2）依照"技能点2"的"参照规范与标准"，从"'企业网站管理'知识应用"的特定视角，分析该企业（或者校内实训基地）网站管理运作中的成功与不足，提出优化建议或解决方案。

（3）依照"技能点3"的"参照规范与标准"，从"'企业网站推广'知识应用"的特定视角，

分析该企业（或者校内实训基地）网站推广中的成功与不足，提出优化建议或解决方案。

4. 各团队总结上述操作体验，撰写《××（表示实训单位名称）网站建设与推广优化方案》。

5. 在上述"专业能力"的基本训练中，融入"职业核心能力"的"高级"强化训练和"职业道德"的"内化级"相关训练。

6. 各团队综合以上阶段性成果，撰写《"企业网站建设与推广"知识应用实训报告》。其内容包括：实训组成员与分工；实训过程；实训总结（包括对专业能力训练、职业核心能力训练和职业道德训练成功与不足的分析说明）；附件（指阶段性成果全文）。

7. 在班级讨论、交流和修订各团队的《实训报告》，使其各具特色。

【成果形式】

实训课业：《"企业网站建设与推广"知识应用实训报告》。

课业要求：

1. "实训课业"的结构与体例参照本教材"课业范例"中的范例综-4。

2. 将《实训计划》和《××企业网站建设与推广优化方案》以"附件"形式附在《实训报告》之后。

3. 在校园网的本课程平台上展示经过教师点评的班级优秀《实训报告》，并将其纳入本课程的教学资源库。

■ 单元考核

考核要求：同第1章"单元考核"的"考核要求"。

第4章 搜索引擎营销

+04

- ▼ 学习目标
- ▼ 引例 珍爱网搜索引擎营销案例
- ▼ 4.1 搜索引擎基础原理
- ▼ 4.2 搜索引擎营销内涵
- ▼ 4.3 搜索引擎营销求方法
- ▼ 4.4 搜索引擎排名优化
- ▼ 本章内容结构图
- ▼ 主要概念和观念
- ▼ 重点实务和操作
- ▼ 习题和训练
- ▼ 单元考核

通过本章学习，要求达到以下目标：

▶ **理论目标**：学习和把握搜索引擎发展历史、搜索引擎的常见分类与基本原理、搜索引擎营销的要点与实施步骤等陈述性知识；能用其指导"搜索引擎营销"中的相关认知活动。

▶ **实务目标**：学习和把握主流搜索引擎的登录方法、搜索引擎营销实施步骤，以及"同步业务"等程序性知识；能用其规范"搜索引擎营销"中的相关技能活动。

▶ **案例目标**：运用本章理论与实务知识研究相关案例，培养在与"搜索引擎营销"相关的业务情境中分析问题、决策设计和道德研判能力。

▶ **实训目标**：参加"'搜索引擎营销'知识应用"的实践训练。在了解和把握本实训相关技能点"规范与标准"的基础上，通过系列技能操作的实施，以及相应《实训报告》的准备、撰写、讨论与交流等有质量、有效率的活动，培养"'搜索引擎营销'知识应用"的专业能力和相关选项的职业核心能力（高级），强化职业道德（内化级）教育，促进健全职业人格的塑造。

▶ 引例

珍爱网搜索引擎营销案例

背景与情境：珍爱网（Zhenai.com）是中国最早最大的由专业红娘提供服务的相亲网站，创始于 1998 年 5 月，截至 2013 年 3 月，注册会员达到 5 800 万。珍爱网拥有十几年经营历史，曾被互联网周刊评为 "2010 中国最佳婚恋网站"。

珍爱网在发展过程中，由于过去专心做服务，增加营收，忽略了建立与网站收入及市场地位相吻合的知名度，导致珍爱网面对的核心难题是知名度偏低。多档相亲节目的火爆亮相，以及百合网、世纪佳缘、嫁我网等婚恋网站的迅速发展，冲击着珍爱网在婚恋服务行业的地位，珍爱网急需寻找更精准高效的营销方式吸引受众，奠定其行业地位。

2011 年开始，珍爱网重新规划其搜索引擎营销战略，与某公司展开深度的搜索营销合作，开始布局珍爱网整体网络运营体系，旨在通过搜索引擎营销平台达到以下目的：

(1)抓住核心人群,扩大在线注册客户量;
(2)扩大潜力人群,引导他们成为珍爱网的最终客户;
(3)逐步拉近消费者对网络婚恋服务的接受度;
(4)提升珍爱网的品牌知名度。

某公司根据珍爱网推广需求及用户搜索习惯,制定了一份新的关键词表,分"常规投放""品牌推广""活动推广"等推广计划,灵活配合珍爱网的网络推广计划。经过一年多的搜索引擎营销实施,不断调整优化策略和项目执行,珍爱网不仅品牌关注度得到提升,而且广告高成本和用户注册成本稳步下降,并趋于稳定可控。

(资料来源:珍爱网搜索引擎营销[EB/OL].(2012-03-03)[2014-08-08]. http://www.teamtop.com/alzs/1671.html)

上述案例中,珍爱网借助搜索引擎营销,通过寻找整理关键词、搜索引擎登录与网站页面优化等手段,在短时间内不仅让知名度得到了爆炸性的传播,注册量也得到了前所未有的突破。

由此可见,搜索引擎对于提高企业网站浏览量具有非常重要的意义,网络营销人员可以通过网站关键词分析、搜索引擎登录及网站页面优化等步骤实施搜索引擎营销。本章将就搜索引擎营销的基本理论与操作实务进行阐述。

▶ 4.1 搜索引擎基础原理

搜索引擎是指一个对互联网上的信息资源进行搜集整理,然后供用户查询的系统,它包括信息搜集、信息整理和用户查询三部分。搜索引擎的主要任务是搜索其他网站上的信息,并将这些信息进行分类并建立索引,然后把索引的内容放到数据库中。当用户向搜索引擎提交搜索请求的时候,搜索引擎会从数据库中找出匹配的资料反馈给用户,用户再根据这些信息访问相应的网站,从而找到自己需要的资料。

▶ 4.1.1 搜索引擎发展历史

1990年以前,全世界没有任何人能搜索互联网中浩如烟海的信息资源。搜索引擎的鼻祖是1990年由加拿大麦吉尔大学学生 Alan Emtage、Peter Deutsch 与 Bill Wheelan 发明的 Archie。虽然当时万维网(World Wide Web)还未出现,但网络中文件传输还是相当频繁的。由于大量的文件散布在各个分散的 FTP 主机中,查询起来非常不便,因此 Alan Emtage 等想到了开发一个可以用文件名查找文件的系统,于是便有了 Archie。Archie 是第一个自动索引互联网上匿名 FTP 网站文件的程序,但它还不是真正的搜索引擎。Archie 是一个可以搜索的 FTP 文件名列表,用户必须输入精确的文件名搜索,Archie 才会告诉用户哪一个 FTP 地址可以下载该文件。由于 Archie 一经问世便大受欢迎,因此美国内华达大学系统计算服务中心于1993年开发了一个 Gopher(Gopher

FAQ）搜索工具 Veronica。

Robot（机器人）一词对编程者有特殊的意义，Computer Robot 是指某个能以人类无法达到的速度不断重复执行某项任务的自动程序。由于专门用于检索信息的 Robot 程序像蜘蛛（Spider）一样在网络间爬来爬去，因此，搜索引擎的 Robot 程序被称为 Spider 程序。世界上第一个 Spider 程序，是麻省理工学院 Matthew Gray 发明的用于追踪互联网发展规模的 World Wide Web Wanderer。刚开始它只用来统计互联网上的服务器数量，后来则发展为也能够捕获网址（URL）。

1994 年 1 月，第一个既可搜索又可浏览的目录索引 EINet Galaxy（Tradewave Galaxy）上线。除了网站搜索，它还支持 Gopher 和 Telnet 搜索。

1994 年 4 月，斯坦福大学的两名博士生，美籍华人 Jerry Yang（杨致远）和 David Filo 共同创办了目录索引搜索引擎 Yahoo。随着访问量和收录链接数的增长，Yahoo 目录开始支持简单的数据库搜索。因为 Yahoo 的数据是手工输入的，所以不能真正被归为搜索引擎，事实上只是一个可搜索的目录。Wanderer 只抓取 URL，但 URL 信息含量太小，很多信息难以仅靠 URL 说清楚，搜索效率很低。Yahoo 中收录的网站，因为都附有简介信息，所以搜索效率明显提高。（Yahoo 以后陆续使用 Altavista、Inktomi、Google 提供的搜索引擎服务。）

1995 年，一种新的搜索引擎形式出现了——元搜索引擎。用户只需提交一次搜索请求，由元搜索引擎负责转换处理后提交给多个预先选定的独立搜索引擎，并将从各独立搜索引擎返回的所有查询结果集中起来，处理后再返回给用户。第一个元搜索引擎，是华盛顿大学硕士生 Eric Selberg 和 Oren Etzioni 的 Metacrawler。元搜索引擎概念上好听，但搜索效果始终不理想，所以目前还没有哪个元搜索引擎占据过主流地位。

1998 年 10 月之前，Google 只是斯坦福大学的一个小项目 BackRub。1995 年博士生 Larry Page 开始学习搜索引擎设计，于 1997 年 9 月 15 日注册了 google.com 的域名。1997 年年底，在 Sergey Brin 和 Scott Hassan、Alan Steremberg 的共同参与下，BachRub 开始提供测试。1999 年 2 月，Google 完成了从 Alpha 版到 Beta 版的蜕变。Google 公司则把 1998 年 9 月 27 日认作自己的生日。Google 在 Pagerank、动态摘要、网页快照、DailyRefresh、多文档格式支持、地图股票词典寻人等集成搜索、多语言支持、用户界面等功能上的革新，像 Altavista 一样，再一次永远改变了搜索引擎的定义。在 2000 年年中以前，Google 虽然以搜索准确性备受赞誉，但因为数据库不如其他搜索引擎大，缺乏高级搜索语法，所以使用价值不是很高，推广并不快。直到 2000 年年中数据库升级后，又借被 Yahoo 选作搜索引擎的东风，才一飞冲天并成为目前全球搜索引擎的领导者。

北大天网是国家 "九五" 重点科技攻关项目 "中文编码和分布式中英文信息发现" 的研究成果，由北大计算机系网络与分布式系统研究室开发，于 1997 年 10 月 29 日正式在 CERNET 上提供服务。2000 年年初，天网搜索引擎新课题组成立，其由国家 973 重点基础研究发展规划项目基金资助开发，收录网页约 6 000 万，利用教育网优势，有强大的 FTP 搜索功能。

2000 年 1 月，超链分析专利发明人、前 Infoseek 资深工程师李彦宏与好友徐勇（加州伯克利分校博士）在北京中关村创立了百度（Baidu）公司。2001 年 8 月发布 Baidu.com 搜索引擎测试版（此前 Baidu 只为其他门户网站，如搜狐、新浪、Tom 等提供搜索引擎），2001 年 10 月 22 日正式发布 Baidu 搜索引擎。Baidu 虽然只提供中文搜索，但目前收录中文网页超过 9 000 万，可能是最大的中文数据库。Baidu 搜索引擎的其他特色包括：网页快照、网页预览/预览全部网页、相关搜索词、错别字纠正提示、新闻搜索、Flash 搜索、信息快递搜索。2002 年 3 月闪电计划（Blitzen Project）开始后，技术升级明显加快。目前，百度已经成为中文网页检索的领导者，并占据全球搜索引擎前三位。

4.1.2 搜索引擎分类

按照数据收集方式的不同，搜索引擎主要分为三类：目录索引搜索引擎、全文检索搜索引擎与元搜索引擎。

1. 目录索引搜索引擎（Search Index/ Directory）

目录索引搜索引擎是通过人工方式或半自动方式搜集信息，由人工编辑形成信息摘要，并将信息置于事先确定的目录索引中。目录索引搜索引擎中的数据是各个网站自己提交的，它就像一个电话号码簿一样，按照各个网站的性质，把其网址分门别类排在一起，大类下面套着小类，一直到各个网站的详细地址，一般还会提供各个网站的内容简介。用户不使用关键字也可进行查询，只要找到相关目录，就完全可以找到相关的网站（注意：是相关的网站，而不是这个网站上某个网页的内容）。这类搜索引擎往往也提供关键字查询功能，但在查询时，它只能按照网站的名称、网址、简介等内容进行查询，所以它的查询结果也只是网站的 URL 地址，不能查到具体的页面。由于这类搜索引擎的数据一般由网站提供，因此它的搜索结果并不完全准确，并不是严格意义上的搜索引擎。

虽然近些年目录索引搜索引擎发展已显颓势，市场影响力大不如前。但作为搜索引擎的主要形式之一，目录索引搜索引擎对于企业网络营销还是具有一定使用价值的。

2. 全文检索搜索引擎（Full Text Search Engine）

全文检索搜索引擎通过一种称为"蜘蛛"的程序自动在网络上提取各个网站的信息来建立自己的数据库，并向用户提供查询服务，是一种真正意义上的搜索引擎。如 AlaVista、Google、Excite、Hotbot、Lycos 等。

全文检索搜索引擎数据库中的数据来源分两种：一是定期搜索，也就是每隔一段时间搜索引擎就主动派出"蜘蛛"程序，对一定 IP 地址范围内的互联网站进行检索，一旦发现新的网站，就会自动提取网站的信息和网址加入自己的数据库。二是网站提交的信息，即网站所有者主动向搜索引擎提交地址，搜索引擎会在一定时间内派出"蜘蛛"程序搜索所提交的网站的相关信息，并存入自己的数据库中。总的说来，这些数据都是"蜘蛛"程序搜索到的网页上的具体内容，其搜索结果也能精确到具体网页。

目前，搜索引擎与目录索引有相互融合渗透的趋势。原来一些纯粹的全文搜索引擎现在也提供目录搜索，如 Google 就借用 Open Directory 目录提供分类查询。而像 Yahoo 这些老牌目录索引则通过与 Google 等搜索引擎合作扩大搜索范围。在默认搜索模式下，一些目录类搜索引擎首先返回的是自己目录中匹配的网站，如国内搜狐、新浪、网易等；而另外一些默认的是网页搜索，如 Yahoo。

3. 元搜索引擎（Meta Search Engine）

元搜索引擎在接受用户查询请求时，同时在其他多个引擎上进行搜索，并将结果返回给用户。著名的元搜索引擎有 InfoSpace、Dogpile、Vivisimo 等（元搜索引擎列表），中文元搜索引擎中具代表性的有搜星搜索引擎。在搜索结果排列方面，有的直接按来源引擎排列搜索结果，如

Dogpile，有的则按自定的规则将结果重新排列组合，如 Vivisimo。

除上述三大类引擎外，还有以下几种非主流形式：

集合式搜索引擎。如 HotBot 在 2002 年年底推出的引擎。该引擎类似元搜索引擎，但区别在于不是同时调用多个引擎进行搜索，而是由用户从提供的 4 个引擎当中选择，因此叫它"集合式"搜索引擎更确切些。

门户搜索引擎。如 AOL Search、MSN Search 等虽然提供搜索服务，但自身既没有目录索引，也没有网页数据库，其搜索结果完全来自其他引擎。

免费链接列表（Free For All Links，FFA）。这类网站一般只简单地滚动排列链接条目，少部分有简单的目录索引，不过规模比起 Yahoo 等目录索引来要小得多。

▶ 4.1.3 搜索引擎工作原理

从工作原理角度解释，目前已有的全部搜索引擎并不真正搜索互联网，它们的搜索范围实际上仅限于预先整理好的网页索引数据库。有资料显示，即便是排名全球搜索引擎第一的 Google 可以检索的网页数量，也不超过全球互联网上网页总数的 40%。由此，可以提醒用户在使用搜索引擎过程中注意两个问题：第一是搜索引擎检索的网页范围有限，通过搜索引擎没有找到，并不代表互联网上真的没有；第二是企业网站并不必然会被搜索引擎收录检索。下面，本书就目前主流的两种搜索引擎模式进行讲解。

1. 全文检索搜索引擎

真正意义上的搜索引擎，通常指的是收集了互联网上几千万到几十亿个网页并对网页中的每一个词（即关键词）进行索引，建立索引数据库的全文搜索引擎。当用户查找某个关键词的时候，所有在页面内容中包含了该关键词的网页都将作为搜索结果被搜出来。在经过复杂的算法进行排序后，这些结果将按照与搜索关键词的相关度高低，依次排列。

目前的搜索引擎已普遍使用超链分析技术，除了分析索引网页本身的内容，还分析索引所有指向该网页的链接的 URL、AnchorText，甚至链接周围的文字。所以，有时候，即使某个网页 A 中并没有某个词，比如"网络营销"，但如果有别的网页 B 用链接"网络营销"指向这个网页 A，那么用户搜索"网络营销"时也能找到网页 A。而且，如果有越多网页（C、D、E、F……）用名为"网络营销"的链接指向这个网页 A，或者给出这个链接的源网页（B、C、D、E、F……）越优秀，那么网页 A 在用户搜索"网络营销"时也会被认为更相关，排序也会越靠前。

全文检索搜索引擎的工作原理分为三步：从互联网上抓取网页→建立索引数据库→在索引数据库中搜索排序。

（1）从互联网上抓取网页。利用能够从互联网上自动收集网页的 Spider 程序，自动访问互联网，并沿着任何网页中的所有 URL 爬到其他网页，重复这过程，并把爬过的所有网页收集回来。

（2）建立索引数据库。由分析索引系统程序对收集回来的网页进行分析，提取相关网页信息（包括网页所在 URL、编码类型、页面内容包含的关键词、关键词位置、生成时间、大小、与其他网页的链接关系等），根据一定的相关度算法进行大量复杂计算，得到每一个网页针对页面内容中及超链中每一个关键词的相关度（或重要性），然后用这些相关信息建立网页索引数据库。

（3）在索引数据库中搜索排序。当用户输入关键词搜索后，由搜索系统程序从网页索引数据库中找到符合该关键词的所有相关网页。因为所有相关网页针对该关键词的相关度早已算好，所以只需按照现成的相关度数值排序，相关度越高，排名越靠前。最后，由页面生成系统将搜索结果的链接地址和页面内容摘要等内容组织起来返回给用户。

搜索引擎的 Spider 一般要定期重新访问所有网页（各搜索引擎的周期不同，可能是几天、几周或几个月，也可能对不同重要性的网页有不同的更新频率），更新网页索引数据库，以反映网页内容的更新情况，增加新的网页信息，去除死链接，并根据网页内容和链接关系的变化重新排序。这样，网页的具体内容和变化情况就会反映到用户查询的结果中。

互联网虽然只有一个，但各搜索引擎的能力和偏好不同，所以抓取的网页各不相同，排序算法也各不相同。大型搜索引擎的数据库储存了互联网上几亿至几十亿的网页索引，数据量达到几千吉字节甚至几万吉字节。但即使最大的搜索引擎建立超过 20 亿网页的索引数据库，也只能占到互联网上普通网页的不到 40%，不同搜索引擎之间的网页数据重叠率一般在 70% 以下。使用不同搜索引擎的重要原因是因为它们能分别搜索到不同的内容。而互联网上有更大量的内容，是搜索引擎无法抓取索引的，因而无法用搜索引擎搜索到。

2. 目录索引搜索引擎

顾名思义，目录索引就是将网站分门别类地存放在相应的目录中。用户在查询信息时，可选择关键词搜索，也可按目录索引逐层查找。如以关键词搜索，返回的结果跟搜索引擎一样，也是根据信息关联程度排列网站，只不过其中人为因素要多一些。如果按分层目录查找，某一目录中网站的排名则由标题字母的先后顺序决定（也有例外）。

与全文搜索引擎相比，目录索引搜索引擎的工作原理有以下不同之处：

首先，搜索引擎属于自动网站检索，而目录索引则完全依赖手工操作。用户提交网站后，目录编辑人员会亲自浏览网站，然后根据一套自定的评判标准甚至编辑人员的主观印象，决定是否接纳该网站。

其次，搜索引擎收录网站时，只要网站本身没有违反有关的规则，一般都能登录成功。而目录索引对网站的要求则高得多，有时即使登录多次也不一定成功。尤其像 Yahoo 这样的超级索引，登录更是困难。此外，在登录搜索引擎时，一般不用考虑网站的分类问题，而登录目录索引时则必须将网站放在一个最合适的目录（Directory）。

最后，搜索引擎中各网站的有关信息都是从用户网页中自动提取的，所以从用户的角度看，拥有更多的自主权；而目录索引则要求必须以手工方式另外填写网站信息，而且还有各种各样的限制。更有甚者，如果工作人员认为所提交网站的目录、网站信息不合适，便可以随时对其进行调整。

目前，全文检索搜索引擎与目录索引搜索引擎有相互融合渗透的趋势。原来一些纯粹的全文搜索引擎现在也提供目录搜索，如 Google 就借用 Open Directory 提供分类查询。而像 Yahoo 这些老牌目录索引则通过与 Google 等搜索引擎合作扩大搜索范围。在默认搜索模式下，一些目录类搜索引擎首先返回的是自己目录中匹配的网站，如国内搜狐、新浪、网易等，而另外一些则默认的是网页搜索，如 Yahoo。

▶【教学互动 4-1】

> 互动内容：目录索引搜索引擎与全文检索搜索引擎在工作原理上存在哪些区别？
> 要求：同"教学互动 1-1"的要求。

▶【同步案例 4-1】

中国网民的搜索引擎使用习惯

背景与情境：互联网最基础的功能是提供信息。目前互联网上的信息已是海量，搜索引擎则是网民在汪洋中搜寻信息的工具，是互联网上不可或缺的工具和基础应用之一。截至 2013 年 6 月底，中国搜索引擎网民规模为 4.70 亿，与去年同期相比增长了 4 177 万，同比增长 9.7%。搜索引擎作为互联网的基础应用，是网民获取信息的重要工具，其使用率自 2010 年后始终保持在 80% 左右水平，使用率在所有应用中稳居第二。由于使用率已经较高，用户规模提升空间进一步减小，搜索引擎网民增长率近两年来一直保持在 10% 左右的水平，与整体互联网网民发展速度基本一致。

以网民搜索次数来计算各类搜索的市场份额，综合搜索、微博搜索、视频网站搜索、购物搜索分别位居第一、第二、第三、第四位，市场搜索次数份额分别为 43.1%、17.3%、13.4%、9.9%，其他类型网站搜索次数的份额较小，都在 5% 以下。当前综合搜索仍然是网民搜索信息的重要工具，遥遥领先于其他网站的搜索。但我们也应该看到，微博搜索、视频搜索等各自占据了 10% 以上的市场份额，购物网站上的搜索也占据了 9.9% 的份额。网民在搜索微博、视频、购物等信息时，会在专业网站直接搜索相关信息，带给综合搜索引擎的分流作用较为明显。

城市级别越高，使用购物网站和旅行网站搜索的比例越大。大城市居民在购物和旅游方面的需求更多，促进了购物网站和旅行网站搜索的比重增加。随着城市级别下沉，网民搜索饮食娱乐等生活类信息、位置信息、知识问答、购物信息、出行信息、软件或应用、社区论坛信息的使用比例也越来越低。但三线城市在小说等文学作品、游戏的搜索比例方面高于一、二线城市。

问题：你如何理解目前中国网民搜索引擎使用习惯中蕴藏的网络营销商业机会？

分析提示：消费者行为分析往往带给企业营销人员新的启发，本案例中我国网民的上网时间、学历层次及年龄结构都与搜索引擎使用有着很强的关联性。正是因为高学历的中青年网民具有极高的搜索引擎使用率，而他们也是具有极强消费能力的消费者群体，因此企业网站通过搜索引擎营销与这些强势网络消费者建立联系具有良好的可行性。

▶【同步业务 4-1】

结合自身在校学习生活需要，选择感兴趣的关键词在 Google、百度、雅虎、搜狐等国内外主流搜索引擎进行检索，比较同一关键词的检索结果是否相同。

业务分析：通过选择感兴趣的关键词在不同搜索引擎搜索结果比较，了解各搜索引擎的数据库是不相同的，其搜索技术和排名规则也有区别。

业务程序：首先，选择感兴趣的关键词与对比搜索引擎范围。其次，在对比搜索引擎范围内，输入同一关键词进行检索，记录检索结果。最后，通过对比分析检索结果的数量多少与排名顺序，总结各个搜索引擎的检索性能及相关特征。

业务说明：对于不同的搜索引擎，由于各自数据库记录不同，因此即使检索同一关键词也会出现不同结果。由此可以证明各大搜索引擎的检索技术与排名规则存在区别，企业在实施搜索引擎营销的时候需要针对不同搜索引擎采取不同策略。

▶【职业道德与营销伦理 4-1】

网友质疑百度成骗子网站帮凶

背景与情境：1 200 多元的机票，改签时银行卡上被多扣了 8 000 多元，而扣款金额竟然是客服要求输的验证码。冯先生谈起通过百度搜索机票改签网时的这一遭遇时，质疑百度成骗子网站帮凶。

上月下旬，冯先生从深圳某公司跳槽来武汉。因离职手续没办完，他打算将机票改签，便用手机上网搜索中国国际航空公司改签电话。搜索结果第一条显示"机票改签，退票电话 400-0302-XXX"。

客服称，改签机票须绑定银行账户。在绑定账户过程中，冯先生根据客服口述输入验证码09384。待操作结束，他意识到被骗了。此时，他的银行卡上已经少了 9 384 元。为保留证据，冯先生保存了假冒网站的截图。

报警后警官告诉他，多次接到此类报警，百度搜索出的机票改签电话，若是以"400"开头，多半是诈骗电话。百度推广人员随后向冯先生表示，他的卡上被扣 9 384 元乃是系统故障，将马上处理此事，请不要再投诉。一位自称是某票务公司的工作人员也致电冯先生，说由于公司账号被黑客入侵，导致冯先生损失。

次日，该"票务公司"将 9 384 元钱退还到冯先生银行账户。之后，百度及该"票务公司"再未与他联系。他说，这次上当，主要是由于对百度的信任导致对骗子放松了警惕，原因是否真如百度所说的系统故障，难以判断。"虽然钱被退回来了，但百度推广对网站内容不加审查，按广告金额排名的做法与帮凶何异？最令人气愤的是，我向百度投诉后，百度马上将该网站屏蔽，并且不承认他们推广过该网站。"

企业通过注册提交一定数量的关键词，其推广信息就会率先出现在相应的搜索结果中，百度的这一商业模式争议不断。中南财经政法大学经济法专家吴京辉认为，百度作为国内最大的搜索引擎网站，应该多考虑企业信誉，而不仅是价格和点击率。目前，我国法律对竞价机制缺少规范，企业的自律显得格外重要，这不仅是对用户负责，也是企业自身长期发展的需要。

（资料来源：黄琪．改签机票被多扣 8 000 多元 网友质疑百度成骗子网站帮凶[EB/OL]．(2013-10-10)[2014-08-08]．http://hb.ifeng.com/news/fygc/detail_2013_10/10/1308577_0.shtml）

问题： 评析百度在搜索结果乱象中的作用与责任。

分析提示： 多家搜索引擎基于各自不同的检索技术与数据库记录，在检索结果中出现差异是正常现象，但是对于百度这样一家全球领先的中文搜索引擎，却屡次出现在检索结果前列出现诈骗公司的网站，其原因发人深省。

▶ 4.2 搜索引擎营销内涵

搜索引擎营销，是指合理利用目标顾客使用搜索引擎网站检索信息的机会，根据用户使用习惯及搜索引擎网站运行原理，运用网站登录、网页优化、购买排名等多种手段，实现企业信息通过搜索引擎网站向顾客进行有效传递的营销目标。

▶ 4.2.1 搜索引擎营销的特点

与其他网络营销方法相比，搜索引擎营销具有自身的一些特点，充分了解这些特点是有效地应用搜索引擎开展网络营销的基础，对于研究搜索引擎营销的模式、方法，以及演变趋势也具有一定指导意义。

归纳起来，搜索引擎营销具有下列特点：

1. 以用户为主导

使用什么搜索引擎，通过搜索引擎检索什么信息完全由用户自己决定，在搜索结果中点击哪些网页也取决于用户的判断，因此搜索引擎营销是由用户所主导的，最大限度地减少了营销活动对用户的滋扰，最符合网络营销的基本思想。

2. 以网站为基础

搜索引擎营销作为网站推广的常用方法，需要以企业网站为基础，企业网站设计的专业性对搜索引擎营销效果会产生直接影响。

3. 传递引导信息

搜索引擎检索出来的是网页信息的索引，一般只是某个网站／网页的简要介绍，或者搜索引擎自动抓取的部分内容，而不是网页的全部内容，因此这些搜索结果只能发挥一个"引子"的作用。如何尽可能好地将有吸引力的索引内容展现给用户，是否能吸引用户根据这些简单的信息进入相应的网页继续获取信息，以及该网页／网站是否可以给用户提供其所期望的信息，这些就是搜索引擎营销需要研究的主要内容。

4. 实现良好定位

搜索引擎营销在用户定位方面具有良好的功能，尤其是在搜索结果页面的关键词广告，完全可以实现与用户检索所使用的关键词高度相关，从而提高营销信息被关注的程度，最终达到增强网络营销效果的目的。

5. 能产生增加网站访问量的直接效果

搜索引擎营销的直接效果就是获得网站访问量，至于访问量是否可以最终转化为收益，不是搜索引擎营销可以决定的。这也说明，提高网站的访问量是网络营销的主要内容，但不是全部内容。

6. 适应网络环境变化

搜索引擎营销是搜索引擎服务在网络营销中的具体应用，因此在应用方式上依赖于搜索引擎的工作原理、提供的服务模式等。当搜索引擎检索方式和服务模式发生变化时，搜索引擎营销方法也应随之变化。因此，搜索引擎营销方法具有一定的阶段性，与网络营销服务环境的协调是搜索引擎营销的基本要求。

▶ 4.2.2 搜索引擎营销的任务

根据上述搜索引擎营销的概念与特点等基本原理，可以总结出搜索引擎营销的各项具体任务。

1. 建设适合搜索引擎检索的网页信息源

网页信息源被搜索引擎收录是搜索引擎营销的基础，企业网站中的各种信息是搜索引擎检索的基础。由于用户经过搜索引擎检索之后还要打开网页获取更多的信息，因此建设网页信息源不能只是站在搜索引擎友好的角度，还应该包含用户友好。企业网站优化不仅仅是针对搜索引擎优化，而是包含对用户、搜索引擎、网站管理维护的三方面优化。因此，要提高搜索引擎营销的实施效果，需要从企业网站每个网页的搜索引擎优化设计做起。

2. 创造网站被搜索引擎收录的机会

企业网站建设完成并发布到互联网上并不意味着自然可以达到搜索引擎营销的目的。无论网站设计多么优秀，如果不能被搜索引擎收录，用户便无法通过搜索引擎发现这些网站中的信息，当然就不能实现网络营销信息传递的目的。因此，让企业网站中尽可能多的网页被搜索引擎收录是网络营销的基本任务之一，也是搜索引擎营销的基本步骤。

3. 促成网站信息在搜索结果中排位靠前

企业网站仅仅被搜索引擎收录还不够，还需要保证企业信息出现在搜索结果中的靠前位置，这才是搜索引擎优化所期望的结果。因为搜索引擎收录的信息通常都很多，当用户输入某个关键词进行检索时会反馈大量的结果。如果企业信息出现的位置靠后，被用户发现的机会就大为降低，搜索引擎营销的效果也就无法保证。

4. 以搜索结果中的有限信息获得用户关注

通过对搜索引擎检索结果的观察可以发现，并非所有的检索结果都含有丰富的信息，用户通常并不能点击浏览检索结果中的所有信息，而需要对搜索结果进行判断，从中筛选一些相关性最强、最能引起用户关注的信息进行点击，进入相应网页之后获得更为完整的信息。要做到这一点，需要针对每个搜索引擎收集信息的方式进行针对性的研究。

5. 为用户获取网站信息提供方便

用户通过点击搜索结果而进入企业网站，是搜索引擎营销产生效果的直接表现形式，用户的进一步行为决定了搜索引擎营销是否可以最终为企业带来收益。用户打开企业网站可能是为了了解某个产品的详细介绍，或者成为注册用户，但是否最终转化为购买者还取决于更多的因素，如产品本身的质量、款式、价格等是否具有竞争力。在此阶段，搜索引擎营销将与网站信息发布、顾客服务、网站流量统计分析、在线销售等其他网络营销工作密切相关。在为用户获取信息提供方便的同时，与用户建立密切的关系，使其成为潜在顾客，或者直接购买产品。

▶【教学互动 4-2】

> 互动内容：假如你是某企业电子商务负责人，请列举企业网站进行搜索引擎营销需要完成的各项具体任务。
> 要求：同"教学互动 1-1"的要求。

▶ 4.2.3 搜索引擎营销步骤

搜索引擎营销的实施过程可分为四个步骤，分别是：将企业网站登录搜索引擎、争取检索排名靠前、吸引用户登录企业网站、促使用户采取期望行动。如图 4-1 所示。

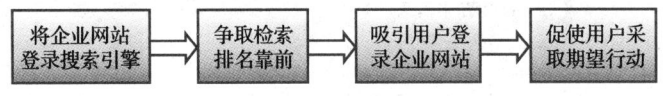

图 4-1 搜索引擎营销实施步骤

第一步是将企业网站登录到各大主流搜索引擎，使得企业网站信息被搜索引擎收录，搜索引擎登录方式包括免费登录与付费登录。

第二步是在被搜索引擎收录的基础上尽可能争取排名靠前。因为用户一般只会浏览搜索结果中靠前的少量内容，如果企业网站在搜索结果中的排名靠后，那么很难获得用户浏览关注的机会，也就丧失了搜索引擎优化策略的主要目标。因此，企业网站需要研究搜索引擎检索排名原理，并据此优化网页结构与内容，争取尽可能靠前的检索结果排名。

第三步是通过搜索结果点击率的增加来达到提高网站访问量的目的。从搜索引擎的实际情况来看，仅仅做到被搜索引擎收录并且在搜索结果中排名靠前还是不够的，这样并不一定能增加用户的点击率，更不能保证将访问者转化为顾客。要通过搜索引擎营销实现访问量增加的目标，需要从整体上进行网站优化设计，并充分利用关键词广告等有价值的搜索引擎营销专业服务。

第四步是通过访问量的增加转化为企业最终实现收益的提高。这是前面三个步骤的进一步提升，是各种搜索引擎方法所实现效果的集中体现，但它并不是搜索引擎营销的直接效果。从搜索引擎营销到产生企业经济收益,这期间的直接效果表现为网站访问量的增加,网站的收益是由访问量转化所形成的,从访问量转化为收益则是由网站的功能、服务、产品等多种因素共同作用决定的。

搜索引擎营销的前两个步骤具有可操作性和可控制性的特征,是搜索引擎营销的主要内容与直接效果,是本章讲解重点。

▶ 4.3 搜索引擎登录方法

企业开展搜索引擎营销的第一个重要步骤就是将企业网站登录至各大主流搜索引擎,为后续步骤奠定基础。

▶ 4.3.1 目录索引搜索引擎登录

目前,国内主流三大目录索引搜索引擎新浪、搜狐与网易,都采取分设代理商的形式征集企业网站信息。因此企业如果需要将网站登录上述目录索引搜索引擎,只需要登录三家网站查询各地代理商名录。与当地代理商联系后,企业按照标准交纳相关费用与网站信息,其余发布工作都由代理商负责完成。图 4-2 是新浪网站的分类信息发布流程。

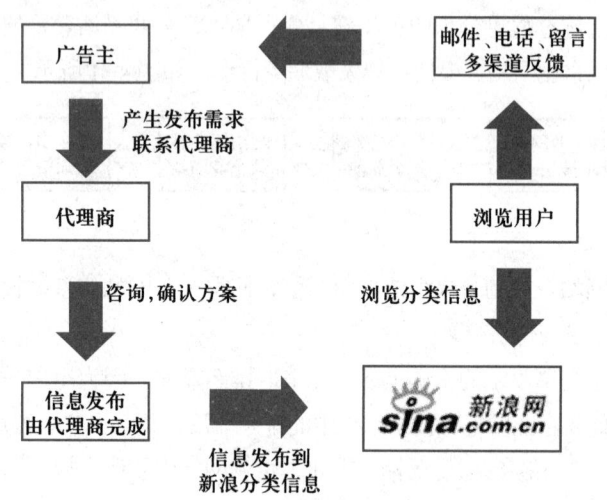

图 4-2　新浪分类信息发布流程

但是如果企业准备登录国外目录索引搜索引擎,除了缴纳相关费用外,还需要自行完成网站信息的登录。下面以雅虎为例,介绍目录索引搜索引擎的登录步骤。

企业可以通过雅虎目录直接提交网站。在恰当的目录下逐层提交所需的 URL、简明描述、联系方式等。具体步骤如下:

(1)打开中文雅虎页面(http://site.yahoo.com.cn/)查询网站是否存在于雅虎网址大全中。

(2)打开雅虎免费登录页面(http://site.yahoo.com.cn/feedback.html),如图 4-3 所示。

图 4-3 雅虎免费登录页面

（3）按照网页提示选择匹配目录，填写企业网站相关内容，完成提交。

▶ 4.3.2 全文检索搜索引擎登录

由本章前面所述搜索引擎工作原理可知，全文检索搜索引擎是利用 Spider 系统程序，自动沿着任何网页中的所有 URL 爬到其他网页，不断重复这个过程从而完成网页搜集工作的。这是与目录索引搜索引擎的人工编辑网页信息完全不同的搜集方式，也就意味着所有存在于互联网中的网页，只要与其他网站页面存在连接关系，就可以自动被全文检索搜索引擎搜集。但这只是理论上的完美境界，因为互联网中的网页数量浩如烟海，而且时刻都在不断更新，任何全文检索搜索引擎的 Spider 系统程序都无法在无穷无尽的互联网海洋中全面及时搜集所有信息，否则也就不会连全球第一的 Google 也只能搜集互联网中不足 40% 的网页信息。

由此可见，企业网站不能被动等待全文检索搜索引擎的 Spider 系统程序前来搜集信息，因为那样可能需要很长时间且最终效果不定，无法保证企业对网络营销计划实施有效控制。对于全文检索搜索引擎，企业实施搜索引擎营销的最佳选择依然是主动出击，将网站信息主动提供给各大全文检索搜索引擎。这里值得庆幸的是，全球各大全文检索搜索引擎为了尽可能扩大检索网页范围，占据更加有利的竞争地位，对于主动提交信息的网站持欢迎态度。因此与那些目录索引搜索引擎相比，企业在向 Google、百度之类的全文检索搜索引擎提交网站信息时，不仅登录信息完全免费，而且被收录的难度也大大降低。

下面以 Google 与百度为例，讲解登录全文检索搜索引擎的基本步骤。

1. Google

打开 Google 网站登录页面（http：//www.google.com/intl/zh-CN/add_url.html），如图 4-4 所示。

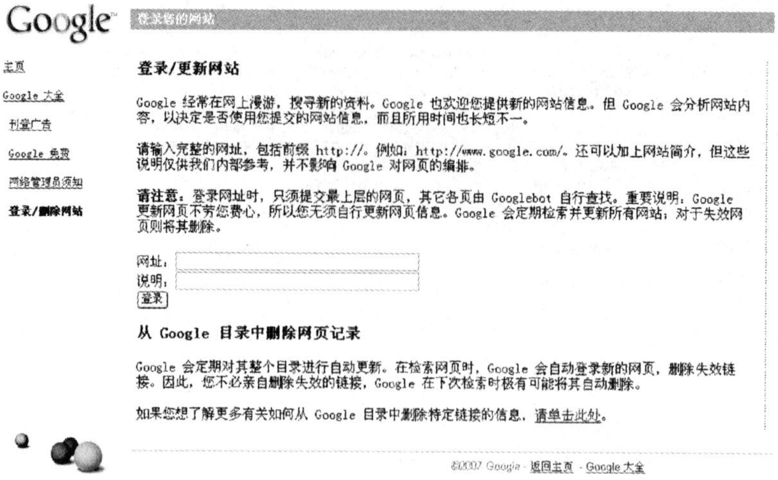

图 4-4 Google 网站登录页面

根据页面提示内容,输入网站域名或者网站首页的 URL,以及网站说明信息,点击"登录"按钮,就会看到 Google 反馈回来的登录成功页面,如图 4-5 所示。

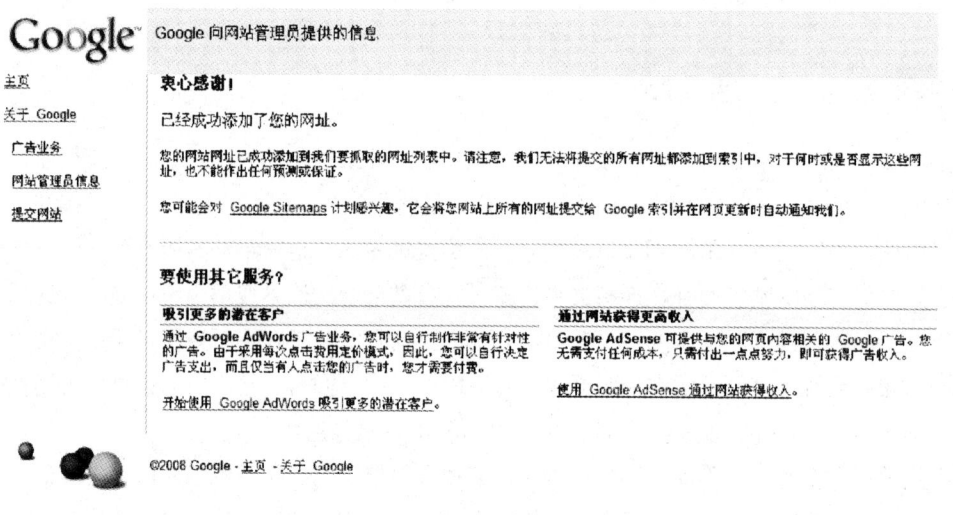

图 4-5 Google 登录成功页面

由于 Google 并不保证一定能够收录企业提交的网站信息,因此为了保证收录成功,企业需要经常登录 Google 网站(https://www.google.com/webmasters/tools/sitestatus?hl=zh-CN)检查收录情况,如图 4-6 所示。如果已被成功收录,Google 就会出现相关提示信息页面,如图 4-7 所示。如果 Google 出现的是失败页面,如图 4-8 所示,则表示企业网站未能被 Google 成功收录,需要继续提交收录请求,直到被 Google 成功收录为止。

2. 百度

打开百度网站登录页面(http://www.baidu.com/search/url_submit.html),如图 4-9 所示。

按照网页提示内容,输入网站域名或者网站首页的 URL,以及验证码,点击"提交网站"按钮,百度会反馈一个登录成功的页面。

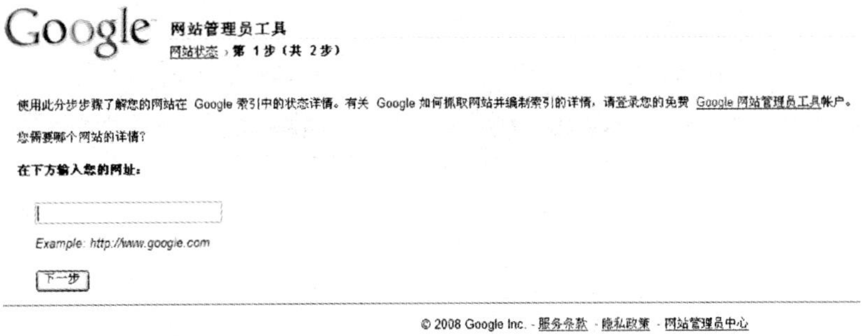

图 4-6　Google 网站状态向导

图 4-7　Google 收录成功提示页面

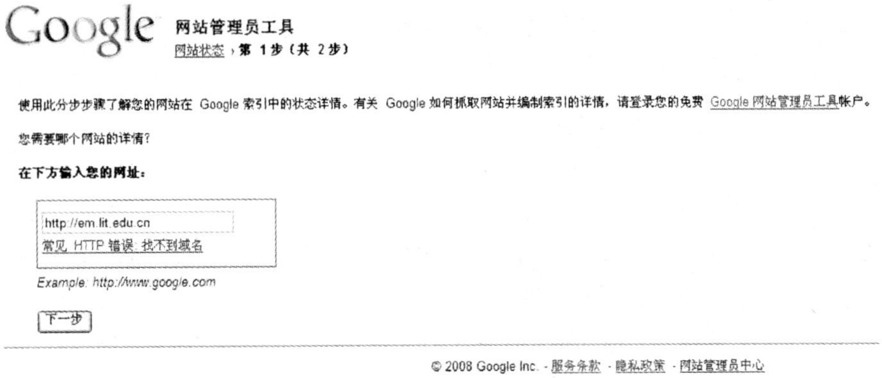

图 4-8　Google 收录失败提示页面

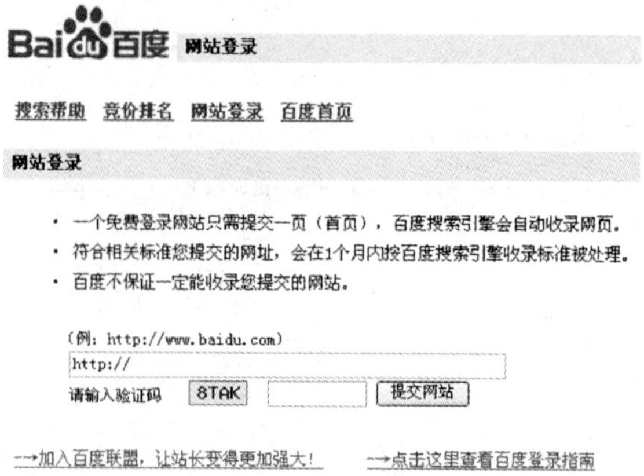

图 4-9 百度网站登录页面

与 Google 搜索引擎一样，百度并不保证网站提交成功就一定能被收录，而且百度也没有提供类似 Google "网站状态"的查询工具。因此，企业只能经常登录百度网站，输入网站名称关键词进行检索，以此判断网站是否被百度成功收录。

▶ 4.4 搜索引擎排名优化

在企业网站被搜索引擎成功收录之后，也只是完成了搜索引擎营销的第一个步骤，企业马上需要面临下一个难题，那就是如何使网站在搜索引擎检索结果中排名靠前。由于目前主流全文检索搜索引擎收录的网页总数都在数十亿以上，因此用户输入一般常见的关键词检索，都能得到非常多的页面检索结果。但实际上用户通常只会按照从前向后的顺序浏览排名靠前的一小部分网页，对其余排名靠后的网页则极少光顾。对于企业网站来说，如果在被收录后只能出现在检索结果的靠后位置，那么依然很难获得用户的浏览光顾，从而无法实现通过搜索引擎向用户传递信息的目标。由此可见，在搜索引擎的检索结果占据靠前排名，是影响企业搜索引擎营销实施效果的关键环节，而且这个环节的成功实现，相比提交网站信息被搜索引擎收录而言，具有更大的竞争性与挑战性，因为你的企业网站前进一位，就意味着其他网站要退后一位。

▶ 4.4.1 搜索引擎排名优化的实践难题

企业网站要在搜索引擎的检索结果中占据靠前排名，从理论上说就是要使网页更加符合搜索引擎的排名规则，投其所好才能获得好的排名。但实践过程中，企业则要面临以下难题：

（1）目前所有全文检索搜索引擎的排名结果都由预先设定的程序自动决定，而程序具体内容则被视为搜索引擎最高机密，任何网站想得到其技术细节都是几乎不可能的事情。

（2）各个全文检索搜索引擎在检索同一个关键词的时候，却会出现不同的检索结果与排名，这就意味着搜索引擎并不是使用同一种排名规则，也许其中还存在互相冲突的规则内容，这将使得企业按照排名规则优化网页时无所适从。

（3）由于各个搜索引擎为了提高检索质量吸引用户，都力求实现按照网页质量高低进行检索结果排序。但企业网站为了获取靠前排名而有针对性地改变网页，则很容易被搜索引擎视为投机取巧的作弊行为，进而施以屏蔽网站的严厉惩罚，最终使得企业之前的种种努力化为泡影。此外，百度网站推出收费排名等服务，更使得企业修改网页改进排名的做法，具有制约百度收费业务推进的潜在消极影响，因而导致百度加大了对此类行为的惩罚力度。

▶ 4.4.2 影响搜索引擎排名的因素

基于上述难题，目前企业针对搜索引擎排名规则，开展的相关网页优化工作实际处于"灰色"摸索阶段，既不可能获得搜索引擎支持，也很难确切掌握检索排名。但是即便如此，仍然有大批技术人员通过各种途径搜集相关资料，其中甚至包括 Google 创始人的博士学位论文，希望从中一窥搜索引擎的最高技术机密。目前，这些专业从事搜索引擎排名规则分析的人员与机构已经组成了一个全新的"搜索引擎优化（SEO）"行业，在任何搜索引擎网站输入"SEO"关键词都能找到大批此类网站。

根据众多"SEO"人员实验揣摩得出的 Google 排名规则，可以归纳出以下影响网站检索结果排名的因素：

1. 网站服务器

网站服务器作为存放网站网页文件的空间，不仅可以影响用户浏览网页的速度及效果，而且在下列方面影响网站在全文检索搜索引擎的排名位置。

（1）服务器所在区域。有实验结果表明，Google 搜索结果与服务器所在的区域有很大的关系。比如，某 SEO 公司针对热门英文关键词"china tour"，分别为两家网站实施了同样内容的网页优化，但结果服务器托放在美国的网站，只花了不到 6 个月，就排到了第 1 页的位置；而服务器放在国内的网站，花了 11 个月才排到了第 1 页。由此可见，服务器的区域选择非常关键。

（2）服务器 IP 是否被 Google 处罚。研究资料显示，如果网站服务器 IP 曾被 Google 处罚，那么即便网站做得再好，都有可能被牵连。因此，企业在租用虚拟主机之前，最好先检查服务器 IP 是否曾被 Google 处罚。具体做法如下：

首先检查这台服务器上托管了多少网站。例如，要查 219.235.226.75 这个 IP，只要在浏览器地址栏输入：http://whois.webhosting.info/219.235.226.75/，按回车键就可以看到有多少域名指向了这个 IP。

然后任意选择其中一个域名，比如：www.###.com，在 Google 中输入：site：www.###.com，看看 Google 收录了这个网站多少页面。如果发现 Google 还没有收录它，就要继续多检查几个，如果大部分域名都没有被 Google 收录，那么很有可能这台服务器是被 Google 处罚过的。反之，如果服务器上的大部分网站都被 Google 收录了许多页面，说明这台服务器没有被 Google 处罚。

（3）服务器稳定性。为了获得较好的检索排名，网站服务器一定要稳定。因为如果服务器不稳定，很有可能当 Google 更新网站数据的时候，网站却暂时因为服务器不稳定而无法打开，结果就会严重影响网站排名。

综上所述，企业网站需要的服务器空间方要做到：租用潜在客户最多地区的服务器空间；服务器的 IP 一定要没有被 Google 处罚过；服务器运营要稳定，速度要快。

2. 网站导航结构

网站导航结构是指网站首页的栏目菜单。作为网页中很重要的一部分内容，它帮助用户更方便地浏览网站，同时是用户和搜索引擎判断一个网站专业度的重要因素之一。设计网站导航结构要注意下列因素：

（1）网站导航要清晰明了。一般网站的导航主要是链接网站的一级目录，清晰明了的网站导航有助于搜索引擎 Spider 程序层层深入，访问到网站所有重要内容。

（2）网站导航采用文本链接。很多网站为了视觉美观，倾向于采用 Flash 动画或者图片来做链接，此举虽然的确能够美化网页，但却不是搜索引擎喜欢的网页结构，因为搜索引擎的 Spider 程序只能读取网页 HTML 源代码，而无法识别动画与图片所包含的信息。考虑到 Flash 动画或者图片按钮中的链接，很难被搜索引擎 Spider 程序发现，所以从改善网站搜索结果排名的角度出发，网站导航最好使用文本链接。

3. 网站域名和网页文件名

网站的域名选择、网站路径设计、文件名设计，对网站的排名均有一定的影响，特别是对英文网站而言，尤其重要。选择一个好的域名，把网站的路径、文件设计得合理一些，对于网站在各个搜索引擎中的排名有一定的帮助。

（1）关键词域名。关键词域名就是以关键词作为前缀的域名，比如企业网站涉及国际旅游业务，那么如果选择"china-tour.com"作为网站域名，将在用户搜索关键词"china tour"时候，出现非常有利于企业网站的搜索引擎排名。

（2）包含关键词的域名。鉴于关键词域名资源有限，如果大部分关键词域名已经都被抢注了，企业网站还可以采用包含关键词的域名。例如，企业网站想注册的 mobile 关键词域名已经被注册，那么还可以注册类似 imobile.com 这样的包含关键词 mobile 的域名。

4. 网页路径和文件名

网页路径和文件名也是影响搜索排名的一个重要因素，主要考虑以下几个方面：

（1）网页路径和文件名最好包含关键词。根据关键词无所不在的原则，可以在目录名称和文件名称中使用关键词。但如果是关键词组，则需要用分隔符分开。我们常用连字符"-"和下划线"_"进行分隔，URL 中还经常出现空格码"% 20"。因此，如果以"中国旅游"作为文件名，就可能出现以下三种分隔形式：china_tour.htm、china-tour.htm 与 china% 20tour.htm。

有研究发现，目前 Google 等搜索引擎并不认同下划线"_"作为分隔符。对 Google 来说，chilli-tour 和 china% 20tour 都等于 china tour，但 china_tour 就被读取为 chinatour，连在一起的关键词就失去了意义。因此，目录和文件名称如果有关键词组，要用连字符"-"和空格码"% 20"进行分隔，而不能误用下划线"_"。

（2）二级域名比栏目页更有优势。研究结果表明，二级域名"abc.web.tom"比栏目页"www.web.com/abc/"更具有排名优势。

（3）栏目页比内页更有优势。栏目页"www.web.com/abc/"比"www.web.com/abc.html"这样的路径更具排名优势。

（4）静态路径比动态路径更有优势。静态路径"www.web.com/abc.html"比"www.web.com/abc.asp?=321"这样的动态路径更具排名优势。

目前大部分商业网站都采用数据库驱动生成动态网页，具体表现为，在动态网页 URL 中出现"?"、"="、"%"，以及"&"、"$"等字符。动态网页的 URL 不利于搜索引擎抓取网页，严重影响网站排名，企业可以通过静态映射技术将动态 URL 转化成静态的 URL 形式。比如"www.web.com/abc.asp?=321"这样的动态路径，可以通过技术手段映射成静态路径 www.web.com/abc/321/。

5. 网页标题（Title）和 Meta 标签

在学习 HTML 语言的时候，我们已经对网页标题（Title）和 Meta 标签有了一定的了解。网页标题（Title）和 Meta 标签主要都放在网页源代码中 <head> 与 </head> 中间。这些内容主要是为了方便搜索引擎 Spider 程序对网页内容的识别。其中，网页标题（Title）在网页浏览的时候会显示在浏览器上方，Meta 标签在网页浏览的时候是看不到的，只有查看网页源代码的时候才能看到。

为了提高网站在全文检索搜索引擎的检索排名，企业可以在以下方面改善网页标题（Title）和 Meta 标签。

（1）设计网页标题需要遵循以下原则：① 每个网页的标题都要不同，并且要与自身网页的内容相符合；② 网页标题设计简洁明了，每个页面的标题最好只重点突出 1~2 个关键词，不宜太多；③ 标题设计不要太长，最好不要超过 30 个汉字或 60 个英文字母。

（2）设计 Meta 标签需要遵循以下原则：① <meta name="description" content="网站简述"> 这部分网页描述标签主要用于搜索引擎的 Spider 程序快速读取网页主要内容。这个标签设计追求简单明了，与网页内容相符合。为了提高排名，可以适当在里面提高关键词的密度。② <meta name="keywords" content="网站关键字"> 是关键词标签，目前对 Google 已经没有什么作用了，不过对其他搜索引擎的排名还有一定的作用，这个标签的设计原则是简洁明了。如果是多个关键词，可以用逗号隔开，无关的关键词最好不要写，容易被一些搜索引擎当作作弊来处理。③ <meta http-equiv="Content-Type" content="text/html; charset=gb2312"> 和 <meta http-equiv="Content-Language" content="zh-cn"> 是网页编码和语言注释标签，用来说明网页编码格式，以便浏览器能够取得该页面的正确编码。不同语言的编码也不同，尤其做外文网站的时候要注意，一定要用潜在客户所用操作系统的编码，否则客户看到的网页将是乱码。

6. 优秀的网页内容

优秀的内容永远是吸引搜索引擎的最重要的因素，优秀的网页内容主要有以下特点：

（1）原创的网页内容容易被众多网站引用，引用的过程中一般都会给原创页面加链接，原创页面由此可以获得较好的评分，排名自然会好。

（2）丰富的网站内容会让 Google 收录网站之中的许多内容，网站各个页面之间的链接有利于提高网站各个页面在 Google 中的评分。

（3）网页内容要用合理的文本描述出来，避免用图片和 flash 来描述网页内容。

7. 关键词的密度和位置

关键词密度就是网页 Meta 标签中强调的关键词在网页中出现次数与网页中其他文本内容的比例。关键词密度是许多搜索引擎，包括 Google、Yahoo 和 MSN 的搜索算法之一。每个搜索引擎都有一套关于关键词密度的不同的数学公式，合适的关键词密度可使网站获得较高的排名位置。但需要特别注意，过高的网页关键词密度会让搜索引擎判定为作弊而加以惩罚，而且不同的搜索引擎之间也存在不同的容许级别。比如下面这段 HTML 源代码：

```
<HTML>
<head>
<title>keyword1，keyword2，keyword3</title>
<meta name="keyword" contend="keyword1，keyword2，keyword3">
<meta name="description" contend="keyword1 and keyword2">
</head>
<body>
keyword1 and keyword2，keyword3 and so on
</body>
</HTML>
```

在这段 HTML 源代码中，除去 HTML 标记符代码，剩余文本内容为：

keyword1，keyword2，keyword3。

keyword1，keyword2，keyword3。

keyword1 and keyword2

keyword1 and keyword2，keyword3 and so on

在一共 16 个单词的文本内容中，keyword1 出现的次数是 4 次，那么 keyword1 在该网页中的关键词密度为：4/16=25%。一般认为，关键词密度在 3%～8%为宜，不要刻意追求关键词的堆积，否则可能触发搜索引擎的关键词堆砌过滤器，从而招致搜索引擎的严厉处罚。

▶【同步实训 4-1】

掌握网页关键词分析的方法

实训目的：掌握网页关键词分析的技术方法，在活动中提高学生搜集信息与处理信息的能力。

实训内容：××网页关键词分析。

实训要求：要求学生选择某一关键词，在 Google 网站进行检索，选取两个排名不同的检索结果网页，进行网页关键词分析，查找影响排名结果的关键词因素。

实训步骤：

（1）确定某一感兴趣的关键词。

（2）在 Google 网站对于关键词进行检索。

（3）选择检索结果中排名差异较大的两个网页作为关键词分析对象。

（4）运用关键词密度分析工具（http://www.keyworddensity.com/），对两个网页的关键词密度进行分析比较，并记录数据资料。

（5）对上述资料进行分析，并结合相关的理论知识，形成一份调查报告。

组织形式：以班级学习小组为单位，每小组制作一份调查报告。

考核要点：

（1）分析结果的有效性：包括分析工具应用情况、分析数据准确性等。

（2）调查报告的质量：包括调查报告的结构是否合理，报告是否紧扣主题、全面、有条理等。

除了保持适当关键词密度，关键词出现的位置也是影响检索排名的重要因素：

（1）网页标题（Title）中一定要出现至少一个网页关键词。

（2）通过 Meta 标签合理地突出关键词，不过要注意不能过密。

（3）网页内容的大标题一般都和网页的标题差不多，这里面也要合理地突出关键词。

（4）网页文本内容出现关键词的时候，要合理突出，一般都用加重标识符 <B> 来突出。

（5）网页中出现的图片，最好在 <img> 标识符中加上 alt 文本注释。alt 注释一定要简洁明了，千万不要写得太过冗长，否则同样会被一些搜索引擎当作作弊来对待。

（6）运用 title=" 注释内容 " 对超链接进行注释，比如：<a href=http://www.lit.edu.cn title=" 包含有关键词的链接描述 "> 链接文本 </a>。

8. 反向链接

反向链接是指 A 网页上有一个链接指向 B 网页，那么 A 网页就是 B 网页的反向链接。查看一个网站的反向链接可以用 Google 工具条查看，也可以直接用 Google 查看。举例来说明，查看 www.lit.edu.cn 的反向链接，只需要在 Google 中输入"Link：www.lit.edu.cn"语句搜索就可以看到结果。反向链接的下列因素会影响网站的排名：

（1）反向链接的数量。一个网页反向链接的数量越多，说明这个网页的内容被引用得越多，被关注得越多。所以，反向链接的数量越多越好。

（2）反向链接的质量。如果一个网页被一个著名网站指向了一个链接，那么这个著名网站的一个链接就是一个高质量的链接。这个因素非常人性化，和现实生活中的一些现象是对应的。比如企业有一个产品，对于这个产品而言，如果有 1 个权威专家说它好，可能胜过 10 个普通人说它好。企业的网页就如产品，著名网站犹如权威专家。

（3）反向链接的文本。在反向链接的文本中，一定要包含关键词，比如要提高 www.lit.edu.cn 在搜索关键词"理工学院"结果中的排名，那么在做反向链接的时候最好用"理工学院"这个词作为超链接文本，即：<a href="http:// www.lit.edu.cn"> 搜索引擎排名 </a>。

9. robots.txt

搜索引擎都有自己的"搜索机器人"（Robots），并通过这些 Robots 在网络上沿着网页上的链接（一般是 http 和 src 链接）不断抓取资料建立自己的数据库。对于网站管理者和内容提供者来说，有时候会有一些站点内容，不希望被 Robots 抓取而公开。为了解决这个问题，Robots 开发者提供了两个办法：一个是 robots.txt，另一个是 Robots Meta 标签。

（1）robots.txt 的含义。robots.txt 是一个纯文本文件，通过在这个文件中声明该网站中不想被 robots 访问的部分，该网站的部分或全部内容就可以不被搜索引擎收录，或者指定搜索引擎只收录指定的内容。

当一个搜索机器人访问一个站点时，它会首先检查该站点根目录下是否存在 robots.txt，如果找到，搜索机器人就会按照该文件中的内容来确定访问的范围，如果该文件不存在，那么搜索机器人就沿着链接抓取。

robots.txt 必须放置在一个站点的根目录下，而且文件名必须全部小写，如表 4-1 所示：

表4-1 robots.txt正确文件名称

网站 URL	相应的 robots.txt 的 URL
http：//www.w3.org/	http：//www.w3.org/robots.txt
http：www.w3.org：80/	http：www.w3.org：80/robots.txt

（2）robots.txt 的语法。"robots.txt"文件包含一条或更多的记录，这些记录通过空行分开（以 CR、CR/NL、or NL 作为结束符），在该文件中可以使用 # 进行注解，具体使用方法和 UNIX 中的惯例一样。该文件中的记录通常以一行或多行 User-agent 开始，后面加上若干 Disallow 行，详细情况如下：

User-agent：该项的值用于描述搜索引擎 robot 的名字，在"robots.txt"文件中，如果有多条 User-agent 记录，说明有多个 robot 会受到该协议的限制，对该文件来说，至少要有一条 User-agent 记录。如果该项的值设为 *，则该协议对任何机器人均有效，在"robots.txt"文件中，"User-agent：*"这样的记录只能有一条。

Disallow：该项的值用于描述不希望被访问到的一个 URL，这个 URL 可以是一条完整的路径，也可以是部分的，任何以 Disallow 开头的 URL 均不会被 robot 访问到。例如"Disallow：/help"对 /help.html 和 /help/index.html 都不允许搜索引擎访问，而"Disallow：/help/"则允许 robot 访问 /help.html，而不能访问 /help/index.html。

任何一条 Disallow 记录为空，说明该网站的所有部分都允许被访问，在"robots.txt"文件中，至少要有一条 Disallow 记录。如果"robots.txt"是一个空文件，则对于所有的搜索引擎 robot，该网站都是开放的。

企业在实施全文检索搜索引擎的排名优化过程中，除了采取技术手段改善网页质量之外，还可以利用各大搜索引擎推出的收费服务，比如 Google 的关键词广告、百度的竞价排名等，运用经济手段提高网站排名。由于此项内容与网络广告相关内容有所交叉，因此这里不再详细讲解，学习者可以查阅网络广告章节了解详情。

■ 本章内容结构图

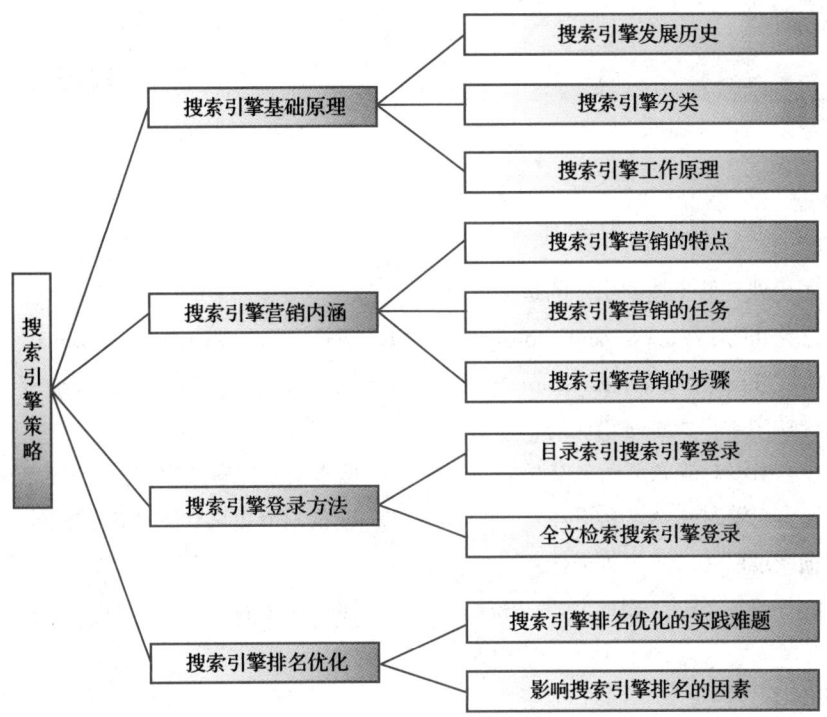

■ 主要概念和观念

□ 主要概念
搜索引擎　搜索引擎营销　目录索引搜索引擎　全文检索搜索引擎

□ 主要观念
搜索引擎营销　搜索引擎优化

■ 重点实务和操作

□ 重点实务
搜索引擎检索方法　搜索引擎登录方法　搜索引擎优化技能

□ 重点操作
将企业网站登录至国内外主流搜索引擎　结合所学知识，提出企业网站的搜索引擎优化建议

■ 习题和训练

☐ 理论题

▲ 客观题

△ 选择题

○ 单项选择

1. 下列属于外文信息搜索引擎的是（　　）。
   A. 雅虎（http：//www.yahoo.com）　　B. 搜狐（http：//www.sohu.com）
   C. 新浪（http：//search.sina.com.cn）　　D. 网易（http：//www.yeah.net）
2. 下列说法中（　　）是错误的。
   A. 搜索引擎对静态页面更友好　　B. 搜索引擎更喜欢原创内容
   C. 搜索引擎对新站排名更好　　D. 搜索引擎更喜欢图文并茂的网页
3. 关键词密度以（　　）为最佳。
   A. 1%～5%　　B. 3%～8%　　C. 10%～20%　　D. 20%～30%

○ 多项选择

1. 下列搜索引擎属于目录搜索引擎的是（　　）。
   A. 新浪　　B. 搜狐　　C. 网易　　D. 雅虎
2. 下列哪些是比较常用的搜索引擎（　　）。
   A. Baidu　　B. google　　C. 搜狗　　D. 搜狐

△ 判断题

1. 搜索引擎其实是因特网上的一类网站，它事先将网络中各个网站的信息进行分类并且建立索引，方便人们搜索信息。（　　）
2. 常见的搜索引擎有目录索引搜索引擎和全文检索搜索引擎两种。（　　）
3. 目录搜索引擎通过人工方式搜集信息。（　　）

▲ 主观题

△ 简答题

1. 按照数据收集的方式不同，搜索引擎主要分为哪三类？
2. 搜索引擎营销的特点是什么？

△ 论述题

1. 为什么首页采用flash的方式不利于搜索引擎优化？

2. 为什么说"促成网站信息在搜索结果排名靠前"是搜索引擎营销的关键任务？

□ 实务题

▲ 业务解析

与全文搜索引擎相比，目录索引搜索引擎的工作原理有什么不同之处？

□ 案例题

▲ 案例分析

希尔顿酒店网站优化案例

背景与情境：希尔顿酒店（Hilton Hotel）很重视网站优化设计，因为目前酒店有 15%的订单是通过网站带来的，顾客通过网站进行在线预订酒店的成本是他们电话预订成本的 1/3、通过中介预订的 1/10，因此精明的酒店经营者不会忽视网络营销的作用。然而分析发现，希尔顿酒店网站虽然进行过许多针对性的搜索引擎优化工作，但由于对一些基本问题的疏忽，导致网站首页及其多个子站的 PR（Page Rank）值为 0，影响了希尔顿酒店的品牌形象和搜索引擎营销的实际效果。希尔顿酒店网站搜索引擎营销案例值得引起重视。

随着网站的深入应用，希尔顿发现他们的顾客群体差别太大，一个网站内容和风格难以满足各行各业顾客的特点。为了通过网络获得更多的订单，希尔顿酒店针对不同的顾客群，专门发布了 50 多个微型子网站，不同类型的顾客所浏览的网站内容和风格均不同，以定位 50 多种类型的顾客群体。

研究发现，希尔顿网站旗下的所有二级域名都采用自动重定向方式跳转到主站下的相关内容。如 gov.hilton.com 被指向：http：//www.hilton.com/en/hi/themes/gov/；jsessionid=DL05A2ANGF3XWCSGBIWM22QKIYFC5UUC，导致这些专门设计的子站首页 PR 值均为 0，而子站内容在 Google 中收录数量也全部为 0。

令人遗憾的是，希尔顿酒店网站首页（www.hilton.com）的 PR 值竟然为 0！这样的网站设计导致希尔顿酒店的网络品牌与酒店的实际形象很不相称。造成这一结果的原因在于，www.hilton.com 被转到多级 URL 下：http：//www.hilton.com/en/hi/index.jhtml；jsessionid=QFF3BGGIOZFYCCSGBIW2VCQKIYFCVUUC。

此外，希尔顿酒店网站还存在其他诸多严重不利于搜索引擎友好的问题。可见，重视搜索引擎优化是一回事，而是否能做好网站的优化工作是另一回事。

（资料来源：希尔顿酒店网站的搜索引擎优化问题分析［EB/OL］．［2014-08-08］http：//www.jingzhengli.cn/baogao/f20060313.htm）

问题：

1. 希尔顿酒店网站建立多个子网站对于搜索结果有什么影响？
2. 希尔顿酒店网站首页（www.hilton.com）的 PR 值为什么会是 0？

分析要求：同第 1 章本题型的"分析要求"。

▲ 决策设计

服装加工企业网站搜索引擎营销

背景与情境：由于受到金融危机影响，某南方服装加工企业订单减少，效益下滑。为了扭转颓势，公司决定建设英文网站加强网络营销，以此拓展海外市场销售渠道。但在英文网站建成运行三个月后，管理层发现公司英文网站的浏览量不足五千，而且在 Google、Yahoo 等国外主流搜索引擎中排名靠后。

问题：请结合本章讲授内容，根据该企业搜索引擎营销目标，为其制订完整的搜索引擎营销方案。

设计要求：同第 1 章本题型的"设计要求"。

▲ 道德研判

人肉搜索是把双刃剑

背景与情境："人肉搜索"由于海量网友的参与，在搜寻和提供信息、线索方面，具有难以估量的巨大威力，它的"智能性"也远非机器技术等手段可以比拟："人肉搜索"就如同一把双刃剑：一方面通过网络对社会生活进行有力的道德规范、舆论监督；另一方面极易侵犯个人的隐私权，甚至还容易引起网络暴力的蔓延。

"人肉搜索"为许多中国网友所热衷。从天涯"虐猫女"，到最牛房产局长"周久耕"、微笑局长"杨达才"，再到网络炫富"郭美美"，以及"华南虎照片""死亡博客"等事件，"人肉搜索"越来越显示出互联网的威力和杀伤力。如今，婚姻不忠、虐待动物、家庭暴力，甚至发表文章都会遭到"人肉搜索"，只要你足够"火"。

英国《泰晤士报》如此评价："'人肉搜索'对于这个数字化时代而言，就是一个独特的中国现象。"美国《洛杉矶时报》认为："中国的'人肉搜索'让国际刑警组织都黯然失色。""人肉搜索"最先由中国人发明。在国内，网民能够通过网络较为自主地发表自己的见解，这也是"人肉搜索"能在中国如火如荼的最主要原因之一。尽管国外也有"人肉搜索"事件发生，但没有中国这么严重，因为国外管理非常严格。

在互联网四通八达的美国，"人肉搜索"事件却并不常见。美国非常注重个人数据和隐私权的保护，先后制定了《联邦电子通讯隐私法案》《公民网络隐私权保护暂行条例》《儿童网上隐私保护法》等法律法规，对网络侵权事件加以惩罚。

在日本，如果网络上出现了犯罪者或其他受害人的私人信息，网络管理公司就会进行一些管理，过于激烈的言辞会被删除。

"人肉搜索"在韩国也曾热闹过一时，首尔地铁"狗屎女"事件和"演员崔真实因传言自杀"事件共同推动了韩国网络实名制的确立，让"人肉搜索"逐渐平静下来。在韩国，在网络上暴露他人的住址等信息是违法行为。即使"人肉搜索"的对象侵害了别人的利益，甚至已经是"众矢之的"，也应该寻求法律途径加以解决，网友自行解决是不允许的。

欧盟更加注重通过立法保护个人资料，先后通过《欧盟个人资料保护指令》《因特网上个人隐私权保护的一般原则》等相关法规，在成员国内建立起有关网络隐私权保护的统一法律法规体系。

多年以前，很多人以为网络可以保护个人的隐私所以畅所欲言。但是，随着各种社交网站的发展，具有照相功能的智能手机的普及，以及各种可以免费上传照片网站的发展，使得隐私成为网络中最薄弱的环节。但即使获取个人信息再容易，正常的言论自由和社会评价也应建立在尊重个体权利的基础上。牺牲个体权利获取"正义"的社会是无序和可怕的，无异于饮鸩止渴。有网友就说，"人肉搜索"这个词让人后背凉飕飕，其字面意思之恐怖程度和其现实实践中的杀伤力如出一辙。在信息爆炸的年代，"人肉搜索"今天是他，明天就是你，这种"多数人的暴政"如果得以风行整个国家，我们每个人都可能遭受这样的"待遇"。

（资料来源：人肉搜索是把双刃剑［EB/OL］.（2013-05-22）［2014-08-08］. http://www.s1979.com/news/china/201305/2288448222.shtml）

问题：

1. 本案例中存在哪些道德伦理问题？
2. 请从互联网使用与道德研判角度对"人肉搜索"做出评价。

研判要求：同第1章本题型的"研判要求"。

□ 实训题

"搜索引擎营销"知识应用

【实训目标】

见本章"学习目标"中的相关目标。

【实训内容】

专业技能与能力：其领域、技能点内容及其参照规范与标准见表4-2。

表4-2 专业能力训练领域、技能点内容及其参照规范与标准

能力领域	技能点	名称	参照规范与标准
"搜索引擎营销"知识应用	技能点1	"搜索引擎登录"知识应用技能	1. 能全面把握本章"搜索引擎登录"知识。 2. 应用"搜索引擎登录"知识，有质量、有效率地进行以下操作： （1）分析企业搜索引擎登录现状，分析其成功、不足与尚待解决的问题。 （2）提出优化建议和解决实际问题的方案。
	技能点2	"搜索引擎优化"知识应用技能	1. 能全面把握本章"搜索引擎优化"知识。 2. 应用"搜索引擎优化"知识，有质量、有效率地进行以下操作： （1）分析企业搜索引擎优化现状，分析其成功、不足与尚待解决的各种问题。 （2）提出优化建议和解决实际问题的方案。

职业核心能力和职业道德训练:其内容、种类、等级与选项见表 4-3;各选项的"规范与标准"分别参见本教材附录二的附表 2 和附录三的附表 3。

表4-3 职业核心能力与职业道德训练的内容、种类、等级与选项表

内容	职业核心能力							职业道德					
种类	自我学习	信息处理	数字应用	与人交往	与人合作	解决问题	革新观念	职业观念	职业情感	职业理想	职业态度	职业良心	职业作风	职业守则
等级	高级	高级	高级	高级	高级	高级	高级	内化级	内化级	内化级	内化级	内化级	内化级	内化级
选项	√	√	√	√	√	√	√	√	√	√	√	√	√	√

【实训任务】

1. 对专业能力的各技能点,依照其"参照规范与标准"实施基本训练。
2. 对职业核心能力选项,依照其"参照规范与标准"实施"高级"强化训练。
3. 对职业道德选项,依照其"参照规范与标准",实施"内化级"相关训练。

【组织形式】

1. 以小组为单位组成营销团队。
2. 结合实训任务对各营销团队进行适当的角色分工,确保组织合理和每位成员的积极参与。

【情境设计】

各营销团队就第一次实训选定企业或者校内实训基地,结合课业题目,从"'搜索引擎营销'知识应用"的视角,对该企业(或学校专业教育实训基地)营销决策及业务运作现状进行调查研究,分析其成功经验与不足之处,在此基础上提出《搜索引擎营销优化方案》构思,通过系统体验各项相关操作完成本次实训的各项任务,撰写相应《实训报告》。

【实训时间】

结束本课程授课后一周内。

【操作步骤】

1. 各营销团队就第一次实训选定企业或者校内实训基地,结合本实训任务进行适当的角色分工。
2. 各团队结合实训任务、情境设计和课业题目,讨论和制订本次《实训计划》。
3. 各团队实施《实训计划》,应用"搜索引擎营销"知识,系统体验如下操作:

(1)依照"技能点1"的"参照规范与标准",对该企业搜索引擎登录现状进行调查、研究和评估,分析其成功、不足与尚待解决的问题,提出优化建议或解决方案。

(2)依照"技能点2"的"参照规范与标准",对该企业搜索引擎优化现状进行调查、研究和评估,分析其成功、不足与尚待解决的问题,提出优化建议或解决方案。

4. 各团队总结上述操作体验,撰写《××企业搜索引擎营销优化方案》。

5. 在上述"专业能力"的基本训练中，融入"职业核心能力"的"高级"强化训练和"职业道德"的"内化级"相关训练。

6. 各团队综合以上阶段性成果，撰写《"搜索引擎营销"知识应用实训报告》。其内容包括：实训组成员与分工、实训过程、实训总结（包括对专业能力训练、职业核心能力训练和职业道德训练成功与不足的分析说明）、附件（指阶段性成果全文）。

7. 在班级讨论、交流和修订各团队的《实训报告》，使其各具特色。

【成果形式】

实训课业：《"'搜索引擎营销'知识应用"实训报告》。

课业要求：

1. "实训课业"的结构与体例参照本教材"课业范例"中的范例综-4。

2. 将《实训计划》和《××企业搜索引擎营销优化方案》以"附件"形式附于《实训报告》之后。

3. 在校园网平台上展示经过教师点评的班级优秀《实训报告》，并将其纳入本课程的教学资源库。

■ 单元考核

考核要求：同第1章"单元考核"的"考核要求"。

第5章 E-mail营销

- ▼ 学习目标
- ▼ 引例 CPA2Biz的电子贺卡E-mail营销
- ▼ 5.1 E-mail营销概述
- ▼ 5.2 许可E-mail营销
- ▼ 5.3 病毒性营销
- ▼ 本章内容结构图
- ▼ 主要概念和观念
- ▼ 重点实务和操作
- ▼ 习题和训练
- ▼ 单元考核

+05

通过本章学习，要求达到以下目标：

▶ **理论目标**：学习和把握 E-mail 营销发展历史，E-mail 营销的概念、特点和常见分类，许可 E-mail 营销的基本概念、病毒性营销的概念、特点等陈述性知识；能用其指导"搜索引擎营销"中的相关认知活动。

▶ **实务目标**：学习和把握 E-mail 营销的过程和实施，病毒性营销的过程和实施，以及"同步业务"等程序性知识；能用其规范"E-mail 营销"中的相关技能活动。

▶ **案例目标**：运用本章理论与实务知识研究相关案例，培养在与"E-mail 营销"相关的业务情境中分析问题、决策设计和道德研判能力。

▶ **实训目标**：参加"'E-mail 营销'知识应用"的实践训练。在了解和把握本实训相关技能点"规范与标准"的基础上，通过系列技能操作的实施，相应《实训报告》的准备、撰写、讨论与交流等有质量、有效率的活动，培养"'E-mail 营销'知识应用"的专业能力和相关选项的职业核心能力（高级），强化职业道德（内化级）教育，促进健全职业人格的塑造。

▶ **引例**

CPA2Biz 的电子贺卡 E-mail 营销

背景与情境：通过 E-mail 发送电子贺卡（E-Card）进行促销，是网站经常采用的网络促销方式。近年来由于应用过多，电子贺卡营销的总体成效正在减弱。不过，如果运用得当，E-mail 电子贺卡仍然会收到很好的效果。

美国注册会计师协会旗下的经营性门户网站 CPA2Biz 的营销部高级主管 Melissa Rothchild 说，在其公司成立 15 周年之际，通过电子邮件给客户发送了 15 周年庆的电子贺卡，其中含有对会计师打折的业务促销信息。结果该电子贺卡邮件的开信率高达 50%（行业的一般邮件打开率是 30% 左右），邮件中促销链接的点击率高达 24%，CPA2Biz 这次 E-mail 营销活动直接带来 6.6 万美元销售收入。

Rothchild 在总结此次 E-mail 电子贺卡营销活动时，归纳了电子贺卡 E-mail 营销成功的关键因素是：客户们在完全没有预料的情况下收到这个年庆促销贺卡，因而取得了极大成功。

尽管从 Rothchild 的分析以及有关案例背景资料中没有该电子贺卡的详细资料，不过可以肯定的是，CPA2Biz 这次 E-mail 营销活动从电子贺卡的创意到电子邮件发送和效果跟踪的整个过程都是经过精心策划的。CPA2Biz 所采用的电子贺卡 E-mail 营销成功案例带给网络营销人员的启示在于，即使被认为是常规的网络营销方法，只要操作水平专业，同样可以获得显著的效果。

（资料来源：中国电子商务研究中心. 电子贺卡 E-mail 营销成功案例［EB/OL］.（2011-06-20）［2014-08-08］. http://b2b.toocle.com/detail-5812816.html）

在上述案例中，CPA2Biz 网站借助 E-mail 营销，在短时间内迅速提升了公司网站的浏览量，取得了良好的宣传效果。

世界上第一封 E-mail 诞生于 1971 年年底，Ray Tomlinson 从一台计算机把信息发送到另一台相邻计算机上，但当时他并没有充分认识到他的发明可以记录信息或数据，更没有考虑到电子邮件和营销会发生什么联系。现在，电子邮件已成为互联网上最常用的服务之一，电子邮件不仅作为一种交流工具，同时也日益与企业经营活动密不可分。

▶ 5.1 E-mail 营销概述

▶ 5.1.1 E-mail 营销的概念

E-mail 并非为营销而产生，但当 E-mail 成为大众的信息传播工具时，其营销价值也就逐渐显示出来。1994 年 4 月 12 日，美国亚利桑那州两位从事移民签证咨询服务的律师 Laurence Canter 和 MarthaSiegel 把一封"绿卡抽奖"的广告信发到他们可以发现的每个新闻组，结果两人只花费了 20 美元的上网通信费用就吸引来 25 000 个客户，赚了 10 万美元。两位律师在 1996 年还合作写了一本书——《网络赚钱术》(How to Make a Fortune on the Internet Superhighway)，书中介绍了他们的那次辉煌经历，并认为通过互联网进行 E-mail 营销是前所未有几乎不需要任何成本的营销方式。正是因为两个律师草莽式的初次尝试，现在人们普遍认为 E-mail 营销诞生于 1994 年。

E-mail 营销是指把文本、HTML 或多媒体信息发送到用户的电子邮箱，以达到企业营销目的。具体地说，就是在电子邮件平台上发布电子信息，该平台专门用于：使用户认识某一品牌；使用户形成对某一产品或服务的兴趣或偏好；使用户能与广告方取得联系，获取信息或购买产品、服务；管理客户关系或实现其他相关的营销目标。

▶ 5.1.2 E-mail 营销的特点

E-mail 营销自 20 世纪 90 年代中期诞生以来，迅速成为网络营销常用方法之一而备受青睐。

其具有以下优良特性：

1. 渗透率高

E-mail 营销之所以在过去的几年中呈爆炸性增长，最为根本的原因在于 E-mail 作为一种简便可靠的网络应用方式，伴随着互联网在全球的迅猛发展，已经成为现代人类所普遍采用的日常通信手段。尤其是近年来手机上网的兴起，意味着 E-mail 可以随时随地传送各种信息，这就使得营销人员通过 E-mail 接触大范围顾客群体成为现实，极大提升了 E-mail 的营销价值。

2. 方便快捷

相对于传统的印刷媒介，E-mail 作为一种传播媒介具有很大的速度优势。E-mail 可以通过互联网在瞬间跨越全球，基本上实现了信息传输的即时性。在一定的条件下，营销人员可以迅速拟订一个许可 E-mail 营销，并即时发送到目标顾客的信箱，而目标顾客也可以在阅读之后，方便快捷地将信息反馈企业。Gartner 公司报告显示，实施一次成功的 E-mail 营销平均只需 7～10 个工作日，而进行一次传统的直邮活动却需要 4～6 周。时间上的巨大差距，也是近年来 E-mail 营销呈现跳跃式发展而直邮营销却日渐稀少的重要原因。

3. 成本低廉

由于 E-mail 营销无须印刷或邮寄费用，因此单位信息成本比邮寄纸张要少得多。美国研究公司 Forrester 2002 年的数据表明，4 300 亿封用于营销活动的 E-mail 花费只有 20 亿美元，平均发送一封 E-mail 不足半美分，并且成本还会继续下降。低廉的成本不仅适合于营销预算有限的中小型企业，而且吸引了很多追求效益最大化的大型企业。

4. 表达灵活

由于 E-mail 所具备的技术特征，E-mail 营销可以通过 E-mail 传递诸如文字、图表、动画等多种信息形式，不仅内容丰富、形式多样，而且制作方便、成本低廉，这些都是纸张、广播等传统媒介所无法企及的。

5. 沟通良好

来自美国网络广告公司 Double Click 的调查显示：在获取信息和沟通的方式上，有 78% 的消费者愿意以 E-mail 的方式得到信息，而只有 17% 的消费者认同邮局邮寄的方式。正是由于 E-mail 具有迅速传播和易于反馈的特性，使得许可 E-mail 营销成为营销人员与目标顾客进行交流的有力工具。双方可以直接进行虚拟式的面对面对话，增加相互之间的了解，进而维持良好的合作关系。

6. 反应率高

E-mail 经由互联网在发件人与收件人之间进行"一对一"的信息交流，E-mail 营销不仅能够直接将 E-mail 准确发送到一个个目标顾客，而且还可以传递一些在传统大众媒体上不便公开传播而又备受大众关心的私密信息。由于受传统观念和文化的影响，消费者也更愿意通过这种方式来进行沟通，从而带来更高的营销活动反应率。有调查资料显示，E-mail 的点击率比在线横幅广告的点击率平均高 5%～15%。

尽管 E-mail 营销具有上述优势及良好态势，受到了广泛的赞誉和关注，但目前仍面临着多种困境和挑战，主要表现在以下两个方面：

一是垃圾邮件干扰破坏。目前互联网上大量充斥的垃圾邮件广告，造成公众对 E-mail 商业应用的疑虑与反感，严重威胁了许可 E-mail 营销的声誉和前途。CNNIC 调查结果显示，网民平均每周收到 6.5 封电子邮件（不包括垃圾邮件），收到垃圾邮件 6.9 封。网民每周收到的垃圾邮件比非垃圾邮件还要多，这在一定程度上给网民造成了困扰，也使得网民失去了对 E-mail 广告的信心，这无疑会大大影响 E-mail 营销的发展。

二是效果评价尚存困难。美国 e-Dialog 的一项调查表明：利用 E-mail 开展营销活动的被调查者中有 50% 对营销效果不知道，甚至有 51.8% 的人认为他们不能做出任何有关许可 E-mail 营销的绩效报告。调查还显示，64% 的营销人员利用总点击率作为衡量许可 E-mail 营销的效果，但这并不是非常科学的。因为点击次数有毛点击次数和净点击次数之分。毛点击次数用来统计总的点击次数，而不区分点击次数是否由不同个体完成；净点击次数则用来统计有多少个不同个体点击过，而不论同一个体点击过多少次。因此两者之间的统计结果差别很大。此外，点击率也不能很好说明许可 E-mail 营销对消费者的购买决策能发挥多大作用，因为并不是所有浏览过 E-mail 的消费者都会采取购买行动。如何更加科学地测量许可 E-mail 营销的效果，是摆在理论界与专业公司面前一个亟待解决的问题。

▶ 5.1.3　E-mail 营销的原则

在明确了 E-mail 营销的优势和局限性后，为了提升 E-mail 营销的效果，还需要在实施过程中注意遵循下列原则：

1. 尊重顾客选择权利

实施 E-mail 营销的企业必须牢牢把握顾客导向这一营销理念，始终尊重用户自由选择的权利。这一原则在实施过程中表现为，不仅要事先征得顾客授权再发邮件，而且要在每封邮件中提供方便的退出通道以供顾客选择。允许顾客自由选择加入或退出是对顾客的基本尊重，这在垃圾邮件泛滥的今天显得尤为重要，否则便可能对企业形象产生严重的负面作用。

2. 以顾客关系为重点

企业应将电子邮件建设成和客户之间的沟通管道，而不是一味推销商品，以免用户产生反感。

3. 内容突出个性特征

个性化的邮件能够拉近与客户的距离，针对不同客户，设计广告邮件时要加以不同对待。针对个人时，内容要吸引人，而针对企业客户时，要突出内容的专业性和个性化，措辞要更谦虚和礼貌，少些宣传语和客套话。

4. 主题突出，言简意赅

现代社会大部分人的生活已够紧张忙碌，企业便应避免再对目标顾客进行疲劳轰炸。最好的方法是在 E-mail 营销的实施过程中，邮件主题设计直白明确地表达中心思想，邮件内容宜采用精练规范的文字进行表述。这样的设计风格可以使得目标顾客即便一眼扫过，也能很快了解邮件内容。

5. 慎选 E-mail 文件格式

目前，E-mail 的内容形式主要有纯文本和 HTML 文件两种形式，两种形式各有侧重。文本格式的 E-mail 下载方便，但信息表达能力有限；超 HTML 文件可以插入多媒体信息，内容更加丰富形象，但下载速度慢且容易被安全防护软件屏蔽。因此，企业在许可 E-mail 营销的实施过程中，要根据不同的营销目标和产品特征选择 E-mail 格式。

6. 及时更新 E-mail 地址

不少网络使用者会不定期更换电子邮箱地址，或因长时间弃用而被 E-mail 服务商冻结账户，因此企业需要定期维护顾客的 E-mail 地址。对于那些经常被退回 E-mail，或者长期没有打开 E-mail 的顾客地址，企业需要进一步测试查找原因，如果发现确属无效 E-mail 地址，则应及时予以清除，以免造成浪费。

7. 及时反馈，改善服务

企业要设立专门机构及时处理顾客回信，反馈应该越快越好，并且尽量以个人化的口吻提供有针对性的说明和建议。此外，还应对目标顾客适时回访，因为有时并非客户对企业服务项目不感兴趣，而是根本没收到或没看到信，或是没时间回信，而回访可以很好地避免此类事件的发生，从而达到提升许可 E-mail 营销的实施效果。

8. 优选发信时机和频率

根据统计，周二到周四是发送营销 E-mail 的最好时机。因为周一对上班族来说通常属于"调适期"，大多数人心理上还没有从休假中完全恢复，同时办公室电脑的邮箱中往往也堆积了一大堆电邮在等待处理，此时营销 E-mail 很容易被忽略甚至直接被删掉。至于周五则因为接近假日，收件者就算看了营销 E-mail 并打算有所回应，却往往因为没有充分时间思考或与相关部门研讨协调而将之搁置，等到周一上班，很可能又抛诸脑后了。同时在营销 E-mail 的发送频率上也应适当，保证既能在顾客记忆有效期内重复强化 E-mail 信息，又不致过于频繁而导致骚扰之嫌。

▶ 5.1.4 E-mail 营销的分类

根据以上所界定的 E-mail 营销含义，可以按照不同的要素构成，将 E-mail 营销分成如下类别：

1. 按照所有权分类

目标顾客的 E-mail 地址是企业实施 E-mail 营销的重要资源。根据顾客 E-mail 地址的所有权归属，可将 E-mail 营销分为自营 E-mail 营销和外包 E-mail 营销，这是目前许可 E-mail 营销的主要分类方式。自营 E-mail 营销是指企业拥有自主的顾客 E-mail 地址及其他相关软硬件资源，独立实施 E-mail 营销并进行日常维护。外包 E-mail 营销是指企业通过付费外包的形式，委托具有顾客 E-mail 地址及相关技能的专业服务商，按照企业设定目标规划实施 E-mail 营销。

2. 按照计划分类

根据企业的营销计划，可分为临时性的 E-mail 营销和长期性的 E-mail 营销。临时性的 E-mail 营销主要是针对企业某种特定营销目标而进行的，具有短期实施、目标不定的特点，如不定期的产品促销、市场调查、节假日问候和新产品通知等。长期性的 E-mail 营销则是按照企业的长期营销计划开展，具有长期实施、目标固定的特点，主要表现为新闻邮件、电子杂志、顾客服务等方式。

3. 按照功能分类

根据 E-mail 营销的具体功能，可分为顾客关系型、顾客服务型、在线调查型和产品促销型等种类。

4. 按照应用方式分类

开展 E-mail 营销需要一定的资源基础，获得和维持这些资源也要投入相应的经营资源。当资源积累达到一定程度，便具有了更大的营销价值，不仅可以用于企业本身的营销，也可以通过出售邮件广告等方式获取利益。按照是否将 E-mail 资源用于为其他企业提供服务，E-mail 营销可分为经营型和非经营型两类。当以经营性质为主时，该企业实际上已经属于 E-mail 营销的专业服务商范畴了。

▶【教学互动 5-1】

互动内容：E-mail 营销目前面临哪些机遇和挑战？
要求：同"教学互动 1-1"的要求。

▶【同步案例 5-1】

外贸企业的 E-mail 营销新手段

背景与情境：某模具小厂，主要产品系硅胶模类产品，年营业额约 1 500 万。以前一直依靠企业创办人的人脉关系和公关能力获取订单，但多数订单为国内企业中转单，利润低，发展缓慢。后尝试采用 E-mail 营销，公司雇用 4～5 人专门寻找邮件地址，并且发送推广邮件。初期效果明显，但很快被邮件服务商当成发送垃圾邮件而屏蔽邮箱。更换邮箱服务商之后不久再次因为发送高频率邮件而被封闭。多次更换，多次被停。即使没有被封锁，邮件也只有少部分到达潜在客户的信箱，这是由于国外的邮件服务商对于中国地区发出的邮件，有着严格的拒收规则。

效果：发送邮件期间，每周可以带来 3～5 个潜在询盘，而且这些询盘不同 B2B 网站带来的机会，用户比较专一，不会询问多家压价。年营业额 1 500 万元，约 1 000 万元直接或者间接来自于邮件营销。

费用：发送邮件职员 4 人的人力成本，加上多次更换邮件服务商的成本，一年约 12 万元。

问题：请分析该外贸企业采取 E-mail 营销方式开拓海外市场的得与失和利与弊。

分析提示：外贸企业采取 E-mail 营销是种性价比较高的方法，优点是成本低，见效快，客户质量好，比较少压价；但其最大缺点就是会被误认为垃圾邮件，从而影响 E-mail 营销的效果。

▶【同步业务 5-1】

　　运用 Google、百度等搜索引擎，搜集国内企业开展 E-mail 营销的相关资料，通过分析讨论，总结出国内企业开展 E-mail 营销的基本模式与思路。

　　业务分析：对于不同行业及业务方向的企业而言，在开展 E-mail 营销的过程中必然存在不同思路与做法，以此更加有效地传达信息。经过搜集整理的过程，有助于全面了解国内企业开展 E-mail 营销的主要模式。

　　业务程序：首先选择 Google、百度等国内主流搜索引擎，使用 E-mail 营销的相关关键词进行检索，搜集国内企业 E-mail 营销的相关报道资料。接着，整理搜集的各类资料，组织小组讨论分析。最后，归纳总结出国内企业开展 E-mail 营销的主要模式。

▶【职业道德与营销伦理 5-1】

垃圾邮件泛滥　电子邮箱变"垃圾桶"

　　背景与情境：医药宣传、招生广告、假证假发票……打开电子邮箱，一堆垃圾邮件扑面而来，不慎点进去还可能中招、受骗。这是网络时代不少人都遇到过的烦心事。

　　人们不禁产生疑问：方便快捷的电子邮箱怎么变成了垃圾邮件集散地？垃圾邮件到底暗藏了哪些陷阱？究竟是谁在制造这些烦人的垃圾邮件？信息安全防火墙缘何屡屡失灵？又该如何构筑？

　　中国 12321 网络不良与垃圾信息举报受理中心的调查显示，2013 年一季度，我国电子邮箱用户平均每周收到垃圾邮件数量为 14.6 封；用户平均每周收到的邮件中，垃圾邮件所占比例为 37.37%。以此推算，每个电子邮箱用户一年要收到 750 多封垃圾邮件。内容包括欺诈赌博、网站推广、产品营销、病毒、违法出售票证、色情暴力等。自 2012 年以来，我国垃圾邮件占电子邮件比例呈现上升态势。

　　巨量垃圾邮件中潜藏了众多安全隐患。垃圾邮件发送者会使用虚假中奖、免费获得商品、热点新闻等信息引诱收件人点击链接，垃圾邮件通常还会被制成病毒和木马，大范围传播会造成网民电脑中毒，导致个人信息失窃等。

　　中国互联网协会反垃圾邮件中心发布的报告显示，2013 年第一季度用户收到的垃圾邮件中，内容最多的是欺诈类、网站推广类和病毒类垃圾邮件。其中，用户最反感的是欺诈类垃圾邮件。

　　据悉，垃圾邮件发送者往往通过控制僵尸网络和具备开放转发功能的代理服务器匿名发送邮件，要追查其真正来源很困难，目前，也没有一种技术手段可以完全遏制垃圾邮件。

　　除了技术手段外，美国、澳大利亚、日本、新加坡等国家都已经制定了专门的反垃圾邮件法律，发送垃圾邮件的企业或个人，不仅要面临数百万元的罚款，严重者还可能被起诉判刑。2008 年，美国一名男子就因发送垃圾邮件被判处 21 个月的监禁。

根据我国于 2006 年 3 月 30 日开始施行的《互联网电子邮件服务管理办法》，发送垃圾邮件的行为最高可处以 3 万元罚款。但有业内人士表示，我国对发送垃圾邮件行为处罚的案件很少，并且处罚太轻，不足以形成威慑。

中国人民大学商法研究所所长刘俊海说，要遏制此类违法行为，需要树立重典治乱的监管思维，可通过吊销营业执照、列入黑名单等手段提高垃圾邮件发送者违法成本，同时，构建工信、工商、公安等多部门联动的监管机制，跨部门、跨地域形成执法合力，消除执法盲区。

他还建议，借鉴其他国家和地区的成功判例和做法，制定一部超越部门规章、更高层级的专门法律，为反垃圾邮件监管和执法提供更高层面的法律支持，以法律手段严惩垃圾邮件发送者。

（资料来源：垃圾邮件泛滥 电子邮箱变"垃圾桶"[N/OL]. 青岛财经日报，2013-10-2 [2014-08-08]. http://epaper.qdcaijing.com/cjrb/html/2013-10/10/content_151654.htm）

问题：评析全球互联网垃圾邮件泛滥的存在原因及其危害。

分析提示：企业运用 E-mail 开展网络营销活动，可以发挥其低成本、高效率、全球化的独特优势。逐利而为的经营方式本无可厚非，但未经用户许可而直接发送 E-mail 则难免强人所难，甚至有裹胁强迫的不良印象，不仅对企业宣传难言积极作用，而且会干扰用户正常使用，从而变为为害甚广的违法行为。

▶ 5.2 许可 E-mail 营销

就在两个美国律师首次从事 E-mail 营销的 1994 年，美国人 Robert Raisch 撰写了一篇名为《未经许可的电子邮件》的论文。文中将亚利桑那州两位律师"成功地将信息以低廉的费用传送给数千万消费者"的方法称为"用户付费的促销"，因为信息发送者将互联网作为直接的促销渠道向用户传递信息，却不考虑用户的接受程度和为此付出的费用。这与现实世界中广告商承担所有信息传递费用的方式不同，对于用户是不公平的。

如果发信人随意发送大量的商业邮件，即使可以达到自己的目标，但因其对他人及社会利益造成的损失，不仅无法获得普遍认可，还有可能招致法律制裁。目前美国所有的州都制定有反垃圾邮件法律，弗吉尼亚州一家法院在 2008 年做出了该国首例"垃圾邮件发送者犯有重罪"的宣判。2008 年 3 月，美国北卡罗来纳州罗利市的杰里米·杰尼斯在弗吉尼亚州受到指控，因其被认定犯有大量发送垃圾邮件罪，被法院宣判监禁 9 年。

▶ 5.2.1 许可 E-mail 营销的概念

"许可营销"理论由营销专家 Seth Godin 在 1999 年的《许可营销》一书中最早提出。此概念一经提出便受到普遍关注并得到广泛应用，其有效性也已经被许多企业的实践所证实。

按照 Seth Godin 的观点，许可营销是指企业在推广其产品或服务时，事先征得顾客的"许可"。得到潜在顾客许可之后，通过 E-mail 的方式向顾客发送产品／服务信息。因此，许可营销也就是许可 E-mail 营销。许可营销的主要方法是通过企业 E-mail、新闻邮件和电子刊物等形式，在向用户提供有价值信息的同时附带一定数量的商业广告。例如，一些公司在客户注册为其会员或者申请某项网络服务时，会询问"是否希望收到本公司不定期发送的最新产品信息"，或者给出一个列表供客户选择希望收到的信息。在传统营销方式中，由于信息沟通不便或成本过于高昂，许可营销很难行得通，但是互联网的交互性使得许可营销成为可能。

综合国内外相关研究成果，本书将许可 E-mail 营销定义如下：**许可 E-mail 营销是在事先征得用户许可的前提下，将 E-mail 作为传播媒介向目标用户传递信息，从而实现企业营销目标的一种网络营销策略。**

准确把握许可 E-mail 营销的理论内涵，需要强调下列三个重要因素：

1. 以获得收信人许可为基准

《中国互联网协会反垃圾邮件规范》第三条明确规定，收件人事先没有提出要求或者同意接收的广告、电子刊物、各种形式的宣传品等宣传性的电子邮件即为垃圾邮件。因此，许可 E-mail 营销与垃圾邮件的本质区别，就是在发送 E-mail 之前，是否征得收信人的许可。企业无论发送任何内容的 E-mail，都必须事先征得收信人允许，否则都将被视为非法的垃圾邮件。

2. 以 E-mail 作为传播媒介

许可 E-mail 营销与其他网络营销策略相比，最大的特色就在于接触用户的媒介是 E-mail。因此，企业可以凭借 E-mail 成本低、反馈快等特点，与其他网络营销策略协调互补，实施独具特色的许可 E-mail 营销，以期取得最佳效果。

3. 以实现企业营销目标为标准

企业实施许可 E-mail 营销必须始终明确一点，即该策略不仅是企业网络营销活动的一个部分，也是企业整体营销战略的有机组成。因此，判断许可 E-mail 营销效果的标准应该从全局出发，视其能否有助于实现企业整体营销战略目标，而不能仅从其自身加以判断。

▶ 5.2.2 许可 E-mail 营销的过程

在《许可营销》一书中，Seth Godin 认为，实现许可营销有五个基本步骤。他把顾客从注意到许可形象地比喻为"约会"——从陌生人到朋友，再到终生用户。

第一，要让潜在顾客有兴趣，并感觉可以获得某些价值或服务，从而加深印象和注意力，自愿加入到许可的行列中去。就像第一次约会，为了给对方留下良好印象，可能花大量的时间来修饰自己，否则可能就没有第二次约会了。

第二，当潜在顾客投入注意力之后，应该利用潜在顾客的注意。例如，可以为潜在顾客提供一套演示资料或者教程，让消费者充分了解公司的产品或服务。

第三，继续提供激励措施，以保证潜在顾客维持在许可名单中。

第四，为顾客提供更多的激励从而获得更大范围的许可。例如，给予会员更多的优惠，或者邀请会员参与调查，提供更加个性化的服务等。

第五，经过一段时间之后，营销人员可以利用获得的许可改变消费者的行为，即让潜在顾客说"好的，我愿意购买你们的产品"。只有这样，才可以将许可转化为利润。

当然，从顾客身上赚到第一笔钱之后，并不意味着许可营销的结束。相反，这仅是将潜在顾客变为真正顾客的开始。如何将顾客变成忠诚顾客甚至终生顾客，仍然是营销人员工作的重要内容，许可营销将继续发挥其独到的作用。

Seth Godin 关于许可 E-mail 营销的五个步骤为开展许可 E-mail 营销提供了基本的思路。但在实际工作中，仅有想法是不够的，实际的操作方法往往比理论更重要。

▶ 5.2.3 许可 E-mail 营销的实施

1. 确定许可 E-mail 营销目标

许可 E-mail 营销的具体功能可分为顾客关系、顾客服务、在线调查及产品促销等多个种类，因此企业在实施许可 E-mail 营销的首要步骤是根据功能选择来确定目标，并将此作为后续工作的指引，以及效果评价的标准。

2. 架设 E-mail 服务器

E-mail 服务器是企业开展许可 E-mail 营销的基础条件之一，拥有功能齐全、运行可靠的 E-mail 服务器可以为大量许可 E-mail 的高效发送接收提供良好可靠的硬件支撑。与 Web 网站、FTP 站点的服务器一样，E-mail 服务器也是在服务器级的电脑基础上配置相应软件而成。

Windows Server 2003 是目前多数企业服务器配置的网络操作系统，其自身就包括可提供 E-mail 服务的组件。对于成本优先的中小型企业来说，利用网络操作系统自带的方式进行配置是最为经济的。

3. 顾客 E-mail 地址管理

当 E-mail 服务器架设完成之后，作为许可 E-mail 营销的重要环节之一，就是尽可能引导用户加入，获得尽量多的顾客 E-mail 地址。顾客 E-mail 地址的积累与管理贯串整个许可 E-mail 营销实施过程，是最重要的内容之一。在获取顾客 E-mail 地址的过程中，如果对电子邮件进行相应的推广、完善订阅流程，并从个人信息保护等方面加以完善，将增加用户加入的成功率，并且增强许可 E-mail 营销的总体有效性。

（1）E-mail 地址获取。获取目标顾客的 E-mail 地址资源是许可 E-mail 营销中最为基础的工作内容，也是一项长期工作。对于大多数营销人员来说，获取目标顾客的 E-mail 地址比许可 E-mail 营销的技术手段更为重要。因为目标顾客的 E-mail 地址数量直接关系到许可 E-mail 营销的效果，同时也是实践操作中难度最大的部分。

目前在企业实践中经常采用的 E-mail 地址获取途径如下。

① 网站访问者注册。网站访问者是企业获取目标顾客 E-mail 地址的主要来源，因此网站的推广效果与 E-mail 地址数量有密切关系。通常情况下，企业是通过吸引访问者自愿提供而获取 E-mail 地址的，因此只有用户首先来到网站，才有可能为企业提供 E-mail 地址。如果一个网站访问量比较小，每天可能只有几十人，那么实施许可 E-mail 营销将是比较困难的事情，需要长时间积累用户资源。尽管如此，企业也不能只是被动地等待用户的加入，而应该积极采取推广措施来

吸引用户的注意和加入。

② 合理挖掘现有用户的资源。在向用户提供其他信息服务时，不要忘记介绍最近推出的邮件服务内容。

③ 提供部分奖励措施。如发布信息，某些在线优惠券只通过企业 E-mail 发送，某些研究报告或者重要资料也需要加入企业 E-mail 才能获得。

④ 可以向朋友、同行推荐。如果对企业 E-mail 内容有足够的信心，可以邀请朋友和同行订阅，获得业内人士的认可也是企业 E-mail 发挥其价值的表现之一。

⑤ 其他网站的推荐。正如一本新书需要有人写个书评一样，一份新的电子杂志如果能够得到相关内容的网站或者其他电子杂志的推荐，对增加新用户会有一定的帮助。

⑥ 提供多订阅渠道。除了在自身网站为用户提供订阅机会外，企业还可以利用第三方的邮件平台拓展订阅渠道，为用户提供更多的接触机会，增加潜在用户了解企业的机会。

获取用户资源是实施许可 E-mail 营销中最为关键的工作内容，也是一项需要长期关注的工作。如果没有必要的用户资源，企业信息就无法大面积传播，许可 E-mail 营销的优势也难以发挥出来。因此，在获取用户资源的过程中应利用各种有效的方法和技巧，以实现真正高效专业的许可 E-mail 营销。

（2）E-mail 地址管理。用户 E-mail 地址的数量固然重要，但用户信息的准确性同样重要，因为有效的 E-mail 地址是信息得以送达的基础，如果收集到错误的 E-mail 地址，即使数量再多，也没任何价值，只能增加退信率。实际上，退信率已经成为许可 E-mail 营销实施中的主要障碍之一。在这些退信中，有些因素是企业无法控制的，如邮件服务商对企业 E-mail 的屏蔽、免费邮箱终止服务等，但也有部分原因是可以在一定程度上改善的，如用户填写资料时 E-mail 地址不准确的现象就可以通过一定的技术处理来保证，部分用户更换 E-mail 地址后也可以通过一定的提醒获得用户重新加入。

增加用户 E-mail 地址的有效性，可以从三个方面来进行：一是提高用户 E-mail 地址资料的准确性，二是了解企业 E-mail 退信原因并采取相应对策，三是对企业 E-mail 进行有效管理。具体来说，企业可以对下列几个问题做出相应的控制和改进：

① 尽量避免错误的邮件地址。确保采取用户确认才可以加入列表的方式，或者在用户加入企业 E-mail 时，请用户重复输入 E-mail 地址，就像用户注册时的密码确认一样。

② 请求用户使用可以正常通信的邮件地址。订阅企业 E-mail 的用户中有 70% 使用免费 E-mail，对于某些免费邮箱服务商屏蔽企业 E-mail 的情形应在订阅网页的显著位置明确说明，以便用户选择适当的 E-mail 地址。当然，这种情况可能在不断发生变化，应进行跟踪并及时给予公告。

③ 鼓励用户更新 E-mail 地址。无论是转换 ISP，还是更换工作等原因造成电子邮箱的更换，这部分用户是可以继续争取的。企业在网站上对于邮件退回的情形应给予说明，并为用户更换邮件地址提供方便，这样当用户回到网站时，有助于提醒用户及时更换订阅 E-mail 地址。

④ 对企业 E-mail 地址资源进行必要的管理。对企业 E-mail 地址资源进行分析判断，将无效用户名、已经终止服务的电子邮件，或者确认域名格式错误的邮件予以清除。

⑤ 尽可能修复失效的邮件地址。如果用户注册资料中有邮政地址等其他联系方式，不妨用其

他联系方式与用户取得联系，请求他更新邮件地址。

⑥ 对邮件被退回的过程有正确了解。退信有硬退信和软退信之分，针对不同情形采取相应对策。

（3）E-mail 地址管理软件。当企业经过目标顾客许可，获得大量 E-mail 地址之后，对这些 E-mail 地址进行日常维护管理，也是保证和提高许可 E-mail 营销效果的必要手段。

目前已经出现专业的 E-mail 地址筛选和管理软件，可以管理企业 E-mail 地址资源，避免发送大量重复垃圾邮件，比如 Mail List Management（MLM）。MLM 软件是邮址管理软件中功能最强、速度最快的软件，100 万的邮址几分钟就可以完成过滤重复邮址、重新排序等。

在 E-mail 地址的验证环节，可以使用 Advanced Maillist，该软件可以校验企业 E-mail 地址资源中哪些邮件地址是不存在的，它尝试登录到每一个邮件地址对应的 STMP 服务器，然后模拟发信息（并不真正发出去），当服务器回应该地址存在与否之后，该软件会自动断开。该软件是多线程的，而且支持 Socks5 Proxy。

4. 设计制作 E-mail 内容

当许可 E-mail 营销的技术基础得以保证，并且拥有一定数量用户资源的时候，企业就需要考虑向用户发送邮件内容了。对于已经加入列表的用户来说，许可 E-mail 营销是否对其产生影响是从接收邮件开始的，用户并不需要了解企业 E-mail 采用什么技术平台，也不关心企业有多少数量的用户，这些是企业营销人员的事情。用户最关注的是邮件内容是否有价值，如果内容和自己无关，即使加入了企业 E-mail 地址资源，迟早也会退出，或者根本不会阅读邮件的内容，这种状况显然不是营销人员所希望看到的结果。

除了不需要印刷、运输之外，企业 E-mail 的内容编辑与纸质杂志没有实质性的差别，都需要经过选题、内容编辑、版式设计、文字校对等环节，然后才能向用户发行。进行许可 E-mail 营销，邮件内容对最终效果的关系最为直接，邮件内容的设计制作是网络营销人员需要经常面对的问题，任务压力也就更大。因为如果没有高质量的邮件内容，即使具备再高效的邮件服务器，拥有再多的用户 E-mail 地址，企业依然无法向用户传递有效信息。

（1）邮件内容类型。目前，在企业许可 E-mail 营销实施过程中，经常采用的邮件内容包括：

① 会员通信。这种类型的邮件比较多见，形式灵活，主要应用于顾客服务、新闻、产品推广、用户交流、在线调查等方面，如果会员在注册时选择了同意接收服务商的会员通信，那么会员通信在形式上与一般的新闻邮件和电子刊物等并没有明显的区别，不过会员通信的形式更为灵活，发行周期也没有严格的要求，可根据需要而定。当会员通信发展更为成熟之后，往往演变为定期发送的综合性电子刊物，刊物的内容可以包括新闻、新产品介绍、优惠信息、专题文章、顾客服务等。

② 电子刊物。电子刊物往往作为维持顾客的一种手段，电子刊物的内容范围很广，从娱乐、旅游、体育到各种专业知识，几乎每个领域都有许多网站提供各种电子刊物。一般来说，电子刊物的内容与网站的经营内容有关，一个网站可能创建若干份电子刊物，每一份电子刊物通常会专注于一定的领域。同新闻邮件一样，电子刊物可以作为一种会员服务的内容，也可以单独订阅，各网站的经营方式可能略有区别。电子刊物通常适用于信息服务类的网站，或者新产品发布比较频繁、用户需要对产品知识有较多了解、用户经常需要更换产品的行业，如图书、音乐、化妆品、

时装等。利用电子刊物开展许可 E-mail 营销的案例也很多，也是最有效的许可 E-mail 营销方式之一。

③ 新闻邮件。大多数新闻和信息服务类网站都提供新闻邮件服务，目前多数仍然为免费订阅，为一些上网时间无法保证的用户提供了很大方便，同时也便于用户的分类保存和查询。新闻邮件在品牌营销及用户保持方面具有重要作用，但新闻邮件通常缺少和用户的互动交流，同时非专业类的新闻邮件用户具有一定的分散性，使得新闻邮件的营销价值不容易充分发挥出来。

④ 新产品通知/促销/优惠信息。这种内部列表具有明显的产品推广目的，加入列表的用户有明确的需求。由于这些产品信息经过用户的许可，因此通常具有较高的关注率。但一些用户会担心收到太多邮件，除非特别感兴趣，往往不愿意选择加入。同时，用户的兴趣会发生转移，从而使得列表的效果逐渐下降。

⑤ 不定期用户通知。为数不少的网站设立了企业 E-mail 功能，但并不是定期向用户发送信息，往往是在需要时临时利用，比如新年贺卡、公司重大新闻等。这种列表属于不规范的经营方式，但在现实中大量存在，作为一种营销资源，不定期的用户通知型 E-mail 也可以在一定程度上发挥作用。但由于用户事先难以了解自己可以从列表中获得哪些信息，因此加入者通常也比较少，因为缺乏长期专业的维护，效果也很难保证。

（2）邮件内容要素。尽管每封邮件的内容结构各不相同，但企业 E-mail 的内容有一定的规律可循，设计完善的邮件内容一般应具有下列基本要素：

① 邮件主题。本期邮件最重要内容的主题，或者是通用的企业 E-mail 名称加上发行的期号。

② 企业 E-mail 名称。仅从邮件主题中不一定能完全反映所有信息，需要在邮件内容中表现出企业 E-mail 的名称。

③ 目录或内容提要。如果邮件信息较多，给出当期目录或者内容提要是很有必要的。

④ 邮件内容 Web 阅读方式说明（URL）。如果提供网站阅读方式，应在邮件内容中给予说明。

⑤ 邮件正文。本期邮件的核心内容，一般安排在邮件的中心位置。

⑥ 退出方式。这是正规企业 E-mail 内容中必不可少的内容，退出列表的方式应该出现在每一封邮件内容中。纯文本个人的邮件通常用文字说明退订方式，HTML 格式的邮件除了说明之外，还可以直接设计退订框，用户直接输入邮件地址进行退订。

⑦ 其他信息和声明。如果有必要对企业 E-mail 做进一步的说明，可将有关信息安排在邮件结尾处，如版权声明和页脚广告等。

（3）邮件内容设计原则。由于许可 E-mail 营销的具体形式有多种，如电子刊物许可 E-mail 营销、会员通信、第三方 E-mail 广告等，即使同样的许可 E-mail 营销形式，在不同的阶段，或者根据不同的环境变化，邮件的内容模式也并非固定不变的，所以很难简单地概括所有许可 E-mail 营销内容的一般规律。不过，我们仍然可以从复杂的现象中发现一些具有一般意义的问题，并将其归纳为企业 E-mail 内容策略的一般原则，供读者在开展内部列表许可 E-mail 营销实践中参考。

① 目标一致性。企业 E-mail 内容的目标一致性是指企业 E-mail 的目标应与企业总体营销战略相一致，营销目的和营销目标是企业 E-mail 内容的第一决定因素。因此，以用户服务为主的会

员通信企业 E-mail 内容中插入大量的广告内容会偏离预定的顾客服务目标，同时也会降低用户的信任。

② 内容系统性。对电子刊物和会员通信内容进行仔细分析不难发现，有的邮件广告内容过多，有些网站的邮件内容匮乏，有些则过于随意，没有一个特定的主题，或者方向性很不明确，让读者感觉和自己的期望有很大差距。如果将一段时期的邮件内容放在一起，则很难看出这些邮件之间有什么系统性。这样，用户对企业 E-mail 很难产生整体印象。这样的企业 E-mail 内容策略将很难培养起用户的忠诚性，因而会削弱许可 E-mail 营销对于品牌形象提升的功能，并且影响许可 E-mail 营销的整体效果。

③ 来源稳定性。我们可能会遇到订阅了企业 E-mail 却很久收不到邮件的情形，有些可能在读者早已忘记的时候，忽然接收到一封邮件，如果不是用户邮箱被屏蔽而无法接收邮件，则很可能是企业 E-mail 内容不稳定所造成。在企业 E-mail 经营过程中，内容来源不稳定使得邮件发行时断时续，有时中断几个星期到几个月，甚至因此半途而废的情况并不少见，即使不少知名企业也会出现这种状况。内部列表营销是一项长期任务，必须有稳定的内容来源，才能确保按照一定的周期发送邮件，邮件内容可以是自行撰写、编辑，或者转载，无论哪种来源，都需要保持相对稳定性。不过应注意的是，企业 E-mail 是一个营销工具，而并不仅仅是一些文章或新闻的简单汇集，应将营销信息合理地安排在邮件内容中。

④ 内容精简性。尽管增加邮件内容不需要增加信息传输的直接成本，但应从用户的角度考虑，企业 E-mail 的内容不应过分庞大，过大的邮件不会受到欢迎：首先，由于用户邮箱空间有限，字节数太大的邮件会成为用户删除的首选对象；其次，由于网络速度的原因，接收和打开较大的邮件耗费时间也越多；最后，太多的信息量让读者很难一下子接受，反而降低了许可 E-mail 营销的有效性。因此，应该注意控制邮件内容数量，不要过多的栏目和话题，如果确实有大量的信息，可充分利用链接的功能，在内容摘要后面给出一个 URL，如果用户有兴趣，可以通过点击链接到网页浏览。

⑤ 内容灵活性。前面已经介绍，建立企业 E-mail 的目的，主要体现在顾客关系和顾客服务、产品促销、市场调研等方面，但具体到某一个企业、某一个网站，可能所希望的侧重点有所不同。在不同的经营阶段，企业 E-mail 的作用也会有差别，企业 E-mail 的内容也会随着时间的推移而发生变化，因此企业 E-mail 的内容策略也不是一成不变的，在保证整体系统性的情况下，应根据阶段营销目标而进行相应的调整，这也是企业 E-mail 内容目标一致性的要求。企业 E-mail 的内容毕竟要比印刷杂志灵活得多，栏目结构的调整也比较简单。

⑥ 最佳邮件格式。邮件内容需要设计为一定的格式来发行，常用的邮件格式包括纯文本格式、HTML 格式和 Rich Media 格式，或者是这些格式的组合，如纯文本/HTML 组合格式。一般来说，HTML 格式和 Rich Media 格式的电子邮件比纯文本格式具有更好的视觉效果，从广告的角度来看，效果会更好，但同时也存在一定的问题，如文件字节数大，以及用户在客户端无法正常显示邮件内容等。哪种邮件格式更好，与邮件的内容和用户的阅读特点等因素有关，如果可能，最好给用户提供不同内容格式的选择。

（4）邮件制作技术。目前，绝大部分私人 E-mail 都是采用文本格式撰写的。这样的格式书写简单、发送快捷，因此已经成为大众的习惯行为。但是对于从事许可 E-mail 营销的企业来说，

E-mail 中需要传递信息的内容、功能与外观都有较高的专业要求，所以传统文本格式的 E-mail 并不适用于此处。

调查显示，与文本形式电子邮件相比，HTML 形式电子邮件的促销效果更好。

企业在实施许可 E-mail 营销过程中，可以采取下列方法制作 HTML 邮件：

① 一般的 HTML 格式电子邮件，可以使用内建有 HTML 编辑器的电子邮件程序制作编写发送。以 Outlook Express 6.0 为例，单击工具栏上的"新邮件"按钮，会弹出一个邮件编辑窗口。再单击"格式→多信息文本（HTML）"就可以用内建的 HTML 编辑器来编写 HTML 格式的电子邮件了。另外，还可以通过单击"查看→编辑源文件"，在该窗口下方出现"编辑""源文件""预览"三个标签来编辑源文件。

② 如果用户认为编辑 HTML 源代码的方法太麻烦，还可以使用 FrontPage、Dreamweaver 等网页编辑软件，制作出 HTML 文件后，然后单击"文件→发送"，将 HTML 文件以附件的形式发送给对方。

③ 使用专门的 E-mail 制作软件，如 E-Campaign。E-Campaign 是一个 HTML 脚本 E-mail 设计和 E-mail 行销工具，为公司、电子杂志出版商和一切专业人士而备。当然，也可以单独和客户、消费者进行有效沟通。利用 E-Campaign，可以非常容易地设计完美的 HTML 脚本邮件、时事通讯文件和电子杂志，并将个性化的 HTML E-mail 信息发给客户以及邮件表中所有的联系人。

5. E-mail 的发送

企业在制作完成 E-mail 内容之后，可以采用下列方式将邮件群发给众多用户。

（1）通过 E-mail 的 Web 页面。目前几乎所有的 E-mail 服务器都提供 Web 页面登录方式，用户可以在浏览器中打开 E-mail 的 Web 页面登录，并完成收发邮件、撰写邮件、管理地址簿等基本操作。因此，用户可以通过发件选项中的抄送与密送设置来添加多个收件人地址，从而完成群发邮件的操作。但群发邮件的数量与速度，需要受到 E-mail 服务器相关设置的制约，这是用户需要提前获知注意的，以免因违反规定而导致 E-mail 发送失败。

（2）使用电子邮件客户端。如果用户使用了诸如 Outlook、Foxmail 之类的电子邮件客户端程序，那么就可以充分利用软件功能，快捷便利地实现电子邮件的群发。

（3）使用专业软件。以上两种邮件发送方法，都需要受到 E-mail 服务器功能的限制，如果企业使用的是免费电子邮箱，则受到的限制会更加严格且无法更改，对许可 E-mail 营销的实施将会产生不利影响。针对这种情况，企业可以选用专业化的 E-mail 发送软件，克服以上种种不利限制。

6. E-mail 跟踪

在电子邮件发送成功之后，如果企业能够继续追踪邮件的打开、浏览等情况，将会对许可 E-mail 营销的实施效果评价产生积极意义。但是，由于 E-mail 的固有技术特征，以及用户隐私权的保障等因素，导致电子邮件的追踪存在较大困难。但根据新闻报道，2004 年美国一家名为 Rampell 的软件公司开发出电子邮件跟踪服务——DidTheyReadIt，用户在发出邮件以后，可以收到一封回复，里面有收件人的大致方位以及浏览邮件的时间，从而为企业许可 E-mail 营销增加了新的应用工具。

▶【教学互动 5-2】

互动内容：列举企业开展 E-mail 营销需要完成的各项步骤。
要求：同"教学互动 1-1"的"要求"。

▶ 5.3 病毒性营销

▶ 5.3.1 病毒性营销的概念

病毒性营销（Viral Marketing）这一词汇于 1997 年由 Draper Fisher Jurvetson（DFJ）公司的 Steve Jurvetson 和 Tim Draper 创造，这一概念最初的灵感来源于 Hotmail 在 1996 年开始采用的一种推广形式。当时 Tim Draper 建议 Hotmail 在邮件中设置一个链接，使得每位收到 Hotmail 邮件的人都可以轻易地通过该链接注册 Hotmail。用户每发送一封邮件，就意味着为 Hotmail 做了一次免费的宣传。这样每位用户无形中都成为 Hotmail 的宣传者。Hotmail 的用户发展到 1 200 万仅仅用了 18 个月的时间，其增长速度远远超过有史以来的任何公司。

就病毒性营销的理论内涵来看，它并不是一个崭新的营销学概念，而是历史最悠久的营销工具"口碑"在网络营销中的发展。正由于病毒性营销的内核是基于数字环境下的口碑传播，因此当时被初步定义为"基于网络的口碑传播（network-enhanced word of mouth）"。

Hotmail 的成功体现了病毒性营销的巨大潜力。与传统营销依赖大众媒体对于消费者或潜在消费者进行信息单向度灌输不同，病毒性营销充分利用数字环境，特别是因特网信息传递的快速、便捷和互动性，通过口碑进行信息或产品及服务的爆炸式扩散传播。根据美国 IMT Strategies 公司的研究，病毒性营销已经成为美国营销人员的常用工具，高达 97% 的受访者表示现在或将来会采用病毒性营销。

著名电子商务顾问 Ralph F. Wilson 认为：病毒性营销是刺激人们将营销信息传递给他人的营销策略，它可能使受众人数在信息传递过程中成指数增长。病毒性营销通过他人利用数字媒体资源等，可以让企业营销信息像病毒一样传播和扩散。

病毒性营销究其实质是一种信息传递战略，即任何刺激个体将营销信息向他人传递，为信息的爆炸和影响的指数级增长创造潜力的方式。这种信息传递方式如同病毒扩散，将数字化的信息进行快速复制传向数以百万计的受众。

▶ 5.3.2 病毒性营销的特点

病毒性营销利用受众的积极性和人际网络，让营销信息像病毒一样传播和扩散，营销信息被快速复制传向数以百万计的受众。其存在一些区别于其他营销方式的特点。

1. 有吸引力的"病原体"

目标消费者并不能从为商家免费传递信息中获利，他们为什么自愿提供传播渠道？原因在于第一传播者传递给目标群的信息不是赤裸裸的广告信息，而是经过加工的、具有很大吸引力的产品和品牌信息。正是这一披在广告信息外面的漂亮外衣，突破了消费者戒备心理的"防火墙"，促使其完成从纯粹受众到积极传播者的变化。有"吸引力"是这件"漂亮外衣"的本质特点。

网络上盛极一时的"流氓兔"证明了"信息伪装"在病毒性营销中的重要性。这只卡通"流氓兔"，相貌猥琐、行为龌龊、诡计多端、只占便宜不吃亏，然而正是这个充满缺点、活该被欺负的弱者成了反偶像明星，反映了大众渴望摆脱现实、逃脱制度限制所付出的努力与遭受的挫折。流氓兔的 Flash 出现在各 BBS 论坛、Flash 站点和门户网站，私下里网民们还通过聊天工具、电子邮件进行传播。如今这个网络虚拟明星衍生出的商品已经达到 1 000 多种，成了病毒性营销的经典案例。

2. 几何倍数的传播速度

病毒性营销是自发的、扩张性的信息推广，通过类似于人际传播和群体传播的渠道，产品和品牌信息被消费者传递给那些与他们有着某种联系的个体。例如，当目标受众读到一则有趣的 Flash，他的第一反应或许就是将这则 Flash 转发给好友、同事，无数个参与的"转发大军"就构成了成几何倍数传播的主力。

3. 高效率的接收

大众媒体投放广告有一些难以克服的缺陷，如信息干扰强烈、接收环境复杂、受众戒备抵触心理严重。而那些可爱的"病毒"，是受众从熟悉的人那里获得或是主动搜索而来的，在接受过程中自然会有积极的心态；接收渠道也比较私人化，如手机短信、电子邮件、封闭论坛等。这使得病毒性营销尽可能地克服了信息传播中的噪音影响，增强了传播的效果。

▶ 5.3.3 病毒性营销的实施

病毒性营销的中心思想就是如何利用外部媒体资源，以最快的扩散速度将企业的营销信息传递给消费者。经营者完全可以根据互联网的特点来设计病毒性营销的方案，以最小的代价来获得最佳的效果。病毒性营销的实施一般都需要经过方案的规划和设计、信息源和传递渠道的设计、原始信息的发布和推广、效果跟踪管理等基本步骤。

1. 方案的规划和设计

病毒只在易于传染的情况下才会传播，在互联网中"免费"一直是最能打动消费者的词语。所以在网络中设计病毒性营销计划，首先要考虑的是提供有价值的免费数字产品和服务来引起消费者的注意，也就是说"病毒"必须独特，网民对它没有免疫力或免疫力较低。"病毒"的设计如果感觉不是特别酷，也就不能很好地吸引眼球，也就不具备流行性。像可口可乐"酷儿"以及韩国的"流氓兔"之所以能快速蹿红，就是因为它们具有这些潜质。

虽然"便宜"或"廉价"之类的词语可以使消费者产生兴趣，但是"免费"却一直是网络中最能吸引消费者眼球的字眼。而实物赠品由于在网络中不易配送，难以起到应有的效果。企业可以在网络中提供的免费产品和服务有：具有独特功能的免费软件、免费的 E-mail 服务、免费的信息、免费的图片动画、免费的电子书籍或者免费的电影电视等。

在设计过程中设计人员需要考虑的问题主要有：在网络上什么样的免费产品或服务能吸引网民的注意？什么样的免费产品和服务信息比较容易在网上传播？信息传播与企业的真正营销目的如何巧妙地结合起来？也就是说，病毒性营销的方案应具备独创性、新颖性、巧妙性。

如果企业设计的产品和服务虽然为网民带来了娱乐价值或者某种实用功能、优惠服务，受到了网民的欢迎，但没有达到企业最终的营销目的，这样的病毒性营销对企业的价值就不大。

2. 信息源和传播渠道的设计

虽然说病毒性营销信息是用户自行传播的，但是这些信息源和信息传递渠道需要进行精心的设计，使病毒的传播方便快捷。否则传播速度过慢就会丧失流畅感。

3. 原始信息的发布和推广

最终的大范围信息传播是从比较小的范围内开始的，如果希望病毒性营销方法可以很快传播，那么对于原始信息的发布也需要经过认真筹划，原始信息应该发布在用户容易发现，并且用户乐于传递这些信息的地方（比如活跃的网络社区），如果必要，还可以在较大的范围内去主动传播这些信息，等到自愿参与传播的用户数量比较大之后，才让其自然传播。

4. 效果的跟踪和管理

当病毒性营销方案设计完成并开始实施之后（包括信息传递的形式、信息源、信息渠道、原始信息发布），对于病毒性营销的最终效果实际上自己是无法控制的，但并不是说就不需要进行这种营销效果的跟踪和管理。实际上，对于病毒性营销的效果分析是非常重要的，不仅可以及时掌握营销信息传播所带来的反应（如对于网站访问量的增长），也可以从中发现这项病毒性营销计划可能存在的问题，以及可能的改进思路，这些经验积累将为下一次病毒性营销计划提供参考。

▶【同步业务 5-2】

> 运用 Google、百度等搜索引擎，搜集国内外关于病毒性营销的资料，通过分析讨论，总结出病毒性营销的基本模式与实施条件。
>
> 业务分析：通过总结病毒性营销的基本模式与实施条件，理解并掌握病毒性营销的操作技能。
>
> 业务程序：首先，选择 Google、百度等国内主流搜索引擎，使用病毒性营销的相关关键词进行检索，搜集国内外关于病毒性营销的资料。其次，整理搜集的各类资料，组织小组讨论分析。最后，归纳总结出病毒性营销的基本模式与实施条件。

▶【职业道德与营销伦理 5-2】

> **网络营销之病毒性营销需谨慎**
>
> "封杀王老吉""吃垮必胜客"已经在网络中成为经典，虽然已经过去，但其对企业的影响显然

十分巨大,网络营销中的病毒性营销已经成为一种十分受推荐的推广方式。很多公关公司也将"网络炒作"类推广,包装成软文推广、论坛营销、博客营销之类的产品"待价而沽",而"网络炒作"本身也变成某些企业认同的推广方式。

那么,企业是否应该大力做病毒性营销式的推广呢?是否应该与应运而生的网络公司进行相关合作呢?

其实这种公司提供的病毒性营销式的服务,因为种种原因,其效果是无法保证的。一是服务的相对复杂,二是公司的专业性,三是互联网的"混乱"。这一切造成了不可预知的后果。而相对危险的是由于"炒作"的需要,部分宣传会采取模糊概念、夸大功能、空头承诺等信息,争取目标人群的关注,而虚假信息的危害,这是尽人皆知的。

企业雇佣"网络炒作"公司来为自己炒作,如果监管不力,反而对企业产生不良影响。因为这些网络炒作公司,不需对企业的品牌声誉负责,只要能有流量,能有人下订单,就能回收服务费。因此,在信息传递过程中就更是肆无忌惮,一切信息传播皆以"现金效果"为主。即使这些企业侥幸"功成名就",互联网的信息记录功能也会让企业面对信任危机。

所以,病毒性营销还需谨慎,只有对互联网的了解达到了一定的程度,才能采取这种形式。

(资料来源:网络营销之病毒性营销需谨慎 [EB/OL](2009-09-05)[2014-08-08] http://www.sjwww.net/View/viewpoint_nr-315.html)

问题: 如何全面看待企业开展病毒性营销?

分析提示: 病毒性营销是传统口碑营销方式的新近发展变形,其核心在于通过提供具有价值的信息服务,吸引消费者自发无意识的广泛传播。开展病毒性营销的立足点在于向消费者提供有价值的信息服务,否则单纯的欺骗炒作只会愚弄消费者,最终损害企业利益。

■ 本章内容结构图

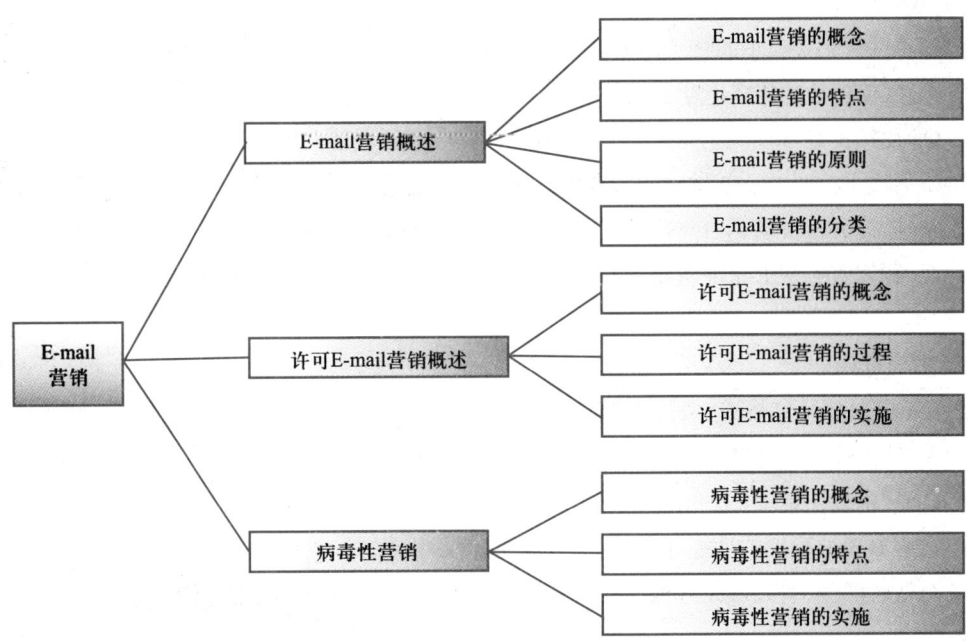

■ 主要概念和观念

□ 主要概念
E-mail 营销　许可 E-mail 营销

□ 主要观念
病毒性营销

■ 重点实务和操作

□ 重点实务
E-mail 营销策划　E-mail 营销实施

□ 重点操作
"E-mail 营销"知识应用

■ 习题和训练

□ 理论题

▲ 客观题

△ 选择题

○ 单项选择

1. 病毒性营销最典型的特点是（　　）。
   A. 几何倍数的传播速度　　　　　B. 方便快捷
   C. 反馈良好　　　　　　　　　　D. 表达灵活
2. 下列属于按照 E-mail 地址的所有权对 E-mail 营销进行分类的是（　　）。
   A. 自营 E-mail 营销　　　　　　B. 临时性 E-mail 营销
   C. 顾客服务型 E-mail 营销　　　D. 在线调查性 E-mail 营销

○ 多项选择

1. E-mail 营销面临挑战主要表现在（　　）。
   A. 垃圾邮件干扰破坏　　　　　　B. 效果评价尚存困难
   C. 技术复杂烦琐　　　　　　　　D. 用户反感抗拒
2. 按照 E-mail 营销的功能分类，可将 E-mail 营销分为（　　）。
   A. 顾客关系型 E-mail 营销　　　B. 顾客服务型 E-mail 营销

C. 在线调查型 E-mail 营销　　　　D. 产品促销型 E-mail 营销

△ 判断题
1. E-mail 营销是企业最重要的网络营销工具。（　　）
2. E-mail 营销发出的广告邮件都属于垃圾邮件。（　　）
3. 病毒性营销一定需要通过 E-mail 才能传递。（　　）

▲ 主观题

△ 简答题
1. 什么是病毒性营销？
2. E-mail 营销的特点是什么？

△ 论述题
1. 为什么说 E-mail 地址是 E-mail 营销的首要环节？
2. 为什么说病毒性营销具有高效率的接收的特点？

☐ 实务题

▲ 规则复习
请列举企业许可 E-mail 营销经常采用的邮件内容。

▲ 业务解析
某企业计划实施许可 E-mail 营销，对此应该如何规划实施过程的基本步骤？

☐ 案例题

▲ 案例分析

E-mail 营销是 75% 的欧洲企业第一营销手段

背景与情境： 一家企业营销管理软件提供商 Unica Corporation 调查了 300 多名英国、法国和德国的企业营销主管，行业横跨商业服务、制造商、零售商和技术提供商，了解欧洲企业使用的市场营销方法，结果发现这些欧洲国家的企业使用率最高的营销方法是 E-mail 营销。

75% 的被调查营销人员使用 E-mail 营销拓展客户和潜在客户，E-mail 营销是英、法、德三国企业第一营销手段。其次是网络营销，占被调查者的 73%。对于比较新锐的网络营销手段的应用情况，大部分欧洲营销人员说他们还没有计划使用博客营销（65%），70% 的企业没有计划使用多媒体广告宣传，57% 的企业没有计划使用 RSS 营销。

除了 E-mail 和网络营销，传统营销方式如直邮和口碑营销仍然在欧洲企业的多渠道市场营销组合中占据重要的位置。35%的被访企业的负责传统市场营销和网络营销的团队各自分离。报告认为他们应该作为一个独立的团队更加紧密地协作，使得企业的多渠道营销发挥高效作用。

问题：

1. 欧洲企业在使用 E-mail 营销方面有哪些整体特征？
2. E-mail 营销对于欧洲企业具有哪些优势？

分析要求：同第 1 章本题型的"分析要求"。

▲ 决策设计

机械企业的 E-mail 营销

由于受到金融危机影响，某矿山机械企业订单减少，效益下滑。为了扭转颓势，公司决定通过网络营销拓展市场。经过调研发现，欧美企业习惯采用 E-mail 营销方式开展业务，因此企业决定首先通过 E-mail 营销方式开展业务。

问题：假如你是该企业的决策者，你打算如何制订"基于'E-mail 营销'知识应用"的 E-mail 营销方案？

设计要求：同第 1 章本题型的"设计要求"。

▲ 道德研判

"邮件营销"的产业链条

背景与情境：对电子邮箱用户而言，垃圾邮件发送方往往具有隐蔽性、难以追溯等特点。那么，又是谁在炮制这些垃圾邮件？调查发现，一条从非法获取、贩卖邮箱地址到专业发送垃圾邮件的黑色产业链已经形成，其中不少以"邮件营销"公司的名义出现。

一家自称可提供邮件营销服务的公司营销人员说，只要购买了他们的软件，即可自行操作批量发送邮件。"软件分 3 个版本：月版 300 元，年版 600 元，终身版 1 000 元。有专门技术人员指导，只要设置好了，就不会被监管部门发现，一天可以发 1 万封。"

据业内人士介绍，许多垃圾邮件发送机构都是通过程序在网上自动抓取邮箱地址，只要网民曾在社交网站、BBS、聊天室、论坛等注册过，自己的邮箱地址都可能被人收集。目前垃圾邮件已形成"开发垃圾邮件发送平台—收集客户邮件地址—提供平台、兜售客户信息"的产业链条。一些垃圾邮件发送机构专门建立了 QQ 群，相互之间提供发送平台和邮箱地址，其中包括一些客户群精准信息。

问题：

1. 本案例中存在哪些道德伦理问题？
2. 请从互联网使用与道德研判角度对"邮件营销"公司做出评价。

研判要求：同第 1 章本题型的"研判要求"。

□ 实训题

"E-mail 营销"知识应用

【实训目标】

见本章"学习目标"中的"实训目标"。

【实训内容】

专业能力训练：其领域、技能点内容及其参照规范与标准见表5-1。

表5-1 专业能力训练领域、技能点内容及其参照规范与标准

能力领域	技能点	名称	参照规范与标准
"E-mail 营销"知识应用	技能点1	"许可 E-mail 营销"知识应用技能	1. 能全面把握本章"许可 E-mail 营销"知识。 2. 能应用"许可 E-mail 营销"知识，有质量、有效率地进行以下操作： （1）分析企业许可 E-mail 营销的现状，分析其成功、不足与尚待解决的各种问题。 （2）提出优化建议和解决实际问题的方案。
	技能点2	"病毒性营销"知识应用技能	1. 能全面把握本章"病毒性营销"知识。 2. 能应用"病毒性营销"知识，有质量、有效率地进行以下操作： （1）分析企业"病毒性营销"的现状，分析其成功、不足与尚待解决的各种问题。 （2）提出优化建议和解决实际问题的方案。

职业核心能力和职业道德训练：其内容、种类、等级与选项见表5-2；各选项的"规范与标准"分别参见本教材附录二的附表2和附录三的附表3。

表5-2 职业核心能力与职业道德训练的内容、种类、等级与选项表

内容	职业核心能力						职业道德					
种类	自我学习	信息处理	数字应用	与人交往	与人合作	解决问题	革新观念	职业观念	职业情感	职业理想	职业态度	职业良心	职业作风	职业守则
等级	高级	高级	高级	高级	高级	高级	高级	内化级	内化级	内化级	内化级	内化级	内化级	内化级
选项	√	√	√		√	√	√	√	√		√	√	√	√

【实训任务】

1. 对专业能力的各技能点，依照其"参照规范与标准"实施基本训练。
2. 对职业核心能力选项，依照其"参照规范与标准"实施"高级"强化训练。
3. 对职业道德选项，依照其"参照规范与标准"，实施"内化级"相关训练。

【组织形式】

1. 以小组为单位组成营销团队。
2. 结合实训任务对各营销团队进行适当的角色分工，确保组织合理和每位成员的积极参与。

【情境设计】

各营销团队就第一次实训选定企业或者校内实训基地，结合课业题目，从"'E-mail营销'知识应用"的视角，对该企业（或学校专业教育实训基地）E-mail营销决策及运作现状进行调查研究，分析其成功经验与不足之处，在此基础上有针对性地提出《E-mail营销优化方案》，通过系统体验各项相关操作完成本次实训的各项任务，撰写相应《实训报告》。

【实训时间】

本章授课后一周内。

【操作步骤】

1. 各营销团队就第一次实训选定企业或者校内实训基地，结合本实训任务进行适当的角色分工。
2. 各团队结合实训任务、情境设计和课业题目，讨论和制订本次《实训计划》。
3. 各团队实施《实训计划》，应用"E-mail营销"知识，系统体验如下操作：
（1）依照"技能点1"的"参照规范与标准"，分析企业许可E-mail营销的现状，分析其成功、不足与尚待解决的各种问题并提出优化建议和解决实际问题的方案。
（2）依照"技能点2"的"参照规范与标准"，分析企业病毒性营销的现状，分析其成功、不足与尚待解决的各种问题并提出优化建议和解决实际问题的方案。
4. 各团队总结上述操作体验，撰写《××企业网络营销优化方案》。
5. 在上述"专业能力"的基本训练中，融入"职业核心能力"的"高级"强化训练和"职业道德"的"内化级"相关训练。
6. 各团队综合以上阶段性成果，撰写《"'E-mail营销'知识应用"实训报告》。其内容包括：实训组成员与分工、实训过程、实训总结（包括对专业能力训练、职业核心能力训练和职业道德训练成功与不足的分析说明）、附件（指阶段性成果全文）。
7. 在班级讨论、交流和修订各团队的《实训报告》，使其各具特色。

【成果形式】

实训课业：《"'E-mail营销'知识应用"实训报告》

课业要求：

1. "实训课业"的结构与体例参照本教材"课业范例"中的范例综-4。
2. 将《实训计划》和《××企业网络营销优化方案》以"附件"形式附于《实训报告》之后。

3. 在校园网平台上展示经过教师点评的班级优秀《实训报告》，并将其纳入本课程的教学资源库。

■ 单元考核

考核要求：同第 1 章"单元考核"的"考核要求"。

第6章 网络广告营销

- ▼ 学习目标
- 引例 润妍洗发水的网络广告
- 6.1 网络广告概述
- 6.2 网络广告策划
- 6.3 网络广告中介和服务系统的选择策略
- 6.4 网络广告发布
- ▼ 本章内容结构图
- ▼ 主要概念和观点
- ▼ 重点实务和操作
- ▼ 习题和训练
- ▼ 单元考核

+06

第6章 网络广告营销

通过本章学习，要求达到以下目标：

▶ **理论目标**：学习和把握网络广告的概念与构成要素、分类与功能、网络广告中介和服务系统等陈述性知识；能用其指导"网络广告营销"的相关认知活动。

▶ **实务目标**：学习和把握网络广告策划程序、网络广告发布与评价方法、网络广告中介和服务系统的选择策略，以及"同步业务"等程序性知识；能用其规范"网络广告"的相关技能活动。

▶ **案例目标**：运用本章理论与实务知识研究相关案例，培养在与"网络广告"相关的业务情境中分析解决问题、决策设计和道德研判能力。

▶ **实训目标**：参加"网络广告营销知识应用"的实践训练。在了解和把握本实训相关技能点"规范与标准"的基础上，通过系列技能操作的实施，相应《实训报告》的准备、撰写、讨论与交流等有质量、有效率的活动，培养"网络广告策划与发布"的专业能力和相关选项的职业核心能力（高级），强化职业道德（内化级）教育，促进健全职业人格的塑造。

▶ **引例**

润妍洗发水的网络广告

背景与情境：品牌作为企业竞争的有力武器，正被越来越多的企业所关注。而在网络经济时代，如何利用网络技术塑造和推广品牌，也是企业家们开始思考的问题。宝洁公司作为全球最大的广告主之一，多年来已经形成了自己比较成熟的广告运作规则，这些规则使宝洁成为广告主的楷模。在网络经济时代，宝洁同样走在了前列。在大多广告主还在迟疑观望网络广告的时候，宝洁已经开始尝试网络广告并取得了较好的投放效果。

一、润妍品牌背景资料与市场分析

润妍倍黑中草药洗润发系列产品是宝洁公司在全球的第一个针对东方人发质发色设计的中草药配方洗润发产品，润妍认为中国女性崇尚自然之美和传统之美，由此，在染发潮之后，一股秉承传统之美又融合了现代气息的自然之风已渐渐飘来。在此形势下，宝洁推出了专为东方女性设计的润妍倍黑中草药洗润发系列产品。与润妍有相似特点的同类产品和品牌在市场上已有很多，润妍在这一市场上尚不属于强势品牌。但从这些品牌和产品的广告表现上来看，诉求大多不是很清晰。而润妍表现东方女性的自然之美的诉求概念却显高屋建瓴之势。

二、广告策略

1. 广告目标：目前润妍品牌尚处于市场导入期，所以其营销传播主要以品牌形象宣传为主，以提升品牌的认知度为目标。

2. 品牌目标消费群的定位和特征描述：率真、年轻的便装美人，忙碌而心情平和的成熟女性。

3. 品牌传播概念：专为女性设计，表现东方女性的自然之美。

三、网络广告企划

1. 网络广告的目标：提高润妍品牌产品的知名度；通过在线推广，增加润妍品牌网站访客量与注册用户数；通过在线推广，获取线下推广活动（润妍女性俱乐部、润妍女性电影专场）的参加人数。

2. 网络广告的媒介策略

（1）媒体选择标准：具有较高的目标受众比例；具有较高的品牌知名度，形成品牌互补；广告表现可承载性；广告效果的可监控性；合理的媒体采购价格。

（2）媒体选择范围：知名综合门户网站的相关频道；区域性覆盖网站；知名女性垂直网站。

（3）网络媒体投放的区域：以大中城市为主。

3. 网络广告的表现策略

（1）网络广告表现形式：润妍的网络广告创意表现可谓独具匠心，利用了多种软件技术，将多种网络广告表现形式进行组合，如：鼠标触动的下拉 banner、banner 与 cascading logo 和鼠标触动的结合、互动式 flash banner 等。

（2）网络广告的创意说明：这是一个适合东方人用的品牌，又有中草药倍黑成分，所以从设计的角度上只用了黑、白、灰、绿这几种色，但以黑、灰为主，这样画面显得很干净，有东方味道。广告创意采用一个具有东方风韵的黑发少女来演绎东方黑发的魅力。通过 flash 技术，飘落的树叶（润妍的标志）、飘扬的黑发和少女的明眸将"尽洗铅华，崇尚自然真我的东方纯美"表现得淋漓尽致。

四、网络广告监测

由于使用的网络广告形式种类多，形式较新颖，所以 MEDIA999 在媒体计划方面除了利用可以支持大部分 Banner 的实时监测的 Adforce 网络广告管理系统外，还通过对润妍品牌网站的访客来源的监测，获取对 text link/cascading logo 等广告形式的监测数据。宝洁公司润妍洗发水在国内著名生活服务类网站投放的 cascading logo 的网络广告的单日点击率最高曾达到 35.97%，创造了网络广告投放的奇迹。

（资料来源：润妍洗发水的网络广告案例分析［EB/OL］.（2013-06-03）［2014-08-08］. http：//blog.sina.com.cn/s/blog_67fad6030101ibwe.html）

宝洁公司的润妍洗发水网络广告，创造了惊人的网络广告投放效果。其中，有三点至关重要。首先，对网络广告受众精确定位；其次，针对网络广告受众进行了有效的媒介选择；最后，采用了创新的网络广告表现形式。这些都是在利用网络广告进行营销时必须考虑的。本章将系统地阐述网络广告和网络广告策划的基本原理。

▶ 6.1 网络广告概述

▶ 6.1.1 网络广告的概念

广告是营销者为了某种特定的需要，采用付费方式通过一定形式的媒体，公开而广泛地向公众传递信息的宣传手段。广告作为一种有偿的信息传播形式，是与媒体的发展紧密相连的。自互联网出现以来，广告又多了一种载体，即计算机互联网。

网络广告最早出现于 1994 年的美国。当年 10 月 14 日，美国著名 Wired 杂志推出了网络版的 Hotwired（www.hotwired.com），其主页上开始有 AT&T 等 14 个客户的广告 Banner。这是广告史上里程碑式的一个标志，同时也让网络开发商与服务商看到了一条光明的道路。自此之后，随着互联网的高速发展，网络广告逐渐成为网络上的热点，网络广告作为网站收入的主要来源而备受关注，并且被作为一个新广告媒体的代表而广受赞誉。于是各网络媒体的经营者纷纷改进经营方向，向多元化发展，意在尽量地吸引多的浏览人群及广告客户。我国 IT 业界也于 1997—1998 年意识到网络广告的光明前景，于是逐渐有网络广告出现在我国的网站中。目前此趋势越演越烈，网络广告已成为了各大网站的建设目标。

从不同角度看，网络广告的概念很多，本书将其定义为：**网络广告**（Internet Advertisement），又被称作在线广告、互联网广告等，就是以数字代码为载体，采用先进的电子多媒体技术设计制作，并在因特网上传播、发布，甚至通过广告超级链接到广告主的站点上，让受众了解广告销售商的更多信息，具有良好的交互功能的广告形式。

网络广告包含五大基本要素：
（1）网络广告主。即网络广告客户，指发布网络广告的企业、单位或个人。
（2）网络广告信息。指通过网络广告传递的诉求内容。
（3）网络广告费用。指上网发布广告的所需费用。
（4）网络广告目的。指通过网络广告向网民传递信息说服或影响他们的行为，达到长期建立企业品牌形象或短期激发潜在购买行为的目的。
（5）网络广告对象。指网络广告的受众。

▶ 6.1.2 网络广告的功能

与其他传统广告一样，网络广告对企业的经营与发展具有重要的意义，具体体现在以下几个

方面:

(1) 树立组织形象。网络广告受众可通过网络广告了解一个企业的经营理念和其最终使命。

(2) 树立产品或服务的品牌。通过持续的广告刺激,一项产品或服务的品牌最终可以在消费者心目中逐渐建立起来。

(3) 可以让用户深入了解其产品或服务的性能和用途。通过文字、声音和图像手段的综合,消费者可以得到对产品和服务的立体的、全方位的认识。

(4) 引导消费者和挖掘潜在的消费者。一种新产品或新技术可以通过广告展示它给消费者带来的潜在的利益而触发消费者的购买动机。

▶【同步业务 6-1】

请同学们课后亲身体验网络广告,具有至少三次接触网络广告的经历。

业务分析:站在营销者角度,分析所接触网络广告的五要素;站在消费者角度,分析网络广告对自己网上购物的影响。

业务程序:首先,登录经常浏览的网站。其次,随机点击自己关注的网络广告。最后,解析广告对应的五要素,说明对自己的影响程度。

业务说明:网络广告的设计策划与发布都以其五要素为基础,必须明确由谁向谁传播什么信息,花费几何,达到何目的。不同的广告形式、制作水平、发布策略具有不同的影响力。利用网络搜索各种网络广告信息,通过实践强化对网络广告的认知,分析总结适合大学生群体的网络广告。

▶ 6.1.3 网络广告的特点

作为一种新的营销广告形式,网络广告是随着因特网的发展而逐步兴起的。与传统广告相比,它不但具有传统媒介广告的所有优点,又具有传统媒介所无法比拟的优势。

1. 覆盖范围广泛

互联网联结着世界范围内的计算机,它是由遍及世界各地大大小小的各种网络按照统一的通信协议组成的一个全球性的信息传输网络。因此,通过互联网发布广告信息范围广,不受时间和地域的限制。

2. 信息容量大

在因特网上企业提供的信息容量是不受限制的。企业或广告代理商可以提供相当于数千页计的广告信息和说明,而不必顾虑传统媒体上每分每秒增加的昂贵的广告费用。网络上一个小小的广告条后面,企业可以把自己的公司以及公司的所有产品和服务,包括产品的性能、价格、型号、外观形态等认为有必要向网民说明的一切详尽信息制成网页放在自己的网站中。可以说,费用一定的情况下(为在别的网站上存放广告条而交),企业能够不加限制地增加广告信息。这在传统媒体上是无法想象的。

3. 广告成本低廉

网络广告不需印刷，在网上发布广告的总价格较其他形式的广告价格会便宜很多。

4. 强烈的感官性与互动性

网络广告的载体基本上是多媒体、超文本格式文件，包括文字、声音、影像、图像、颜色、音乐等，表现手段丰富多样。网民对某产品感兴趣，仅需轻按鼠标就能进一步了解更多、更详细、更生动的信息，亲身"体验"产品、服务与品牌。例如，世界驰名的电子游戏制造厂商"任天堂"公司就在其网上提供了亲身尝试（玩）该公司所有新产品的方式。而网络广告的互动性则是指信息是互动传播的，用户可根据需要获取信息，同时厂商也可以随时得到宝贵的用户反馈信息。

5. 实时性与持久性的统一

传统媒体上的广告一经发布就很难更改，即使可改动，往往也需要付出很大的经济代价。而网络媒体具有随时更改信息的功能，企业可以根据需要随时进行广告信息的改动，企业可以24小时调整产品价格、商品信息，可以即时将最新的产品信息传播给消费者。网络媒体也可以长久保存广告信息。企业建立起有关产品的网站，可以一直保留，随时等待消费者查询。这实现了实时性与持久性的统一。

6. 投放目标准确

投放目标准确包含两个方面：一方面是企业投放广告的目标市场的准确性。网络实际是由一个一个的团体组成的，这些组织成员往往具有共同爱好和兴趣，无形中形成了市场细分后的目标顾客群。企业可以将特定的商品广告投放到有相应消费者的站点上去，目标市场明确，从而做到有的放矢。而信息受众也会因广告信息与自己专业相关而更加关注此类信息。另一方面体现在广告受众的准确性上。由于点阅信息者通常即为对广告产品有兴趣者，网络广告可以直接命中潜在用户，并且网络广告可以为不同的受众推出不同的广告内容，因此网络广告信息到达受众方的准确性较高。

7. 受众数量可准确统计

众所周知，利用传统媒体做广告，如报纸广告、杂志广告、电视广告、广播广告、户外广告等，很难准确知道到底有多少人接受到广告信息。而在因特网上可通过权威公正的访客流量统计系统，提供庞大的用户跟踪信息库，精确统计出每个客户的推广信息被多少个用户看过，从中找到很多有用的反馈信息，如广告的受关注度、用户查阅广告的时间分布和地域分布等，从而有助于广告主正确评估广告效果，审定广告投放策略。

▶【同步案例 6-1】

网络广告与传统媒体广告

背景与情境：从1994年的商业化运作开始，因特网就飞速发展。摩根斯坦银行的研究人员经过研究后发现：现代电视媒体经历了13年才积累了5 000万观众，无线广播经过38年，报纸达到同样规模用了 1 个世纪,而网络只用 4 年时间就拥有了同样的势力。因特网的媒体特性促进了网络广告的诞生和发展,并从一开始就成为广告业的奇葩,深受用户的青睐。根据统计,美国网络广告在 1997 年收入达 11.4 亿美元;2003 年,美国网络广告收入就达到 115 亿美元,超过杂志和电台的收入;2011 年美国互联网广告收入已突破 300 亿美元。目前,网络广告正以迅雷不及掩耳之势,渗透到现代生活的各个方面,展示出其无穷的魅力。

问题:网络广告越来越多地受到用户的青睐,其相对于传统媒体广告有什么优势?

分析提示:网络广告由于因特网的发展而产生,并因因特网的独有特性而取得了长足的发展。网络广告具有时效性、针对性、成本低廉等特点,其与传统媒体广告相比能够更加有效。

▶【同步思考 6-1】

网络广告与传统广告相比优势特征十分明显,但什么事物都是一分为二的,网络广告也会存在缺陷。

问题:网络广告与传统广告相比有哪些不足?

理解要点:网络广告的缺陷,可以从沟通对象、覆盖率、宣传的商品、广告位、调研数据等局限性来分析,另外还有监管不严、受众的心理障碍等。

▶ 6.1.4 网络广告的形式

1. 旗帜广告(Banner Advertising)

旗帜广告也称为横幅广告、横幅式广告、**网幅广告**,是指网络媒体者在自己网站的页面中分割出一定大小的一个画面发布广告。通常是以 GIF、JPG 等格式建立的图像文件,定位在网页中,大多用来表现广告内容,同时还可使用 Java 等语言使其产生交互性,用 Shockwave 等插件工具增强其表现力。这些画面通常是长方形或方形,设计和制作精美,具有强烈的视觉冲击,因其像一面旗帜,故称为旗帜广告。浏览者可直接点击(click),进入一个新的网页,了解更多的信息,如图 6-1 所示。

图 6-1 旗帜广告

旗帜广告是目前最常见的网络广告形式,一般有静态、动态和交互式三种形态。

(1)静态旗帜广告就是在网页上显示一幅固定的图片,是早年网络广告的一种方式。其优点是制作简单,但显得有些呆板和枯燥。事实也证明,静态旗帜广告的点击率相对较低。

(2)动态旗帜广告拥有会运动的元素,或移动或闪烁,它的原理就是把一连串图像连贯起来形成动画,可以给浏览者传递更多的信息,也可以加深其印象。

（3）交互式广告的形式多样，比如游戏、插播式、回答问题、下拉菜单、填写表格等，这类广告需要更加直接的交互，比单纯的点击包含更多的内容。交互式广告分为 html 和 rich media 两种。

2. 按钮广告（Button）

按钮广告是小型的标语式的广告，它可以被设置在网页的任何地方，并与按钮的赞助者相链接，通常是一个链接着公司的主页或站点的公司标志（Logo），希望网站浏览者主动来点选。最常用的按钮广告尺寸有四种，它们分别是：125×125，120×90，120×60，88×31 像素。定位在网页中，尺寸偏小，表现手法较简单。按钮的好处，在于使用方便，并且它们表现的东西简单明了。如图 6-2 所示的是中国教育人才招聘网中部分学校的按钮广告，如果需要查询某一学校的招聘详情，直接单击按钮广告即可进入该学校的网站主页。

图 6-2 中国教育人才招聘网中部分学校的按钮广告

3. 图片广告

图片广告一般用在某企业的产品图片上，最大的特点是直观、形象、清晰，有一种身临其境的感觉。静态图片广告的格式可以是 .gif、.jpg 和 .png。动画图片广告的格式可以是 .gif 格式或 **Flash** 文件。例如，图 6-3 所示的基德 I 代战靴广告，点击该图片后可进入相关的站点内容，了解该商品的详细信息。

4. 主页型广告（Homepage）

广告发布者将所要发布的信息制成主页，放在网络服务商的站点或企业自己建立的站点上。主页型广告可详细地介绍广告发布者的各种信息。建立自己的主页，对于大公司来说，是一种必然的趋势。这不但是一种企业形象的树立，也是宣传产品的良好工具。实际上，在互联网上做广告，归根到底要设立公司自己的主页。其他的网络广告形式，无论是黄页、工业名录、免费的互联网服务广告，还是网上报纸、新闻组，都是提供了一种快速链接至公司主页的形式。所以说，在互联网上做广告，建立公司的 web 主页是最根本的要求，主页形式是公司在互联网进行广告宣传的主要形式。按照今后的发展趋势，一个公司的主页地址也会像公司的地址、名称、标志一样，是独有的，是公司的标志，将成为公司的无形资产。

5. 分类广告

所谓**分类广告**，是指版面位置相对固定的一组短小广告的集合，它把广告按性质分门别类地进行有规则的排列，以便读者查找。其内容可以是促销某种商品或服务，也可以是招领等启事，涉及社会生活的方方面面。如图 6-4 所示的是北方网分类广告。

6. 电子邮件广告

电子邮件广告就是利用 E-mail 来发布广告信息。由于电子邮件是网民经常使用的互联网工具，所以许多企业都利用 E-mail 来发布广告。电子邮件广告具有成本低、覆盖面广、效果好等特

图6-3 基德I代战靴广告

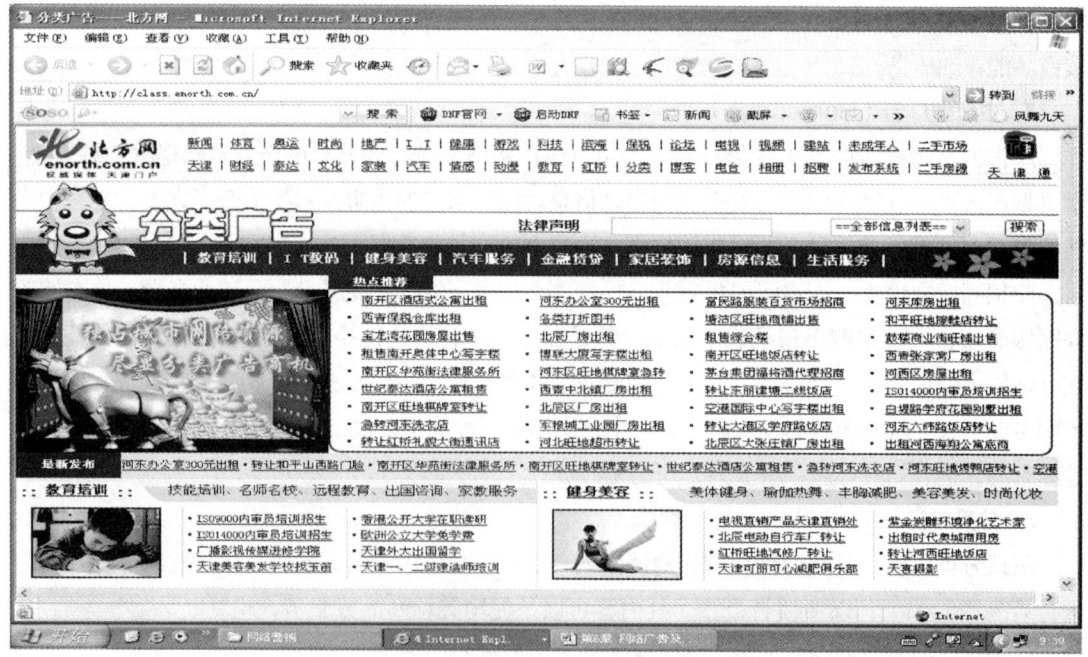

图6-4 北方网分类广告

点。但是电子邮件广告常常会引起人们的抵触情绪，因为网民可能接收到的 E-mail 是与自己无关的且毫无兴趣的产品信息，这些电子邮件常被称为垃圾邮件。因此，在使用电子邮件广告时，应遵守以下几个规范：

（1）经用户同意后发送邮件。

（2）在邮件中的显著位置标明投递广告邮件的公司名称、用于回复的邮件地址、邮件投递日期等。

（3）邮件中应包含可以选择不再接受该类邮件的提交功能。

（4）在邮件标题栏中须注明"AD"字样，明确表明该邮件属于广告型邮件。

7. 电子杂志广告

电子杂志广告，是指利用免费订阅的电子杂志发布广告。它由国内著名的 ICP（互联网内容提供商）提供，有着内容和信誉的充分保障，由专业人员精心编辑制作，具有很强的时效性、可读性和交互性。由于电子杂志是由网民根据自己的喜欢订阅的，所以此类广告更能准确地面向潜在客户，而且它不受地域和时间限制，电子杂志广告已越来越多地受到各方的关注。

8. 新闻组广告

所谓**新闻组广告**，是指利用网上虚拟社区或者公告栏 BBS 发布有关产品、企业的广告信息。新闻组就是一个基于网络的计算机组合，这些计算机可以交换一个或多个可识别标签标识的文章（或称之为消息），一般称作 Usenet 或 Newsgroup。新闻组已经成为互联网上一个重要的组成部分，每天都吸引着全球众多的访问者。其中包含的各种不同类别的主题已经涵盖了人类社会所能涉及的所有内容。

9. 文本链接（Text link）广告

文本链接广告多数是以文字的形式作为一个广告，目的是扩大企业或产品的知名度，单击可以进入相应的广告页面。另外一种文字广告是一些企业的名称，当用户点击该名称后，就会系统链接到该广告主的网站上。文本链接广告是一种对浏览者干扰最少，效果较好的网络广告形式。

10. 网视广告

网视广告也是目前比较流行的一种广告形式，可以直接将广告客户提供的电视广告转成网络格式，实现在线播放。网视广告克服了网络广告本身的诸多缺陷，一直困扰着作为如今主流的 Flash 广告在画面局限性的难题也因此得以解决。相比电视广告，网视广告更具备其深入性，只需要一个点击动作，便能了解到产品的全方位咨讯。更重要的是，网视广告丝毫不会耽误你现在正在做的事。

11. 浮动式广告

浮动式广告也是目前非常流行的一种新型创意表现形式的广告，相比传统移动图标的点击率要高一些，这种广告形式的图标在页面来回漂动，具有干扰度低、吸引力强的特点。它的画面可大可小，会在整个屏幕里有规律地移动，同时会闪烁出一些好看的颜色，比较能够吸引人。

12. 赞助式广告

赞助式广告有内容赞助、节目赞助等形式。广告主可对自己感兴趣的网站内容或网站节目进行赞助。赞助式广告一般放置时间较长且不需和其他广告轮流滚动，故有利于扩大其知名度。

13. 屏保广告

屏保广告能在计算机空闲时以全屏的方式播放动画，并且能配上优美的音乐，可以说屏保是电脑上最好的广告载体。许多知名品牌都制作了自己的屏保程序放在网上供用户下载，并且用户也会使用 E-mail 来传递屏保程序。好的屏保可以得到相当广的流传，企业可以用很小的投入换来极佳的宣传效果。

14. Rich Media

Rich Media 一般指使用浏览器插件或其他脚本语言、Java 语言等编写的具有复杂视觉效果和交互功能的网络广告。这些效果的使用是否有效，一是取决于站点的服务器端设置，二是取决于访问者的浏览器是否配备相应的可以浏览此广告内容的程序，三是取决于网络速度与浏览者的电脑本身运行速度，因为富媒体广告包含的数据远比一般的文字或图片广告要多。当然，Rich Media 也能表现更多、更精彩的广告内容。

15. 插页式广告

又称弹出式广告。广告主选择合适的网站或栏目，在该网站或栏目出现之前插入幅面略小的新窗口显示广告。这种广告带有强迫性，一般不受用户的欢迎。

16. 其他形式的广告

除上述网络广告的形式外，还有网络营销企业采用其他的一些广告形式。如移动广告（Mobile）、通栏广告、关键字广告、巨型广告（Huge）、对联式广告等。

▶【教学互动 6-1】

> 互动内容：根据自己的经验，你认为大学生接触最多的网络广告形式有哪些？
> 要求：同"教学互动 1-1"的要求。

▶【同步业务 6-2】

> 使用 FLASH 软件制作一个具有探照灯文字效果的网络广告。
>
> 业务分析：网络广告是为企业营销目标服务的，关键是对网民要有足够的吸引力。因此，形式要新颖。
>
> 业务程序：
>
> 1. 打开 flash 8.0。
> 2. 创建一个新的 flash 文档，并保存为文件名：iad.flh。
> 3. 修改文档，打开影片属性，将画面尺寸设置为 250×120 像素，帧频数为 12 帧/秒，背景选为蓝色。
> 4. 新建图形元件"iad1"，选择文本工具，在场景中输入文字"computer"，字体设置为"黑体"，字号 42。
> 5. 新建图形元件"iad2"，在第一帧处插入关键帧，选择"椭圆工具"，设置填充色和轮廓色

均为黑色，按住 shift 在工作区绘制一个正圆。

6. 返回主场景，在第一帧插入关键帧，选取"矩形工具"，设置轮廓为黑色，填充色为灰色直线渐变色。运用填充色在工作区绘制一个矩形，设置填充效果。选取文本工具，属性面板设置字体黑色，字号 42，在工作区输入文字"computer"，这就是文本的阴影。再次选取文本工具，属性面板设置字体"arial black"，字号 42，在工作区输入文字"computer"，调整其位置，并在第 10 帧处插入一关键帧。

7. 新建一图层"layer2"，在第一帧处插入关键帧，将制作好的图形元件"mask"拖放到工具区内，使用文本工具，属性面板设置字体黑体，字号 42，颜色为红色，在工作区输入文字"computer"，调整其位置。

8. 选中图层"layer2"，插入一遮罩层"layer3"，在第一帧处插入一关键帧，将制作好的图形元件"ball"拖放到工作区中文本的左边，选中第 30 帧插入一关键帧，将"ball"拖放到文本右边，再次选中第一关键帧，单击右键，选择"创建补间动画"。

9. 保存文件，选择"控制/测试影片"观看效果。

业务说明：学会使用网络广告制作软件；网络广告的表现形式多种多样，企业应根据营销的目标及广告受众的特点，灵活地选择形式多样的广告表现形式。

▶ 6.2 网络广告策划

▶ 6.2.1 网络广告策划内容

"广告策划"的概念是在 20 世纪 60 年代，由英国伦敦波利特广告公司的创始人斯坦利·波利特首次提出的。所谓广告策划，是对广告的整体计划，是为提出广告决策、实施广告决策、测定广告决策而进行的预先的研讨和规划，其核心是确定广告目标、制订和发展广告策略。

网络广告策划，顾名思义是对网络广告的运筹与谋划，是网络广告经营单位根据网络广告主的营销计划和目标，对其网络广告活动进行全面的整体筹划和部署工作。进行广告策划的主体是网络广告经营单位。网络广告经营单位首先要对广告客户的状况、产品特点有深入的了解，并在此基础上分析市场动态，结合自身承办网络广告经营的能力和经验制订网络广告的方案，提出预算并预测方案实施之后的经济效益。

网络广告策划是整个网络广告工作的核心。为有效进行广告活动，必须加强网络广告的策划，这是广告界的共识。网络广告策划是一种系统的、综合性的工作，它涉及的任务和内容也是多方面的。一般来说，一个完整的网络广告策划，内容包括：网络广告目标策划、网络广告对象策划、网络广告主题策划、网络广告创意策划、网络广告时间策划、网络广告预算策划等。网络广告策划方案一旦得到客户的认可，就成为网络广告的蓝图。网络广告经营单位必须严格按照网络广告策划书进行网络广告制作。如果遇到特殊情况需要调整方案时，必须及时与客户进行协商，并得到客户的认可后方可对原有策划书进行修改。同时，客户也应定期检查网络广告经营单位对网络广告策划书的实施情况。

6.2.2 网络广告策划步骤

网络广告策划一般包括如下步骤：

1. 网络广告目标策划

广告目标的作用是通过信息沟通使消费者产生对品牌的认识、情感、态度和行为的变化，从而实现企业的营销目标。在公司的不同发展时期有不同的广告目标，比如说是形象广告还是产品广告，对于产品广告在产品的不同发展阶段广告的目标可分为提供信息、说服购买和提醒使用等。国际通用的 AIDA 法则是网络广告在确定广告目标过程中的一般规律。

（1）第一个字母 A 表示"注意"（Attention）。在网络广告中意味着消费者在电脑屏幕上通过对广告的阅读，逐渐对广告主的产品或品牌产生认识和了解。

（2）第二个字母 I 表示"兴趣"（Interest）。网络广告受众注意到广告主所传达的信息之后，对产品或品牌发生了兴趣，想要进一步了解广告信息，他可以点击广告，进入广告主放置在网上的营销站点或网页。

（3）第三个字母 D 表示"欲望"（Desire）。感兴趣的广告浏览者对广告主通过商品或服务提供的利益产生"占为己有"的企图，他们必定会仔细阅读广告主的网页内容，这时就会在广告主的服务器上留下网页阅读的记录。

（4）第四个字母 A 表示"行动"（Action）。最后，广告受众把浏览网页的动作转换为符合广告目标的行动，可能是在线注册、填写问卷参加抽奖或者是在线购买等。

▶【同步思考 6-2】

> AIDA 法则是包括网络广告在内的各种促销方式需要遵循的普遍规律。
> 问题：在应用 AIDA 法则中网络广告与传统广告有何不同之处？
> 理解要点：与传统广告媒体不同的是网络广告可以一气呵成，直接在网上完成 AIDA 的最重要一环——把广告阅读转化为行动。

▶【教学互动 6-2】

> 互动内容：你是否有过被网络广告打动而实施购买的经历？你印象最深的这则网络广告如何引起你的注意、唤起你的兴趣、激起你的欲望，导致你最终的购买？
> 要求：同"教学互动 1-1"的要求。

2. 网络广告对象策划

广告对象即企业在市场营销战略中确定的目标市场，也就是产品的潜在顾客，它是市场细分的结果，是对"我们要向什么人做广告"这一问题的答案。因此，网络广告对象策划，即是确定网络广告的目标群体。简单来说就是通过调查，确定网络广告希望让哪些人来看，确定他们是哪个群体、处在哪个阶层、分布在哪个区域。只有让合适的用户来参与广告信息活动，才能使广告有效地实现其目标。

3. 网络广告创意及策略选择

（1）要有明确有力的标题。广告标题是一句吸引消费者的带有概括性、观念性和主导性的语言。明确有力的广告标题作用很大，特别是在网络广告中。根据统计，上网者在一个网络广告版面上所花的注意力和耐性不会超过 5 秒钟。因此，一定要在这短短的时间内吸引人潮进入目标网页，并树立良好的品牌形象。这时广告标题的设计就显得十分重要。

（2）简洁的广告信息。在网络上，强烈清晰的文案比制作复杂的影音文件更能吸引上网者点选。这是由于带宽的限制，图像过多的广告（如动画设计）传输速度较慢，上网者往往会放弃。网络广告应该确保出现的速度足够快，通常在 10 KB ~ 20 KB（依不同媒体和版面而异），这是一般网络媒体接受的图像大小，也是上网者能够接受的传输速度。所以，网络广告信息在目前互联网上发布时应力求简洁，多采用文字信息。

（3）发展互动性。随着网络技术的开发，今后网络广告必定朝着互动性的方向发展。这是体现网络广告优势的必由之路。如在网络广告上增加游戏活动功能，这将大大提高上网者对广告的阅读兴趣。

（4）网络广告发布的时间策划。网络广告发布的时间策划是其策略决策的重要方面。它包括对网络广告时限、频率、时序及发布时间的考虑。时限是广告从开始到结束的时间长度，即企业的广告打算持续多久，这是广告稳定性和新颖性的综合反映。频率即在一定时间内广告的播放次数，网络广告的频率主要用在 E-mail 广告形式上。时序是指各种广告形式在投放顺序上的安排。发布时间是指广告发布是在产品投放市场之前还是之后。根据调查，消费者上网活动的时间多在晚上和节假日。

（5）网络广告费用预算。网络广告费用预算是网络广告主为网络广告活动应支付的费用而做的预算，是网络广告策划的重要组成部分之一，其重要性不言而喻。公司首先要确定整体促销预算，再确定用于网络广告的预算。整体促销预算可以运用量力而行法、销售百分比法、竞争对等法和目标任务法来确定。

量力而行法即企业确定广告预算的依据是他们所能拿得出的资金数额。销售百分比法即企业按照销售额（销售实绩或预计销售额）或单位产品售价的一定百分比来计算和决定广告开支。竞争对等法是指企业比照竞争者的广告开支来决定本企业广告开支的多少，以保持竞争上的优势。目标任务法是依据广告目标及其必须执行的工作任务，来估算所需各种费用的总和作为计划广告预算。

而用于网络广告的预算则可依据目标群体情况及企业所要达到的广告目标来确定，既要有足够的力度，也要以够用为度。

4. 网络广告发布策划

网络广告发布策划，主要是选择合适的网络广告的发布渠道和形式。网上发布广告的渠道和形式众多，各有长短，企业应根据自身情况及网络广告的目标进行选择。在目前，可供选择的渠道和形式主要有：

（1）主页形式。即通过公司自己的主页来发布广告。

（2）网络内容服务商（ICP）。如新浪、搜狐、网易等，它们提供了大量的互联网用户感兴趣并需要的免费信息服务，包括新闻、评论、生活、财经等内容，因此，这些网站的访问量非常大，是网上最引人注目的站点。目前，这样的网站是网络广告发布的主要阵地，但在这些网站上发布广告的主要形式是旗帜广告。

（3）专类销售网。这是一种专业类产品直接在互联网上进行销售的方式。走入这样的网站，消费者只要在一张表中填上自己所需商品的类型、型号、制造商、价位等信息，然后按一下搜索键，就可以得到所需要商品的各种细节资料。

（4）企业名录。一些因特网服务商或政府机构将一部分企业信息融入他们的主页中。如香港商业发展委员会的主页中就包括汽车代理商、汽车配件商的名录，只要用户感兴趣，就可以通过链接进入选中企业的主页。

（5）免费的 E-mail 服务。在互联网上有许多服务商提供免费的 E-mail 服务，很多上网者都喜欢使用。这能够帮助企业将广告主动送至使用免费 E-mail 服务的用户手中。

（6）黄页形式。在因特网上有一些专门用以查询检索服务的网站，如 Yahoo、Infoseek、Excite 等。这些站点就如同电话黄页一样，按类别划分，便于用户进行站点的查询。采用这种方法的好处：一是针对性强，查询过程都以关键字区分；二是醒目，处于页面的明显处，易于被查询者注意，是用户浏览的首选。

（7）网络报纸或网络杂志。随着互联网的发展，国内外一些著名的报纸和杂志纷纷在因特网上建立了自己的主页；更有一些新兴的报纸或杂志，放弃了传统的"纸"的媒体，完完全全地成为一种"网络报纸"或"网络杂志"。其影响非常大，访问的人数不断上升。对于注重广告宣传的企业来说，在这些网络报纸或杂志上做广告，也是一个较好的传播渠道。

（8）新闻组。新闻组是人人都可以订阅的一种互联网服务形式，阅读者可成为新闻组的一员。成员可以在新闻组上阅读大量的公告，也可以发表自己的公告，或者回复他人的公告。新闻组是一种很好的讨论和分享信息的方式。广告主可以选择与本企业产品相关的新闻组发布公告，这将是一种非常有效的网络广告传播渠道。

5. 网络广告策划的评价与总结

网络广告策划的评价与总结，主要是指对网络广告发布后的传播效果和促销效果进行测定评估，是网络广告活动最后的一个环节。

在网络广告策略策划中，根据广告活动所要选择的形式、内容、表现、创意、具体投放网站、受众终端机等方面的情况，设计一个全方位的测试方案是至关重要的。在广告发布前，要先测试广告在客户终端机上的显示效果，测试广告信息容量是否太大而影响其在网络中的传输速度，测试广告设计所用的语言、格式在服务器上能否正常处理，以避免最后的广告效果受到影响。

总之，网络广告创意及策略选择是网络广告策划的重要内容，这一过程是一个众多因素综合平衡、协调选择的策划体系，其复杂性是十分明显的。

▶【同步案例 6-2】

前程无忧网站的广告策划

前程无忧（www.51job.com）是一家专业的大型招聘网站，它的服务对象主要是有两年以上工作经验的白领阶层。该网站始建于 20 世纪末的上海，当时国内的招聘网站还比较少，网站招聘、网站应聘这一概念还不为大多数人所熟悉。因此，如何迅速地让人们认知"前程无忧"的通过网络找工作的概念并接受这一新潮的形式，是一个比较困难的问题。在这方面，"前程无忧"进行了一系列比较成功的推广活动。

1. 活动目标

前程无忧秉信"只有市场第一的公司才能在竞争中立于不败之地"，因此其推介活动的最终目标就是使"前程无忧"始终保持业界第一的地位，而活动的直接目标则是迅速使人们了解并使用网络招聘方式，快速扩大"前程无忧"网站的知名度和访问量。

2. 媒体及广告策略

与其他新网站通过 BANNER 形式做宣传不同，前程无忧采用的是购买搜狐、网易等网站的求职频道和新浪等网站的关键字搜索方式进行宣传。公司认为如果采用普通的 BANNER 方式宣传，效果不一定好，因为访问门户网站的人来源较广，目的多种多样，因此受众并不是很明确。若采用 E-mail 的形式，由于很多网民对这种形式比较反感，可能会适得其反，让网民对公司产生不好的印象。而求职频道的受众就比较明确，前来的访客一般均有求职目的，传播比较有效。另外，一般网民在使用搜索引擎时，通常也有较明确的目的，因此，购买关键字搜索也可以获得很高的有效点击。由于当时网易、搜狐这些大网站的求职频道都还没有专人负责，故"前程无忧"选择了购买这些频道自己深入作开发，同时买下了新浪等网站搜索引擎上的若干关键字。

3. 活动效果

前程无忧的市场推介活动是比较成功的。在半年的时间里，前程无忧网站快速发展，首页日访问量已达到 35 万人次以上，网站的知名度和客户数量也保持行业的前列。

（资料来源：网络营销案例之前程无忧［EB/OL］.（2011-03-02）［2014-08-08］.http：//www.diytech.cn/promotion/sem/promotion_453.html）

问题：前程无忧网站的广告策划活动的目标是什么？为什么可以取得成功？

分析提示：前程无忧网站的网络广告推广目标主要是树立网站品牌、使受众了解网站的功能和用途、引导和挖掘潜在的消费者。根据推广目标，前程无忧网站网络广告活动，主要采用了知名网站的求职频道和关键字搜索服务形式来进行营销，并取得了成功。

6.3 网络广告中介和服务系统的选择策略

6.3.1 网络广告中介选择策略

一些大型企业，其内部往往有专门的计算机中心，其中的一项工作就是为企业制作网站和进行网络广告的宣传。但是，大多数企业由于规模、资金等的限制，不具备独立完成网络广告的宣传任务，这就需要一个专门的中介结构来提供帮助。这个中介就是网络广告中介结构。企业要根据一些主因素进行综合评价后选择网络广告中介。下面我们将对网络服务提供商（ISP）、在线服务商和网络广告公司三种网络广告中介进行介绍。

1. 网络服务提供商（ISP）的选择策略

网络服务提供商 ISP（Internet Service Provider）是向广大用户提供因特网接口与相关服务的机构。过去国内的 ISP 在具体业务分类上显得泾渭分明：一类是专门向用户提供因特网接入服务的 IAP（Internet Access Provider），即因特网接入提供商；另一类是主要提供信息内容服务的 ICP（Internet Content Provider），即因特网内容提供商。但现在两者的界限逐渐模糊，ISP 的网络综合服务能力不断提高。我国的 ISP 虽然发展较快，但有些生存状况堪忧，因此，在选择 ISP 时须慎之又慎。

网络营销企业选择 ISP 时综合评价主因素包括：

（1）信誉的好坏。诚信是市场经济中一个至关重要的因素。因此，企业需对所要选择的 ISP 进行详细调查和了解，选择一个诚信度高、信誉好的 ISP。

（2）提供的服务。包括内容和时间两个方面。一个好的 ISP 所提供的服务内容包括市场营销研究、评估、追踪分析站点的通信情况等。另外，ISP 在一天所提供的服务时间越长越好。

（3）收费是否合理。费用包括咨询和建议的费用、建设费用、每月费用、页面制作费用等，众多的 ISP 所开出的费用是有差别的，需要企业货比三家，以最少的投入达到最大的产出。

（4）出口带宽。出口带宽数据可反映出 ISP 本身被以多高的速率连接到因特网或其上级 ISP，是体现该 ISP 接入能力的一个关键参数，所以应是越大越好。另外，ISP 是否具有独立国际出口、其出口带宽接入用户数、二级代理接入上级 ISP 的带宽等都是其服务的好坏标准。

（5）性能的高低。需考虑 ISP 使用软硬件的类型和性能，存储的速度和空间的大小，是否有强有力的安全措施等。

（6）售后服务。国内众多 ISP 不仅在价格上竞争激烈，更在售后服务质量上展开了长期的竞争。企业应选择售后服务站点多、服务时间长、服务品种多、服务态度后的 ISP。

2. 在线服务商的选择策略

这类服务商主要负责企业上网之后的各类网上服务，其中与网络广告相关的服务主要有：搜索服务、网站主持和信息服务。

信息服务商对于网络营销企业来讲就相当于报纸、杂志等广告媒体。信息服务商选择的目标在于在一定的广告预算的限定下，达到尽量高的广告到达率与显示频率。

网络营销企业选择在线服务商时综合评价主因素包括：

（1）信息服务网站的主要浏览者类型。将这些浏览者与本企业的目标市场进行比较，据此可以得到一批符合网络营销企业目标市场的备选信息服务网站。

（2）信息服务网站的收费标准。主要是根据信息服务网站的收费标准、目标市场的到达范围以及访问频率等数据进行线性规划，以得到在一定广告预算下的最佳网站组合。

3. 网络广告公司的选择策略

网络营销企业选择网络广告公司时综合评价主因素包括：

（1）网络广告公司是否具备良好的业务水平。网络广告公司应该具备网络广告方面的基本条件和基本技能。它能够设计制作复杂的网页，有良好的创意，更重要的是能准确地理解客户制作网络广告的意图，并能把它全面完整地用广告诠释出来。

（2）网络广告公司的内部管理能力。如果该公司有科学的管理制度，有良好的团队合作精神，公司的财务状况也很稳定，那么该公司具有更强的竞争能力和发展潜力。另外，现在许多网络广告公司与众多网站有着业务关系，这就需要企业了解网站的情况，如该网站是否有较高的流量、网站的访问者是否过分集中、它能否提供广告发布后各种企业所需的详细报告等，以决定是否把自己的广告发布在该网站上。

▶ 6.3.2 网络广告服务系统选择策略

对于大型网站，尤其是媒体网站，广告系统将发挥两个重要的作用。其一，通过该系统可以准确、有效地按照互联网广告的投放规范满足广告主的传播需求，一般需要提供按时间、主题、人次等要素进行分类分组，使广告投放达到最佳的效果。其二，借助广告系统，能有效地统计本网站的页读数，进行精确到栏目的访问统计，甚至可以分析访客的组成，及其在地域和时间维度上的分布。虽然网络广告系统的技术研发难度并不太高，并且也有一些现成的简单软件工具可供使用，但目前市场上已经产生了可提供相应成熟服务的服务商。并且，一般投放网络广告的广告主通常也希望广告的统计由第三方完成，某些广告服务商和代理商已经形成良好的合作也拥有宝贵的客户资源。即便是研发力量相当强的新浪，也采用了 Adforce 系统，所以，对于考虑长期规范运作的大型网站，选用成熟的广告系统服务是唯一的解决方案。

一般来讲，在选择网络广告服务系统时应考虑以下因素。

1. 技术特性

（1）高负载下的稳定性。如果考虑到大型网站的访问量，系统在高负载情况下，广告的发布是否能同步于网页的发布，效率是否相当，并且系统是否足够稳定，能在大流量的情况下保持24小时不间断服务，这一性能指标对大型网站而言是关键的。一般需要广告服务系统也采用分布式设计来进行负载均衡。同时，该系统的网络连接和带宽条件等也尽可能保持与本网站网页发布系统相匹配。

（2）发布容量。相对于在时间容量上的指标，发布容量指同时可供进行和管理的广告投放业务量。随着网站广告投放业务在数量和种类上的增加，系统的设计要能够有效支持这些大量多样化业务，尤其是要求针对多种的投放方式以及由此产生的设定、查询、统计等操作，包括当不同的投放业务被分散到不同的业务员完成时，广告管理系统的设计是否专门优化。

（3）访客的可识别性。作为网站访问流量统计系统，必须能有效区别页读数和访问人次、用户停留时间，甚至包括注册用户和非注册用户的访问比例等要素。对于广告主而言，也有可能提出控制覆盖用户次数的投放要求，即针对特定用户同一广告 Banner 重复次数进行控制。广告系统对于用户的有效识别会成为实现这一系列功能的技术保障。

（4）栏目的可识别性。作为网站访问流量统计系统，也必须能有效区别针对不同栏目和版块的页读数及访问人次。对于广告主而言，这也是他们根据用户兴趣定向投放的基本条件。对于大型网站而言，希望应该支持的栏目识别至少不小于三层，并将这些特性统一到广告投放和站点访问统计的管理中，例如支持广告投放的栏目针对性，并结合时间、CPM 等控制手段来帮助广告主最准确地找到其诉求对象。

（5）Rich Media 支持。最早的网络广告局限于 GIF 图像或动画，随着网络媒体制作手段的进步，新型的网络广告格式已经可以满足高形象化、强冲击力、大信息量的需要。于是网站采用的广告系统一般应该支持诸如 Flash、Html、Javascript、Java Applet 等格式的 Rich Media。

广告系统即使已经支持各种新的技术特性，但对于网站经营者来说也并非要将其立即投入使用。原因在于网络广告方式的复杂性和多样性远远超过传统媒体的广告投播，在短期内没有足够的人才和能力来帮助客户利用好这些新的特性，而客户方面通常也会觉得难以接受这些全新的投放和计费方式，所以从简单、易行、常规的要求入手，逐步在实际运作中向客户提供适宜的特色服务将是一个明智的选择。

2. 系统易用性

（1）客户服务界面。广告客户专业水准参差不齐，其能够看到的查询和统计报表必须简明、清晰、易懂，但又必须能在各种层次上满足多样化的广告投放方法和海量的具体数据。

（2）广告发布管理界面。在保证广告投放方法和计费方式的灵活性的同时，广告发布管理界面应便于日常进行的大量上传、查看、调整、确认等操作，并对重要操作过程作 LOG 记录，甚至应该考虑在多操作者情况下对权限的分配和协作的实现。

（3）网站访问流量统计及数据提供方式。在网站统一采用一个网络广告系统时，流量统计可以依赖广告系统来完成，如果综合比较站点的 LOG 记录，可以得到准确的访问流量统计。如果广告系统可以提供实时、详尽的统计报表，并以数据表格式提供数据，而不仅仅是网页格式的表格和图片，将为市场人员进行站点效益分析提供极大便利。

（4）系统安装和维护。若购买广告软件服务系统，软件的安装、调试和维护同样将成为一笔长期的开支。软件是否支持流行的软硬件作业平台也是影响成本和易用性的重要因素。相比而言，租用服务的方式不一定会提高总成本，却可以省却大量技术维护的精力，如果要更换广告服务系统也相应容易得多。

3. 服务要求

（1）试用方式。采购广告系统对于网站来说是相当重要的决策之一，它不仅是提供广告、流量统计的平台，也是作为提升网站对广告客户服务能力的手段。在采购之前，应该审慎比较市场可以提供的多种解决方案。大多数网络广告系统供应商会提供试用系统的机会，在这里应结合自己的需求特点，协商应该采用的试用时间、费用结算、判断依据。

（2）技术支持。针对新兴的网络媒体和广告的运营方式，市场普遍缺乏相应的拥有专业技能和技巧的人才。系统供应商能够提供相关培训的能力也是重要考量因素。在这里主要指培训的规模、形式、水准、费用。另外,在日常的系统使用中一定会不断产生各种操作应用上的问题,服务商能否保证良好的技术服务响应对于实际的工作效率会造成重大影响,尤其在开始阶段。

（3）功能升级。随着网络技术发展和市场需求的推动,网络广告系统的功能将面临多样化、定向化发展趋势。系统提供商需要有能力持续跟踪技术发展,不断创新以满足市场的需求。而作为媒体网站还要考虑系统功能的升级会牵涉到的升级费用和服务支撑问题。

4. 价格因素

（1）付费方式。付费方式一般有三种：

① 一次性买断广告软件系统。这种方式的好处在于网站不需要担心流量上升后在广告系统上的开支过分上升,缺点在于网站本身需要承担系统稳定性的责任和日常的维护费用,并且在系统升级或扩容时还会牵涉额外的费用和精力。

② ASP 方式的软件租用。这种方式按照实际产生的 CPM 收取费用。好处在于系统的升级、维护和稳定性方面的责任将由专业的广告系统服务商承担。缺点在于随网站的访问量上升,需要支付大笔的费用,而且一旦处于外部的服务商由于各种原因停止服务,会影响到本站点对广告主的服务,增加了不可控因素。

③ 广告收入分成。这种方式来自于已经和大型广告系统服务商形成良好合作关系的广告代理商。他们常常握有一定的客户资源,他们以广告收入与媒体网站分成来获得收益。好处在于可能带来网站本身所没有的广告客户和收益,但相对而言他们不会直接提供技术支援和实现广告投放的新特征及站点的访问统计。

（2）综合成本。考量不同收费方式和费用大小的主要依据在于综合拥有成本和网站自身发展而对广告系统或广告代理提出的长远需要。作为网站本身,在考虑成本时必须注意以下几点：本站点是否拥有足够支持广告系统软硬件正常运作的技术力量；本站点预计每月产生的 CPM 数量和预定的发展目标,随之产生的广告投放空间,以及能够得到的广告收益比率；由站点广告图形引起的可能流量费用和带宽需求。

▶ 6.4 网络广告发布

▶ 6.4.1 网络广告发布步骤

对于网络广告主来讲,网络广告发布一般包含以下步骤：

1. 网络广告的费用预算

通过调查,确定网络广告所需费用总额和开支范围,从而对广告费用进行最优的配置。在进行网络广告费用预算时,应考虑以下几个方面：

（1）选择网络广告投放的网站。可从访问人数及构成、网站技术和管理水平、网站信誉等方面考察。

（2）确定网络广告的形式和内容。

（3）了解网络广告的收费定价模式。目前，国际上普遍较流行的定价模式如下：

① 每千人成本 CPM。是指在广告投放过程中，听到或看某广告的每一人平均分担到多少广告成本。网络广告的 CPM 取决于"印象"尺度，通常理解为一个人的眼睛在一段固定的时间内注视一个广告的次数。例如，一个广告横幅（Banner）的单价是 10 元 /CPM，意味着每 1 000 人次看到这个 Banner 就收 10 元，如果一个广告主花 300 元买了 30 个 CPM，则他所投放的广告可以被显示 30×1 000=30 000 次。

② 每点击成本 CPC。是以访问者每点击一次作为收费标准，它可以确切地统计出有多少人点击了广告。其费用一般要比 CPM 高得多。

③ 每行动成本 CPA。指按广告投放实际效果，即按回应的有效问卷或订单来计费，而不限广告投放量。CPA 的计价方式对于网站而言有一定的风险，但若广告投放成功，其收益也比 CPM 的计价方式要大得多。

④ 每购买成本 CPP。是指广告主为规避广告费用风险，只有在网络用户点击并在线进行交易后，才按销售笔数付给广告站点费用。

⑤ 包月方式。是指按照"一个月多少钱"这种固定收费模式来收费。优点在于操作简单，对网站技术水平要求较低，不需要对浏览量、点击率进行统计，许多小网站大多采用包月方式。缺点是广告投入费用与实际效果脱钩，对客户和网站都不公平；而且难以调动网站加大广告宣传的力度，同时不利于广告主对广告效果进行测评。

⑥ 其他计价方式。除上述方式外，对一些特殊的网络广告，会有一些特别的方式，如 CPL 以搜集潜在客户名单多少收费，CPS 以实际销售产品数量来核算广告刊登金额。

（4）对网站的要求。要求网站经营者有良好的广告意识和合作精神。

2. 网络广告的发布

网络广告的发布一般有以下几种情况：

（1）借助网络媒体，自行发布。它是指广告主自行进行网络广告的制作，然后借助网络媒体来发布。可节省网络广告费用，但需要计算机及网络技术人员的参与。

（2）通过代理商发布。这种方式是企业将网络广告的发布委托给一个广告代理商，由其执行广告计划，并交由网络媒体发布。

（3）使用 BBS 发布。

（4）使用新闻组发布。

（5）使用电子邮件发布。

（6）使用电子杂志发布。

（7）使用黄页发布。

（8）利用网幅广告交换网络。网幅广告交换网络是指一些专门从事全球范围内网幅广告交换的服务网络，以互惠互利、相互免费为原则。

▶【同步业务 6-3】

在新浪网的分类广告栏发布一个网络广告。
业务分析：通过新浪网的分类广告免费发布平台发布广告，需做到标题清楚，介绍明确。
业务程序：
第一步：打开新浪网（www.sina.com），点击分类，进入分类信息网页。
第二步：仔细阅读说明、声明。
第三步：点击免费发布，进入发布信息页面。
第四步：按要求填写相应栏目信息，最后，点击发布按钮。
第五步：查看发布效果。

▶【职业道德与营销伦理 6-1】

一起网络虚假广告案引发的思考

背景与情境：A公司系一家从事活性炭生产销售的企业，该企业将自有产品投放到天猫商城网站，进行宣传并销售。上海市某工商分局执法人员在检查时，发现A公司涉嫌通过网络进行虚假广告宣传并有商业诋毁的嫌疑，遂对A公司立案查处。

调查中，执法人员发现，A公司以"上海空气质量相对较差，不利身体健康"等借口，夸大自身销售的活性炭的功效。A公司广告称"中国活性炭第一品牌；拥有多项专利技术；全国除醛最快，净化甲醛最持久，全网性价比最高；能够接触和净化更多有害物质，告别室内空气污染；富含自然离子元素，能够自然吸附并分解各有害物质为水和二氧化碳，无毒无害；产品均通过国际、国内相关质量检测认证并获一致推荐"。该广告同时以实验数据来佐证称：A公司的活性炭对甲醛有强大的吸附效果，一般住户4天内能非常有效地吸收99.8%的室内甲醛，新房住户7天能将98%的甲醛吸收。该广告以图例的形式将自身的产品与其他除醛产品进行对比，并配有相应的数据，从而得出"买一箱A公司活性炭产品相当于买4箱其他品牌同类产品"的结论。

因为A公司涉嫌在广告中使用最高级语言、使用数据未标明出处、谎称取得专利、贬低其他生产经营者的商品等违法行为，违反《广告法》相关规定，承办人员最终以虚假广告宣传对A公司处以广告费2倍罚款的行政处罚。

（资料来源：一起网络虚假广告案引发的思考［EB/OL］.（2013-6-26）［2014-08-08］. http://wenku.baidu.com/view/28190613cc175527072208f9.html）

问题：对此案例我们如何看待？在网络广告的发布中应遵从什么样的伦理规范？

分析提示：互联网的迅猛发展为网络广告的发展提供了广阔的平台，网络广告也如火如荼地在网上弥漫开来。但为牟利或其他经营目的而精心设置的虚假广告也隐藏其中，给消费者造成危害，同时也严重影响了网络作为广告发布媒体自身的信誉度，成为网络广告发展道路上的绊脚石。网络广告只是利用新兴媒体来传播的一种广告形式，因此同样应符合广告的真实性、合法性和有效性的营销原则，在网络广告营销中应坚决遏制网络虚假广告的存在。

6.4.2 网络广告发布评价

网络广告的发布评价是指企业通过网络发布广告后,对广告发布后产生的效果或者说网络受众对广告宣传的效果的结果性反应进行评估。网络广告发布评价一般可从网络广告的经济效果、社会效果和传播效果三个方面进行评估。**网络广告的经济效果**是通过建立网络广告投资额和销售数量之间的关系模型,从销售角度对网络广告效果的一种测评方式。**网络广告的社会效果**主要是通过对网络广告活动所引起的社会文化、教育等方面的变化来对网络广告进行测评。目前,这两个方面的评估由于受多种因素的影响,尚没有太好的评价方法。下面,主要介绍对网络广告传播效果的评价方法。**网络广告传播效果**主要是网络广告对网络受众心理引起反应的作用。其评估主要是对网络广告受众的影响分析,即从网络受众接触广告开始,一直到完成某种消费行为的几个动作,具体表现为对 AIDA 代表的每个阶段进行的量化评估。

1. 网络广告效果的评估指标

(1)点击率指标。点击率一直都是网络广告最直接、最基本的评估指标。网络广告的点击行为表示了那些准备购买产品的消费者对产品感兴趣的程度,因为点击广告者很可能是那些受广告影响而形成购买决策的客户,或者是对广告中的产品或服务感兴趣的潜在客户。

但目前网络广告点击率呈逐步下降的趋势,统计数据表明:点击率由最初的 5% 下降到现在的 0.1%。现在,人们普遍对仅仅用点击率来评价网络广告的效果提出质疑。客观地讲,点击率是网络广告效果评估的重要指标,但不是唯一指标,点击率无法完全代表网络广告的实际价值,不能夸大点击率对效果评估的作用。

(2)业绩增长率指标。对一部分直销型电子商务网站,评估他们所发布的网络广告最直观的指标就是网上销售额的增长情况,因为网站服务器端的跟踪程序可以判断买主是从哪个网站链接而来、购买了多少产品、是什么产品等情况,从而对于广告的效果有了最直接的体会和评估。

(3)回复率指标。回复率可作为辅助性指标,包括网络广告发布期间及之后一段时间内统计的客户表单提交量,公司电子邮件数量的增长率,收到询问产品情况或索要资料的电话、信件、传真的增长情况等。

(4)转化率指标。为了更准确、全面地评估网络广告的效果,美国的网络广告调查公司 Adknowledge 在 2000 年第三季度网络广告调查报告中提出了"转化率"的概念,如一项调查显示,有 25% 的人看到了一幅广告(但并没有点击)而后来去购买广告中的产品,索取信息或者通过网络在该公司注册登记,这即是一个转化过程。"转化"被定义为受网络广告影响而形成的购买、注册或者信息需求。Adknowledge 的调查表明,尽管没有点击广告,但是全部转化率中的 32% 是在观看广告之后形成的。该调查还发现了一个有趣的现象:随着时间的推移,由点击广告形成的转化率在降低,而观看网络广告形成的转化率却在上升。

2. 网络广告效果的评估方式

网络广告效果评估常用的方式有以下三种:

(1)通过软件进行随时监测。我们可以利用一些专门的软件(如专门用于广告分析的软件 open ad stream)对广告进行分析,生成详细的网络广告评估报表,广告主可以随时了解在什么时间、有多少人访问过载有广告的页面,有多少人通过广告直接进入到广告主自己的网址等。不同的程序有大量不同的显示数据的选项，包括图表。比较常用的程序包括 StatBot、WebTrends 及 AccessWatch 等，下载任意一个并安装，就能够立即浏览访问记录了。

（2）对比分析法。无论是 BANNER 广告，还是邮件广告，由于都涉及点击率或者回应率以外的效果，因此，除了可以准确跟踪统计的技术指标外，利用比较传统的对比分析法仍然具有现实意义。当然，不同的网络广告形式，对比的内容和方法也不一样。

对于 E-mail 广告来说，除了产生直接反应之外，利用 E-mail 还可以有其他方面的作用。例如，E-mail 关系营销有助于我们与顾客保持联系，并影响其对我们的产品或服务的印象。顾客没有点击 E-mail 并不意味着不会增加将来购买的可能性或者增加品牌忠诚度，从定性的角度考虑，较好的评价方法是关注 E-mail 营销带给人们的思考和感觉。这种评价方式也就是采用对比研究的方法：将那些收到 E-mail 的顾客的态度和没有收到 E-mail 的顾客做对比，这是评价 E-mail 营销对顾客产生影响的典型的经验判断法。利用这种方法，也可以比较不同类型 E-mail 对顾客所产生的效果。

对于标准标志广告或者按钮广告，除了增加直接点击以外，调查表明，广告的效果通常表现在品牌形象方面，这也就是为什么许多广告主不顾点击率低的现实而仍然选择标志广告的主要原因。当然，品牌形象的提升很难随时获得可以量化的指标，不过同样可以利用传统的对比分析法，对网络广告投放前后的品牌形象进行调查对比。

（3）加权计算法。所谓**加权计算法就是对投放网络广告后的一定时间内，对网络广告产生效果的不同层面赋予权重，以判别不同广告所产生效果之间的差异**。这种方法实际上是对不同广告形式、不同投放媒体，或者不同投放周期等情况下的广告效果比较，而不仅仅反映某次广告投放所产生的效果。

显然，加权计算法要建立在对广告效果有基本监测统计手段的基础之上。

▶【同步案例 6-3】

加权计算法测定网络广告效果

背景与情境：某公司对投放的网络广告效果进行评估：第一种情况，在 A 网站投放的 BANNER 广告在一个月内获得的效果为：广告点击数量 5 000 次，产品交易 100 次（件）；第二种情况，假定在 B 网站投放的 BANNER 广告在一个月内获得的效果为：产品销售 120 件（次），点击数量 3 000 次。

问题：如何判断这两次广告投放效果的区别呢？

分析提示：为产品销售和获得的点击分别赋予权重，根据一般的统计数字，假定每 100 次点击形成实际购买次数为 n，那么可以将实际购买的权重设为 1.00，每次点击的权重为 n%，广告主可以获得的总价值为：

$$实际购买次数 \times 1.00 + 实际点击次数 \times n\%$$

由此计算比较两种情况下公司总价值。权重的设定，对加权计算法的结果影响较大。因此，如何决定权重，需要在大量统计资料分析的前提下，对用户浏览数量与实际购买之间的比例有一个相对准确的统计结果。

■ 本章内容结构图

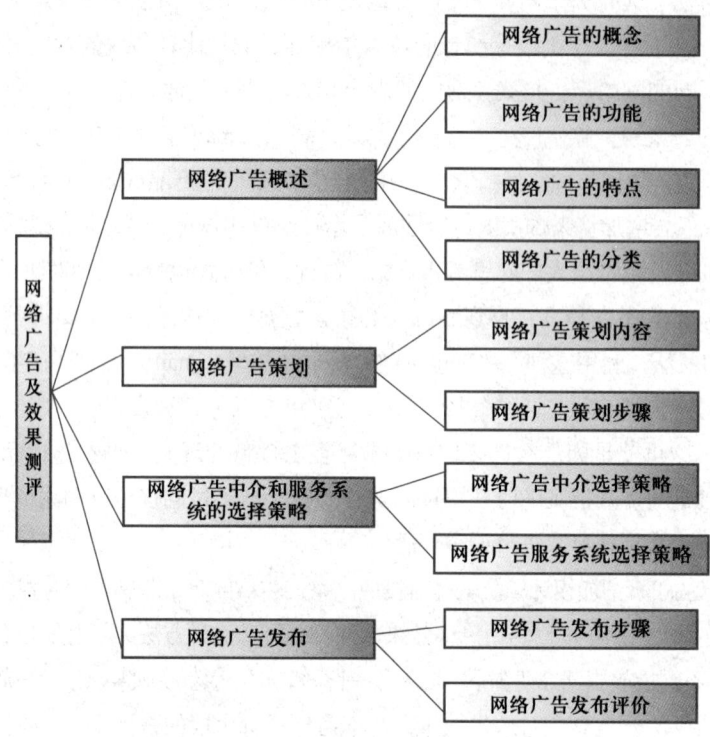

■ 主要概念和观念

□ 主要概念

网络广告　网络广告中介　网络广告服务系统

□ 主要观念

网络广告策划　网络广告的评估方法

■ 重点实务和操作

□ 重点实务

网络广告策划　网络广告中介及服务系统选择　网络广告发布与评估

□ 重点操作

"网络广告营销"知识应用

■ 习题和训练

□ 理论题

▲ 客观题

△ 选择题

○ 单项选择

1. 美国《热线杂志》何时卖出了全球第一个网络广告（　　）。
   A. 1994 年 1 月　　　　　　　　　　B. 1994 年 8 月
   C. 1994 年 10 月　　　　　　　　　 D. 1994 年 12 月
2. 网络广告的最大优势是（　　）。
   A. 主观性　　　　　　　　　　　　B. 可测量性
   C. 客观性　　　　　　　　　　　　D. 可控制性
3. ISP 是指（　　）。
   A. 因特网接入提供商　　　　　　　B. 因特网内容提供商
   C. 在线服务商　　　　　　　　　　D. 网络服务提供商

○ 多项选择

1. 网络广告的特点有（　　）。
   A. 交互性强　　　　　　　　　　　B. 覆盖范围广
   C. 可准确测量　　　　　　　　　　D. 成本低廉
   E. 时效性长
2. 下列属于网络广告的形式的有（　　）。
   A. 户外广告　　　　　　　　　　　B. 新闻组广告
   C. 分类广告　　　　　　　　　　　D. 电子邮件广告
   E. 电子书广告
3. AIDA 法则包括（　　）。
   A. 注意　　　　　　　　　　　　　B. 兴趣
   C. 欲望　　　　　　　　　　　　　D. 偏爱
   E. 行动

△ 判断题

1. 旗帜广告是最常见的网络广告形式。（　　）
2. 网络广告的缺点是受众数量难以统计。（　　）
3. 转化率是进行网络广告评价的最基本指标。（　　）

▲ 主观题

△ 简答题
1. 简述何为网络广告的五要素。
2. 简述网络广告的优点有哪些。
3. 简述网络广告中介有哪些。

△ 论述题
1. 试述选择网络广告服务系统的必要性。
2. 试述 ISP 及其选择应考虑的因素。

□ 实务题

▲ 规则复习
1. 网络广告策划包括哪些步骤?
2. 网络广告发布包括哪些步骤?
3. 登录国内的著名网站及电子商务网站,了解并阐述目前网络广告的目标、内容、形式、发布及效果等情况。

▲ 业务解析
1. 分析企业选择 ISP 时应考虑的因素。
2. 分析网络广告效果评估的指标与方式。

□ 案例题

▲ 案例分析

耐克的网络广告策划书

背景与情境:耐克公司于 2000 年推出的网上推广专卖店《广告策划书》包括如下主要内容:
一、销售目标:耐克的名字和商标已经享誉全世界,现在,耐克公司想向网络用户宣传开设在加拿大的"运动员世界"中的耐克迷你店,增加销售量。
二、广告对象:年轻人。
三、广告地区:主要是加拿大及其他地区。
四、广告战略、战术:为了达到目的,利用国际互联网的互动性和图形功能制作了网幅广告和一个网站。设立网站,目的是建立知名度并传达产品信息,网站由设置在 active.com、cbc.ca、ctvsportsnet.ca、montrealplus.com、rcf.ca、rollingstone.com、sympatico.ca、toronto.com、tribute.ca 和 tsn.ca 上的广告来推广。用四个不同版本的广告在夏天轮流投放各 5 个星期。其中一个版本以赢取 500 元耐克购物券为号召，并直接链接到网站上；其他几个版本截取运动员训练的一个片断并配上一句广告语"永远没有太早 / 太强 / 太多"，这句话与网站的网址交替出现在广告上。为了吸引年轻的访问者，网站使用了各种设计元素如挖苦式的导语、嬉皮音乐、游戏式的表现方法和多彩的形象等，试图使网站充满互动性和乐趣，并以刺激的方式传达讯息。网站的导入页面在强劲的电子音乐中表现了几个出入大脑的句子。耐克针对青年群体突出嬉皮而积极的态度，如"很疼，好，一定是起作用了"和"我的短裤还在洗手池里……赤着身子去"等。进入网站的访问者将会受到鼓励，通过把运动员们的"泡泡"照片进行拼接来得到产品的详细信息。访问者还可以操纵鼠标在"quick-time 虚拟现实部分"从各种角度观看产品或进行商店定位。

五、广告时间：5 月 1 日——6 月 10 日。

六、广告预算：包括项目说明、开支内容、费用、总计；购买媒介有网站、网幅广告各 ×× 万美元；促销活动有网上竞赛、反馈问卷各 ×× 万美元。

问题：结合耐克的网络广告策划书，说明网络广告策划应包含哪些内容？

分析要求：同第 1 章本题型的"分析要求"。

▲ 决策设计

制定网络广告营销方案

背景与情境：某公司是新成立的一家旅游公司，规模较小，知名度不高，没有相应的公司网站。针对即将到来的国庆假期该公司拟推出红色旅游精品路线项目。目前希望通过网络广告的形式进行营销宣传。

问题：如果你是该旅游公司的决策者，你打算如何制定"基于'网络广告营销'知识应用"的网络广告营销方案。

设计要求：同第 1 章本题型的"设计要求"。

▲ 道德研判

网络成虚假广告重灾区

背景与情境：网络成为了虚假广告滋生的土壤。国家工商总局广告监督司副司长王树军日前表示，国内门户网站和搜索引擎中违法广告近年查处量不断增长，2012 年国内查处违法互联网广告增长 104%。在中国消费者报主办的网络搜索引擎座谈会上，国家工商总局方面称，网络广告已经成为当下不容忽视的问题，尤其是药品、医疗、保健食品等领域违法虚假广告更是越发严重。2013 年央视 3·15 晚会上，更是曝光了高老太降糖贴、慕容氏糖贴、丁三怪拔喘膏、平老太降压贴等大量虚假广告产品，通过包装称"神医"向消费者兜售。这些药并未在实体店销售，而是通过电视以及在个别门户网站上的广告宣传，当网友被夸张的广告吸引后，再配合上搜索引擎上搜索出的众多结果，证明高老太的传说确有其事，一个"精心策划"的陷阱就等着网友往里钻。作为时下最火热的互联网应用，微博更是难逃不法分子的"魔爪"。根据金山网络旗下产品金山毒霸和猎豹安全浏览器共同发布的《网购"火眼"微博打假运营报告》指出，金山毒霸和猎豹安全浏览器在过去 4 个月拦截微博虚假广告多达 100 万条次，共发现 8 万余微博大号从事过虚假广告营销，知名品牌香奈儿被假冒高达 33 万次。由此可见，现在人们上网最常登录的门户网站和搜索引擎，乃至互联网应用中，都充斥着大量违法的虚假广告，互联网已经成为违法虚假广告发布的重灾区。

（资料来源：网络成虚假广告重灾区［N/OL］.通信信息报，2013-3-25［2014-08-08］. http：//www.cnii.com.cn）

问题：
1. 分析本案例中存在的道德伦理问题。
2. 试对上述问题做出你的道德研判。
3. 对照本教材"附录三"的附表 3 和网上调研资料，说明你的道德研判所依据的行业道德规范。

研判要求：同第 1 章本题型的"研判要求"

□ 实训题

"网络广告营销"知识应用

【实训目标】

见本章"学习目标"中的"实训目标"。

【实训内容】

专业能力训练：其领域、技能点内容及其参照规范与标准见表 6-1。

表6-1　专业能力训练领域、技能点内容及其参照规范与标准

能力领域	技能点	名称	参照规范与标准
"网络广告营销"知识应用	技能点 1	"网络广告策划"知识应用技能	1. 能全面把握本章"网络广告策划"知识。 2. 能应用"网络广告策划"知识，有质量、有效率地进行以下操作： （1）分析企业网络广告策划现状，分析其成功、不足与尚待解决的各种问题。 （2）提出优化建议和解决实际问题的方案。
	技能点 2	"网络广告中介和服务系统选择策略"知识应用技能	1. 能全面把握本章"网络广告中介和服务系统选择策略"知识。 2. 能应用"网络广告中介和服务系统选择策略"知识，有质量、有效率地进行以下操作： （1）分析企业"网络广告中介和服务系统选择策略"现状，分析其成功、不足与尚待解决的各种问题。 （2）提出优化建议和解决实际问题的方案。
	技能点 3	"网络广告发布"知识应用技能	1. 能全面把握本章"网络广告发布"知识。 2. 能应用"网络广告发布"知识，有质量、有效率地进行以下操作： （1）分析企业"网络广告发布"现状，分析其成功、不足与尚待解决的各种问题。 （2）提出优化建议和解决实际问题方案。

职业核心能力和职业道德训练：其内容、种类、等级与选项见表6-2；各选项的"规范与标准"分别参见本教材附录二的附表2和附录三的附表3。

表6-2 职业核心能力与职业道德训练的内容、种类、等级与选项表

内容	职业核心能力						职业道德					
种类	自我学习	信息处理	数字应用	与人交往	与人合作	解决问题	革新观念	职业观念	职业情感	职业理想	职业态度	职业良心	职业作风	职业守则
等级	高级	高级	高级	高级	高级	高级	高级	内化级	内化级	内化级	内化级	内化级	内化级
选项	√	√		√	√	√		√		√		√	√	√

【实训任务】

1. 对专业能力的各技能点，依照其"参照规范与标准"实施基本训练。
2. 对职业核心能力选项，依照其"参照规范与标准"实施"高级"强化训练。
3. 对职业道德选项，依照其"参照规范与标准"，实施"内化级"相关训练。

【组织形式】

1. 以小组为单位组成营销团队。
2. 结合实训任务对各营销团队进行适当的角色分工，确保组织合理和每位成员的积极参与。

【情境设计】

各营销团队就第一次实训选定企业或者校内实训基地，结合课业题目，从"'网络广告营销'知识应用"的视角，对该企业（或学校专业教育实训基地）网络广告营销决策及业务运作现状进行调查研究，分析其成功经验与不足之处，在此基础上提出《网络广告营销方案》。通过系统体验各项相关操作完成本次实训的各项任务，撰写相应《实训报告》。

【实训时间】

在讲授本章时选择周末休息日。

【操作步骤】

1. 各营销团队就第一次实训选定企业或者校内实训基地，结合本实训任务进行适当的角色分工。
2. 各团队结合实训任务、情境设计和课业题目，讨论和制订本次《实训计划》。
3. 各团队实施《实训计划》，应用"网络广告营销"知识，系统体验如下操作：

（1）依照"技能点1"的"参照规范与标准"，分析企业网络广告策划现状，分析其成功、不足与尚待解决的各种问题并提出优化建议和解决实际问题的方案。

（2）依照"技能点2"的"参照规范与标准"，分析企业"网络广告中介和服务系统选择策略"现状，分析其成功、不足与尚待解决的各种问题并提出优化建议和解决实际问题的方案。

（3）依照"技能点3"的"参照规范与标准"，分析企业"网络广告发布"现状，分析其成功、不足与尚待解决的各种问题并提出优化建议和解决实际问题方案。

4. 各团队总结上述操作体验，撰写《××企业网络广告营销优化方案》。

5. 在上述"专业能力"的基本训练中，融入"职业核心能力"的"高级"强化训练和"职业道德"的"内化级"相关训练。

6. 各团队综合以上阶段性成果，撰写《"'网络广告营销'知识应用"实训报告》。其内容包括：实训组成员与分工；实训过程；实训总结（包括对专业能力训练、职业核心能力训练和职业道德训练成功与不足的分析说明）；附件（指阶段性成果全文）。

7. 在班级讨论、交流和修订各团队的《实训报告》，使其各具特色。

【成果形式】

实训课业：《"××企业'网络广告营销'知识应用"实训报告》。

课业要求：

1."实训课业"的结构与体例参照本教材"课业范例"中的范例综-4。

2. 将《实训计划》和《××企业网络广告营销优化方案》以"附件"形式附在《实训课业》正文之后。

3. 在校园网的本课程平台上展示经过教师点评的班级优秀《实训课业》。

■ 单元考核

考核要求：同第1章"单元考核"的"考核要求"。

第7章 移动营销

通过本章学习，要求达到以下目标：

▶ 理论目标：学习和把握移动电子商务的概念、特点和类型，移动营销的概念、特点和类型，短信营销的概念、特点和类型等陈述性知识；能用其指导"移动营销"中的相关认知活动。

▶ 实务目标：学习和把握移动营销工具使用、短信营销实施、无线广告营销的实施等程序性知识；能用其规范"移动营销"中的相关技能活动。

▶ 案例目标：运用本章理论与实务知识研究相关案例，培养在与"移动营销"相关的业务情境中分析问题、决策设计和道德研判能力。

▶ 实训目标：参加"'短信营销'知识应用"的实践训练。在了解和把握本实训相关技能点"规范与标准"的基础上，通过系列技能操作的实施，相应《实训报告》的准备、撰写与交流等有质量、有效率的活动，培养"移动营销观念及其实施知识应用"的专业能力和相关选项的职业核心能力（高级），强化职业道德（内化级）教育，促进健全职业人格的塑造。

▶ 引例

家乐福成功运用短信营销

背景与情境：成立于1959年的家乐福集团是大卖场业态的首创者，是欧洲第一大零售商，世界第二大国际化零售连锁集团。拥有1万多家营运零售单位，业务范围遍及世界30个国家和地区。集团以三种主要经营业态引领市场：大型超市、超市和折扣店。此外，家乐福还在一些国家发展了便利店和会员制量贩店。2004年集团税后销售额增至726.68亿欧元，员工总数超过43万人。2005年，家乐福在《财富》杂志编排的全球500强企业中排名第22位。家乐福1995年进入中国，在北京开设了全国第一家超大型连锁卖场。如今，家乐福卖场已经成为中国内地最大的连锁卖场之一。

家乐福集团在运作的过程中极其注重员工之间的沟通和员工的培训提升。过去，家乐福使用传统的方式进行沟通，速度和效果都不甚理想，公司的最新理念和措施无法快速传达给每一个员工，这使得机构变得愈加庞大而臃肿。家乐福急需找到解决问题的方法。2009年，家乐福首次携手九橙移动，运用最新的短信沟通方式，将各种信息及时传达给每一个员工，大大加快了公司的运作速度。同时，通过短信进行的员工培训也大大增强了员工的凝聚力和积极性。通过短信群发发送的广告信息比原有的邮寄DM、报纸媒体广告等减少了80%以上的成本，而且信息到达率高、回馈效果好。经过一个月的使用，公司的利润额有了5%的增长。而以短信业务进行的老客户服务，大大增强了客户的黏度，促进了客户的再次消费。

如今，家乐福正在与九橙进行进一步的洽谈，希望把视频会议、Pushmail等移动商务模式引入公司运作之中。

（资料来源：家乐福成功运用短信营销［EB/OL］.［2014-08-08］. http://www.9orange.net/casesinfo33.html）

家乐福将营销领域扩展到短信营销领域，实质上是将商务活动扩展到了移动商务，使得企业的影响力提升到了一个新的高度。开展移动商务，需要对移动商务原理和运营模式有详细的了解，这样才能保证移动营销策略对企业的运营有更好的帮助。本章将系统介绍移动商务开展的运营模式和基本原理。

▶ 7.1 移动商务概述

▶ 7.1.1 移动商务的概念

移动商务是指在网络信息技术和移动通信技术的支持下，在手机等移动通信终端之间，或移动终端与PC等网络信息终端之间，通过移动商务解决方案，在移动状态下进行的便捷的、大众化的，具有快速管理能力与整合增值能力的商务活动。可见，移动商务仍然是电子商务的范畴，只是借助移动终端工具，达到商务活动目的。但是，移动商务又和传统手段的电子商务有明显的区别，其利用了移动通信网络进行数据传输，并且利用移动终端开展电子商务活动，所以也是电子商务的一种新模式。

移动商务的最大特点是利用了移动终端。由于移动终端的多样性，移动商务无处不在，最为常见的移动商务包括移动支付、无线CRM、移动股市、移动银行与移动办公等。移动商务可以提供的服务种类有PIM（个人信息服务）、银行业务、交易、购物、基于位置的服务（Location based service）、娱乐等。就中国移动而言，推出的服务就有手机银行、手机炒股、手机彩票、GPS位置服务、移动OA、UM（统一消息服务）、PIM（个人信息管理）、WAD（无线广告）等移动电子商务服务。

移动商务与传统通过电脑（台式PC、笔记本电脑）平台开展的电子商务相比，拥有更为广泛的用户基础。在我国，有10几亿手机用户和数目众多的PDA（Personal Digital Assistant，个人数字助理），这些移动终端构成了移动商务巨大的潜在市场，移动商务时代正向我们走来。

通信技术的不断进步与发展促生了移动商务。传统的电子商务是指利用互联网技术进行的在线交易和相关作业活动的业务，其在计算机与通信网络基础之上完成商务活动。而随着通信技术的发展，大量的移动互联网终端不断涌现，如移动互联设备（MID）、上网本、智能手机等，使得商务活动进一步拓展到无线领域，这就是移动商务。移动商务模式的出现，也是商务模式的一种创新。相对于传统的商务模式而言，移动商务模式通过移动终端与企业管理后台对接完成商务活动，突破了传统商务活动的时空限制，使得商务活动随时随地即可完成，是商务模式的一种新模式。未来移动商务将有一个广阔的发展空间。

移动商务的参与者可以是个人、企业和政府部门。个人可以使用移动设备随时随地地浏览网页，进行查询信息等一切与互联网相关的活动；企业用户可以通过移动商务发布信息，进行网络办公或者其他商务活动；政府部门同样可以借助移动商务进行网络办公、发布信息等活动。

▶ 7.1.2 移动商务的特点

移动商务作为电子商务从有线通信到无线通信、从固定地点的商务形式到随时随地的商务形式的延伸，标志着新一轮商务革命的开始，具有良好的发展前景。相对于传统的电子商务，移动商务的最大特点是"随时随地"和"个性化"。传统电子商务让人们感受到了足不出户的购物、支付、享受客户服务的便利和乐趣，但是它受限于网络线路和台式电脑携带不便等因素。而移动商务的出现，弥补了传统电子商务的缺憾，人们可以随时随地感受新型商务模式带来的方便和乐趣。

移动商务作为一种新型的商务模式，是电子商务在无线领域的拓展，与其他商务形式相比，有如下特点：

1. 随时随地

电子商务营销模式的出现，打破了商务活动的空间限制，商务活动双方不需要面对面，足不出户即可通过计算机和有线网络开展商务活动。而移动商务的出现，使得商务活动的双方更加自由和方便。由于移动商务利用移动设备与远程终端进行数据通信开展商务活动，加上移动设备体积小、便于携带等人性化设计的特点，用户可以随时随地开展商务活动。

2. 用户规模大

中国移动在2014年1月20日公布的一份运营数据显示，截至2013年12月，中国移动的移动用户数累计达7.672 06亿户，中国联通的移动用户数累计达2.809 83亿户，中国电信的移动用户数累计达1.854 7亿，三家公司的用户总计达13.3亿，近乎国内人均拥有电话一部，可见以移动设备为工具的移动商务在中国具有良好的群众基础。

3. 身份确定性

利用PC机接入互联网，虽在申请入网时有身份确认过程，但是由于PC机的公用性或者使用其他技术隐匿身份，常常导致身份确认形同虚设。而移动设备入网时不但进行身份确认，还在使用过程中利用设备内置的ID确认设备。一般而言，移动设备由单独的个体使用，结合GPS定位系统，可以很方便地识别用户并有目的地与使用者进行个性化信息交互。

4. 可定位性

利用GPS定位系统可以轻松识别移动设备所处的地理位置，利用这项技术，移动商务提供商能够更好地与某地理位置上的用户进行信息的交互，获得更多商机，充分展现出移动商务特有的魅力。

▶【同步案例 7-1】

> **小区短信在第十一届世界女子垒球锦标赛上的运用**
>
> **背景与情境**：第十一届世界女子垒球锦标赛举行期间，到北京丰台体育中心现场观看开幕式和比赛的观众，都意外地收到了人性化的服务短信，为激烈的比赛增添了许多温馨的色彩。比赛开始前，组委会给进入体育中心比赛现场的观众发送温馨问候语和文明提示语；比赛结束时，组委会给观众发送疏导交通、介绍乘车地点的服务短信；同时，组委会还按照不同人群发送不同的服务短信，如为新闻媒体记者发送各类通知，根据志愿者的职责不同发送短信通知等。通过小区短信的方式开展服务，许多观众都觉得很亲切，认为比起过去生硬的说教让人更能接受。同时赛后发送的疏导交通、介绍乘车地点的服务短信让他们觉得很方便。还有观众打来热线，希望除了在体育场，在剧场、影院等集会场所也能看到这类绿色服务短信，并期望在规模较大的活动中能让这些绿色短信发挥更大的作用。
>
> **问题**：小区短信体现了移动商务中的什么特点？
>
> **分析提示**：案例中短信的发放范围仅限北京丰台体育中心，充分体现了移动商务"可定位"的特点。移动商务提供商运用技术手段，能够定位到达该范围的移动设备用户，并向其发送短信。

5. 定制化

移动商务提供商可以根据移动终端持有者的个人需要提供相应的服务，即持有者可以对提供者提供的业务或者服务进行定制，如目前中国移动提供的手机报业务、天气预报等相关服务。定制服务，使移动终端持有者有选择服务的权利，充分体现了服务中的人性化特点。同时，移动服务提供商为不同的客户提供个性化的服务，能够更好地定位客户。

▶ 7.1.3 移动商务的类型

随着信息技术的高速发展，移动商务相关的新技术不断涌现，移动商务也快速地在各行各业得到广泛的应用。常见的有下列类型：

1. 信息类

移动商务提供商提供一些针对性的信息供用户选择接收并收取费用，针对性的信息有新闻、天气预报、生活服务、财经、股市行情等。这类商务活动中的信息由移动商务提供商依据客户的实际需要收集加工而成，并让客户有选择性地定制，然后才有针对性地将相关信息投放到客户的移动终端中。该类服务模式，充分强调了客户的用户体验，相较于"拉入式"做法而言，更容易被客户所接受。

2. 信息管理类

移动设备的大量普及和移动技术的高速发展，为人们通过移动终端管理远程信息提供了强有力的技术基础。信息管理类移动商务就是指通过移动终端，打破时空限制，访问远程信息系统，进行信息管理。由于其方便、快捷，深受人们喜爱。通过远程终端进行邮件管理、日程管理、电话簿管理等都是信息管理类商务的典型体现。

3. 娱乐类

娱乐类移动商务是指移动商务提供商提供一些娱乐项目供客户通过移动终端使用。娱乐项目涉及的内容很多，包括网络游戏、交友聊天、手机铃声下载、图像下载、彩信等。

4. 交易支付类

交易支付类移动商务是指人们利用移动终端进行交易的商务活动，如股票交易、交费、订票、购物、支付等。

5. 行业应用类

行业应用类移动商务是指移动商务活动有针对性地在某一行业开展，如企业办公、交通管理、公共机关、远程医疗咨询等。

6. 基于位置的服务

基于位置的服务是指提供商在对象位置信息方面开展的商务活动，如车载导航服务、宾馆酒店位置查询服务、对象的跟踪服务等。

7. 广告类

广告类移动商务是指提供商为客户对某些给定条件的移动终端发送广告的服务。早期由于技术限制，这类服务曾一度受到广告受众的强烈谴责，但是随着技术的不断发展和社会的进步，这类服务逐渐已被接受。

▶ 7.2 移动营销概述

▶ 7.2.1 移动营销的概念

移动营销，国外称 Mobile Marketing，美国移动营销协会将**移动营销**定义为：对介于品牌和终端用户之间作为通信和娱乐渠道的移动媒体的使用。移动营销由于在我国出现较晚，截至目前对其定义也不统一。其中最为代表性的定义是：移动营销是指利用移动终端为主要传播平台，直接向目标受众定向和精确地传递个性化即时信息，通过与消费者的信息互动达到市场沟通的目标。

营销活动转化为有效的销售过程包括进入视野、优势认知、关联喜好和购买冲动四个环节。所有的营销组合都在这四个环节中不同程度地发生作用，目的都是采用不同的营销策略使其转化为有效的销售，移动营销也不例外。移动营销在进入视野和购买冲动两个环节中具有特殊的优势，可以发挥更大的作用。在进入视野方面，移动营销可以通过短信群发的方式，让商品或者品牌在某段时间内进入数量众多的数据库客户视野；促销和折扣信息的发布，有效地催生了目标受众的购买冲动。可见，随着信息技术的发展和移动终端的普及，移动营销会成为不可忽略的营销手段之一。

移动营销利用后台强大的数据库系统支持，可以精确定位客户，对客户开展个性化服务，实施移动客户关系管理。移动客户关系管理系统的使用，可以方便地录入客户资料，定时进行客户关怀，根据行业需要按照客户消费习惯细分客户，从而帮助自己对消费者进行个性化营销。

移动营销的开展，可以使企业迅速提高品牌形象、扩大知名度；通过与用户的互动，增加对客户的进一步了解,进而收集到更为详尽的客户资料数据库;促销信息或者折扣信息的发送,能催生客户的购买冲动,进而提高销售水平;随时随地和用户进行沟通和交流,接受客户的投诉和建议,能够有效保持客户的忠诚度,增加客户的信任度。

移动营销在我国也迈出了重要的一步。2009年3月,中国互联网络信息中心(CNNIC)推出无线网址移动营销平台,该平台提供"WAP企业门户、无线营销、无线客服"的移动推广服务。企业可根据无线网址自助建站模板创建企业WAP门户网站;注册无线网址的企业,可通过无线网址移动营销平台所提供的功能,实现移动互联网上与目标用户的沟通和宣传;企业可以通过无线网址快捷访问到企业短信平台的用户简历客服数据库,分析用户行为,挖掘用户需求;无线网址通过提供多种移动营销功能,帮助企业更好地了解用户需求,实现了将潜在用户转化成真实客户的移动精准营销。可见,在移动互联网时代,手机作为最便捷和私密的通信工具,成为企业精准营销最适合的载体。而CNNIC无线网址的移动营销平台契合手机这一特质,帮企业实现了在移动互联网上吸引目标客户、转变潜在客户、实现真正购买这个环环相扣的营销过程。

▶【同步案例 7-2】

麦当劳"夜亮了"移动营销案例

背景与情境: 2013年,麦当劳推出了一款名为"夜亮了"的活动APP。2013年6月10日至2013年7月9日的每日17:00至次日5:00,凡打开APP并点击"ON"键参与到其中的互动游戏环节的受众均可获得麦当劳优惠惊喜。本次活动一共开设了五个游戏内容:第一个是"抓流星",玩家需在活动期间的每日17点至次日5点的每个整点前后,抓住灿烂星空中随机划过的流星,即可获得优惠惊喜。第二个是"找星座",玩家需搜索布满星座的星空,找出并点击全新的麦当劳星座,即可获赠优惠券。第三个游戏是"麦派对",玩家需拉上好友一起到麦当劳门店一公里范围内,进入"麦派对"点击"PLAY"键后,晃动手机,在规定时间内与好友一起摇亮星星并分享给更多好友,即可获得免费美食。第四个是"星空分享",玩家需进入"星空分享",拍下看到的璀璨星空并分享给好友,即可获得优惠券。第五个是"我的星范",玩家需进入"我的星范",用独家滤镜拍下自己或好友的靓照,秀出亮夜星范。

APP移动营销,为麦当劳打了一场漂亮的全新营销战役!

(资料来源:佚名. 麦当劳"夜亮了"移动营销案例. 声屏世界·广告人,2013:8)

问题: 麦当劳"夜亮了"活动获得成功的原因是什么?

分析提示: 麦当劳此次活动的实施,顺应了时下移动营销的热潮,迎合了时下受众的网络接触习惯,增强了企业与受众的互动性,增加了用户体验,进而提升了用户忠诚度和活跃度。

▶ 7.2.2 移动营销的特点

移动营销是一种全新的营销模式,具有如下一些特点:

1. 营销范围全球性

网络的全球互联共享性和开放性，决定了网络信息的无地域、无时间限制的全球传播性，由此也决定了移动营销的全球性。

2. 互动性

即时通信软件如 QQ、MSN、旺旺等，使得交易双方可以在交易过程中进行充分的沟通以便达成共识，交易过后也可以使得买方得到实时客服；交互式网页如论坛、博客、帖吧等也使得交易双方能够在交易过程中或者交易后打破时空限制就一些交易问题进行交流。

3. 低成本性

网络资源的广域性、交易双方的最短连接性、市场开拓费用的低廉性、无形资产在网络中的延伸增值性，都使得交易成本大大降低。另外，通过移动终端进行信息交流和沟通，可以减少传统营销中耗费的实物费用（如广告品的印刷费用等），使得交易成本降低。

4. 较强的针对性

移动营销中，移动广告的目标受众是明确的，广告是由受众自己预定的，所以受众也对广告信息感兴趣，因此广告可以直接命中目标受众，具有较强的针对性。在实践中，可以对这些受众进行明确分类，对不同类别的受众推出不同的内容，使得移动营销的开展具有更强的针对性。

5. 整合性

网络的开放性，决定了从业者的广泛性，由此也决定了移动营销不但可以对传统营销的多种营销手段和营销方法进行整合并在网络上体现，还可以对整个网络上传播资源进行整合。

▶ 7.2.3 移动营销的类型

1. PUSH 模式

PUSH 模式指的是企业通过特定的号码直接向用户发送短信或彩信的形式。有些企业是通过在移动运营商那里申请的统一号码发送，有些企业则是用特定的手机号码向自己所掌握的用户群号码直接发送，当然后者的发送范围较为有限，且违规情况较多。

PUSH 模式中应用最广的为短信营销。短信营销占移动营销很大份额的原因在于它的费用低廉、潜在广告对象群体巨大，并且可以大大提高手机广告运行的速度。短信的文本远远比无线上网文件小，无论是传输过程、打开速度，还是存储容量，都是很大的节约。短信营销中比较亮丽的一道风景线就是小区短信营销，简单讲就是说在特定的区域（如机场、车站、卖场、酒店、旅游景点）、特定时间（如活动、促销、开业），对特定人群（如本地、外地移动用户）发送特定短信的无线增值服务。它的特点是快捷、高效、准确。比如，在广州北京路商业街附近就会收到关于这个商业街某些店铺的广告信息。这种模式非常适合区域化商户的促销，尤其是各类的传统商户，运用移动定向、定位技术将大大提升营销效果。

由于短信业务在 2G 取得的成功，移动运营商将目光迅速投向了 MMS。中国移动早在 2002 年 9 月份就推出 MMS 业务。这种业务最大的特色就是支持多媒体功能，能够传递功能全面的内容和信息，相比于原有的普通短信，除了基本的文字信息以外，更配有丰富的彩色图片、声音、动画、震动等。通过彩信的方式，企业可发布产品图片、电子优惠券和企业 logo 形象等。PUSH

模式的好处在于可直接将企业的营销信息迅速发给用户,且覆盖率较广。但如果企业对信息的内容、信息发送的时机把握不好的话,容易引起用户的反感。比较普遍的情况是用户对自己所不感兴趣的信息,会在仔细阅读前就把它删除。因此无论企业采取何种方式来推送信息,最好应建立许可与退出机制,如在给消费者发送第一条信息时,应提示其可以通过某种方式避免以后接收该公司类似的信息。这样企业在接收到拒收信息后,就会把用户的个人资料加入它们的屏蔽名单中,以后该消费者就不会再收到类似的信息了。这既保证了以后信息发送的有效性,也增强了用户对企业的友好感。

2. 企业自建 WAP 网站模式

简单地说,WAP 服务就是手机直接上网,通过手机浏览器浏览 WAP 站点的服务。无论你在何地、何时,只要你使用具有 WAP 功能的移动终端,连接到一个与因特网相连的 WAP 网关,就可以像桌面用户一样随时随地随身访问互联网,享受无穷无尽的网上信息或者网上资源。WAP 其实就是一个小互联网,互联网能实现的功能,在 WAP 上一样能够实现,如:综合新闻、股市动态、天气预报、商业报道、在线聊天、在线游戏、下载铃声和彩图、电子商务、网上银行,以及移动搜索,等等。WAP 网站除了做广告,还可提供电子折扣。消费者主动上网获取电子折扣的形式可以帮助商家避免无效的打折浪费,以及打折信息传播方向单一和范围有限的问题。WAP 还可以通过网络技术的分析来帮助企业实现精确的促销。比如消费者在浏览手机产品信息时,该网站会向消费者发送手机产品的折扣信息,而且展示的形式也是多种多样,如运用流媒体等丰富生动的表现形式,这可以提高用户反馈的比例。

3. PUSH+WAP 模式

这种模式采用短信或彩信推送的形式加上无线网络的超链接形式进行移动营销。一条简洁的文字短信或直观彩信发送给手机,对该信息感兴趣的用户可以进行点击或链接进入无线网络的相关介绍,获得更详细更丰富的资料。一方面,可以节约企业的营销费用;另一方面,无线网络的点击率可以通过这两种手段轻而易举地计算并统计出来。进行点击的用户才是真正的有效受众。有效受众的确定,提升了营销信息的传播效力和价值,也为广告商的付费和后期用户管理提供了方便。

4. 手机搜索 +WAP 模式

这种模式通过一系列的关键词进行搜索,来获取企业 WAP 网站信息。这种模式的应用首先要求企业选择某一特定关键词,这一点是非常重要的,如果关键词选择不当,企业的目标客户将很难找到企业的网站和广告。关键词的选择要综合考虑企业名称、行业名称、产品、网站内容、竞争对手网站内容、用户使用关键词频率等多种因素。其次,企业要将 WAP 网站提交给搜索引擎公司,可选择几家重要的搜索引擎公司,这可使企业的网站获得较为高效的推广。

移动搜索引擎广告一般分为竞价排名和右侧赞助商连接。竞价排名是移动搜索的主要收入来源,是一种网络搜索引擎推广方式,它已经在互联网搜索产品的经营中取得了成功,并已经成为商家营销的重要手段。目前,很多商家都会购买若干个关键词,从而使自己在被搜索时能够获得靠前的位置。事实证明,排名靠前的企业能够获得更多的商机。右侧赞助商连接是指企业通过赞助搜索引擎公司,从而获得出现在搜索页面右侧的机会。为了更为有效地运用这一模式,企业需要对各家搜索引擎营运商及各类广告形式进行长期监控与研究,以选择更为合理的搜索引擎营运商、搜索引擎广告形式、付费方式,并进行效果监控以及成本控制等,从而使企业可以较低的成本获得较为丰厚的收益。

5. 企业自建互动营销平台

企业互动营销平台是在数据业务发展的基础上而发展起来的，主要是利用手机进行各种营销管理活动，包括收集信息、宣传企业、销售产品、维系客户关系等。由于手机的随身携带性、互动性、便捷性，手机相对于其他营销平台而言有了更为显著的信息传播优势，它使企业可以随时随地收集信息、传播信息等，以适应市场变化的需求。顾客通过这个平台可轻松获取对其有价值的信息，及时向企业反馈自己的感想和经验体会，并与企业交流等。

企业自建互动营销平台主要可以采取两种方式：一种方式是到移动运营商那里申请短信端口号，企业通过互联网连上移动运营商的网关，即可实现功能强大的短信群发功能。顾客通过编制指令发送到指定号码即可查询与反馈各种信息。另外一种方式是向移动运营商直接申请"企信通""集信通"等业务，由运营商来帮助企业搭建短信平台。如联通"双向集信通系统"是基于手机短消息的多功能双向信息发布平台，通过这个平台，各企事业单位可以面向客户发送各种商业短信，以无线形式实施市场宣传、信息发布、客户管理等。

6. 在知名 WAP 网站上宣传

随着移动营销的发展驶入快车道，其对企业的吸引力也越来越大。但面对陌生的领域，不少擅长传统营销方式的企业仍旧犹豫不决。其实，对于他们而言，除了短信、彩信的推送外，还有一种比较可行的方式，就是与知名 WAP 网站合作，在 WAP 上做信息宣传或开展互动营销活动。目前在国内比较知名的 WAP 网站有：移动梦网（http：//wap.monternet.com）、3G 门户（http：//wap.3g.cn）、空中网（http：//kong.net）、摩网（http：//wap.moabc.com）、手机新浪（http：//sina.cn）等。

▶ 7.2.4 移动营销的工具

移动营销的工具就是企业或者个人为实现营销目的而使用的与移动营销相关的各种网络技术、方法和手段。目前常见的移动营销工具有 WAP 网站、短信网址、移动搜索，下面分别介绍。

1. WAP 网站

WAP（Wireless Application Protocol）是无线应用协议的缩写，是一种实现移动电话与互联网结合的应用协议标准。WAP 网站就是支持 WAP 协议并提供 WAP 服务的网站，支持手机等移动设备直接上网，通过浏览器浏览站点内容。手机等移动设备可以通过标准的协议接入互联网，享受互联网带来的方便和丰富的应用：浏览信息、搜索指定的内容、处理和收发电子邮件、开展无线电子商务等。

WAP 网站对开展移动商务的企业来讲，是十分必要的。虽然 WAP 网站在图片、动画等表现形式上要弱于一般网站，但是其对于开展移动电子商务的企业来讲，还是能起到很大作用：

（1）通过 WAP 网站可以向公众传递企业的品牌形象、企业文化等基本信息。企业可以通过其 WAP 网站在全球范围内宣传自己的企业并打造与树立良好的企业形象，可以发布企业新闻、企业业绩、企业的基本信息等内容。更为重要的是，WAP 网站上的信息比任何传统的媒介都要迅速，可以使企业在最短的时间内发布最新的信息。

（2）通过 WAP 展示产品。企业在 WAP 网站上，需要表现的重点仍然是产品展示。移动客户访问企业的 WAP 网站往往想了解某个产品的详细参数或价格。所以企业在 WAP 上的产品展示，可选择企业的主要产品，对其各类参数或价格加以详细说明。同时，对于企业的新产品信息，也可以适当地加以介绍。

（3）通过 WAP 网站可以开展快速有效的客户服务。对于企业的客户服务而言，可能 WAP 网站比传统网站会更有效。客户服务包括客户咨询与投诉两个方面。通过企业的 WAP 客户服务平台，无论何时何地，客户均能通过手机对企业进行咨询或投诉。而企业对于客户的咨询或投诉能够快速响应，与客户建立起一对一的联系。

（4）通过 WAP 网站开展移动商务。通过 WAP 网站可以实现和用户在线贸易磋商、网上购物或者获得网上服务的业务功能，提供全天候的贸易服务。移动用户可以像通过 PC 机连入互联网一样，进入企业 WAP 网站进行浏览商品、选购商品，还可以通过无线移动设备进行支付。

（5）通过 WAP 网站收集客户信息。但凡浏览过企业 WAP 网站的移动终端，其持有者都是想了解企业的产品或者服务，他们也就是企业的潜在客户。由于移动终端身份确定性，WAP 网站可以通过记录移动终端来收集大量的客户信息，为企业的精确营销积累大量的客户数据。

WAP 网站所使用的语言是 WML（Wireless Markup Language），属于 XML 语言，语法和 xml 也一样。

WAP 网站的建设流程和普通网站的建设流程很相似，具体为：确定 WAP 网站类型—选择并申请 WAP 网站域名—架设支持 WML 语言的服务器—编写 WML 网页—上传 WML 网页，绑定域名。

目前，很多企业虽然没有开展移动电子商务，但还是抢注了自己的 WAP 网站域名，以防别人抢注。对于域名资源日趋紧张的今天，希望在移动商务方面有所发展的企业，最好还是要率先申请自己称心的域名，以便在移动商务领域抢占先机。

2. 短信网址

早期人们通过 PC 机访问互联网要记住访问网站的 IP 地址，十分不方便，最后催生了域名系统；WAP 网站的大量涌现，给无线终端持有者带来方便的同时，也同样遭遇到了寻址技术瓶颈的问题，短信网址也就应运而生。所谓短信网址，就是利用 SMS（Short Messaging Service）短信方式，为移动终端设备快捷访问无线互联网而建立的寻址方式。该技术是基于无线互联网的 IP 及域名体系之上的应用标准，它为企业用户提供了一个更加灵活的业务服务和营销接口。短信网址和互联网的中文网站类似，仅仅是将普通互联网平台换为移动互联网平台。在互联网网页地址栏里输入要查找的企业名字，就可以快速找到企业网站，进行浏览信息等互联网操作；短信网址借助移动互联网平台，用户只需将自己要查找的企业或者个人名字发送至 12114，只要该企业或个人注册了短信网址，手机用户就可以查询该企业或个人的相关信息，或者和它们进行互动。

短信网址的很多特点迎合了移动商务发展的需要，使得其在产生不久就得到了用户的普遍认可并大量使用。

（1）便携性。短信网址服务与移动终端紧密配合，依托移动网络"无处不在"的特点，为用户随时随地提供个性化定制服务。

（2）易用性。短信网址服务可以采用短信、彩信等方式直接进行业务互动，且使用规则简单，互动性强，为其快速应用和发展奠定了坚实的基础。

（3）表意性。短信网址服务使用容易理解记忆的自然语言，可以采用表意的文字作为引导关键字，容易记忆。

（4）可集成性。短信网址服务采用了开放的服务体系构架，具备了和传统信息服务进行快速集成的可能。

企业或者个人使用短信网址，可以向短信网址注册机构进行申请。2005年2月18日生效实行的《短信网址注册办法》规定：短信网址注册管理机构是MobNIC，即中国移动通信联合会短信网址联合信息中心，负责维护短信网址中央数据库并对短信网址注册服务机构进行服务认证和技术许可；短信网址注册服务机构按照公平原则和先申请先注册原则受理短信网址申请并对符合标准的短信网站进行注册；短信网址申请者可通过联机申请、电子邮件等方式向注册服务机构申请；申请者的申请内容应包含预申请的短信网址、短信网址的注册服务机构名称、申请者的详细信息、认证方式和密码等内容。通过申请并交纳一定费用，该短信网址就可以投入使用。自该办法发布之日起，国内一些企业如国美电器、上海大众等就捷足先登，率先被收录在短信网址数据库中。据统计，目前国内短信网址注册量已突破10万。

手机等移动终端使用短信网址的过程非常简单。如编辑短信内容"新网互联"到12114，手机会得到免费回复"感谢访问新网互连短信平台：一、公司简介；二、联系方式；三、服务内容"，如果回复"三"，就得到免费回复提示"域名注册、虚拟主机、企业邮箱、MOBI域名、短信网址、短信平台、WAP建站"。通过简单的几个短信传送，用户就可以清楚地知道新网互联提供的主要服务。当然，短信回复的信息可以更全面一些，比如加上企业的WAP网站地址等内容。

短信网址集企业品牌保护与寻址解析服务于一体，被称作"手机上的企业商标和门牌号码"。企业准备开展移动营销时还要提防作为企业移动门牌的短信网址被抢注。

▶【同步案例7-3】

短信网址在福建吉诺集团的应用

背景与情境： 福建吉诺集团在福州亿博网络技术开发有限公司的协助下，搭建了"福州学车"和"福建车市"两个移动商务平台，开辟了一条全新的招生途径，方便福建吉诺集团为学员提供咨询、报名等服务。吉诺驾校在福建《海峡都市报》分类广告"驾驶培训"一栏刊登了自己的广告，把开通短信平台这一消息公告于众，广告登出不到3天，就取得了反响，访问量高达到300多个，吉诺为此专门安排了一位工作人员，专职负责手机访问者的回访工作，免费提供咨询服务，并在打过的电话上面详细记录业务进展，跟进情况一目了然。福建吉诺集团评价短信网址是一个切实可以直接为他们带来效益的新兴工具！

问题： 短信网址为何能为福建吉诺公司带来效益？

分析提示： 短信网址充分利用了移动信息平台，使得福建吉诺集团可以将营销活动延伸至移动终端用户，增强了营销活动的互动性、实时性、有效性和便捷性，降低了办公及沟通的成本，提高了企业效益。

3. 移动搜索

移动搜索就是指通过手机等移动终端设备连接至互联网并进行信息搜索。其主要功能是帮助移动终端持有者查找信息。移动搜索具有方便、灵活、随时随地性等特点，不受时空的限制，拥有广阔的发展前景。在传统电子商务中，加入搜索引擎是推广企业网站的一个重要手段，移动商务也不例外。只有加入搜索引擎，企业网站才有机会被检索到并获得更多的商业机会。

只有对企业网站进行移动搜索引擎优化，才有可能被移动搜索引擎广泛收录。其特有的优化策略是为优化网站提供一个移动版本，其他优化策略可以借鉴普通网站的优化策略，如优化关键词与短语、使用包含关键词的内部锚链接、适当寻求同行网站的移动版本的友情链接等。

通过手机使用移动搜索引擎有两种方式：一种是 WAP 搜索。在手机地址栏输入 http：//wap.baidu.com（百度的 WAP 网址），即可在手机上开始百度搜索。另一种是 PDA 搜索。使用任意一款支持上网浏览 WWW 网页的手机，在手机地址栏输入 http：//pda.baidu.com（百度 PDA 网址），即可享用百度 PDA 搜索。对于开通 GPRS 网络的手机用户来讲，访问搜索引擎是免费的，但是要支付运营商网络流量费。

▶ 7.3 短信营销

▶ 7.3.1 短信营销的概念

短信营销即通过发送短信息的形式将企业的产品、服务等信息传递给手机用户，从而达到广告的目的。随着移动通信业务的发展，手机短信业务因其价格便宜、形式新颖、方便快捷，获得了广大手机用户的青睐。目前，短信服务早已融入人们的日常生活，并形成了一种独特的短信经济现象。在以客户为中心的经营理念大行其道的今天，很多大型企业都开发了以营销服务为目标的短信互动平台，在缩短客户距离、增强互动沟通的基础上，大大提高了客户的满意度及忠诚度。这种营销模式越来越受到众多企业的欢迎，短信营销时代的脚步正离我们越来越近。短信的即时、互动和随身特性以及低廉的资费决定了它在企业商务应用中的独特地位和不可替代性。越来越多的企业已经开始意识到其广阔的商务应用前景和巨大的商业价值。

▶ 7.3.2 短信营销的特点

短信成为一种新的大众媒体，与报刊、广播、电视等传统媒体及网络媒体广告相比较，具有以下特点。

1. 短信覆盖面广，用户群众多

短信广告群发的信息发布对象为中国移动、中国联通用户。与传统媒体的多选择性所造成的低浏览率、不可预计性相比，具有无可比拟的覆盖率高、覆盖面大的优势。

2. 短信发送简单，定位受众准确

短信广告抵达率高达100%。对于传统媒体广告而言，广告受众有极强的选择性和可回避性，这就使广告客户的资金随着受众客户的回避而付之东流，达不到预期的宣传目的和宣传效果。短信营销广告传播方式具有客户不可回避性。无论何时我们都可以向对方发送短信。

3. 短信发布快速，准确率高

传统的媒体需要制作、排版和编辑，而且只能在固定的时间发布，受到时空的限制。如果使用短信网关发送短信，发送速度很快。手机用户在全国各地都可以收到，遇有紧急的宣传活动，手机短信非常适合。

4. 短信发布成本十分低廉

在相同的受众群体下，短信的发布费用要比传统媒体的发布费用低得多。

▶ 7.3.3 短信营销的类型

短信营销，即通俗意义上的手机短消息群发、短信群发。随着基础网络的更新换代及手机普及，短信成为了新的随时随地随身的媒体。对企业来说，短信媒体是目标更集中、反馈率更强大的渠道。短信已成为更时尚、更快捷、更大范围吸引潜在目标用户的新颖活动，受到商家和最终消费者的欢迎。

短信营销根据其发送的内容，可以划分为不同的类型：

1. 客户关系的维护型

通过短消息群发，在节假日对新老客户进行问候。

2. 发放邀请函型

锁定目标群体，发送活动邀请函。

3. 活动通知或节目预告型

适合与体育、音乐、赛事相结合的品牌推广。

4. 产品促销型

消费者购买了商品，即可发短信参与抽奖。或参与了活动，即可发短信参加即时抽奖，享受免费铃声下载。此应用特别适合时尚商品、高科技消费类产品和需要在短时间内全国推广的促销活动。

▶ 7.3.4 短信营销的实施

从前述内容我们可以看出，短信营销的实质就是通过短信的形式将企业的产品、服务等信息传递给手机用户，以便获得更多的商业机会，进而开展商务活动。其实施大体可以分为下面三个步骤：

1. 短信号码的收集

企业要实施短信营销策略，必须拥有一定量的目标受众号码。当然，这些目标受众的号码是要得到用户认可的。不经过短信受众的认可而将其号码自动收录到系统数据库进行短信群发是不道德的，同时也是受众最为反感的宣传方式，它不仅不能达到短信发送的目的，反而损害了企业的形象。受众号码的来源渠道很多，不同行业或者类别的企业会有所不同。比如一个医疗机构，获得号码的渠道就有：病人在挂号时所提供的手机号码，病人咨询过程中所使用的手机号码，社区活动所收集的手机号码，健康讲座所收集的手机号码，等等。不管采用那种形式获得受众号码，得到其认可是必需的。

2. 短信内容的设定

信息内容是影响到营销效果的一个重要环节，不能向受众发送赤裸裸的广告。短信息的内容应该经过严格的设计和推敲，既要达到宣传的目的，同时又不令受众反感是短信营销追求的至高境界。仍以一个医疗机构为例，其营销短信内容可以设计为：××先生（小姐）请注意按时服药，如果发现不适情况，请及时来院咨询你的主治医生——××医院；××先生（小姐）你的××病现在情况如何，我院特聘××病专家，如有需要可以前来咨询专家——××医院。如此等等，既起到了短信营销的目的，又能得到受众的认可，何乐而不为呢？

3. 发送手段确定

就目前而言，发送短信的渠道非常多：通过移动或者联通申请短信号码，群发信息；购买硬件群发工具，插入 SIM 卡即可发送短信；向 SP 运营商申请接口，利用软件发送。当然，在确定发送手段时，应该对每种发送手段的效果进行详细的了解；否则，发送效果不好，将直接导致短信营销策略不能到达最佳境地。

短信营销的实施，其过程虽然简单，但是每个步骤都有其侧重点。收集号码要得到受众的认可，否则可能会得到相反的效果；内容设计不好，不但起不到宣传作用，反而会引起受众的反感；发送手段的选择阶段，要注意对每种发送方法的发送效果进行比较。

▶【同步业务 7-1】

> 某度假村欲采用短信营销的方式进一步开拓市场，请你为该企业设计实施短信营销策略的短信内容。
>
> **业务分析**：不同的场景配合不同的短信内容，能有力地促进营销的开展。
>
> **业务程序**：按照来度假村的客户的时点对客户进行界定，形成不同的场景，据此设计短信内容；按节日来划分，所有的客户有共同的节日和各自有意义的日子，也可以设计出不同的短信内容。
>
> **业务说明**：按照客户来度假村的时点，可以把客户分作潜在客户、到达客户、较长时间未来度假村客户，分别设计不同的短信内容：潜在客户可以设计凭短信享受优惠等内容；到达客户可以设计问候、天气资讯等内容；较长时间未来的客户可以设计一些征求其建议、对老客户优惠等内容。对于节假日，三类客户都可发些节日问候、祝福之类的短信。客户的生日是个别的，可以单独提醒。

▶ 7.4 无线广告营销

▶ 7.4.1 无线广告营销的概念

无线广告是无线营销中的重要内容。目前，业内对无线广告的称呼很多且不统一，主要有移动广告、手机广告、无线互联网广告等，但其内涵基本相同。无线广告是指以手机媒体为平台发布的广告。它可以针对分众目标，提供特定地理区域的、直接的、个性化的广告定向发布，其形式可通过手机短信、彩信、声讯、手机流媒体等多种手机增值服务来发布。

无线广告的形式多种多样，从表现形式上来看，目前主要包括短信广告、彩信广告以及 WAP 媒体广告等形式。随着未来手机媒体表现形式的多样化，如手机流媒体的普及，未来无线广告或许将出现手机视频广告形式。随着 WAP 内容的丰富化，以及基于 WAP 搜索引擎的流行，与互联网竞价排名类似的手机搜索类广告或许也将成为一种重要的表现形式。

无线广告将手机平台和广告有机地结合在一起，突破了传统的电视广告、报纸广告和网络广告等单纯依靠庞大的覆盖范围来达到营销效果的局限性，是"精准营销"在广告领域内的新突破，有效降低了广告主的营销费用，提高了用户对广告的满意度。无线广告主要有以下 6 个特点。

1. 个性化

移动终端是个性化的用品，人们通常通过用特别的铃声、图片或者待机铃声（彩铃）来进行个性化设置，包含了很多个人隐私。同时，电话号码如同身份证号码一样，结合个人的预留信息，为广告商提供了定向营销的可能性。

2. 实时性

实时性取决于发出信息的数量和运营商的网络状况，但基本上是在几秒，最多几分钟的时间内完成，基本上感觉不到时间差。广告主可以做到在合适的时间把合适的信息发送给合适的受众群体。

3. 直接性

移动通信提供的通信服务是个人对个人的。如果从业务链角度来讲，广告主能够直接面向广告受众，没有中介，没有代理商，也没有零售商。广告主所要传达的就是广告受众所接受的，而且在时间上是基本同时发生的，具有实时性。

4. 双向性

如同在互联网上，无线技术允许双向沟通，广告主可以和用户交谈或者聆听，甚至可以建议一种直接的接触关系。

5. 可靠性

广告主可以了解和监督信息是否有效地发送给目标受众，其发送率几乎可以达到 100%，这是传统的媒体无法比拟的。

6. 可测量性

移动提供了监测活动很便捷的手段，可以准确地监控回复率和回复时间，广告商可以随时调整营销策略。无线广告的可测量性甚至超过了传统互联网广告。

与固定互联网相比，无线互联网接入设备由于自身的特点限制，不可能将常规网络营销的方式全盘照搬到无线领域。从目前情况来看，移动营销的方式主要以无线广告为主，无线广告标准协会 WAA 于 2001 年 5 月 14 日首次发布的部分无线广告标准也是针对 SMS 和 GSM 网络发送信息的。无线广告针对于无线媒体而言，但不应与移动营销相混淆，无线广告的内涵要具体一些，无线营销的范围要宽得多，被认为是用新的方式与消费者建立联系。

从理论上说，无线广告具有一般网络广告同样的特点，比如更好的交互作用、可测量和可跟踪特性等，同时无线广告可以提供特定地理区域的直接的、个性化的广告定向发布，比传统网络广告显得更有优势。

▶ 7.4.2 无线广告营销的实施

1. 拉入式无线广告的实施

（1）判断自己是否适合做无线广告的广告主。较于电视、报纸、杂志等传统媒体不同，WAP 媒体具有强大的互动性。WAP 媒体上不再是单纯的己方文字陈述，还有注册、下载等需要用户参与的互动形式的内容，能够和用户形成高层次的互动。另外，通过 WAP 网站，作为广告主的企业能够获得参与者的手机号码、UA 等私人信息，进而可以有效地对受众细分和定位，从而能够实现有的放矢地与目标消费者进行深度沟通，销售产品和加强品牌忠诚度。由此，WAP 网站开展无线广告营销一时风靡起来。那么是不是所有的企业都适合在 WAP 网站上发布无线广告呢？对于即将开展无线广告投放的企业，首先要对这个问题有个清醒的认识。据有关数据显示，"目前 WAP 用户的主要特征是男性为主、18—24 岁、文化程度为高中至大学本科之间、学生或者白领、个人月收入在 3000 元以下"。虽然主流群体未必就是企业产品和服务的目标消费者，但是和目标受众的高度相关性产品和服务才能使广告达到最佳效果。因此，根据 WAP 用户特点，电子数码类、快速消费品以及汽车类企业成为 WAP 网站广告主的首选。

（2）自建 WAP 网站还是将广告投放到其他 WAP 网站以及选择什么样的 WAP 网站。自建 WAP 网站能够彰显 WAP 网站企业实力，便于目标受众的访问，对提高企业的知名度和企业形象有重要作用。但是，自建 WAP 网站由于其自身的知名度不高，一时难以形成很大的网站流量，还需要其他宣传推广方式的配合。

投放到其他 WAP 网站，就可以借助其他网站的高流量快速推广企业的产品和服务，这是目前采用比较多的一种推广方式。当然，在选择投放广告其他 WAP 站点时，首先要考虑的因素就是网站的知名度和企业的行业特点。如选择移动梦网、QQ、3GPP、KONG、SINA、SOHU、TOM、乐讯、WAP 天下等大型门户网站，由于其本身流量高，又有较高的知名度，很利于企业产品和服务的推广，深得用户的青睐。

（3）选择合适的广告位。WAP 网站首页广告的投放，一般会成为广告主的首选。首页的关注度、活跃度都要优于其他页面，但是其投放费用也是比较高的。有些情况下，其他相关内容的页面投放广告是一种不错的选择，高相关性和费用低廉也能在广告受众方面获得一定的平衡。

（4）设计无线广告内容。受访问者屏幕大小和无线传送速度等因素的影响，无线广告内容设计上应该狠下一番工夫的。简短的内容、简洁的画面是很多无线广告的典型特色。

（5）投放广告。将企业设计的无线广告内容设计好之后，就和 WAP 网站的经营者进行沟通，就共同关心的问题达成一致意见并签订协议，进而投放广告。

2. 推送式无线广告的实施

推送式广告或者说直接发送型广告包含会员直告、独立直告、区域直告、互动直告四种类型，它们的实施过程是相似的，下面仅就其共同步骤进行说明。

（1）确定目标受众。一般来讲，推送式广告的目标受众有确定的范围，因此，在进行推送式广告营销前首先要确定目标受众的范围。会员直告的范围是明确的，就是针对会员受众；独立直告的目标受众是广告主在争得移动终端持有者同意的前提下收集到的数据库中的受众；区域直告（小区短信）的目标受众是根据 GPRS 定位确定的目标受众。

（2）确定广告内容。企业根据营销需要，设定相应的广告内容。考虑到受众接收设备的限制，设计的广告的内容应该短小精悍、言简意赅，图片或者动画应简略些。

（3）投放广告。这类广告投放策略可供选择的方式较多，用户可以通过申请短信号码进行群发广告信息，或者购买硬件设备进行群发广告信息。

■ 本章内容结构图

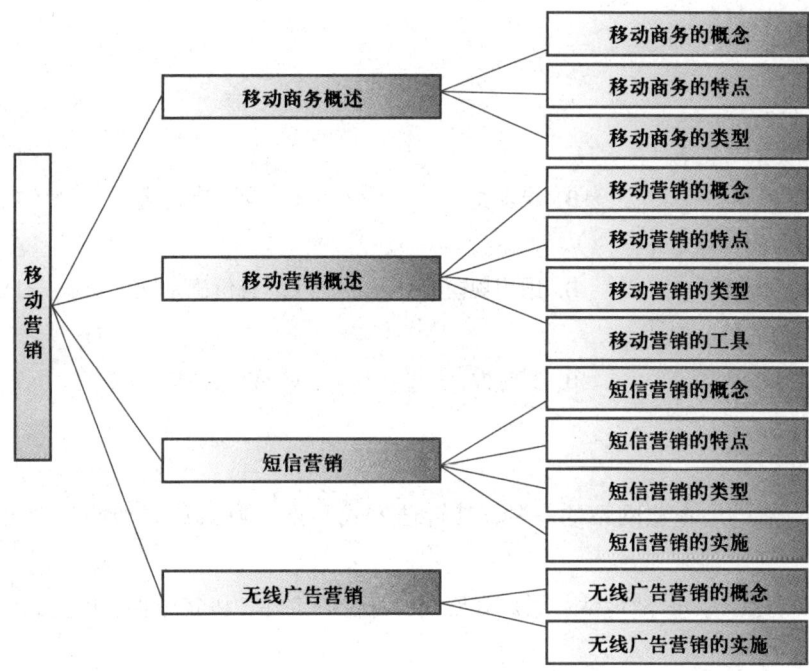

■ 主要概念和观念

☐ 主要概念

移动营销　短信营销　无线广告营销　WAP 网站　短信网址　移动搜索

☐ 主要观念

移动商务基础理论　短信营销观念

■ 重点实务和操作

□ 重点实务
移动营销策划　移动营销方案实施

□ 重点操作
"移动营销"知识应用

■ 习题和训练

□ 理论题

▲ 客观题

△ 选择题

○ 多项选择

1. 移动商务的类型有（　　）。
   A. 信息类　　　　　B. 娱乐类　　　　　C. 交易支付类　　　　　D. 位置类
2. 移动商务的特点是（　　）。
   A. 随时随地性　　　B. 用户规模大　　　C. 身份确定性　　　　　D. 可定位性
3. 无线广告的特征包括（　　）。
   A. 个性化　　　　　B. 实时性　　　　　C. 直接性　　　　　　　D. 双向性

△ 判断题

1. WAP网站也是企业网站的一种，其管理方式和推广方式和普通网站没有什么区别。（　）
2. 移动商务具有随时随地性、用户规模大、身份确定性、可定位性、可定制化五个特点。（　）
3. 移动营销具有互动性特点。（　　）

▲ 主观题

△ 简答题

1. 短信营销的特点是什么？
2. 什么是短信网址？
3. 什么是移动搜索？

△ 论述题

1. 为什么说移动商务是电子商务从有线通信到无线通信商务形式的延伸，是新一轮商务革命的开始？
2. 请说明企业自建 WAP 网站和将广告投放到其他 WAP 网站的区别和联系。

□ 实务题

▲ 规则复习

1. 简述拉入式无线广告营销实施的一般步骤。
2. 简述开展短信营销的具体步骤。
3. 简述移动终端使用短信网址的过程。
4. 请说明对企业 WAP 网站进行移动搜索引擎关键词优化策略有哪些。

▲ 业务解析

1. 某医疗机构欲进行无线广告营销，为了确定目标客户，在开展之前必须获得目标受众的移动设备号码。对此，你认为应通过什么样的方法获得呢？
2. 实施移动商务的企业应如何制订移动营销计划和移动营销方案。

□ 案例题

▲ 案例分析

发送"皖南农家"，品尝特色皖南农家菜

背景与情境：徽菜是八大菜系之一，有着悠久的历史。皖南农家酒店自进入上海以来，把正宗的徽菜带到上海滩的同时，也面临着广阔的市场和激烈的竞争。为了发展壮大自己，使自己的管理与营销更加完善，酒店请上海悠逸信息技术有限公司的推广顾问协助注册了"皖南农家"的短信网址，使企业从传统餐饮营销模式扩展到全新移动商务经营模式。

通过发送短信网址"皖南农家"到全国统一端口号码（106650120），客户可以很快地了解到徽菜的历史、特色，皖南农家酒店的地址、交通、优惠、活动，还可以用手机短信进行订餐、订座，参与皖南农家的抽奖活动。另外，皖南农家组织了很多的优惠、打折活动，把以前传统的站在大街上发优惠券模式，转变为发送手机短信优惠券，利用短信网址彩信的功能，集图片、声音、文字于一身，更加吸引顾客的眼球。广大新老顾客还可以通过访问"皖南农家"短信网址进行留言，向商家提出意见与要求，从而使商家能够在吸取建议的同时做得更好。皖南农家短信网址的应用，不仅扩大了自己本身的宣传，也给予很多业内同行非常大的启示。

问题：

1. 分析案例中"皖南农家"成功的原因。

2. 分析短信网址的成功使用需要哪些条件。

分析要求：同第 1 章本题型的"分析要求"。

▲ 决策设计

报刊媒体的困境

背景与情境：某报刊是一家地市级主管的报纸，曾经有过辉煌的历史。但最近几年由于网络的普及和电视媒体对市场的进一步占有，该报刊的发行量每况愈下，一度陷入困境。请根据本章所学内容，为其设计一个决策方案，使其快速增强自身竞争力。

问题：如果你是该报刊的决策者，你打算如何决策？

▲ 道德研判

群发短信获利 10 万两人获刑 8 个月

背景与情境：为赚取利润，购买短信群发机，柯某和杨某非法经营短信群发业务，从中获利约 10 万元人民币。近日，成都市青白江区检察院以涉嫌非法经营罪对柯某和杨某提起公诉，该区法院判处两人有期徒刑 8 个月。这也是四川省首起非法经营短信群发业务者被追究刑事责任的案例。

2013 年 3 月初，柯某与杨某打算购买短信群发机帮他人发短信赚钱。两人共同出资 109 000 元购买了设备。随后，他们将设备安装在一辆小车上，并停在繁华地段，致使周围 3 公里内的移动用户均能收到广告信息。短短 3 个月内，两人在没有取得短信群发许可的情况下，到成都、德阳、绵阳、广元等地"联系业务"，为商家群发广告促销信息，非法获利约 10 万元。

（资料来源：赵雨欣. 群发短信获利 10 万两人获刑 8 个月. 天府早报，2013-10-15）

1. 本案例中存在哪些道德伦理问题？
2. 请从"移动营销"角度对该案例做出评价。

研判要求：同第 1 章本题型的"研判要求"。

☐ 实训题

"移动营销"知识应用

【实训目标】

见本章"学习目标"中的"实训目标"。

【实训内容】

专业技能与能力：其领域、技能点内容及其参照规范与标准见表 7-1。

表7-1　专业能力训练领域、技能点内容及其参照规范与标准

能力领域	技能点	名称	参照规范与标准
移动营销知识应用训练	技能点1	"短信营销"知识应用技能	1. 能全面把握本章"短信营销"知识。 2. 能从"短信营销"的特定视角并应用相应知识，有质量、有效率地进行以下操作： （1）分析企业短信营销运作的现状，分析其成功、不足与尚待解决的各种问题。 （2）提出优化建议和解决实际问题的方案。
	技能点2	"无线广告营销"知识应用技能	1. 能全面把握本章"无线广告营销"知识。 2. 能从"移动营销实施"的特定视角并应用相应知识，有质量、有效率地进行以下操作： （1）分析企业"无线广告营销"运作的现状，分析其成功、不足与尚待解决的各种问题。 （2）提出优化建议和解决实际问题方案。

职业核心能力和职业道德训练：其内容、种类、等级与选项见表7-2；各选项的"规范与标准"分别参见本教材附录二的附表2和附录三的附表3。

表7-2　职业核心能力与职业道德训练的内容、种类、等级与选项表

内容	职业核心能力						职业道德					
种类	自我学习	信息处理	数字应用	与人交往	与人合作	解决问题	革新观念	职业观念	职业情感	职业理想	职业态度	职业良心	职业作风	职业守则
等级	高级	高级	高级	高级	高级	高级	认同级	认同级	认同级	认同级	认同级	认同级	认同级
选项	√	√	√	√	√	√	√	√	√	√	√	√	√

【实训任务】

1. 对专业能力的各技能点，依照其"参照规范与标准"实施基本训练。
2. 对职业核心能力选项，依照其"参照规范与标准"实施"高级"强化训练。
3. 对职业道德选项，依照其"参照规范与标准"，实施"认同级"相关训练。

【组织形式】

1. 以小组为单位组成营销团队。
2. 结合实训任务对各营销团队进行适当的角色分工，确保组织合理和每位成员的积极参与。

【情境设计】

各营销团队就第一次实训选定企业或者校内实训基地，结合课业题目，从"移动营销知识应用"的视角，对该企业（或学校专业教育实训基地）移动营销现状进行调查研究，分析其成功经验与不足之处，在此基础上有针对性地提出《××（表示实训单位名称）移动营销优化方案》，通

过系统体验各项相关操作完成本次实训的各项任务,撰写相应《实训报告》。

【实训时间】

在结束本课程授课后一周内进行。

【操作步骤】

1. 各营销团队就第一次实训选定企业或者校内实训基地,结合本实训任务进行适当的角色分工。

2. 各团队结合实训任务、情境设计和课业题目,讨论和制订本次《实训计划》。

3. 各团队实施《实训计划》,应用"移动营销策划与实施"知识,系统体验如下操作:

(1)依照"技能点1"的"参照规范与标准",从"'短信营销'知识应用"的特定视角,分析企业短信营销运作的现状,分析其成功、不足与尚待解决的各种问题并提出优化建议和解决实际问题的方案。

(2)依照"技能点2"的"参照规范与标准",从"'无线广告营销'知识应用"特定视角,分析企业无线广告营销运作的现状,分析其成功、不足与尚待解决的各种问题并提出优化建议和解决实际问题的方案。

4. 各团队总结上述操作体验,撰写《××(表示实训单位名称)移动营销优化方案》。

5. 在上述"专业能力"的基本训练中,融入"职业核心能力"的"高级"强化训练和"职业道德"的"认同级"相关训练。

6. 各团队综合以上阶段性成果,撰写《"'移动营销'知识应用"实训报告》。其内容包括:实训组成员与分工;实训过程;实训总结(包括对专业能力训练、职业核心能力训练和职业道德训练成功与不足的分析说明);附件(指阶段性成果全文)。

7. 在班级讨论、交流和修订各团队的《实训报告》,使其各具特色。

【成果形式】

实训课业:《"'移动营销'知识应用"实训报告》

课业要求:

1. "实训课业"的结构与体例参照本教材"课业范例"中的范例综 -4。

2. 将《××(表示实训单位名称)移动营销优化方案》以"附件"形式附在《实训课业》正文之后。

3. 在校园网的本课程平台上展示经过教师点评的班级优秀《实训课业》,并将其纳入本课程的教学资源库。

■ 单元考核

考核要求:同第1章"单元考核"的"考核要求"。

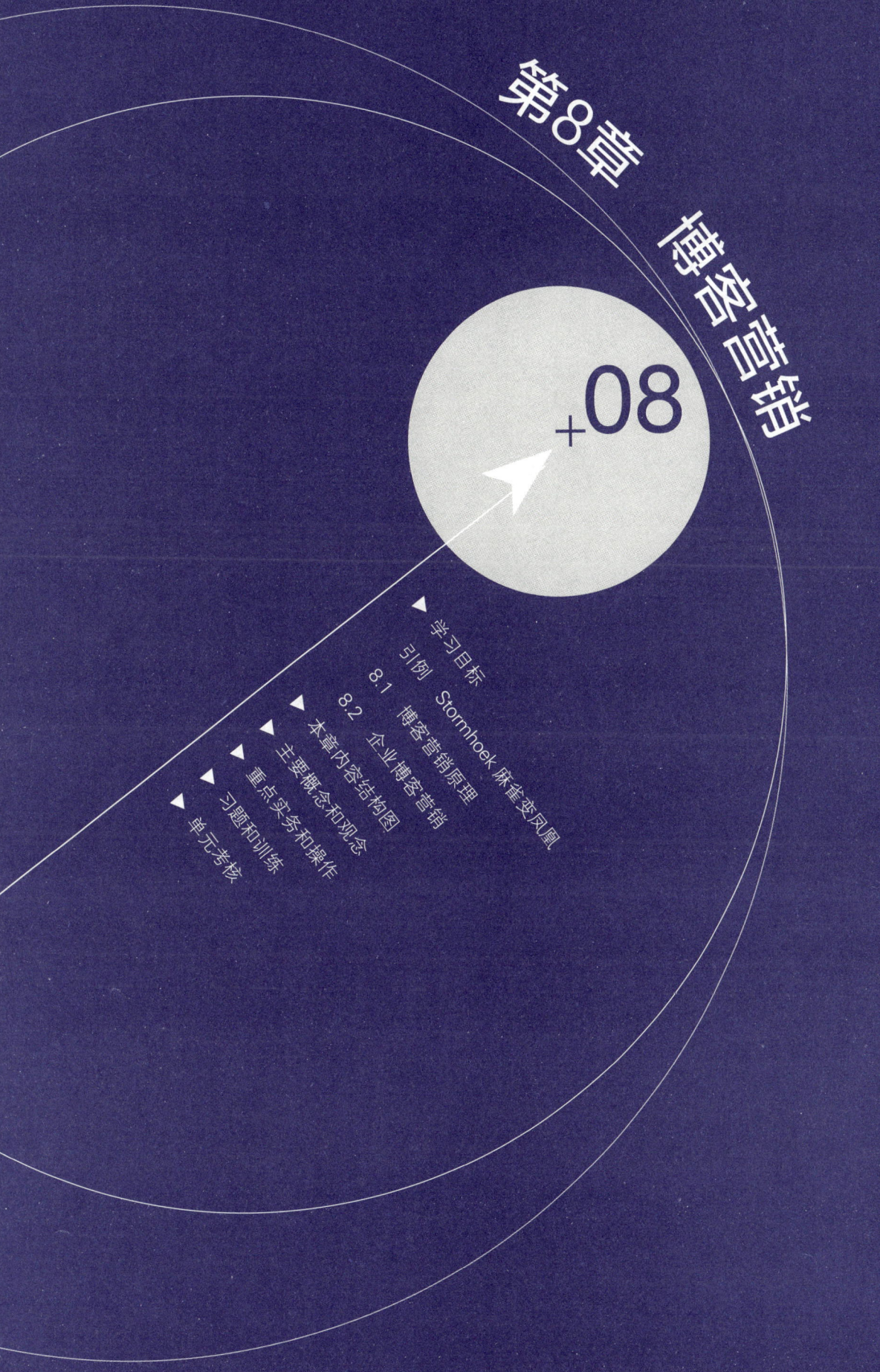

第8章 博客营销

+08

▼ 学习目标
▼ 引例 Stormhoek 麻雀变凤凰
  8.1 博客营销原理
  8.2 企业博客营销
▼ 本章内容结构图
  主要概念和观念
  重点实务和操作
  习题和训练
▼ 单元考核

通过本章学习，要求达到以下目标：

- ▶ 理论目标：学习和把握博客营销基本原理，企业博客营销概念、特点与价值，博客营销基本模式等陈述性知识；能用其指导"博客营销"的相关认知活动。
- ▶ 实务目标：学习和把握博客营销策划与方案设计，博客营销实施流程，以及"同步业务"等程序性知识；能用其规范"博客营销"的相关技能活动。
- ▶ 案例目标：运用本章理论与实务知识研究相关案例，培养在与"博客营销"相关的业务情境中分析解决问题、决策设计和道德研判能力。
- ▶ 实训目标：参加"博客营销知识应用"的实践训练。在了解和把握本实训相关技能点"规范与标准"的基础上，通过系列技能操作的实施，相应《实训报告》的准备、撰写、讨论与交流等有质量、有效率的活动，培养"博客营销策划与实施知识应用"的专业能力和相关选项的职业核心能力（高级），强化职业道德（认同级）教育，促进健全职业人格的塑造。

▶ 引例

Stormhoek 麻雀变凤凰

背景与情境：Stormhoek 葡萄酒公司是英国一家生产葡萄酒的小公司，公司通过企业博客迅速扩大了产品知名度，打开了销售局面。Stormhoek 是家小企业，资金拮据，因此也没有在英国投放任何广告。但 Stormhoek 对博客非常倚重，Stormhoek 向 100 位博客免费提供公司生产的葡萄酒，并通过他们的博客向全世界传播。其企业网站就是一个博客，公司公告宣称只要博客满足以下两个条件就可以收到一瓶免费的葡萄酒：

* 住在英国、爱尔兰或法国，此前至少 3 个月内一直在博客网站上发表言论。读者多少不限，可以少到 3 个，只要是真正的博客。

* 已届法定饮酒年龄，收到葡萄酒并不意味着你有在博客网站上发表言论的义务——你可以写，也可以不写，可以说好话，也可以说坏话。

公告题目夺人眼目：《Stormhoek：微软真正的竞争对手》。如果你口袋里装着 400 美元无所事事，你可以有多种选择，既可以买一台微软的 Xbox 360 主机，也可以买一箱葡萄酒。发放免费葡萄酒的公司都希望网上赞誉如潮，但 Stormhoek 品牌的不凡之处在于通过虚拟世界的闲聊引发了实际销量的攀升。

Stormhoek 公司认为，"我们很诚实，我们没有声称自己是最好的葡萄酒，我们只是告诉人们这里的酒品质不错，价格合理，然后请人们说出自己的看法"。

公司利用这个博客与其他的博客人群进行互动，通过向参加 100 个晚餐聚会、对自己的葡萄酒提出反馈意见的博客人群免费发放葡萄酒，迅速吸引了公众关注目光，从而以 100 瓶葡萄酒的极低代价在 100 多天后成功登陆了美国市场，赢得了产品知名度和销售市场的迅速扩大。整个营销过程的费用仅仅几千美元。2005 年 6 月，他们的葡萄酒开始投放市场，不到一年就暴增到每年 10 万箱，而且博客营销为他们带来了源源不断的客户流。Stormhoek 公司的事例极好地诠释了博客营销的巨大价值。它能帮助小企业以极低的成本迅速扩大产品知名度。这可以给那些因为资金短缺而无力做广告的公司很好的启示。

Stormhoek 认为博客营销比普通销售有着更深远的意义，博客营销把消费者看作真正的人，而不是抽象的概念或者非人性化的销售目标。博客营销能够帮助商家超越形而上学的概念，从而提升品牌形象。

（资料来源：一个小企业麻雀变凤凰［EB/OL］．（2010-01-27）［2014-08-08］．http：//gyerfendian.blog.163.com/blog/static/12900563020100271635816/）

在上述案例中，Stormhoek 公司借助博客营销，在百天之内赢得了产品知名度和销售市场的迅速扩大。由此可见，博客营销对于企业网络营销具有重要意义。本章将就博客营销的基本理论与操作实务进行阐述。

▶ 8.1 博客营销原理

▶ 8.1.1 博客营销的概念

博客营销，简单来说，就是利用博客这种网络应用形式开展网络营销。现在，关于博客的介绍已非常多，对博客的描述也大同小异：博客也称为网络日志、网络日记或简称为网志，英文单词为 Blog（Web 和 Log 的组合词 Weblog 的缩写），指一种特别的网络出版和发表文章的方式，倡导思想的交流和共享。一个 Blog 就是一个网页，通常由简短且经常更新的张贴文章构成，这些文章按年份和日期排列，通过网络传达实时信息。博客比电子邮件、新闻群组更加简单和方便易用，是继 E-mail、BBS、ICQ 之后第四种颇受网络用户喜爱的网络信息组织与交流方式，有着广阔的发展前景。

博客具有的知识性、自主性、共享性等基本特征决定了博客营销是一种基于个人知识资源（包括思想、体验等表现形式）的网络信息传递形式。因而，开展博客营销的基础是对某个领域知识的掌握、学习和有效利用，并通过对知识的传播达到营销信息传递的目的。与博客营销相关的概念还有企业博客、营销博客等，企业博客或者营销博客具有明确的企业营销目的，博客文章中或多或少会带有企业营销的色彩。

▶【教学互动 8-1】

> 互动内容：博客营销的本质是获得话语权，你赞同此观点吗？
> 要求：同"教学互动 1-1"的要求。

▶【职业道德与营销伦理 8-1】

> **怎样看待"我的博客我做主"**
>
> 背景与情境：网友"静寂的星夜"提问：怎样理解"虽说是你的博客你做主，但是理所当然要受到法律和道德的制约"这句话？
>
> 网友"蓄养如意"回答：应充分理解宪法和各种法律规定的民主和自由的权利，原则和灵活的规定，不能脱离法律和道德的底线，任意散发言论，会给社会造成更多精神污染，岂不是违背了网络商和网民的初衷。不管是古代、现代，也不论是现代市场经济多么发达的国家，无论什么行为都有遵守法律和道德的义务，也即受法律的束缚和道德的制约。古今中外，概莫能外。一个人，一个国家，一个区域，没有法律不成体统；没有道德，人就无上下尊卑，社会不成规矩。
>
> 问题：在博客撰写与发布中应遵从什么样的伦理规范？
>
> 分析提示：人们所津津乐道的博客自由表达、开放宽容精神，正是博客道德的硬伤。"自由"一旦不加节制，往往造成对别人的伤害；"宽容"如果毫无原则，往往让欲望膨胀、道德沦丧。博客时代呼唤博客道德，"博客精神"里需要加上"真实道德"四个大字。

▶ 8.1.2 博客营销的优势

博客营销是一种基于个人知识资源（包括思想、体验等表现形式）的网络信息传递形式。由于个人信息的差异，这种营销方式具有很大的灵活性，其潜在价值也是不可估计的。相比传统的营销方式，其具有特有的优势。

1. 网络营销费用低

Google、Yahoo 和 MSN 等搜索引擎都有强大的博客内容检索功能，可以利用博客来增加被搜索引擎收录的网页数，提高网页内容在搜索引擎上的可见性。

2. 有利于市场调查和新产品开发

博客网站是与用户交流的场所，良好的博客资料会集聚相当一部分的网民。因此，企业可以搜集网民的观点和意见并对其进行分析，从而获得网民的潜在行为和意识。企业也可以在博客文章中设在线调查表链接，便于有兴趣的访问者参与调查，这样就扩大了网站在线调查表的投放范围。同时，还可以直接就调查中的问题与访问者进行交流，使得在线调查更具交互性，从而提高在线调查的效果，并降低调查研究的费用。企业还可以就某一新产品在上面与用户进行探讨，征求意见，这样不但有利于新产品的开发和推出，还降低了新产品的生产成本和隐性成本。

3. 有利于提高企业信誉度和品牌推广

对于企业而言，网络信誉度会直接影响企业在网络上的存亡。传统的信誉度建立方式一般是广告推介或增加在搜索引擎中的 PR 值，这些不但效果不佳而且花费不少。博客营销从它的内容提供上来说是一种专家式的营销，具有知识性、自主性和权威性，内容本身使其被认可的可能性增大。再加上网络的传播速度就使这种网络公信力得以迅速传播。作为企业博客，坚持对某一领域的深度研究，并加强与用户的多层面交流，有利于获得用户对品牌的认可和忠诚度。

4. 提高了入侵门槛，使竞争者难以模仿

在传统的企业竞争中，营销策略很容易被对手效仿，这使得企业的营销效果在后期大打折扣。而博客营销首先是一种知识和思想上的营销，竞争方式易仿造，但思想和智慧是模仿不了的。企业坚持不懈地发表博客文章，久而久之积累起来的就是企业的财富。这些财富是顾客衡量企业信誉和名誉的标准之一，一旦其被某一群体所认可，就会长期受到青睐，并形成一个坚实的信誉壁垒。

5. 有利于企业与消费者交流沟通

博客作为一种信息发布和传递的工具，具有良好的互动性。目前，消费者的消费反馈意愿不断增强，再加上信息获取渠道的多样化，这都将促进企业与消费者的沟通，从过去的"引导型"沟通转向"倾听型"沟通。博客媒体的应用可以较好地解决企业和消费者之间的沟通问题，使企业用一种对等的态度与消费者进行沟通。

▶【同步案例 8-1】

伦敦裁缝的博客营销

背景与情境：英式剪裁公司是一家由知名营销专家、博客写手帮忙打造的博客营销公司，它成功帮助伦敦裁缝师托马斯·马洪掀起了一股热潮。托马斯因为个人博客而成为萨维尔街有史以来媒体曝光率最高的裁缝，曾接受过数十家杂志与报纸的专题访问。这个博客很简单：它讨论一般人买不起的 5000 美元以上的高级订制西服，讨论的方式相当自然。马洪并没有刻意隐藏什么，订制西服的确很贵。但是真正让读者感兴趣的是，读者可以从博客看出马洪对裁缝充满热情，而且他最大的乐趣就是看到顾客满意的笑容。英式剪裁博客中充满了制作与营销西服的信息及启示，巧妙地提供他对业界的专业了解，公开谈论商业秘密，提供一个地方让大家讨论订制西服，并分享经验。

（资料来源：一个裁缝师的博客营销案例及启示［EB/OL］.（2011-08-23）［2014-08-08］. http: //www.docin.com/p-248015850.html#documentinfo）

> 问题：伦敦裁缝师托马斯·马洪的成功进行博客营销有何启示意义？
> 分析提示：托马斯·马洪作为一个从事传统行业的个体经营者，竟然能够设想并成功实施博客营销，其中具有的启发意义可以从博客营销的适用范围、实施途径及博客维护等多个角度进行发掘。

▶ 8.1.3 博客营销的类型

博客营销对于不同领域、不同企业而言没有统一的模式，但博客营销的基本思想是相通的，目前常见的博客营销包括如下三种类型：

1. 通过第三方博客平台

企业可以通过利用第三方博客平台的文章发布功能开展网络营销活动。选择访问量大及知名度较高的博客托管网站，由公司内部建立博客写作团队进行定期写作，宣传企业营销计划、企业的产品质量以及售后服务等，把博客营销纳入企业营销战略体系之中，从而不断提高大众对品牌的认知，增进对外交流，获得客户反馈。

2. 企业自建博客频道

企业网站可以自建博客频道，鼓励公司内部有写作能力的人员发布博客文章。一方面可以促进企业内部的交流，加强沟通；另一方面也可以直接与客户进行联系，节省保持用户的费用。

3. 企业员工自建博客

企业可以通过员工个人博客网站达到博客营销的目的。员工个人博客完全可以用"中立"的观点来对自己钟爱的产品进行推广。这种产品的推广不同以往企业信息发布及广告，员工个人博客完全可以从消费者角度考虑产品的品质、实用性、适用性等诸多方面，在第一时间对产品进行描述，产生"口碑效应"，这样客观上更易使产品获得更多客户的认同。

▶【同步思考 8-1】

> 博客营销有不同的类型和不同模式，各具有不同的特点。
> 问题：企业自建博客频道与企业员工自建博客存在哪些区别？
> 理解要点：企业自建博客频道与企业员工自建博客在运营主体、依托平台、操作步骤与产生效用方面存在区别。

▶【同步业务 8-1】

> 选取国内主流博客平台，建立个人博客，熟悉博客营销的基本流程。
> 业务分析：博客建立与维护需要掌握基本步骤方法，通过亲自实践个人博客操作维护，有助于

熟悉掌握博客营销基本流程。

业务程序：1. 先登录提供免费博客的网站，如新浪博客网站、网易博客网站等；2. 进入后在页面栏目上点击"博客"，再点击"注册 Register"，进入注册页面；3. 根据"博客使用手册"提示操作，输入自己的登录名、密码、密码查询、密码答复和基本信息，同意网络使用协议，输入验证码，点击"OK"确认提交注册信息；4. 统会给你一个博客网址，即你的博客域名，以后你只要输入这个网址就能进入你的博客网站了。建立完成，进入自己的博客可对页面模板进行选择，可选择自己喜欢的风格，也可以自己或请专业的朋友为自己的博客设计一人独一无二、别具特色的页面，你就可以在自己的空间里畅所欲言了。5. 运行平稳之后，可以自荐到大型搜索引擎上，网友键入关键词有可能找到此博文，点击率会大增。

业务说明：博客营销顾名思义就是利用博客来宣传自己公司及其产品的 IT 新部落。富有成效的博客营销需要关注：1. 个人博客需要清晰的定位，正确的方向是成功的前提；2. 选择一个好的博客平台，好的博客程序是成功的重要保障；3. 好的博客一般都有一个好的域名和博客名字；4. 写高质量文章，并保持更新；5. 向博客站点搜索引擎、博客搜索引擎、博客目录网站提交博客；6. 积极回应访客评论；7. 加入"博客圈"，多和其他博主交流，多留言，参与讨论。

▶ 8.2 企业博客营销

随着"全民博客"时代的到来，博客的时尚和娱乐色彩逐渐被越来越多的企业用来复制、传播相关信息，并与企业及其营销目标与策略有机结合，逐渐成为新的企业营销方式。

▶ 8.2.1 企业博客营销的概念

企业博客，英文称作 Corporate Blog，在 Wikipeida（维基百科）中的解释为：由组织为了达到一定目的而开设和使用的博客。国内学者冯英健认为"博客营销是一种基于个人知识资源的网络信息传递形式。开展博客营销的基础问题是对某个领域知识的掌握、学习和有效利用，并通过对知识的传播达到营销信息传递的目的"。

从博客具体应用的角度来看，企业博客和那些出于个人兴趣或隐私为内容的个人博客有所区别，它具有明确的企业营销目的，文章中或多或少会带有企业营销的色彩。因此，本书认为，**企业博客营销**是指以企业名义设立博客网站（或以企业员工身份开设博客网页），有意识、有计划地进行自身信息传播和品牌营销，为用户创造互动和沟通的网络平台，是企业形象、经营理念、品牌、产品、团队等元素的一种新的网络宣传形式。

8.2.2 企业博客营销的价值

1. 深化企业品牌形象,降低企业营销成本,吸引潜在客户

耐克公司为了塑造其"追求速度艺术的专家"的品牌形象,撰写了十几篇文章,在一个探讨文化现象和政治理念的专业博客网站 Gawker Media 上做了一个推广专题,主题就是"速度的艺术"。企业博客营销目的非常明确:先制定企业博客守则,鼓励员工积极写博客,然后将企业经营理念传播给"意见领袖"人群,再通过这些有影响力的专业人士形成口碑传播,从而在无形中宣传了企业品牌,深化了企业形象,吸引了潜在的客户,同时也以最低廉的价格较好地推广了企业的产品和服务。

2. 加强客户关系,赢得客户信任,建立客户忠诚

利用博客加强客户关系,赢得客户信任,建立客户忠诚,当数亚马逊公司高明的博客营销策略。亚马逊为所有的书籍作者开通博客,目的在于增进读者与作者之间、读者与亚马逊网站之间的接触和沟通。同时,书籍作者博客不仅为作者提供了一个推广自己书籍产品的渠道和机会,也给予那些购买了书籍的访问者再次访问亚马逊网站的理由。

3. 测试产品概念,精准推广新产品,扩大产品知名度

最抢眼的博客营销案例莫过于奥迪 A3 跑车的推广活动。奥迪 A3 跑车在美国上市时,在新车发布会上制造了一个戏剧开头——"新款奥迪 A3 跑车丢了"。此后,在互联网上利用博客传递该车的图片和线索,号召近百万美国人通过博客互动,参与寻找。通过这个全民参与的博客互动游戏,人们一下子记住了这款新车,于是奥迪 A3 的销售火了。的确,在新产品推广上,同传统的广告投放相比,博客营销的目标更为精确,能实现事半功倍的效果。特别是对于那些目标客户数量不是太多的产品,如专业器材、高档奢侈品等,博客营销的效果是传统广告所难以企及的。

4. 建立公共关系,对产品或服务进行监测,预防公关危机

企业博客正在成为众多公关经理们试图突破传统的公关手段、营销手段所考虑的新方式。在这方面值得称道的例子是通用汽车的 FastLane 博客。客户、行业分析人士、传统媒体都给予 FastLane 博客以很高的评价。2005 年年初,通用汽车因为一篇报道撤销了在《洛杉矶时报》的广告投入,这件事引起了很多负面评论。通用汽车就通过 FastLane 博客直接与"大众"沟通,真诚表达自己的看法和意见,很有效、很漂亮地处理了这次"危机",维护了通用汽车的品牌,赢得了用户的理解和尊重。

5. 创新营销理念,打造新型营销手段,实施企业文化营销

鼓励公司员工写博客,已经成为众多世界知名大公司展示企业文化,活跃交流氛围,支持员工创新,增强公司凝聚力的重要途径。Google 中国的公关经理曾说,创办"Google 黑板报"这个企业博客的原因是来自于 Google 的文化传承。随着网络营销环境的不断地变化,营销理念的不断地创新,企业博客营销成为一种全新的网络营销手段,不仅是产品营销、品牌营销,更成为一种企业的文化营销。

▶【同步思考 8-2】

> 企业博客营销比起传统的营销方式，具有其独特的优势，但什么事物都是一分为二的，企业博客营销也会存在一定的缺陷。
> 问题：企业博客营销与传统的营销方式相比存在哪些不足？
> 理解要点：博客营销的不足之处，可以从其沟通对象、覆盖率、宣传的商品、传播力度、调研数据等方面的局限性进行分析，另外还有受众的心理障碍等。

▶ 8.2.3　企业博客营销的模式

企业博客营销主要表现为以下六种基本模式：

1. 企业网站自建博客频道

许多大型网站都开始陆续推出自己的博客频道，这种模式已经成为大型企业博客营销的主流方式。通过博客频道的建设，企业鼓励内部有写作能力的人员发布博客文章，可以达到多方面的效果：对企业外部，可以达到增加网站访问量，获得更多的潜在用户的目的，在推广企业品牌、增进顾客认知、听取用户意见等方面均可以发挥积极作用；对企业内部而言，提高了员工对企业品牌和市场活动的参与意识，可以增进员工之间以及员工与企业领导之间的相互交流，丰富了企业的知识资源。

企业网站自建博客频道需要进行相应的资源投入和管理，并且需要对员工进行信息保密、博客文章写作方法、个人博客维护等相关知识培训，同时又不能让部分员工觉得增加了额外负担，产生抵触情绪等。不过，为了企业博客的总体效果，这些必要的投入都是值得的。

2. 第三方 BSP 公共平台模式

利用博客托管服务商（BSP）提供的第三方博客平台发布博客文章，是最简单的博客营销方式之一，在体验博客营销的初期常被采用。第三方公共平台博客营销的好处在于操作简单，不需要维护成本。但由于用户群体成分比较复杂，如果在博客文章中过多介绍本企业的信息往往不会受到用户的关注，除非所在企业是 Google、百度等这样受人关注的企业。但实际上这些受到高度关注的企业员工通常并不适宜在公共博客网站以个人身份公开发表公司的信息。因此第三方 BSP 公共平台模式提供的博客服务通常作为个人交流的工具，对企业博客的应用有一定的限制。

3. 第三方企业博客平台

与第一种模式类似，这种形式的博客营销也建立在第三方企业博客平台上，主要区别在于这种企业博客平台不同于公共博客以个人用户为主，而是专门针对企业博客需求特点提供专业化的博客托管服务。每个企业可以拥有自己独立的管理权限，可以管理企业员工的博客，使得员工的博客之间形成一个相互关联的博客群，有利于互相推广以及发挥群体优势。

第三方企业博客平台的典型问题在于：对提供这种服务的平台的依赖性较高，如功能、品牌、服务、用户数量等；企业网站与企业博客之间的关系不够紧密；员工博客的访问量难以与企业网站相整合，因而对企业的知识资源积累所发挥的综合作用有所限制。

4. 个人独立博客网站模式

归根到底，企业博客依赖于员工的个人知识。作为独立的个体，除了以企业网站博客频道、第三方博客平台等方式发布博客文章之外，以个人名义用独立博客网站的方式发布博客文章也很普遍。许多免费个人博客程序也促进了个人博客网站的发展，因此对于有能力独立维护博客网站的员工，其个人博客网站也可以成为企业博客营销的组成部分。

由于个人拥有对博客网站完整的自主管理维护权力，因此个人可以更加充分地发挥积极性，在博客中展示更多个性化的内容，并且同一企业多个员工个人博客之间的互相链接关系也有助于每个个人博客的推广，多个博客与企业网站的链接对于企业网站的推广也有一定价值。不过个人博客对个人的知识背景以及自我管理能力要求较高，这种模式也不便于企业对博客进行统一管理。

5. 博客营销外包模式

在 CocaCola 的博客营销案例中，博客营销成为一种由第三方专业机构/人员提供的服务，实际上属于企业博客营销工作的外包模式。将博客营销外包给其他机构来操作，与传统市场营销中的公关外包类似，也可以认为是网络公关的一种方式。例如"企业博客网（http://www.bokee.net）"上分别由第三方创建的海尔、万科、奇瑞汽车、吉利控股等公共企业博客，以及光明乳业、广州本田、国美电器等企业自己创建的博客，广大的消费者、企业员工、股民、社会公众以及企业自身，都可以围绕相关话题在这些网络公共交流场所发表意见、评论和信息。

外包模式的优点是，企业不需要在博客营销方面投入过多的人力，不需要维护博客网站/频道，相应地也就降低了企业博客管理的复杂性。经过精心策划的博客营销外包往往能取得巨大的影响力。

不过博客营销外包模式的缺点也是很突出的。例如，由于没有企业员工的参与，非企业员工对企业信息的了解毕竟有限，第三方的博客文章难以全面反映优秀的企业文化和经营理念，也不利于通过博客与顾客实现深入的沟通，如分享产品知识等。同时，企业员工对博客的关注程度也会降低，并且难免出现明显的公关特征。长此以往会在用户的可信度等方面会产生一定的影响。另外，外包模式的博客营销往往具有阶段性的特征，并且通常只能被知名企业所采用，可见这种模式在实际应用中具有一定的局限性。

6. 博客广告

与前述五种博客营销模式不同，博客广告是一种付费的网络广告形式，即将博客网站作为网络广告媒体在其上投放广告，利用博客内容互动性的特性获得用户的关注。尽管博客广告目前的应用还不成熟，一些行业对博客广告的价值还持观望态度。不过一些技术含量高、用户需要获取多方面信息才能作出购买决策的行业在博客广告方面已经作出了成功尝试，这些行业包括 IT 产品、汽车和房地产业等。

▶【教学互动 8-2】

互动内容：企业博客营销有哪些常用模式和新模式？

要求：同"教学互动 1-1"的要求。

随着博客应用的进一步深入，还会有新的博客营销模式不断产生。究竟哪种模式适合自己的企业，需要根据企业的经营思想和内部资源等因素来确定，同时也不排除多种模式共存的可能。

▶ 8.2.4 企业博客营销的实施

虽然企业博客营销的模式因不同领域、不同企业、不同产品而有所不同，但是企业博客营销的基本思想是相通的。考虑到当前网络营销的现状，下面以博客营销的主流形式之一——利用第三方博客平台开展企业博客营销为例，来分析企业开展企业博客营销的实施流程。

1. 制订中长期计划

尽管博客内容有较大的灵活性和随意性，不太容易严格按照一定的时刻表发布营销信息，但考虑并制订一个中长期博客营销计划仍然是可行的，也是必要的。计划的内容主要应包括博客营销的目标、从事博客写作的团队建设（如人员素质要求、岗位职责、选拔方法）、写作领域选择及分工、博客文章的发布频率与更新周期等，重点是从组织机构、信息的筛选与传递方面确保博客营销的有效性和持续性。

2. 选择博客托管网站，开设博客账号

要选择适合本企业、访问人数比较多、知名度比较高、影响力大的博客托管网站，以提高博客营销的针对性和内容的可信度。根据企业的战略定位或产品类别，最好选择相关领域的专业博客托管网站，也可选择在多个博客托管网站进行注册。

3. 引入合理的激励机制，营造良好的博客营销环境

适宜的环境是博客营销良性发展的必要条件。利用博客进行企业信息传播是一个日积月累的过程，一两个博客偶尔发表几篇企业新闻或博客文章达不到博客营销的目的。企业要建立起相应的激励、评价机制和企业文化，激发博客作者的写作热情，并将个人兴趣与工作相结合，使博客文章成为工作内容的延伸，引导、协调个人目标与企业目标相一致，通过激励作用鼓励作者坚持发布有益于公司的博客文章。

4. 将博客资源与其他营销资源有效整合

从目前来看，博客营销只是企业网络营销活动的一个组成部分，而网络营销和传统营销的整合（整合营销）也要求实现以消费者为中心的传播统一性和双向沟通。因此，博客营销的思想、途径、方式和内容必须与企业的网站、报纸、电视等其他媒体资源相结合，构建全方位的网上商务与办公门户，充分体现博客营销的价值。

5. 评估博客营销的效果，并及时修正、完善博客营销计划

科学地跟踪评价博客营销的效果，才能客观分析博客营销的现状和问题，及时修订、完善博客营销计划，不断提升企业的营销能力。缺乏科学有效的效果评价方法，特别是科学的评估指标体系和可行的评估途径，是当前博客营销的困难所在。

结合网络营销的实践，博客营销效果评估的一级指标主要包括过程要素和效果要素。前者可细分为信息发布频率、数量、更新周期、内容相关性、互动性等二级指标；后者主要是对特定时期内企业博客营销的综合效果评价，主要包括传播效果（如博客文章的曝光次数、点击率、阅读次数和转化率等）和经济效果（如相关的财务指标、网站指标和客户指标等）。同时，企业可以在博客平台托管商或代理服务商的服务器端安装专业统计软件，或通过企业自身的 CRM 系统、专业评估机构或问卷调查等途径，来收集、统计上述指标的相关数据和信息。

▶【同步业务 8-2】

> 搜集分析国内著名企业的博客营销资料。
> 业务分析：通过搜索引擎寻找国内著名企业的博客平台，并整理分析其主要博客营销模式。
> 业务程序：首先，利用搜索引擎寻找国内著名企业的博客平台。其次，综合整理国内著名企业的博客营销资料。最后，总结分析我国企业实践中主要使用的博客营销模式。

■ 本章内容结构图

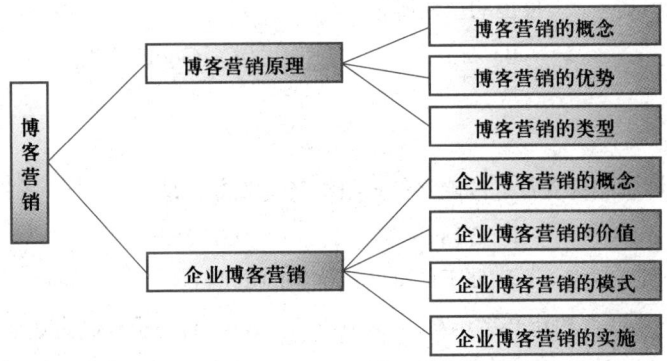

■ 主要概念和观念

□ 主要概念

博客营销　企业博客营销　BSP 公共平台　博客广告

□ 主要观念

博客营销优势　企业博客营销价值

■ 重点实务和操作

□ 重点实务

博客营销策划　博客营销实施

□ 重点操作

"博客营销"知识应用

■ 习题和训练

□ 理论题

▲ 客观题

△ 选择题

○ 单项选择

1. 下列不属于博客基本特征的是（　　）。
   A. 知识性　　　　B. 自主性　　　　C. 共享性　　　　D. 及时性
2. 中国最早推出企业博客的时间是（　　）。
   A. 2002 年 9 月　　B. 2005 年 4 月　　C. 2005 年 10 月　　D. 2006 年 2 月
3. "黑板报"是（　　）推出的企业博客。
   A. 博客网　　　　B. 新浪　　　　C. Google　　　　D. 搜狐

○ 多项选择

1. 下列属于与博客同样受欢迎的网络信息组织与交流方式是（　　）。
   A. E-mail　　　　B. BBS　　　　C. Web　　　　D. ICQ
2. 相比传统的营销方式，下列属于博客营销优势的是（　　）。
   A. 有利于市场调查和新产品开发　　　　B. 有利于提高企业信誉度和品牌推广
   C. 提高了入侵门槛，使竞争者难以模仿　　D. 有利于企业与消费者交流沟通
3. 目前常见的博客营销类型包括（　　）。
   A. 通过第三方博客平台　　　　B. 企业自建博客频道
   C. 借助客户端平台　　　　　　D. 企业员工自建博客

△ 判断题

1. 博客作为一种信息发布和传递的工具，具有良好的互动性。（　　）
2. 企业员工自建博客的文章内容一定要与公司宣传策略保持一致。（　　）
3. 利用博客托管服务商（BSP）提供的第三方博客平台发布博客文章，是最简单的博客营销方式之一。（　　）

▲ 主观题

△ 简答题

1. 目前常见的博客营销类型有哪些？
2. 博客营销的优势何在？

△ 论述题
1. 论述企业博客营销的价值。
2. 论述企业博客营销的基本模式。

□ 实务题

▲ 规则复习
1. 简述利用第三方博客平台开展企业博客营销的基本流程。
2. 简述企业博客营销实施过程的基本步骤。

▲ 业务解析
某餐饮企业拟通过博客营销策略以提升品牌影响力与经营业绩。你认为该企业博客营销应采取什么步骤?

□ 案例题

▲ 案例分析

直面客户的"戴博"

背景与情境: 戴尔直通车(www.direct2dell.com/chinese)是戴尔公司的官方中文博客,创办于2007年3月,许多人称它为"戴博"。

戴尔的产品主要是在网络上直销的,因此戴尔公司格外重视和客户的关系。1984年公司创始起,戴尔就一直聆听客户的意见,当时的办法是电话和面对面交流。1995年,戴尔建立了网站,现在每天大约有160万客户访问戴尔网站。

2006年,戴尔成立了网上客户问题解决小组,由一群科技专家专门在博客中寻找有技术问题需要解决的客户,并且给予回复。2006年7月,英文企业博客戴尔直通车成立。不久戴尔博客增加了论坛功能。之后,又相继成立了视频网站和IdeaStorm(思想风暴网站)。戴尔让客户告诉他们希望公司做些什么。公司还开设了DellShares投资者关系博客,让投资者可以更直接地和戴尔交流。戴尔开设了很多博客,以英文为旗舰,衍生出多种语言和多个种类,面对不同的客户。各个博客和英文主博客基本同步引进全球性的IT技术讨论话题,但在产品和区域策略方面,又有本地化的话题,选用本地的写手。

2007年3月,戴尔公司宣布启动戴尔中文博客网站——戴尔直通车。戴博的文章来自戴尔公司管理层、工程技术部、客户关怀部,乃至销售团队的人员,他们以网络博客写手的身份展示戴尔的产品和服务,分享其工作与生活体验,聆听客户的反馈。同时,戴博也欢迎客户提出讨论话题、留言、互动交流。戴博所有栏目基本是围绕客户设立的,包括中小企业、客户体验、客户服务、支持家庭用户等。戴博也介绍自己,有企业文化、公司战略和业绩、产品等。在社区里,浏览量上万至

6万的主帖比比皆是。

用戴尔的话说:"每一个客户对我来说都很重要。通过和客户一起合作,我们赢得了很多机会来改变这个世界。"比如:和客户一起在全球开展电脑免费回收项目,所有消费者都可以享受免费戴尔电脑回收服务;开展"为我种棵树"项目,戴尔的客户有机会通过捐款植树减少因使用电脑而产生的温室效应。

戴博之所以能够在企业博客中做得如此出色,是因为戴尔把博客看成一个战略决策,"如果你放眼当今世界,你会发现在今后的几年,全球的上网人数会从10亿增加到20亿。我们非常有必要理解这些增长都发生在哪些地方,它对我们意味着什么。我们的目标是加入对话,和我们的客户直接坦率地交流。我们越是加入到对话中,越可以学习到东西,能为客户做的事情也就更多。"

(资料来源:博客营销经典案例分析[EB/OL].(2013-06-05)[2014-08-08]. http://blog.sina.com.cn/s/blog_c07fea540101b11i.html)

问题:
1. 戴尔公司的企业博客营销产生何种积极影响?
2. 戴尔公司企业博客营销的成功因素有哪些?

分析要求:同第1章本题型的"分析要求"。

▲ 决策设计

洛阳面馆的博客营销

洛阳面馆是一家成立于1992年的餐饮连锁企业,主要经营水席、面食等具有洛阳地方特色的菜肴主食,目前已经在河南省内郑州、洛阳、三门峡、济源等地设有50余家连锁分店。为了进一步开拓市场,洛阳面馆管理层决定涉足互联网,通过博客营销扩大企业知名度,吸引外地游客前来消费。

问题:如果你是洛阳面馆的决策者,你打算如何为其制订完整的博客营销方案。

设计要求:同第1章本题型的"设计要求"。

▲ 道德研判

博客八荣八耻歌

背景与情境:博客势如大潮在全球汹涌铺开,蔚然大观,成为网络一道壮观、亮丽的风景线。然而,毋庸讳言,博客之滥、之乱,很是了得。凡人聚堆成群之处,皆需规矩、规范,皆需建立规则。本人草拟一《博客八荣八耻歌》,抛砖引玉,供博友们"敲打",以便成型。

以热爱网络为荣,以危害网络为耻;
以服务博友为荣,以损害博友为耻;
以宣扬科学为荣,以传播歪理为耻;
以诚实劳动为荣,以抄袭剽窃为耻;
以公允文明为荣,以偏激辱骂为耻;
以健康进步为荣,以低级下流为耻;

以诚实谦虚为荣，以虚伪狂妄为耻；

以遵规守则为荣，以放言不羁为耻。

这不过是一个毛坯、草稿，还请广大博友，有识之士共同完善，合力打造，使之成型，并作为我们博友共勉之博规。

（资料来源：博客八荣八耻歌［EB/OL］．［2014-08-08］．http：//hhf220.blog.163.com/blog/static/207840820064291 3310/2006.5.6）

问题：

1. 博客八荣八耻歌可以作为广大博主的伦理要求吗?
2. 试对上述问题做出你的道德研判。
3. 对照本教材"附录三"的附表3和网上调研资料，说明你的道德研判所依据的职业道德规范。

研判要求：同第1章本题型的"研判要求"。

实训题

"博客营销"知识应用

【实训目标】

见本章"学习目标"中的"实训目标"。

【实训内容】

专业技能与能力：其领域、技能点内容及其参照规范与标准见表8-1。

表8-1 专业能力训练领域、技能点内容及其参照规范与标准

能力领域	技能点	名称	参照规范与标准
博客营销知识应用训练	技能点	"博客营销"知识应用技能	1. 能全面把握本章"博客营销"知识。 2. 能从"博客营销"的特定视角并应用相应知识，有质量、有效率地进行以下操作： （1）分析企业博客营销决策和业务运作的现状，分析其成功、不足与尚待解决的各种问题。 （2）提出优化建议和解决实际问题方案。

职业核心能力和职业道德训练：其内容、种类、等级与选项见表8-2；各选项的"规范与标准"分别参见本教材附录二的附表2和附录三的附表3。

表8-2 职业核心能力与职业道德训练的内容、种类、等级与选项表

内容	职业核心能力							职业道德					
种类	自我学习	信息处理	数字应用	与人交往	与人合作	解决问题	革新观念	职业观念	职业情感	职业理想	职业态度	职业良心	职业作风	职业守则
等级	高级	高级	高级	高级	高级	高级	高级	认同级	认同级	认同级	认同级	认同级	认同级	认同级
选项	√			√	√	√	√	√	√	√	√	√	√	√

【实训任务】
1. 对专业能力的各技能点，依照其"参照规范与标准"实施基本训练。
2. 对职业核心能力选项，依照其"参照规范与标准"实施"高级"强化训练。
3. 对职业道德选项，依照其"参照规范与标准"，实施"认同级"相关训练。

【组织形式】
1. 以小组为单位组成营销团队。
2. 结合实训任务对各营销团队进行适当的角色分工，确保组织合理和每位成员的积极参与。

【情境设计】
各营销团队就第一次实训选定企业或者校内实训基地，结合课业题目，从"'博客营销'知识应用"的视角，对该企业（或学校专业教育实训基地）博客营销决策及业务运作现状进行调查研究，分析其成功经验与不足之处，在此基础上有针对性地提出《××（表示实训单位名称）博客营销优化方案》，通过系统体验各项相关操作完成本次实训的各项任务，撰写相应《实训报告》。

【实训时间】
在结束本课程授课后一周内进行。

【操作步骤】
1. 各营销团队就第一次实训选定企业或者校内实训基地，结合本实训任务进行适当的角色分工。
2. 各团队结合实训任务、情境设计和课业题目，讨论和制订本次《实训计划》。
3. 各团队实施《实训计划》，应用"博客营销"知识，系统体验如下操作：
依照"技能点"的"参照规范与标准"，从"基于'博客营销'知识应用"的特定视角，分析企业博客营销决策和业务运作的现状，分析其成功、不足与尚待解决的各种问题并提出优化建议和解决实际问题的方案。
4. 各团队总结上述操作体验，撰写《××（表示实训单位名称）博客营销优化方案》。
5. 在上述"专业能力"的基本训练中，融入"职业核心能力"的"高级"强化训练和"职业道德"的"认同级"相关训练。
6. 各团队综合以上阶段性成果，撰写《"'博客营销'知识应用"实训报告》。其内容包括：实训组成员与分工；实训过程；实训总结（包括对专业能力训练、职业核心能力训练和职业道德训练成功与不足的分析说明）；附件（指阶段性成果全文）。
7. 在班级讨论、交流和修订各团队的《实训报告》，使其各具特色。

【成果形式】
实训课业：《"博客营销"知识应用实训报告》。
课业要求：
1. "实训课业"的结构与体例参照本教材"课业范例"中的范例综-4。

2. 将《××（表示实训单位名称）博客营销优化方案》以"附件"形式附在《实训课业》正文之后。

3. 在校园网的本课程平台上展示经过教师点评的班级优秀《实训课业》，并将其纳入本课程的教学资源库。

■ 单元考核

考核要求：同第 1 章"单元考核"的"考核要求"。

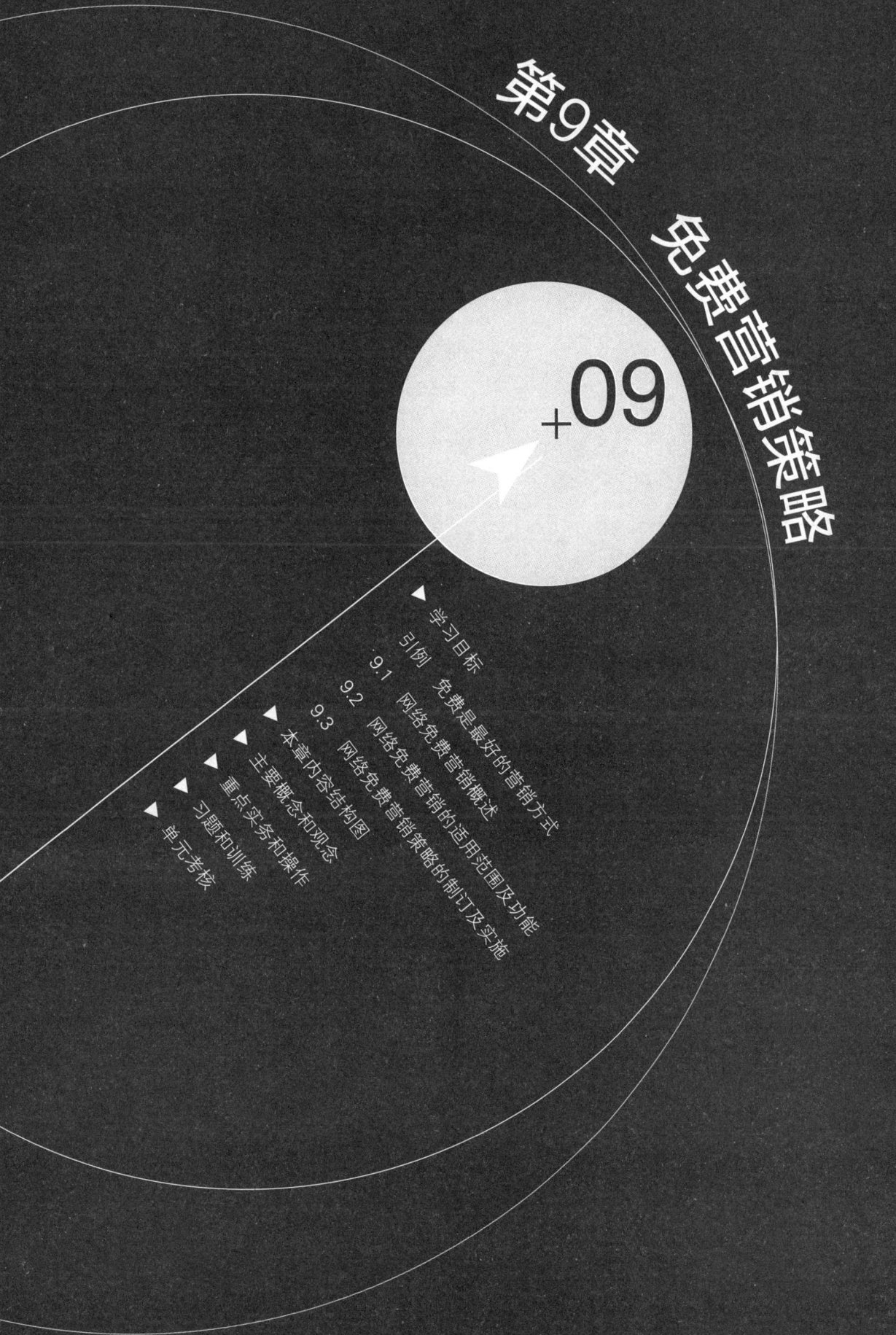

 通过本章学习，要求达到以下目标：

▶ 理论目标：学习和把握网络免费服务的概念与表现、网络免费营销与传统免费营销的区别、网络免费营销的形式、网络免费营销的功能等陈述性知识；能用其指导"网络免费营销策略"中的相关认知活动。

▶ 实务目标：学习和把握网络免费营销策略原理、网络免费营销策略的应用范围，网络免费营销策划方案设计、实施，以及"同步业务"等程序性知识；能用其规范"免费营销策略"的相关技能活动。

▶ 案例目标：运用本章理论与实务知识研究相关案例，培养在与"网络免费营销策略"相关的业务情境中分析解决问题、决策设计和道德研判能力。

▶ 实训目标：参加"'网络免费营销策略'知识应用"的实践训练。在了解和把握本实训相关技能点"规范与标准"的基础上，通过系列技能操作的实施，相应《实训报告》的准备、撰写与交流等有质量、有效率的活动，培养"'网络免费营销策略'知识应用"的专业能力和相关选项的职业核心能力（高级），强化职业道德（内化级）教育，促进健全职业人格的塑造。

▶ 引例

免费是最好的营销方式

背景与情境：《免费》的作者 Chris Anderson 在其书中提出的"免费"已经不仅仅是一种强有力的营销手段，在 21 世纪它已成为一种全新的商业模式。而主营 360 安全卫士、360 杀毒的奇虎 360 公司似乎以快速的增长印证了这一观点。成立于 2005 年的奇虎 360 公司，自其成立之日起便频频引起争议，而 2011 年 3 月 30 日，奇虎 360 在纽约证券交易所的成功上市，及其近两年漂亮的财报有力地回击了对于"免费"模式的种种质疑。

2013 年 8 月 29 日，在百度导航宣布全面永久免费后，高德集团宣布旗下"高德导航"手机应用即日起免费。原价 50 元人民币的高德导航即日起可以免费下载使用。360CEO 周鸿祎在他的微博里发表了《免费是最好的营销方式》，高度赞扬了高德此举。

在他的文章中，他指出原先付费的"高德导航"手机应用全面免费是高德的自我革命，这一行为将第一个将专业的手机导航应用带入免费时代。他指出最重要的是这意味着高德从一个传统的软件厂商，真正转型为一家有互联网精神与基因的互联网厂商。

他从互联网的诞生开始，指出最初的互联网就有着丰富多彩的免费信息和软件，从聊天免费、搜索免费、电子邮箱免费，到搭建网站用到的各种数据库，各种编程语言，不仅免费而且开源。之所如此，正是因为互联网开发产品的成本大体固定，而通过互联网将产品传递到用户手里的费用非常低，接近于零。因此，一项互联网产品或服务的用户基数越大，分摊到每个用户上的成本就越低，也趋近于零。

因此，周鸿祎认为免费是互联网企业最好的营销手段，因为它不需要花很多的广告去做推广，本身就能形成口碑。他指出在中国一千万元打广告连个响儿也没有，而如果用这一千万元做一个免费的产品给几千万甚至更多用户使用，那么这些用户就能建立起对这个品牌的认知、忠诚、信任，比广告有效得多。

2005年的360公司提供360免费杀毒软件时，绝大多数人都在以质疑的眼光看待360的免费安全。而事实是由于一分钱不花就能有这么好的软件，360杀毒的用户量一下子暴涨。截至2012年12月底，奇虎360产品和服务的月度活跃用户人数为4.56亿人，而海量的用户基数亦为公司带来了丰厚的回报：奇虎360公司2012财年营收为3.290亿美元，净利润为4 680万美元。

周鸿祎认为正是360的自我革命把互联网安全带入了一个新时代，那些不想自我革命的，最终都惨遭别人的革命。所以，高德宣布专业的手机导航应用免费，也是走上了自我革命的道路，希望高德也能把地图导航带入一个新时代。

（资料来源：周鸿祎. 免费是最好的营销方式 [EB/OL].（2013-08-29）[2014-08-08]. http://blog.sina.com.cn/s/blog_49f9228d0101dse4.html）

正如奇虎360公司的成功所证明的一样，这是一个被"For Free"所萦绕的时代。"天下没有免费的午餐"这句俗语或许要改一改了。在这个商品极度丰富的时代，厂家想让自己的品牌进入消费者的视野，进而让他们认可，免费就成为最好的营销手段。

尤其在网络时代，由于最初网民就习惯了吃免费大餐，这种营销手段无疑比以往更强烈地吸引着消费者，并发展成为一种新型的商业模式，成为最具吸引力的市场营销手段之一。甚至于，继博客、威客、换客、维客、拼客、晒客后，催生了新兴消费群体——试客。他们免费试玩、试穿、试用、试听、试看、试吃，甚至连开的汽车都由厂商免费提供，俨然过上了"经济型奢侈生活"。不过，享受这种生活的一方还是得有所付出——以前付出的是钱，现在可以用时间、体力、脑力、注意力等多种东西来交换。

▶ 9.1 网络免费营销概述

1895年，吉列先生因为发现刮胡刀刀架和刀片的使用寿命不一致，而产生了将两者分开销售的想法，并在数年的实践中，最终选择"赠送刀架，刀片付费"的方法，从而为自己带来了高额利润。免费营销策略从此大行其道。相信大家都有过类似的经历，如在超市里品尝免费的饮料，从餐厅里拿一份关于美食介绍的杂志，在街上收到一份完全免费的 SPA 的体验券……

免费策略在网上更是如鱼得水，一方面由于最初的互联网是完全免费的，所以人们多少会有一种倾向，认为网上的东西都应该是免费的。互联网上，围绕着免费与收费的明争暗战从没有停止过，但占上风的却始终是免费的一方。如淘宝依靠免费手段将易趣硬生生从用户心目中挤了出去，从而横扫天下，傲视群雄。而 Hotmail 更是依靠免费及用户的病毒式营销，迅速占领了电子邮件市场，并且为所有的电子邮件服务奠定了基调，使得付费邮件很难推广开来。另一方面，根据**摩尔定律**：电脑芯片的性能每 18 个月提高一倍，而价格却可以下降一半。因此，网站的运营成本处于不断下降的趋势之中，而网站服务的可扩展性，使得网站的成本相对数以亿计的用户而言，分摊到每个用户身上的成本微不足道。这又使得网络免费策略具有了现实的基础。

▶ 9.1.1 免费营销的内涵

免费营销，就是将企业的产品和服务以零价格的形式提供给顾客使用，满足顾客需求，以此获得顾客关注，培养顾客习惯及培养顾客忠诚度的营销策略。在网络营销中，免费策略是最有效的市场占领手段。

走在大街上，在你还没有意识到之前，你的手上或许已牵着一个粉红色的气球，或是拿着一杯早餐饮料。免费具有很强的杀伤力，当免费的产品和服务十分具有诱惑性时更是如此。免费不同于价格便宜，如果免费赠送有 100 人使用的话，收费一分钱可能用户就只有 1 个人。这就是商业运营上无法跨越的"**一分钱鸿沟（penny gap）**"：对于顾客来说，"一分钱"和"零"之间的心理差距巨大，免费和不免费意味着两个不同的市场，故而免费与收费一分钱的需求量差异如云泥之别。

免费对消费者的致命吸引力甚至强大到足以抗衡法律、道德、对隐私的关注。网上众多的盗版音乐、书籍、软件、电影正是说明了无论是法律的制裁还是道德的谴责，都不能抵挡免费的魅力。当今抢抢族和试客族的出现和风行说明，在网络时代，免费不仅成为吸引顾客强有力的磁石，更成为了一种生活方式。而对于厂商来说，免费策略可以最大限度地降低销售阻力，常常可以把不可能的销售变为可能。比如顾客已经习惯于某种品牌的商品，新的品牌在推出时，最管用的方法就是免费给用户试用。因为免费，绝大多数用户都会同意试用，而只要开始用户试用，一方面存在着改变其使用习惯的可能性，另一方面由于试用时，往往会留下用户的相关信息，厂商就有了向其推销付费产品的机会。

▶ 9.1.2 网络免费营销与传统免费营销的区别

与传统经济时期的免费营销相比，网络免费营销已经有了实质性的变化。

首先，传统经济时期的免费营销受成本因素限制，一般是短期和临时性的。但在网络营销中，根据前文所讲的摩尔定律，网站运营成本的不断降低，使得网络免费营销成为一种长期并行之有效的策略。如用户在线看新闻，利用 QQ 聊天目前看来都是永久性的免费，而 2008 年 7 月 17 日，360 安全卫士在全球率先推出永久免费的 360 杀毒软件，更是开创了杀毒软件永久免费时代。

也许我们可以大胆地预言：免费将成为互联网时代商业模式的常态。

其次，传统经济时期的"免费"营销是一种左口袋出、右口袋进的营销策略，即商家提供免费产品的目的是为了吸引用户花钱购买更多的产品，从而将先期的费用转移到后期的产品中。而网络免费策略则不仅仅如此，用户可以终生免费使用，也不用购买任何配置的产品，如电子邮件。这并不是说网络上的货物和服务是零成本，而是网络免费营销将费用转嫁到他人身上。如网易、TOM等门户网站，为了弥补大容量邮箱的大笔支出，在电子邮箱上捆绑了很多增值服务，如广告、推荐歌曲等，从而将费用转嫁给广告商。

正是由于网络时代的免费服务不同于传统经济的免费营销，网络赋予了免费更强的生命力。如果利用百度、Google、Yahoo和搜狗等几大搜索"免费"时，其结果更是令人惊讶：百度找到相关网页约100,000,000篇；Google获得约140,000,000条结果；Yahoo找到相关网页约458,044,988条；搜狗找到200,162,934个网页。而在其结果中，我们看到最多的是各种免费网站，如全球免费中心、免费吧、体验免费网等。

▶ 9.1.3 网络免费营销的形式

网络免费营销大致可以分为两种：一种是网络免费营销策略发展为商业模式，实施永久的免费；另一种是把网络免费营销策略仅仅作为营销手段。前者并不常见，后者则很普遍。

1. 免费商业模式

克里斯·安德森认为，**免费商业模式是一种建立在以电脑字节为基础上的经济学，而非过去建立在物理原子基础上的经济学。** 这是数字化时代一个独有特征，如果某样东西成了软件，那么它的成本和价格也会不可避免地趋于零化。这种趋势正在催生一个巨量的新经济，在这种新经济中基本的定价就是零。在原子经济中，随着时间的推移，我们周围的物品都在逐渐升值。但是在字节经济的网络世界中，物品变得越来越便宜。如试客店、试客网、网络游戏、各网站门户都是比较成功的免费商业模式。

目前，以国内最大的独立第三方支付平台支付宝的免费试用频道为代表的试客风潮正在兴起，试客联盟、我爱试用网、图书试用网、试用网等众多网络中介平台陆续诞生，它们的经营模式多是以免费发送试用品为基础，通过为合作企业进行消费数据调研分析、广告位出售等有偿服务赢利，使得任何网民只要注册为用户，即可享受试用网提供的合作企业所赠试用品的所有免费服务。形式看似简单，但由此却可以形成一个能够带动消费市场调研、个性化广告方案推广、数据库营销等多重业务领域增长的试客经济产业链条。

要想成为试客并不难，任何网民只要登录各大试用网站，填写真实个人资料并申请所看中的商品，得到厂商审批后即可获得邮寄的试用赠品，流程极其简单。目前很多试用网站已经能为试客提供涵盖吃、穿、用、玩等方面数十个品牌的多种商品。

这一类平台（可能是网站或者实体店）的盈利，目前主要来源于合作企业的品牌推广和数据购买。对企业来说，在试客平台上，由于很多用户基本上都是以购买为导向而参加试用活动，在申请和获取免费试用品的过程中，必须提供真实的身份和地址信息，因此可以有效避免传统网络营销中类似身份伪造、恶意点击等欺诈行为的困扰，获取真正有效的用户信息数据库资源，从而实现精准营销。同时，试客网站也为试客提供了交流平台，厂商可以从中得到一些用户使用体验的真实信息，从而实现产品与用户的良性互动，实现真正的"产销合一"。因此，可以说，这种试客平台是目前最典型的免费商业模式之一。

2. 免费作为营销手段

免费策略仅作为一种营销手段，是更为常见的一种做法。如大多数软件所采用的试用版免费就是这种应用模式的具体表现。从目前厂商的运作来看，免费策略的作用主要有以下几种：

（1）用户完全免费，广告商付费。即对于用户来讲，产品从购买、使用和售后服务所有环节都实行免费。所有费用由广告商承担。目前新闻和信息类网站都属于这种形式。由于这类网站为消费者提供的多为无差异化产品，一旦某个网站实行收费的话，其用户就会转向竞争对手的网站。如2013年8月28日下午4时，百度宣布百度导航免费并且宣布向百度导航已经付费的用户进行全额赔付。而下午7时，高德宣布其导航免费。目前完全免费的产品和服务主要有新闻资讯、搜索引擎、电子邮箱、电子书籍、升级软件等。而采用这种形式的免费营销策略的网站，多是通过免费产品来吸引用户浏览网站，增加网站人气和知名度，然后通过出卖广告赚取利润。

（2）对产品实行限制免费。即用户可免费使用产品，但使用产品的功能或时间受到一定的限制。这种限制主要有三种形式：一是时间限制。即用户只能在一段期限内免费使用这种产品，超过期限之后，用户必须付费才可以继续使用该产品。比如，瑞星向全社会发放瑞星2010年版杀毒软件半年免费版，所有用户都可以通过瑞星官方网站和各大下载网站获取安装包。二是基本产品免费，升级付费。即产品分成两种，一种功能相对较少，但用户可以免费使用；另一种包含更完整的功能或为用户提供更多的服务，但用户要支付一定的费用。如奇虎推出的360安全卫士对个人用户实施免费，对专业化的高端增值服务收费，盈利点主要包括网游安全、软件服务、浏览器搜索、企业服务等。三是产品免费，延伸服务收费。即商家提供不错的免费产品，用户可以自由使用，但对于此类产品的非必要的延伸服务要收费。如腾讯QQ的功能在于即时通信，在这一点上所有用户免费，但其付费会员可以享受25种增值服务，包括4种手机增值功能、8种网站增值功能、13种客户端增值功能。

（3）对用户实行限制免费。即区别消费者，对于那些可以利用产品进行生产或销售从而赢利的企业或个人收费。这种限制可分为两种方式：一是买家免费，卖家付费。如阿里巴巴、eBay、慧聪等商业平台，不论是B2B、B2C或是C2C，用户都可以免费注册账号，发布供求信息，但只有当卖家需要回复买家询盘或是成交时，才会对卖家收费。而买家浏览、购买都不需要支付管理费用。二是用户免费，企业收费。这种方法区分了普通用户和企业用户。如PDF，用户可以在Adobe网站上免费下载PDF阅读软件，但对于想制作PDF文件的用户，则需要购买PDF文件制作软件，才能将Word等格式的文件转换为PDF格式。

（4）对产品实行捆绑式免费。即购买某产品或者服务时赠送其他产品。一些产品会实行捆绑式免费策略，通过成熟产品的销售带动新产品进入市场。如微软公司在推出IE浏览器的时候，为了与网景争夺市场，将IE浏览器与Windows操作系统进行捆绑销售，购买Windows操作系统可免费获得IE。捆绑式免费策略并不能为企业带来直接收入，其好处是让企业的产品迅速占领市场份额。微软公司正是通过这种免费策略，打败了网景，并使得IE浏览器迅速占据了全球大部分的浏览器市场份额。

▶【同步案例 9-1】

报纸：生存还是死亡？

背景与情境：自从 20 世纪 90 年代互联网逐渐普及以来，读者就开始逐渐转移到网络及其他媒体，而随着近年来移动终端设备的兴起，纸质媒体的"崩盘"速度更为加快。近 20 年来，报纸是生存还是死亡的争论从未停止，不论是欧美国家或是新兴国家，报业的生存越来越艰难。

2007 年，世界上历史最悠久，已发行了 362 年的报纸瑞典《国内邮报》取消了传统的报纸发行，取而代之的是新兴的网络媒体形式。在日本，2008 年，每日新闻社北海道分社下设的《秋田魁新报》《名古屋时报》停止发行；2009 年，《南日本新闻》《札幌时报》《冲绳时报》《琉球新报》也停止发行。在美国，2008 年 12 月 8 日，拥有 161 年历史的美国第二大报业集团论坛报业集团申请破产保护；2009 年，具有百年历史的《基督教箴言报》因亏损而停刊印刷版，道琼斯公司的《远东经济评论》停刊；2010 年，《西雅图邮报》转型为新闻网站。就连《纽约时报》也一度考虑停止印刷业务。董事长苏兹伯格曾在一次讨论会中透露，他们最终会在未来的某个时间停止《纽约时报》的印刷，日期待定。在中国，已有 30 年历史，曾经辉煌一时的《市场报》告别读者。美国南加州大学安南伯格新闻与传播学院发布了一个报告，称未来几年，大部分中型报纸都将死亡，仅存些类似《纽约时报》《华尔街邮报》这样的大报和一些社区小报。这些大报有很强的品牌效应，它们会存在下去，但它们的具体存在方式是报纸还是网络，或者两者都存在，这个还有待观察。

然而，报纸停刊不等于报业消亡，在网络、移动终端推动的媒体变革大势下，传统媒体越来越快地进入到重组与整合。更多的传统媒体抛弃了以往对待新媒体的敌对态度，转而开发网络版报纸。如今的《基督教箴言报》建立了网站，发行及时更新的网络版报纸以及印刷版的周刊。根据 Alexa 的数据，《基督教箴言报》网站的月均浏览量达到 400 万人次。而截至 2010 年 12 月，《纽约时报》网站的读者数在全球达到了 4480 万人。同时一些出身网络的新闻媒体也显现出良好的发展态势。根据美国市场研究公司 ComScore 提供的数据，2011 年 5 月《赫芬顿邮报》的月独立用户访问量首次超过《纽约时报》。这意味着它已经跻身主流媒体。

在这场持续了 10 几年的传统媒体与数字媒体的较量中，受众对于数字媒体更为青睐。这样的事实必然要求传统的纸媒将视线转向包括电子报纸在内的数字媒体。就像加拿大咨询公司 KubasPrimedia 高级副总裁艾德－史塔佩尔说的："新闻报纸转向数字化很关键，而那些没有推行数字化的报纸，如果不是像其他报纸那样拥有以印刷形式存在的特殊原因，则会最终走向灭亡。"

（资料来源：唐逸如. 2012 再问报纸：生存还是死亡？. 社会观察，2012（02））

问题：上述资料表明，纸质媒体的黄金时代已经过去，但新闻却不会消失。在一个全新的、多样化的竞争平台上，传统媒体该如何改变他们的价值取向和商业模式？源生于网络的新闻媒体是否会成为未来的主流？

分析提示：未来纸质报纸的消失是一种趋势，源生于网络的新闻媒体会成为未来的主流。媒体应该认识到新闻不会消失，但它的形式会改变。受众在哪里，受众所喜欢的形式应是什么，这些是传统媒体的价值取向和选择商业模式的核心。

▶【职业道德与营销伦理 9-1】

免费 WiFi 或存"钓鱼"陷阱

背景与情境：随着移动通信的发展，笔记本电脑、手机、平板电脑等能够移动上网的设备步入人们的日常生活，与之相关的无线网络 WiFi 亦大行其道。如今，无论是繁华的中心商圈，还是休闲娱乐的咖啡馆、酒店，无线网络几乎成了不可或缺的基本配置。在许多消费者看来，是否提供无线网络服务已经成为能否吸引自己消费的一个重要条件。

在城市网络无线化的今天，WiFi 热点非常多，甚至浙江省多城市免费向市民开放室外 WiFi 网络，以打造"智慧城市"。除政府行政中心、客运中心、图书馆、医院等重点公共场所等政府提供的 WiFi 热点外，商家也提供了不计其数的 WiFi 热点；与此同时，很多家庭宽带用户也常常在家中通过无线路由器设置无线 WiFi 信号，方便家中的电脑、iPad、手机以及智能电视上网。然而，免费公共 WiFi 就像一座"裸城"，有"黑客"在网络上自曝，声称在公共场合搭建一个不设密码的 WiFi 信号吸引他人连接后，15 分钟内，窃取手机上网用户的个人信息和密码易如反掌。

公用免费 WiFi 的风险主要表现在三个方面：一是恶意提供免费 WiFi 进行"钓鱼"，诱使手机、电脑用户免费登录 WiFi，输入账号、密码以及诸多可能涉及隐私的个人信息，从而导致财务或者资料的损失；二是普通用户通过公用免费 WiFi 上网时，通过 HTTP 协议访问网站，存在被盗取信息的潜在风险；三是利用来路不明的公用免费 WiFi 上网时，可能不小心下载了恶意软件，导致手机以及电脑系统在使用某些软件时出现问题，尤其是银行、支付宝、快钱等涉及钱财的敏感应用软件，出现财务损失或者资料的泄露。

因此，人们在登录免费 WiFi 时一定要小心谨慎，以免落入不法分子的圈套。在使用公共 WiFi 时，尽量不要登录淘宝或网银等这类易造成用户经济损失的网站，即便登录后，也尽量不要选择"记住密码"的选项，因为有可能在下次浏览网页自动登录账户时，密码在未察觉下就已被上传出去。同时，不要将移动网络设备设置成无线网络自动连接，以免只要有免费 WiFi，手机等移动设备就自动连上，在不知不觉中进了黑客的陷阱。

（资料来源：葛福臻. 免费 WiFi 或存钓鱼陷阱. 鹤城晚报，2013-08-27.）

问题：正如案例所述，网络上的免费有真有假，网络免费营销如何才能避免因"假免费真陷阱"引起的消费者不信任感而削弱免费营销的效果？

分析提示：当今的网络上，充斥着各种免费信息和商品，然而这些免费究竟是"馅饼"还是"陷阱"却让人难以分辨。在这样的环境，运用免费营销的厂商如何取得消费者的信任，使得网络免费营销真正达到双赢的目的，便成为免费营销成败的关键。为此，厂商应保证免费信息的真实，以好的产品或服务进行免费营销，才能在消费群体中竖立起好的口碑，才能最终达到免费营销的目的。此外，政府也应该加快相关的立法工作，以规范相关的网络免费行为。

▶【同步业务 9-1】

请同学们在课后，体验网络免费营销，具有至少一次免费购物的经历。

业务分析：站在消费者的角度，分析网络中常见的免费营销的方式，体会免费营销对于消费者的吸引力。

业务程序：首先，了解网络上常见的进行免费营销的商品种类。其次，考虑进行免费营销的商品分别采用了哪种免费营销的方式。最后，站在消费者角度，分析免费营销对你的吸引力。

业务说明：网络免费营销并非适用于所有的商品，网络信息的特点决定了只有适合网络营销环境的产品才适合采用免费营销。利用网络搜索各种免费商品的信息，总结网络免费营销常用于哪些商品，并通过实践，分析所购买的免费商品所采用的免费营销的优劣之处。在此基础上，考虑适合于企业的免费营销方式。

▶ 9.2 网络免费营销的适用范围及功能

▶ 9.2.1 网络免费营销的适用范围

尽管免费的威力巨大，绝大多数的商品和服务都可能在短期内利用免费迅速占领市场或吸引消费者，但是并不是所有的商品或服务都适合于长期的免费策略。网络营销中适用于长期实行免费策略的商品或服务是要受到一定条件制约的。一般来说，适用于长期网络免费营销的商品或服务应具有以下特性：

1. 数字化的无形商品

由于实体的产品从生产到传播给用户需要物流、包装、损耗、时间等多种费用支出，而数字化的无形产品可以通过数字化技术借助互联网进行快速、低成本甚至是免费的传播，从而企业能以较低的成本推广产品。因此，数字化的无形商品比传统商品更适用于网络免费营销。比如腾讯公司借以发家的聊天工具软件 QQ，正是通过网络得到迅速传播，快速聚集了用户群体。

2. 商品制造边际成本有递减趋势

免费策略的商品或服务应能轻易地复制、储存或传输，企业只需要投入前期的研制费用及后续的升级开发费用，而产品制造的边际成本是递减的，甚至是趋于零。这样，企业免费把商品卖给更多的客户才不至于让企业蒙受不可忍受的损失。比如软件的复制几乎没有制造成本，这也是免费软件产品得以迅速传播的原因。

3. 客户数量众多，市场足够庞大

采用免费策略的企业，主要目的是推动市场成长，开辟出新的市场领地，同时极大地提高市场占有率。只有具有高成长性的市场前景的商品或服务，才能迅速聚集庞大的客户群体，企业后期通过提供加载付费商品和服务实现盈利才具有可行性。

4. 具有间接受益的可能性

在网络营销中,虽然可以利用互联网实现低成本的扩张,但免费产品或服务前期的研发、生产、营销等成本,以及后续的研发、生产等成本并非消失,企业最终要弥补这些成本。因此,采用免费营销策略的商品应具有间接收益特点,即企业可以就此获得其他方面的收益。如号称完全免费的 360 软件在整个 2012 财年,营业收入为 3290 亿美元,净利润为 4680 万美元。奇虎 360 的收入主要来源于两部分:一部分来自企业的广告收入,其增长主因是免费浏览器和网址导航流量的快速增长和黏性的加大;另外一部分来自用户付费,主要来自网页游戏的分成收入。

▶【教学互动 9-1】

> 互动内容:请思考和讨论以下问题:
> (1)你是否拥有过免费产品?是通过网络方式拥有还是通过实体店的方式拥有?
> (2)在你免费购物的经历中,你所购买的商品是否具有长期免费营销的特征?
> 要求:同"教学互动 1-1"的"要求"。

▶ **9.2.2 网络免费营销的功能**

市场营销的根本任务,就是通过努力解决生产与消费的各种分离、差异和矛盾,使得生产者方面各种不同的供给与消费者或用户方面各种不同的需要与欲望相适应,具体地实现生产与消费的统一。免费营销策略作为营销策略的手段之一,同样具有求得社会生产与社会需要之间平衡的功能。但除了便利功能、导向功能、物流功能、交换功能这四个市场营销的基本功能外,由于免费的魅力,免费营销策略有其独特的功能,并以此成为网络经济中的一把营销利器。免费营销策略的独特功能如下所述。

1. 免费策略可以最大限度地提高市场占有率,快速获得大量用户

免费策略往往效果非凡,其原因就在于免费对于用户产生的无法拒绝、不可抗拒的心理效果,以及其病毒式的传播速度。尤其在新产品的推广期,用户对于新产品的认识不足,充满了不信任感,而收费则在用户的购买上增加了一道成本。因此,在新产品的推广期采用免费策略,一方面可以降低用户换用新品牌或新产品的成本,另一方面可以通过用户的口碑在最大程度上进行传播。

如日本的化妆品品牌——DHC,它在 2007 年才进入中国市场,时间比其他欧美品牌要晚很多。对于化妆品营销而言,想在一个新市场当中抢得一席之地,即使大量的营销投入,也未必完全可以实现目标。而 DHC 采用的先试用再购买的营销方式,让 DHC 一跃成为护肤品市场一匹黑马。消费者只需通过电话或上网索取 DHC 免费试用装,或者订购 DHC 商品的同时自动就能成为 DHC 会员,不需缴纳任何入会费与年会费。新品上市时,会员可优先获赠试用装。DHC 每月免费派发《橄榄俱乐部》杂志,就像美容杂志一样,提供最新的产品情报及琳琅满目的产品信息,也有健康专题、美肌教室、品牌故事、留言板等内容。这种方式使得 DHC 不仅通过体验式的消费让消费者体验 DHC 产品的高品质，创造了持续营销的机会，而且保持和提高了消费者的忠诚度。

2. 免费营销可以促进企业其他产品的销售

在当今生活中，买手机赠送包月套餐，买房送车等活动铺天盖地。厂商之所以热衷于这种活动，正是由于免费营销在交叉补贴中的运用。

如美国的 ULCCRyanair 公司就大张声势地举办了一项"促销"活动，送出了多达 100 万个免费座位（100% 免费，不加税，没有额外的收费）。在活动发布的 5 个小时之内，网站就获得了 400 多万次的点击，而蜂拥而至的网民们一度令网络堵塞。而 Ryanair 公司同时将能够出售广告的位置都卖给了广告商，比如可收起的折叠桌、座椅靠背，甚至整个机身的广告位，因此 Ryanair 公司成为了一块巨大的活动公告牌。

3. 免费营销策略可以形成持续营销

免费营销中，很多用户基本上都是以试用、购买为导向而参加试用活动，在申请、获取和邮寄免费试用品的过程中，必须提供真实的身份和地址信息。因此厂商能够从其产品的试用赠送活动中获取有效精准的用户数据库资源，还能从试客对赠品使用的交流评论中，真正了解消费需求，对具体的用户进行有针对性的营销，提高了潜在用户转换成实际用户的转换率，并培养和提高了顾客的忠诚度，形成持续营销。

如用友服务品牌"金桥服务"曾重磅推出一项免费体验活动，旨在通过创新的服务模式带给用户全新的服务体验。免费体验活动持续时间为三个月，在此期间中小企业用户在登录用友金桥俱乐部网站后，可免费获得软件应用常见问题的解决方法、最新行业及软件资讯等信息，并在用友专业服务工程师的指导下解决企业信息化应用难题，体验以交互性、工具性、体验性为特征的在线服务新感受。

4. 免费营销可与企业售后服务相结合，提高顾客的忠诚度

这种方法亦是常用的一种营销方式，如长春宝兴车行为了不断完善售后服务的内容和品质，启动的 BMW 老客户免费车检计划。凡使用年限在 3 年以上的 BMW 车辆均可到 BMW 授权经销商长春宝兴行预约车检服务，享受多达 26 项的免费检测项目，检查范围包括电器部分、动力部分和底盘部分，为车辆的质量安全提供全面的保障。参加活动的车主还有机会获得 BMW Lifestyle 生活精品 F1 车手帽。长春宝兴车行推出的老客户车检计划，目的是协助广大宝马老客户更全面细致地了解车辆使用情况，将服务细节真正落实到车主心中，以此培养和提高顾客忠诚度。

▶【同步案例 9-2】

试客网站　免费背后利润高

背景与情境：试客的英文 Shokey 由 shopping（购物）、key（钥匙）两个单词组成，也是 The key of shopping 的缩写。故而试客就是指在购物之前，先通过互联网、柜台等渠道免费索取商家的试用赠品，经过试用后才产生购买行为的消费者。而与这一群体共生的种种相关商业形态，就形

成了所谓的"试客经济"。究其本质试客们参与的，其实是一场试用营销活动。

互联网的兴起为试用营销提供了更为广阔的舞台，越来越多的企业在自己网站上推出了试用体验活动，通过免费产品来吸引试客族的目光，并收集大量试用体验数据，从而达到社区、体验、精准三位一体的营销效果。与此同时，一批专业的试客网站应需而生，它们在企业与消费者之间搭建了专门的沟通平台。

当2007年李坚发现美国的试客网站时，中国在这一领域仍属空白，正是意识到试客经济的市场前景，他成立了试客联盟。最初模仿淘宝网、拍拍网等一些网站，从美容院、餐馆等方面入手。通过工作人员的努力，试客联盟网慢慢有了600多家合作商家。然而由于没考虑到试客的心理，也没考虑到商家的收益，最终商家和试客都不满意，大量的合作商家终止了合作。在找到失败的原因后，李坚等人决定做出改变。考虑到试客的心理，他们不再提供面对面的免费试用服务，而是由商家将产品邮寄给试客。这样一来，试客心里也不会那么别扭了。试客要想再次获得试用机会，必须在这次试用之后，认真地填写对产品的评价，不管好评或者差评。这样一来，商家希望得到的回报也实现了。2009年9月15日，央视"消费主张"栏目的报道则为试客联盟腾飞插上了双翼。2009年年底，公司扭转了亏损的局面，盈利10万余元。

然而，新的问题又出现了。商家反映有些试客评价过于敷衍，无法了解试客的真实感受。试客则反映有的商家不诚信，试客不能拿到产品。为此，经过连续两个月的研发，网站终于想到一种有效的解决办法，那就是模拟销售试用模式。如果商家要提供100份试用品，每份价值50元，那么，请先交纳与货物价值相等的5 000元；然后，被选定的试客到网店以50元的价格买下这件产品；最后，当试客写好试用体验报告以后，由试客联盟将这5 000元分成100份，分别汇到试客的账户。

国内有些试用网遭人诟病，因为他们提供的产品价值才十几二十元，还要试客包邮费。这种现象在试客联盟已被杜绝，李坚说："我们对商家有规定，价值低于100元的商品，不准收邮费；价值超过100元的商品，收取的邮费不得高于10元。"

如今，经过几年的发展，试客联盟网已成为国内最大最专业的试用网，活跃会员超过500万，是中国最受关注的试用网站之一。

（资料来源：唐志强．"创业就是要勇于尝试"．南国早报，2011-10-18）

问题：根据上述资料思考试客这一免费商业模式的赢利来源？

分析提示：互联网在改变消费者的行为的同时，亦在改变公司的经营行为，试客的行为代表了免费经济时代的一种趋势。但是免费不等于公司不赢利，不赢利的公司是无法长期生存的。免费商业模式成功的关键就在于成功地挖掘出公司的赢利点。

▶ 9.3 网络免费营销策略的制订及实施

当前网络中的免费信息铺天盖地，360、QQ、百度、新浪等成功的网络免费营销案例进一步**刺激**更多的企业重视或采用网络免费营销的策略，但是有些企业误认为免费是百试百灵的方法，不加区别到处滥用，结果造成了一笔笔毫无回报的营销投资。

▶ 9.3.1 网络免费营销策略的制订

为了获得网络免费营销的成功，企业必须制订一整套严谨的营销策略，为免费产品或服务开展网络营销活动提供行动蓝本。制订网络免费营销策略的步骤如下：

1. 分析产品或服务特性，是否满足网络免费营销的条件

并非所有的产品或服务都能适用于网络免费营销，尤其是长期的网络免费营销。因此，在进行网络免费营销策划时，首先应考虑的就是即将要免费的产品或服务是否适用于这一营销方式，以及企业计划免费营销的时间长短。

2. 分析产品或服务的市场环境，是否满足网络免费营销的条件

考虑免费产品或服务将来是否拥有广大的市场前景，能否迅速提高市场占有率。使用免费策略并且获得成功的企业都有一个特点，就是产品或服务获得市场的认可并受到极大欢迎，并且迅速奠定在市场上的领先地位。

3. 分析定位目标市场，深挖顾客需求

在确定产品或服务满足网络免费营销之后，必须准确定位目标市场。由于免费产品或服务的提供需要大量成本作为支撑，任何一家企业都不可能长期无收入地提供免费产品或服务，因此，准确定位目标市场，在目标市场中深挖顾客需求，从满足客户需求的角度出发不断创造新的增值服务项目，才能使企业利用免费营销达到迅速赢利的目的。

如：上海地铁站定点投放的《I 时代报》是一份免费报刊，每天发行量约 40 万份，目标读者为受过高等教育并且拥有一定消费能力的都市白领，报刊内容覆盖了政治、经济、文娱、体育以及各种生活信息，吸引了大批固定广告商，2010 年《I 时代报》的广告收入超过了 3 亿元。

4. 分析选择合适的免费营销形式

免费价格策略的形式多样，企业应根据自身经营战略的需要和产品或服务的特点来选择。对于企业来说，免费策略仅仅是一种手段。无论免费产品是以哪种面貌出现，其最终目的还是为了收费。只是不同于其他营销，购买商品的用户都要付费。网络免费营销的最终结果是：要么用户先免费后付费；要么由一部分用户为所有用户付费；要么广告商为用户付费。因此，企业在进行免费营销之前，必须考虑自己有哪些产品或是产品的哪些部分可以免费，免费的商品是否能最终走向收费。

5. 分析确定免费策略的产品或服务策划推广的方式

现在的网络市场上，免费产品已司空见惯。因此，要吸引顾客关注，就要像推广其他产品一样有严密的、创新的营销策划。在策划时，主要考虑通过互联网渠道进行宣传，比如在知名站点进行链接，发布网络广告，在相应的论坛上发布软广告，同时还要考虑在传统媒体发布广告，利用传统媒体进行宣传。

6. 分析确定免费产品或服务的赢利点或收费时间点

免费模式的难点和关键点是由免费向收费的过度，所以，企业设计免费模式的精妙之处在于要让以顾客接受的形式推动赢利。事实上，很多企业的产品和服务通过免费模式推广后，会赢得用户支持，然而一旦开始收费，客户资源就难以为继了。同时，免费模式很可能遭到竞争对手的模仿，由于模仿者往往会借鉴先行者的经验和教训，且在投入上获得了优势，先行者就很难从后续增值服务中获利，免费产品或许就成了他人的"嫁衣"。

▶ 9.3.2 网络免费策略实施时的注意事项

免费的最终目的是为了收费。站在厂商的角度，可以说天下没有免费的午餐。厂商所提供的免费产品或服务必然要有一方来承担，厂商或许在短期内有可能承担这部分成本。但在长期内，厂商必须从免费模式走向收费。只是对于消费者，或者部分消费者而言，他应承担的成本转嫁到了其他人身上，比如广告商或其他用户身上。因此，如何合理利用免费策略，最终为企业获得利润，应是每一个想要采用免费策略的企业必须思考的问题。因此，一个有效的网络免费营销策划必须注意以下事项：

1. 免费营销策划的适用性

免费营销并非适用于所有的产品。比如传统企业极少免费赠送其产品，一般是在新产品促销时才会采用少量、短期的免费试用，因为传统企业无法承受巨大的成本损失。

2. 企业的产品所适用的免费策略形式

从免费的程度上分，免费营销的形式有完全免费、限制性免费、部分免费、捆绑式免费这四种主要形式；从免费期的长短来分，免费营销可分为短期免费营销策略、长期免费营销策略。企业应根据自身经营战略的需要和自身的运营能力，并结合产品的特点和市场环境来选择相应的免费形式。即对于不同的产品采用不同形式的免费策略，如：衣服、化妆品等边际成本呈 U 形的产品，应采用短期的限制性免费策略或捆绑式免费策略；而对于软件、电子图书等数字类产品由于其边际成本递减且趋于零，应采用长期性的完全免费策略或部分免费策略。此外，对于同一产品的不同营销阶段也应采取不同形式的免费策略，比如：对于传统产品在初上市进行推广时，多采用完全免费策略，从而最大程度吸引消费者的注意力；在该产品成长期和成熟期，可以在节假期间，采用短期的部分免费或捆绑式免费策略，以便在推广的基础上尽可能地获得利润。这样才能做到有的放矢，达到免费营销策略的最大效果。

3. 必须保证免费策略产品的品质

免费营销策略获取成功的关键是要获得市场认可。近些年在互联网上成功进行免费营销策略的企业的共性是：所提供的产品或服务受到市场的极大欢迎，并且迅速奠定在市场上的领先地位。

免费营销策略的确降低了营销阻力，它以免费产品的形式极大地降低了用户接受的门槛，给予了最大限度的用户最初的体验。但是这一策略同时也成为产品质量的试金石，好的产品给予用户好的初体验，从而易于让用户转换消费习惯；而产品品质不好，消费者可能会有一次糟糕的初体验，企业可能再也没有机会获得这个用户。因此，在免费营销中，一定不能认为反正是免费的，就用低质的产品糊弄用户。

如免费电子邮箱是众多门户网站均为用户提供的一项免费产品，2000 年 3 月 13 日至 16 日 163 电子邮局瘫痪，使得该邮局的 200 多万用户被迫中断与外界的邮件联系，从而导致大量的用户流失。这些年来，网络运营商纷纷提高服务质量，完善垃圾邮件过滤系统、加大邮箱容量、提高稳定性,正是从这一点出发,希望在激烈的邮箱竞争中占据先机。

4. 免费营销策略的风险性

免费营销策略的最终目的是为了收费。然而,当用户习惯了免费使用产品的时候,企业一旦实施收费策略,用户在情感上会很难接受收费事实,甚至会认为自身利益受到了伤害,从而采取相应抵触行为。这些抵触行为对于一部分采用免费营销产品的影响不大,就算免费策略最终没能成功转向收费,也不会对企业和网站造成太大的风险,如软件等复制、配送成本为零的产品。但还有一些免费策略要转向收费时,这些抵触行为将给企业带来较大的风险,如打印机油墨,打印机生产商曾采用过白送打印机的免费营销策略,但作为耗材的墨盒价格定得较高(一般价格为几百元),从而达到赢利。但是,由于市场上存在着大量的替代品,因此,一些小厂商所生产的兼容墨盒(一般价格为几十元)对这种赢利模式造成了极大冲击和压力。因此,现在打印机生产商或者改变打印机完全免费的策略,或者绞尽脑汁让自己的打印机不能与其他厂商的墨盒兼容。

5. 免费营销要量力而行

免费营销要依据厂商的经济实力和技术实力量力而行。毫无疑问,免费营销的威力很大,但并不是每一个企业都能够承担得起大规模免费营销所带来的成本。如果企业没有做好资金、设备和人才的充分准备,就可能将好事办坏。比如在规定的免费期间,由于访问人然过多,用户无法登录网站,无法享受到免费服务或商品,因此,即使免费也会招致用户的不满,从而导致用户的流失。

▶【同步案例 9-3】

谷歌的商业模式:免费的魅力

背景与情境:位于加利福尼亚山景城圆形剧场大道 1600 号的 Google 的总部就像一座"免费城堡"。在这里,谷歌提供将近一百种免费的产品:从照片编辑软件到文字处理器和电子表格,而且谷歌还在连续不断地开发新的免费产品。它按照任何现代数字公司都应当遵循的方式运营:赠送大部分产品而只从少数产品中赢利。

1998 年谷歌(Google)创始人佩奇和布林仅仅用了一年时间就让众人认识到谷歌算法的优异之处。因此,这家冉冉升起的创业公司当时就获得了 2 500 万美元风险投资,公司估值达到了 1 亿美元。然而,到 1999 年年末,谷歌并没有找到合适的赢利方式,为此,佩奇和布林开始关注其竞争对手 GoTo.com,后者从传统的卖广告模式获得了巨大收入。从此,谷歌形成了令人惊讶的单一赢利模式:一种非常单一的搜索主题,以及非常简洁的广告模式。

谷歌以搜索引擎发家,到目前为止,其产品几乎涉及互联网的全部领域。乍一看,谷歌似乎正竭力发展搜索以外的新业务,但风投公司 Benchmark Capital 合伙人比尔·古尔利(Bill Gurley)一语中的:谷歌的市场扩张战略不是主动进攻,而是紧密的防御策略。巴菲特曾说过,最成功的企业"就是一座由许多攻不破的城墙围起来的经济城堡"。而搜索就是谷歌的"经济城堡",其他业务都是保护这座城堡的"城墙",如 Android、Chrome 浏览器、Chrome OS 及 Google Apps。

这些都是由搜索利润提供经费的免费产品，用以保护居于中心的搜索这座"经济城堡"。进一步说，谷歌不仅在建围绕城堡的城墙，还将城墙周围夷为平地。Android、Chrome 和 Chrome OS 就是"城墙"，而非传统意义上的"产品"。谷歌并不打算将它们变成"经济城堡"，相反，只是造价高昂、积极主动的"城墙"，由谷歌城堡的高度和规模提供庇护。谷歌的目标是防守而非进攻，并不指望 Android 或 Chrome 赢利。

谷歌希望将存在于自身和消费者之间的任何东西充分利用起来，不收分文免费提供。因为这些东西基本上是没有可变成本的软件产品，这其实就是一种灵活多变的防御战略。从本质上讲，谷歌不仅是在建城墙，还将城堡周围方圆 250 英里（约合 400 公里）的地方夷为平地，确保无人可以靠近。

别忘了，谷歌是 Android 和 Chrome 的默认搜索引擎，Android 和 Chrome 仅仅是给搜索业务输送养分的分配节点。没有 Android，谷歌作为手机默认搜索的地位更容易被取代。Chrome 浏览器同样只是为了保证谷歌的搜索前沿和中心地位。

谷歌之所以能不断建设城墙，在其进入的行业横行无忌，是因为它提供了免费的产品或服务。运营商和手机制造商采用 Android 系统确实都因利益驱动，谷歌基本上是付费让他们使用。所以，衡量新业务是否成功的标准，不是它们直接给谷歌带来多少营收或利润，而是它们对谷歌核心搜索业务的贡献程度。

目前谷歌的这一免费商业模式已经收到奇效。在其成立 15 年后，谷歌成为了营收收入超过 500 亿美元的"搜索巨人"，其赢利水平（2012 年达到 166 亿美元）高于美国所有航空公司和汽车企业赢利的总和。

为何谷歌要采取"免费"策略？因为这是覆盖最大规模市场并为大量商家采用的最佳方式。施密特将其称为谷歌的"最大化战略"，而且他认为这种战略将界定信息市场。道理非常简单："不管你正在开发的是何种产品都接受它，并依据分销量尽可能多地进行生产。换句话说既然分销的边际成本为零，你就可以使产品遍布全球。"

目前唯一能够限制谷歌增长势头之处在于万维网自身的扩展步伐。因为其他大部分产品都已设计完毕，或者部分或者全部，以扩展包括免费无线接入和免费存储在内的互联网应用。对于谷歌而言，互联网上的一切均可被视为其主营业务的补充品。博客中发表的每一则帖子都为谷歌的网络爬虫和指数提供更多信息，以助其给出更好的搜索结果。谷歌地图上的每一次点击都提供了更多有关消费者习惯的信息，而 Gmail 中的每一封邮件都是我们现实生活中各种社会关系网络的线索，谷歌可在它们的帮助下开发新产品或提高广告业绩。因此使用互联网的人越多，对谷歌的核心业务而言就越有利。因此，如果谷歌能借助免费策略鼓励人们将更多的时间花在互联网上，那么最终它的赢利也会更高。

（资料来源：轩辰. 谷歌的商业模式：经济城堡和防御围墙 [EB/OL].（2011-03-26）[2014-08-08]. http://tech.sina.com.cn/i/2011-03-26/10205334454.shtml）

问题：谷歌目前有哪些免费和收费业务？思考这免费业务和收费业务的区别之处。讨论谷歌由免费转向收费的过程和成功之处。

分析提示：谷歌是免费策略成功的一个典型案例，它的绝大部分业务都是免费的，比如我们可以使用它进行免费搜索，免费使用它的电子邮箱，免费将谷歌的信息发送到自己的手机，获得免费的天气预报短信提醒业务，通过 Youtube 免费收看影视。而它的收费业务只占一小部分，但正是这一小部分业务为谷歌提供了赢利。从谷歌的业务来看，它通过区分用户来划分它的收费和免费的范围。谷歌以免费为它的商业模式，从最初的免费最大程度吸引了注意力，并将这种注意力转化为它的收费业务，从而最终达到了赢利的目的。

▶【同步业务 9-2】

某淘宝店想要采用免费营销方式让公众了解自己的商品，并希望推广自己的商品，应选择什么样的免费营销方式？如何进行免费营销？

业务分析：对于淘宝店来说，公众已比较熟悉其购物方式，而且在公众心中的知名度较高。但是由于淘宝店家众多，竞争激烈，如何从众多的竞争者中脱颖而出，便成为难题。因此，免费营销作为一种深具魅力的营销方式，可以较快地让更多的人知道店家及其主营产品。

业务程序：首先，了解企业的商品是否适合免费营销。其次，考虑哪些免费营销方式适合本企业的商品，哪些免费营销渠道更能让企业的免费营销达到预期的目的。最后，设计免费营销方案。

业务说明：网络免费营销并非适用于所有的商品，网络信息的特点决定了只有适合网络营销环境的产品才适合采用免费营销，利用网络搜索各种免费商品的信息，总结网络免费营销常用于哪些商品，并通过实践，分析所购买的免费商品所采用的免费营销的优劣之处。在此基础上，考虑适合于企业的免费营销方式。

▶【同步实训 9-1】

XX 店家免费营销方案

实训目的：理解免费营销的适用范围、方案设计及应注意的问题，培养独立完成免费营销方案的能力。

实训要求：教师指导学生以班级小组为单位，设计免费营销方案并进行讨论，有条件的情况下，实施并观察其效果。

课前准备：

（1）教师向班级学生布置课前任务：以班级小组为单位，依据"同步业务 9-1"的"业务程序"在淘宝上选择适合进行免费营销的店家。

（2）对所选择的淘宝店家所经营的商品进行分析免费营销的可行性并设计免费营销方案。

实训步骤：

（1）在课堂上以班级小组为单位，阐述本组所选择的店家的商品的特征及其适用于免费营销的原因。

（2）该组同学阐述自己对所选择的店家的免费营销方案的设计思路。

（3）其他组同学对该组的免费营销方案进行评价，提出自己的看法。

（4）最后由教师分析该组同学的免费营销方案的优劣之处。

■ 本章内容结构图

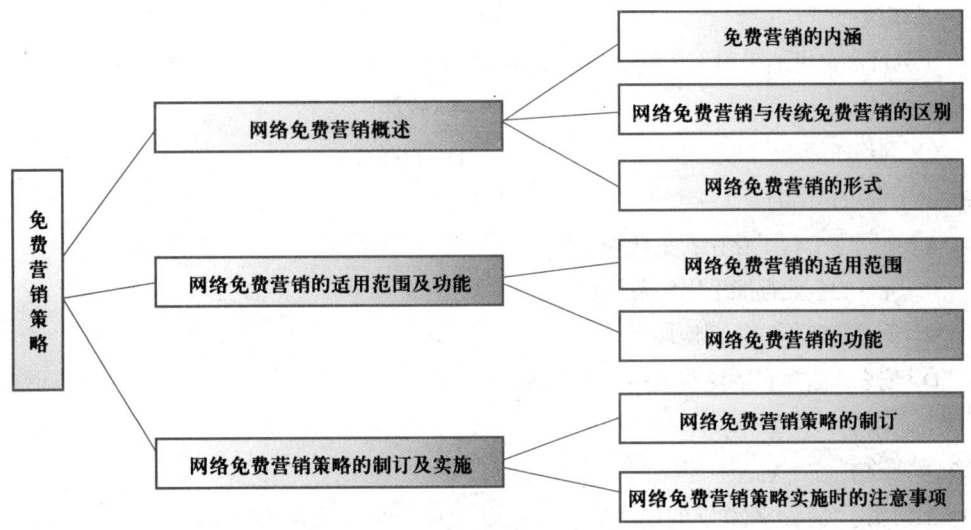

■ 主要概念和观念

□ 主要概念

免费营销　一分钱鸿沟　摩尔定律　试客经济

□ 主要观念

免费营销　网络免费营销　免费策略应用

■ 重点实务和操作

□ 重点实务

网络免费营销策略的制订与实施　免费营销策略实施时的注意事项

重点操作

"免费营销策略"知识应用

■ 习题和训练

□ 理论题

▲ 客观题

△ 选择题

○ 单项选择

1. 下列产品最可能采用永久免费营销策略的是（　　）。
   A. 化妆品   B. 软件
   C. 网络新闻   D. 衣服

2. 以下说法错误的是（　　）。
   A. 在网络上真正存在着免费的午餐
   B. 所有的企业都能采用免费策略
   C. 免费策略不能长期使用
   D. 依靠广告生存的免费策略天生有风险

○ 多项选择

1. 下列属于免费策略功能的说法是（　　）。
   A. 吸引消费者的注意力，使得潜在的消费者成为现实的消费者
   B. 能够通过捆绑式免费策略促进其他商品的销售
   C. 有利于售后服务的改善
   D. 必须与其他营销方法相配合

2. 在进行免费营销时，以下说法正确的是（　　）。
   A. 应该提供最优质的产品
   B. 必须分析厂商提供免费品的能力
   C. 免费营销提供免费产品，因此对于厂商没有任何风险
   D. 所有的免费最终必然向其使用者收取费用

3. 软件等数字商品可以使用的免费策略是（　　）。
   A. 完全免费策略   B. 部分免费策略
   C. 限制性免费策略   D. 捆绑式免费策略

△ 判断题

1. 所有的免费策略都是把付费从一个产品转移到另一个产品。（　　）

2. 所有免费的一切，最终还是为了收费，因此，对于任何人而言，都不存在免费的午餐。
(   )
3. 用于免费营销时所赠送的产品，从成本考虑，应该降低其质量。(   )

▲ 主观题

△ 简答题
1. 传统经济下的免费营销与网络经济时代的免费营销有何异同之处？
2. 简述免费营销的特点。
3. 简述免费营销的功能。

△ 论述题
免费策略为什么能降低营销阻力？

☐ 实务题

▲ 规则复习
1. 简述网络免费产品或服务的适用范围。
2. 简述免费营销策略的应用类型。
3. 应用免费营销策略时需要注意哪些问题？

▲ 业务解析

现在有网友将 Wi-Fi 需求作为"马斯洛需求"的金字塔地基——与衣食住行并列为人的基本需求，这充分说明 Wi-Fi 对于消费者特别是年轻人的重要性。2010 年，三大电信运营商从广东出发以免费拉拢用户，在 Wi-Fi 战场上获得了不菲的战绩。然而运营商在电信利润不断缩水的今天是无法一直免费下去的，2013 年 1 月 1 日，广东移动调整了优惠业务，从过去的"全球通用户免费"改为"全品牌开通 WLAN 的客户每月获赠省内 1 小时 WLAN 免费时长"。此举被解读为，这场始于 2010 年的运营商免费 Wi-Fi 大战或将终结，逐步走向收费。

你认为 Wi-Fi 是否符合免费产品或服务的范围？当其从免费走向收费有哪些途径？目前，移动采取的向消费者收费的方法有哪些问题？

☐ 案例题

▲ 案例分析

试客店与试客网的兴衰对比

背景与情境：进店"购"物无须支付货款，可以直接拿东西走人。2008 年，这种源自日本的品体验店开始在上海街头悄然兴起。一时间,"去试客店体验名牌化妆品和食品新品"成了许多白领茶余饭后热议的话题。然而时隔1年,最先登陆上海的三家免费试用品店均面临着关店或转型的尴尬。

然而,与之相反,试客网站却如雨后春笋般冒了出来。许多购物网站都有申请免费试用的栏目,更有大量专业"试客"网站,免费提供的试用品涉及家居用品、美容护肤品、服饰箱包、食品饮料、家用电器、电子数码产品等多个领域,喜欢免费申领试用品的市民对此趋之若鹜。试客联盟作为全国最大的免费试用网和试客网,迄今为止已有230多万消费者和300多万商家搭建了互动式体验平台,仅2013年上半年网上交易额就近5 000万元。

问题:
1. 查询并分析案例中三家试客店集体败北的原因。
2. 查询目前成功的试客网站,并分析其成功原因。

分析要求:同第1章本题型的"分析要求"。

▲ 决策设计

企业网站优化推广服务网站的免费营销策略

背景与情境:在网络经济与电子商务迅猛发展的今天,很多企业都认识到了建立企业站点的必要性。但是许多企业网站建好以后,并没有达到提高企业知名度、宣传企业产品、提高企业收益的目的。企业网站优化推广服务网站便应运而生。企业网站优化推广服务网站主要为企业提供域名注册、服务器、网站优化设计、网站内容编写、网站外部链接策略等全套的高级网站优化推广服务。但由于这类网站众多,竞争十分激烈。

问题:如果你是一家企业网站的营销策划者,你打算如何制定一份"基于'免费营销策略'知识应用"的《免费营销计划书》?

设计要求:同第1章本题型的"设计要求"。

▲ 道德研判

莫让免费成为骗局

背景与情境:李先生从朋友那里得到了一家儿童专业摄影店的"免费酬宾卡"。酬宾卡做得精致,上面写着:免费赠送价值199元的摄影套系,包括赠送两套儿童特色服装、六张照片、精美相册一本和相框。然而,当李先生带领女儿去拍照时,却发现多出了50元的儿童化妆费、500元的版权加入册费和150元的欧式金色相框费,足足花了700元。

现在一些影楼、儿童摄影专门店四处发放的免费摄影卡、酬宾卡,等客户到来又增加了多种收费项目,使得免费成为骗局。

(资料来源:李国旭.免费摄影?足足花了700元.辽沈晚报,2010-04-18.)

问题:
1. 本案例中存在哪些道德伦理问题?

2. 试对上述问题做出你的道德研判。

3. 对照本教材"附录三"的附表 3 和网上调研资料，说明你的道德研判所依据的行业道德规范。

4. 请从免费营销策划与道德研判角度对免费摄影事件做出评价。

研判要求：同第 1 章本题型的"研判要求"。

□ 实训题

"网络免费营销策略"知识应用

【实训目标】

见本章"学习目标"中的实训目标。

【实训内容】

专业技能与能力：其领域、技能点内容及其参照规范与标准见表 9-1。

表9-1 专业能力训练领域、技能点内容及其参照规范与标准

能力领域	技能点	名称	参照规范与标准
"网络免费营销策略"知识应用	技能点 1	"网络免费营销策略制定"知识应用技能	1. 能全面把握"网络免费营销策略制订"知识。 2. 能应用"网络免费营销策略制订"知识，有质量、有效率地进行以下操作： （1）分析企业免费营销的现状，分析其成功、不足与尚待解决的各种问题。 （2）提出优化建议和解决实际问题方案。
	技能点 2	"网络免费营销策略实施"知识应用技能	1. 能全面把握"网络免费营销策略实施"知识。 2. 能应用"网络免费营销策略实施时的注意事项"知识，有质量、有效率地进行以下操作： （1）分析企业免费营销的现状，分析其成功、不足与尚待解决的各种问题。 （2）提出优化建议和解决实际问题方案。

职业核心能力和职业道德训练：其内容、种类、等级与选项见表 9-2；各选项的"规范与标准"分别参见本教材附录二的附表 2 和附录三的附表 3。

表9-2 职业核心能力与职业道德训练的内容、种类、等级与选项表

内容	职业核心能力						职业道德					
种类	自我学习	信息处理	数字应用	与人交往	与人合作	解决问题	革新观念	职业观念	职业情感	职业理想	职业态度	职业良心	职业作风	职业守则
等级	高级	高级	高级	高级	高级	高级	内化级	内化级	内化级	内化级	内化级	内化级
选项	√	√	√	√	√	√	√	√	√	√	√	√

【实训任务】
1. 对专业能力的各技能点，依照其"参照规范与标准"实施基本训练。
2. 对职业核心能力选项，依照其"参照规范与标准"实施"高级"强化训练。
3. 对职业道德选项，依照其"参照规范与标准"，实施"内化级"相关训练。

【组织形式】
1. 以小组为单位组成营销团队。
2. 结合实训任务对各营销团队进行适当的角色分工，确保组织合理和每位成员的积极参与。

【情境设计】
各营销团队就第一次实训选定企业或者校内实训基地，结合课业题目，从"'网络免费营销策略'知识应用"的视角，对该企业（或学校专业教育实训基地）网络免费营销的策略及其业务运作现状进行调查研究，分析其成功经验与不足之处，在此基础上提出《网络免费营销优化方案》，通过系统体验各项相关操作完成本次实训的各项任务，撰写相应《实训报告》。

【实训时间】
结束本章授课后一周内。

【操作步骤】
1. 各营销团队就第一次实训选定企业或者校内实训基地，结合本实训任务进行适当的分工。
2. 各团队结合实训任务、情境设计和课业题目，讨论和制订本次《实训计划》。
3. 各团队实施《实训计划》，应用"网络免费营销策略"知识，系统体验如下操作：
（1）依照"技能点1"的"参照规范与标准"，分析该企业网络免费营销策略制订的成功与不足，提出优化建议或解决方案。
（2）依照"技能点2"的"参照规范与标准"，分析该企业网络免费营销策略实施中的成功与不足，提出优化建议或解决方案。
4. 各团队总结上述操作体验，撰写《网络免费营销优化方案》。
5. 在上述"专业能力"的基本训练中，融入"职业核心能力"的"高级"强化训练和"职业道德"的"内化级"相关训练。
6. 各团队综合以上阶段性成果，撰写《"'网络免费营销策略'知识应用"实训报告》。其内容包括：实训组成员与分工；实训过程；实训总结（包括对专业能力训练、职业核心能力训练和职业道德训练成功与不足的分析说明）；附件（指阶段性成果全文）。
7. 在班级讨论、交流和修订各团队的《实训报告》，使其各具特色。

【成果形式】
实训课业：《"'网络免费营销策略'知识应用"实训报告》。

课业要求：

1. "实训课业"的结构与体例参照本教材"课业范例"中的范例综-4。

2. 将《实训计划》和《××企业网络免费营销优化方案》以"附件"形式附于《实训报告》之后。

3. 在校园网平台上展示经过教师点评的班级优秀《实训报告》，并将其纳入本课程的教学资源库。

■ 单元考核

考核要求：同第1章"单元考核"的"考核要求"。

第10章 线下营销

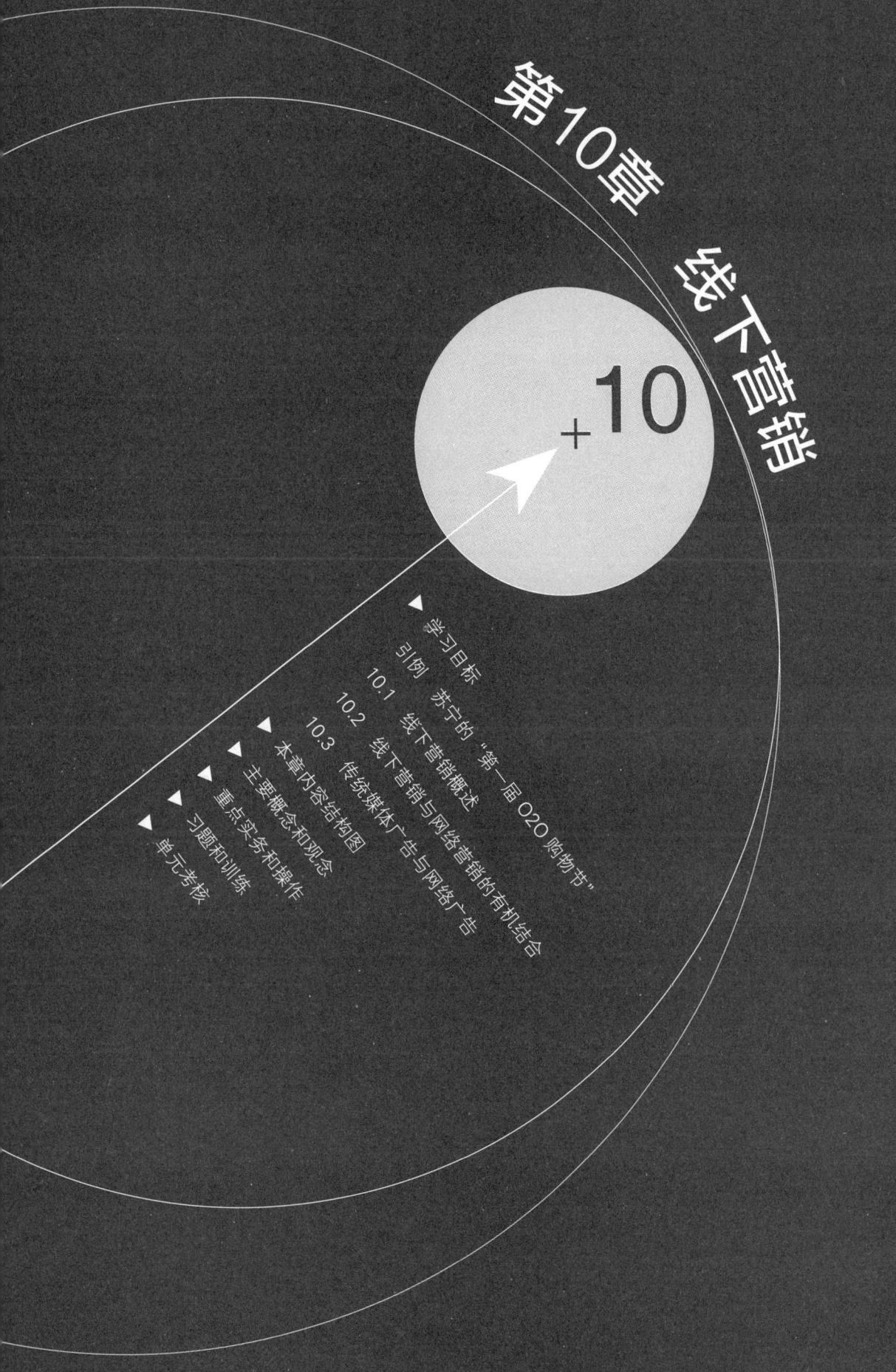

- 学习目标
- 引例 苏宁的"第一届O2O购物节"
- 10.1 线下营销概述
- 10.2 线下营销与网络营销的有机结合
- 10.3 传统媒体广告与网络广告
- 本章内容结构图
- 主要概念和观念
- 重点实务和操作
- 习题和训练
- 单元考核

 通过本章学习，要求达到以下目标：

- ▶ 理论目标：学习和把握线下营销的概念、类型及特征，线下营销与网络营销结合的必然性，传统广告和网络广告的主要形式及其优劣之处，以及传统广告与网络广告的融合等陈述性知识；能用其指导"线下和线上互动营销"的相关认知活动。
- ▶ 实务目标：学习和把握线下营销与网络营销的结合方法、传统媒体广告和网络广告的融合方式，以及"同步业务"等程序性知识；能用其规范"线下与线上互动营销策略"的相关技能活动。
- ▶ 案例目标：运用本章理论与实务知识研究相关案例，培养在与"线下营销"相关的业务情境中分析解决问题、决策设计和道德研判能力。
- ▶ 实训目标：参加"'线下营销'知识应用"业务胜任力的实践训练。在了解和把握本实训相关技能点"规范与标准"的基础上，通过系列技能操作的实施，培养"'线下营销'知识应用"的专业能力和相关选项的职业核心能力（高级），强化职业道德（内化级）教育，促进健全职业人格的塑造。

▶ 引例

苏宁的"第一届 O2O 购物节"

背景与情境：2013 年 10 月 29 日，苏宁召开新闻发布会，宣布其将在 11 月 8 日至 11 日举办四天四夜的首届 O2O（线上到线下）购物节。同日，京东、亚马逊，乃至快递行业的顺丰也纷纷宣布"双十一"具体策略。此前，天猫就宣布 2013 年"双十一"将联合全国 300 多品牌、6 万多家线下门店玩"O2O"。

在新闻发布会上，苏宁详细披露了购物节的具体细节："在购物节期间，苏宁将投入 200 亿元的特价货源，通过双线'超级 0 元购''千万台爆款机型''易付宝充 100 送 100''门店自提返利''OVO 双线视频大团购''拉帮结派送千万现金红包''10 家商业银行刷卡送券'等活动，供消费者选购。"

以一款 50 英寸合资品牌电视为例,现价是 7 499 元,活动期间将跌破 6 000 元;某款合资 39 英寸全高清窄边 LED 彩电,原价 2 499 元,活动最低抵后价为 1 799 元。

而在非电器品类方面,苏宁目前图书品类整体上架商品已达 88 万种,备货 2 000 万册畅销书籍,届时将以低至 1 折的价格销售;同时,苏宁也准备了大量知名母婴品牌 5 折销售的特惠活动。

此次购物节苏宁引入了诸多 O2O 元素。首先,苏宁将实现线上线下商品的任意购买,届时将通过二维码关联出样、移动客户端普及、苏宁易购直销区、导购员 POS 机在线查询下单等手段,将苏宁易购真正搬到门店。为此,苏宁将实现线上线下活动的全面同步,实现促销活动的全面同步,活动力度保持一致,线上线下各类返券均可以通用,不受限制。

此外,苏宁还推出移动端的电子会员卡,将线上线下会员卡的积分、返券等会员权益进行了融合,实现一卡多用,彻底实现了"一卡在手,同享线上线下会员礼遇"的功能。

"按照往年惯例,在'双十一'期间,因为物流方面的限制,可能会导致不好的消费体验产生,针对此,苏宁还特意在购物节期间推出门店自提返利的活动。"据介绍,届时,苏宁将依托线下 1 600 多家门店资源,鼓励消费者线上购买后到线下提货,并专门推出自提返 5 元现金通用券的奖励。

(资料来源:敖祥菲,任忠君. 血战"双十一",撞车"O2O",谁更有胜算. 重庆商报,2013-10-13)

2009 年由淘宝天猫发起的"双十一"购物狂欢节,最初是电商自己发起的在传统 11 月销售淡季的一次促销活动。然而 2013 年的"双十一"购物节的亮点却是线上线下 O2O 联动。O2O 模式是指将线下商务的机会与互联网结合在一起,把线上的消费者带到线下的商店中去,让互联网成为线下交易的前台。事实上,随着电子商务的发展,线下营销与网络营销必然有机结合起来。

现在越来越多的传统行业都不约而同地选择线上营销与线下营销相配合的方式进行宣传和造势,正是企业逐步认识到线上的互动活动在很大程度上为线下的市场营销起到很好的铺垫作用的表现。本章将就线下营销与网络营销相结合的基本理论与操作实务进行阐述。

▶ 10.1 线下营销概述

18 世纪中叶兴起的第一次产业革命,标志着以机械化大生产的社会生产方式为代表的工业经济时代的到来。工业经济时代为人类社会带来丰富而多样的物质产品,从而使得厂商的生产方式、消费者的消费方式和消费观念不断发生变化。而这些生产和消费的变化又迫使企业的营销理论不断创新。从那时起,企业营销理论先后经历了生产观念、产品观念、推销观念、市场营销观念、社会营销观念以及生态营销观念几个阶段。

20世纪90年代以来，互联网得以迅猛发展，网络用户急剧增加，网络经济和网络文化兴起，这一切深刻影响着企业的生产方式和顾客的消费方式与消费习惯。随之产生了一种新的营销方式——网络营销。许多企业家和学者认为网络营销将全面替代传统营销。但是从近几年的事实来看，线下营销依然是营销活动的主体，甚至网络公司也出现了"重型化"的趋势。其原因在于：一方面，线下营销是网络营销的基础，大量的交易还是要离线进行；另一方面，目前网络营销还是新生事物，不可能完全替代线下营销。因此，线下营销依然在企业的营销活动中占据着主要地位。

▶ 10.1.1 线下营销的概念

目前对线下营销主要有两种看法。一种看法认为线下营销是小众营销，即指针对目标市场中的小众群体，以阶段性滚动的方式提供即时行动的诱因，运用非媒体广告的方式，力图实现"一对一互动"式的沟通的营销手法。如传单、赠品等方式。同时将线上营销看作大众营销，即指运用大众媒介影响消费者以提高品牌的知名度的营销方式。它主要利用诸如电视、电台、报纸、户外、互联网等方式进行。另一种看法将线上营销看作网络营销，认为线下营销即脱离了互联网的营销。本书所用的概念是后一种。

线下营销（BTL（Below-thE-line）Markerting）是相对于"网络营销"而言的，亦可称为传统营销，是指利用除互联网之外的手段进行营销的方法。如店面布置、赠品等各种促销方式都属于线下营销。

100多年前，市场营销理论萌芽于美国，而后经历了20世纪20年代以前的萌芽时期、30~40年代的形成时期、50~70年代的成熟时期和80年代后发展时期四个阶段。在萌芽时期，认为营销就是推销和广告，仅限于流通领域，企业的经营活动以供给为中心，以生产观念为导向；在形成时期，依然认为营销仅限于流通领域，但对于推销和广告进行了深入的研究，企业开始注重产品的销售工作，以销售为导向；在成熟时期，强调供给与需求之间的协调关系，形成以需求确定供给的经营指导思想，从而将营销由流通领域扩展到生产领域，成为参与企业全面经营决策与活动的重要部门；在发展时期，营销进一步由战术营销发展成为战略营销，成为企业战略决策的一部分。

线下营销建立在发展时期的战略营销理论的基础之上，要求企业从"市场"出发，发现"用户需求"，开发"用户需要的产品"，增大顾客的"价值"，与顾客形成稳定持续的"合作关系"。它与网络营销并非是独立的、互斥的关系，而是相辅相成、互相促进的关系。两者的基本营销原理是相同的，仅在表现方法上有一些差异，即网络营销依赖于网络手段，线下营销采用传统营销手段，但它们都是企业整体营销策略中的组成部分。

▶ 10.1.2 线下营销的类型

经过100多年的发展，营销无论是在理论，还是在实践中都得到了长足的发展。企业已经认识到：营销不仅仅是销售，它是企业通过创造和交换产品和价值，从而使个人或集体满足欲望和需要的社会和管理过程[①]。这一概念指出营销的目的是为了满足顾客的需求而实现交换。而为了达到这一目的，企业在实践中创造了许许多多的营销手段。因此，从具体的营销手段来看，可以将线下营销分为以下五种类型：

1. 人员推销方式

人员推销方式即利用推销人员在与一个或更多顾客的面对面的直接交流中，帮助或说服顾客购买某种商品和服务的活动。

人员推销方式具体又可分为销售展示、销售会议、样品试用、展览会等操作方式。

2. 直接促销方式

直接促销方式是指销售者为促使目标顾客购买其产品和服务所采取的一系列鼓励或刺激顾客尝试、购买商品或服务的短期激励手段。

具体又包括财务性促销和形象性促销。

（1）财务性促销。**财务性促销**是指销售者通过低价或免费的形式鼓励或刺激顾客尝试、购买商品或服务的短期激励手段。

主要有以下做法：降低价格，如折扣、优惠券、赠品、搭配商品等；集点促销，如以旧换新、演示、招待会等；派样，如逐户信箱派样、中心定点派样、联合派样、特殊目标群派样等。

（2）形象性促销。**形象性促销**是指销售者以提高产品或服务在顾客心中的形象为目的而采取的一系列鼓励或刺激顾客尝试、购买商品或服务的短期激励手段。

主要有以下做法：VIP 的设置；产品的陈列、展示；有奖征集顾客的消费意思或感受；竞赛；抽奖。

（3）通路促销。**通路促销**是指厂家采用"进货奖励"的方式，以赠品或促销品等为诱饵，刺激经销商进货，这个可以在一定程度上提高经销商推荐你产品的积极性，提高产品铺货率，同时也有经销商把一部分赠品、促销品赠送给了零售商，以此来拉拢零售商与其他经销商竞争。

主要有以下做法：店家拜访；铺货点扩展；POP（Point Of Purchase）管理；陈列管理；陈列竞赛；店内展示促销；示范促销。

3. 直接营销方式

直接营销是指销售者利用邮寄、电话、电视和其他除网络外的非人员手段直接与现有的或潜在的顾客进行商品或服务的信息沟通方式促成交易的手段。

主要有邮寄商品目录、电话销售、电视购物等方式。

4. 公共关系

公共关系是指企业为树立或提高企业、产品或服务的形象，通过各种公关工具进行的宣传、报道或展示活动。

主要有以下几种方式：媒体宣传；口碑宣传；报道公关，如公开报道、新闻发布会、上市发表会等；会议公关，如举办研讨会、联谊会、经销商会议、同业会议等；活动公关，如仪式典礼、社区活动、文艺活动、体育活动、参观、出版书籍、演讲、慈善活动、公益活动、赞助活动、顾

---

① 科特勒，阿姆斯特朗.市场营销原理. 7 版. 北京：清华大学出版社，1997：3.

客忠诚活动等。

5. 广告

广告是指由明确的广告主在付费的基础上，通过大众传媒所进行的商品、服务或观念的信息传播和宣传活动。

广告主要分为印刷广告、广播广告、电影广告、电视广告、企业宣传手册、企业名录、广告牌、招牌、视听材料等。

▶ 10.1.3 线下营销的特征

营销学认为，企业的利润及其他目标能否实现，企业能否在激烈竞争的市场上求得生存和发展，最终都要取决于消费者或用户是否愿意购买该企业的产品。因此，营销学的核心思想就是：企业必须面向消费者，必须适应不断变化的外部和内部环境并及时对其做出正确的反应；企业必须用最少的费用、最快的速度向消费者提供其满意的各种商品和服务；企业只有在消费者的满足中才能实现自己的各项目标。线下营销作为营销的一种方式，其特征亦体现了营销学的这一核心思想。

1. 线下营销以市场为导向，注重消费者的需求

以市场为导向，是指线下营销根据市场价格的变化所反映出的消费者需求来考虑厂商的生产计划，它强调的是消费者或用户需要什么产品，企业就应当生产什么产品。企业应在消费需求的动态变化中不断发现那些尚未得到满足的市场需求（包括潜在的或潜意识的需求），并集中企业一切资源和力量，千方百计地去适应和满足这种需求，从而在顾客的满意之中不断扩大市场销售，长久地获取较为丰厚的利润。

2. 线下营销的核心为 4Ps 组合

1964 年，美国伊·杰·麦卡锡教授首先将营销组合概括为 "4Ps"，此后在西方营销学中广为应用。4Ps 组合即将营销策略分为产品、价格、渠道和促销四个策略子系统。在线下营销中，企业的营销优势主要取决于 4Ps 组合的优劣，企业的竞争地位和经营特色，也是通过这一组合的特点充分体现出来的。

3. 线下营销具有同质化、大规模的特点

从企业营销的角度来看，消费者对于同一种产品的具体消费往往并不相同，甚至差异极大。因此，任何规模的企业，都不可能满足全体买主对产品的全部需求。实践一再证明，经营成功的企业，并不是满足所有消费者需求的企业，而是满足某一类或某几类特定消费者需求的企业。故而，在线下营销的实施过程中，企业先是从大众市场中细分出一部分目标市场，找到特定目标市场的同质化特点，然后组织规模化生产，以满足这一部分目标市场上消费者的需求。

4. 线下营销是一种单向的、主动的市场营销方式

在线下营销实施过程中，企业显得更加主动，它们主动了解市场上消费者的需求，并通过适当的营销活动主动地影响消费者的购买行为。在企业了解市场需求的过程中，信息的传递是单向的，企业所了解的消费者需求是一种程序化的需求，所面对的是需求大致相同的消费者。因此，单个的需求者相对被动，他们被动地接受企业的营销活动，被动地接受企业的产品和服务，无法得到更为满意的具有个性化的产品和服务。

5. 线下营销的形式多种多样，可以无处不在

线下营销的形式多种多样，可以说，没有做不到，只有想不到。如广告、小礼品、包装袋、宣传单、研讨会、典礼、社区活动、体育活动、出书、慈善公益活动、经销商大会等。

6. 线下营销具有地域性的限制

企业要发展，意味着产品的功能和质量的提高，市场的扩张，客户数量的增加。但采用线下营销方式时，产品的销售主要依赖于实体店进行，而在宣传时，也多利用传统媒体的途径，这样所需要的费用较高。因此受到成本、管理、时间、空间等条件的制约，线下营销多集中于某一地区，扩展到全国、全球的难度较大。

7. 线下营销的营销渠道必须依靠中间商

在线下营销的实施过程中，大部分的企业无法直接将产品销售给最终的用户或消费者，而要借助于一系列中间商的转卖活动。虽然中间商的存在，起到了帮助企业联系消费者，减少产品或服务交易次数，加速企业的资金周转，为企业开拓销售市场的作用。但与此同时，中间商也割裂了企业与消费者的直接联系，使得企业对于消费者需求的了解受到了限制，并且，营销渠道的加长也意味着产品成本的增加或企业利润的减少。

▶【同步案例 10-1】

四季青的华丽转型 O2O 模式大举渠道扩张

背景与情境：商业圈里传统与现代的碰撞火花四溅，你方唱罢我登场。2012 年，万达的董事长王健林和马云打了一个赌，如果 10 年之后的电子商务占到中国零售市场 50% 的份额，将付一个亿给马云。谁也无法确定到底谁是这个赌局最后的赢家，但可以确切知道的是，传统企业如果再不发展电子商务，一定是输家。

电商强势来袭，对各行业的传统市场的冲击是毋庸置疑的，而传统服装批发市场的代表杭州四季青的大举扩张则正是这一发展趋势的完美体现。电商新潮涌动正是传统市场汲取商机的大好时机。四季青坚定地认为："整合服装制造业、商业地产、电子商务以及现代金融的资源，以 O2O 模式进行渠道扩张是四季青最重要的战略，我们在商贸流通领域要影响中国 10 年！"

一方面，四季青加强对服装特色街的经营者的管理，吸收有一定品牌优势和货品供应能力的商铺进入"四季青品牌联盟"。另一方面，四季青网络科技公司安排下游市场客户组团到杭州四季青服装市场和品牌联盟成员进行"相亲"，对接成功之后下游商户可以享受该品牌进货的最低批发价和特别换货率、统一支付、统一物流等售后服务保障，之后可以分配到网上进货的账号密码。

四季青驻项目当地市场工作人员统一对该市场商户进行电商交易培训，指导商户利用四季青服装网平台进行选购中意的产品。这个交易过程的资金安全、服务监督都由四季青网络科技公司和杭州市场的管理科室保障。这样不仅解决了新市场快速开店运营的头疼问题，而且借助四季青服装网这一平台，商户还可以在网上随时补货、换货，解决了以往补换货两头跑的困难。

此外，针对批发市场场地拥挤的限制，电脑又没有智能手机普及、便捷的现状，四季青开发了"摩街"APP软件。四季青的商户只要先在四季服装网免费注册开店，平时不方便使用电脑上货的商家，直接在手机端上搜索下载"摩街"APP，就可以使用手机拍照功能随拍随传产品，照片会同步出现在手机端和电脑端，并且能设置各档批发数量的批发价格、服装尺寸大小等细节，还能设置上架和下架，让客户快速看款订购。

浙江省服装市场专业协会秘书长王晓文说，电子商务所具备的海量信息、快捷服务、个性设置、低廉成本等特性突破了传统专业市场在时间和空间上的限制，缓解了传统专业市场经受的压力，极大地解放了传统专业市场。

从实体经营到与虚拟经营相结合，是四季青服装市场的又一大创举。

（资料来源：陈贞妃，林玲.四季青的华丽转型O2O模式大举渠道扩张.杭州日报，2013-12-17.）

问题：四季青公司的成功说明了什么？

分析提示：网络时代的到来，深刻地改变着我们的生活，同时不可避免地影响着我们的消费习惯和消费方式。企业必须顺应这一潮流。传统的服装批发企业四季青的成功转型正是这一趋势的体现。

▶【教学互动10-1】

互动内容：参考已学章节，请思考和讨论以下问题：
（1）你在购物时，何时选择网络购物？何时选择实体店购物？
（2）影响你购物方式的因素有哪些？
（3）你认为网络营销与线下营销的方式和渠道有哪些异同？
要求：同"教学互动1-1"的"要求"。

▶ 10.2 线下营销与网络营销的有机结合

英特尔总裁贝瑞特曾告诫过今天的人们"千万不要跟互联网打赌"，因为"现在每个人都在谈论互联网公司，而5年之后将没有人再谈论互联网公司，所有的公司都成了基于互联网的公司"。而康柏电脑公司的董事长本杰明·罗森则认为："因特网本身不但是一个重要的产业，而且它还在迅速改变着世界上所有行业的竞争力量的对比。"

这两位因特网领军人物的话都阐述了一个事实：尽管网络是一个新生事物，但所有的企业都不能忽视网络对于企业营销的作用。甚至有人认为，对于一个企业来说，不上网，即失败。可以说无论传统企业还是网络企业都需要网络营销，但是这并不意味着网络营销可以取代线下营销。我们看到的趋势是，一方面原来做电子商务的轻资产模式的网络公司，由于受到同类企业的竞争压力等各方面因素的影响，也开始逐渐开设实体店来拓展销售渠道，网络公司并购传统企业的事件也时有发生。另一方面，传统企业上网的热潮也日益高涨，除了提高企业互联网应用程度之外，注资或并购网络公司的案例也在不断增加。这种趋势说明越来越多的企业认识到有机整合线下营销与网络营销，能极大地促进整体营销的效果。

▶ 10.2.1 线下营销与网络营销的关系

20 世纪 90 年代以来，随着计算机网络技术的飞速发展，互联网热潮席卷全球。计算机网络强大的通信能力和网络系统便利的商品经营环境，及其对企业运作方式和消费者消费观念与消费方式的深刻改变，极大地影响了传统市场营销理论的根基，带来了企业经营理论和营销理论的变化。在此环境中，网络营销应运而生并不断扩大其影响。不可否认的是，网络营销由于网络本身的特征和消费者需求的个性回归使其有别于线下营销。甚至可以说，由于其与消费者的零距离接触，在营销时空、营销形式、企业与消费者的交互性、营销的经济性等方面，网络营销远远优于线下营销。但是我们必须看到网络营销是企业整体营销战略的一个组成部分，它并不排斥线下营销，甚至在一定程度上还要依赖线下营销。

2007 年 6 月，市场调研公司 JupiterResearch 在美国做了一个市场调查，研究线下营销活动如何影响顾客的网络搜索及购买行为。结果表明有高达 67% 的公司或品牌相关线上搜索是由线下营销活动所触发的，只有 33% 的搜索与线下营销活动无关。调查结果还表明有 39% 的顾客通过线下广告触发线上搜索，并最终转化为购买行为。这与网络营销行业普遍存在的"漏斗现象"形成鲜明对比。**漏斗现象**是指企业大把花钱筹建网站和市场推广营销，但引来的网站访客 80% 来一次就流走了，有 15% 的访客流量访问多次但不留任何信息，有 4% 的访客流量留信息但不主动联系，只有不到 1% 的访客最终与企业完成了交易。

显然 JupiterResearch 公司的调查表明了线下营销对网络营销有很强的辅助作用。同时，网络营销对线下营销也存在着巨大的影响，有 80% 以上的顾客在网上了解商品和服务信息，比较价格，作出购买决定后再去线下实体店购买，尤其是汽车、冰箱、住房等大件消费品的销售更是如此。

网络营销与线下营销的相互依赖性，主要是由于两者的关系造成的。具体来讲，网络营销与线下营销的关系表现在以下三点：

1. 线下营销是网络营销的基础

网络营销是企业整体营销战略的一个组成部分，网络营销活动不可能脱离一般营销环境而独立存在，网络营销与线下营销的理论基础一致，可以说网络营销是线下营销在互联网环境中的创新和发展。

作为一种信息中介，互联网最大的优势就在于信息服务，因此它不可能完全取代传统的产业模式和行为模式，故而网络营销只是一种新的营销方式或技术手段，是企业营销活动中的一个组成部分。此外，从上网人数来看，欧美一些国家的上网人数占总人口的比例最高的超过 60%，如挪威达到63%。但这也说明目前在欧美等发达国家线下营销依然占有一定的比例,网络营销离相当数量的用户还比较遥远。因此,一个完整的网络营销方案,除了在网上做推广之外,还很有必要利用传统营销方法进行网下推广。

2. 网络营销与线上营销可以相互弥补对方的缺点

尽管网络营销在时空性、交互性、多媒体性、人性化、经济性、高效性等方面都优于线下营销,在一定程度上取代了线下营销,但同时网络营销也有着无法避免的缺陷。这些缺陷主要表现在以下三点:

(1)网络营销的虚拟性。网络营销是建立在虚拟社区基础之上的营销活动,它的顾客是网络用户。在网络营销中,顾客与企业通过互联网进行沟通和交易,双方没有面对面的接触。互联网市场这种虚拟特征决定了它不可能独立于现实市场而存在,因而网络营销亦不可能独立于线下营销而存在。

(2)消费者的心理障碍。在商品的挑选上,线下营销比网络营销有更大的自主性。在线下营销中,顾客可以通过看、听、触摸、闻等方式对产品形成一个直觉印象,甚至通过试用或测试来确定产品的适用性,从而决定是否购买该产品,以及购买哪一个品牌。而网络营销的虚拟性使得顾客仅能通过自己的视觉进行判断,无法通过其他感官或技术手段做出判断。另外,网络销售中的商品交易滞后性以及对售后服务的担心也给顾客带来犹豫和担心,这些使得消费者对网上消费产生不信任感。

(3)网上交易的安全隐患。网络给人们带来方便的同时也带来了危险,消费者关注的就是网上交易过程中的安全问题。如黑客攻击、网络诈骗、交易过程中个人信息的保密和个人数据的安全传输、信用账户的安全问题等等。而线下营销则不存在这些安全隐患。

正是由于线下营销与网络营销各有优劣,因此,线下营销和网络营销在一定程度上可以互补。

3. 网络营销与线下营销的结合是整合营销的要求

20世纪90年代后,随着社会经济和网络技术的发展,营销环境发生了巨大变化:媒体呈细分化发展;顾客的忠诚度降低;多国营销的开展;信息技术的发展。这一切对企业的营销提出了新的要求。整合营销观念的提出正是顺应了这一潮流,它要求企业按照消费者的需求和欲望,开发和提供合适的产品与服务,在顾客愿意付出的成本内确定产品或服务的价格,以为顾客提供购物便利为依据进行分销,持续一致地与顾客保持双向沟通,并在这一基础上,对营销业务流程进行再造,重建营销模式,借助整合营销,把顾客利益和需求与企业战略联结协调起来,实现顾客与企业的双赢。

网络营销和线下营销作为企业营销策略的一部分,各有优劣。因此,从整合营销的观念出发,如何将网络营销与线下营销的优势相结合,避免两者的劣势就成为企业营销中的一个关键问题。

▶ 10.2.2 线下营销与网络营销的结合

网络营销和线下营销统一于企业的大的营销框架之中,两者之间相辅相成。网络营销往往需要线下活动的配合,线下的营销活动也往往需要网上的辅助。可以说,通过精准用户导航在互联网上找到用户,激活他们线下的消费潜能,或是通过线下营销吸引用户进行网上搜索并最终形成购买行为,将是企业营销在目前面对金融危机最好的应对方法之一。因此,线下营销和网络营销的结合,关键不是网络营销替代线下营销,或是线下营销替代网络营销,而是网络营销与线下营销实现良好的互补。

1. 搞好网站建设是网络营销与线下营销有机结合的关键所在

网站是企业进行网络营销的基础,通过企业自己有特色的网站,一方面可以树立企业形象,另一方面可以吸引新顾客、沟通老顾客。同时,网站亦是网络营销与线下营销的结合点。当线下营销触动用户,引起用户的购买兴趣时,一个好的网站往往可以进一步吸引用户,促成用户的购买行为。作为企业"脸面"的网站必须注意以下几点:

(1)要有一个简洁、无异议且与公司名或产品名高度统一的域名。JupiterResearch 公司的调查结果,说明线下营销极大地影响着用户的网上搜索行为。因此,电视广告、报纸杂志、公司实体店或公司的公关活动等线下营销,都应该突出公司的网址,这就势必要求公司的域名简洁、无异议且能朗朗上口,这样才能方便用户记住。如 baidu、Google、Yahoo、sina 等域名,好记且拼错的可能性极低。此外,域名应与公司名或产品名高度一致,使得用户可以直接采用公司名称或品牌名称到达网址。否则,用户将无法记住公司网址,也就无法将线下的用户吸引到网站上来。

(2)利用线下营销鼓励用户在网上进行搜索,并注重在搜索引擎中的排名。仅有一个合适的域名是不够的,一个合适的域名本身无法吸引用户浏览,这就需要通过线下营销的方式宣传域名。因此,在线下营销中应突出公司域名,或是公司名称,或是产品名称,或是简洁有力的口号,方便用户进行线上搜索,甚至直接鼓励用户以这些作为关键词进行搜索。在这里,线下营销要做的仅仅是让用户记住名称。

此外,企业应有效地整合线上线下的营销活动,确保线下营销中的口号、公司名、产品名要在主要搜索引擎中取得排名第一,最少是在第一页的排名,否则有多少用户会在上万甚至上百万的搜索结果中去查询企业的网址呢?然而有很多企业并没有注意到这一点,比如"永不止步"是安踏公司的口号,但是搜索"永不止步"却在搜索结果找不到安踏公司的官方网站。其实不仅仅是安踏公司,甚至包括一些世界级的大公司对这一点也并不注重,比如劳力士在钟表行业可以说是世界顶级的品牌,但利用百度搜索时会发现它的官方网站并没有排在搜索结果的第一位,而是排在第十位。而著名的服装品牌范思哲尽管在百度搜索排名目前为第二位,在谷歌的搜索排名为第一位,但打开其网站,却没有中文,只有意大利文和英文,而在中国又有多少人想看其英文或意大利文网站?

(3)注重网站本身的建设及与线下营销的呼应。通过线下营销将用户吸引到网上仅仅是第一步,如何利用网站让用户对企业及产品有更深一步的了解,从而留住顾客,并最终产生购买行为则是最为重要的一步。为此,必须注重网站本身的建设及与线下营销的呼应。

① 网站本身的建设。网站本身的建设主要包括以下几点:

提高网站的质量与专业性。精良和专业的网站设计,如同制作精美的印刷品,会大大刺激消费者(访问者)的购买欲望。同时,主页的版面设计、编排必须围绕企业的目标顾客群,使顾客能迅速地找到自己所需要的信息。

提供快捷的信息服务。网站的内容要不断更新,为消费者及时提供准确、翔实的企业与产品信息。

加强网站的推广与宣传。优秀的网站同样需要辅之以成功的推广。可以利用搜索引擎、互惠链接等方法大力地宣传企业的网站，提高网站的知名度，也可通过传统的宣传方式如电视广告、新闻媒体、印刷品等来扩大企业网址的影响。

注重与顾客的互动。网络营销的一大优势就在于其与用户的互动性，使得企业能够及时了解消费者的需求，因此，网站必须设专门职能部门，利用 E-mail、线上问答等与顾客做双向沟通。

② 网站建设与线下营销的呼应。网络营销与线下营销的整合，并不仅仅是表面上的整合，应该反映在营销的各个方面，网站的建设也不例外。

网站消息应该与线下营销的内容相呼应。网站上的新闻或促销消息应该同线下营销的活动内容相一致。用户可能在电视或报刊上看到新产品发布或促销活动，希望通过企业网站做进一步的了解，如果用户在官方网站上找不到相关的内容或是所找到的内容太过简单，必然会对企业的网站失去兴趣，企业的网络营销也就无法进行下去。

网络的活动应该与线下营销活动相结合。比如锐意网作为一个专业经销摄影器材的网上商城，它在网站上不仅展示和销售产品，还通过一系列线下营销活动（如锐意网校园行、佳能视频拍摄讲座、拍摄活动征集、照片展示等），将网络营销与线下营销紧密地联系起来。又如用户可以肯德基优惠网上直接打印电子肯德基优惠券，然后到实体店使用或网上订餐时使用。

2. 产品质量和企业信誉是网络营销和线下营销结合的基础所在

漂亮的网页、专业的网站有利于吸引顾客的注意力，但如果企业的产品质量不过关或服务有问题，使得顾客对企业信誉产生怀疑，必然会对企业的线下营销造成极坏的影响。同时，如果顾客在实体店中，无论是店员的服务还是企业的产品质量出现问题，必然也会造成顾客规避企业的网络营销行为。因此产品质量和企业信誉是网络营销和线下营销的基础所在。

信誉是网络营销的前提。网络营销的虚拟性往往使得顾客产生消费的心理障碍，尤其在网络市场并不发达的中国，谁会在网上购买自己从来没听说过或者质量不可靠的产品呢？因此，一次不愉快的网上购物或线下购物行为，都会影响企业的整体营销策略。所以，企业无论是进行网络营销或是线下营销都必须做到以下几点：随时为客户提供真正需要的方便的、优质的服务；向客户提供最低价位的产品及服务，同时尽量避免给客户添麻烦；不仅要求向顾客提供质量最好的产品，还要求向顾客提供更有新意、更有特色的产品，为顾客带来更多的利益。

3. 兼顾网络营销与线下营销的价格策略

网络营销与线下营销整合所面临的首要问题就是价格问题，如果两者的价格体系保持一致，由于消费者已经形成线上的产品比线下产品便宜的观念，网上购物对消费者就缺乏吸引力；如果线上、线下的产品价格体系不一致，毫无疑问又将影响线下的销售。因此应该细分市场，仔细区分线下和线上消费者的不同需求特征。比如相关调查显示，网上购物的消费者，一部分是图便宜、省事，一部分是因为在网上可以买到在当地商店买不到的商品。

因此，为了最大化地占有市场，既保证线下利润，又开拓线上市场，可以针对网上购物的人群，提供网上专供商品，采用不同的品牌、不同的型号系列、不同的品种种类、不同的包装等进行区分，既满足线上消费者的需求，又不让线下消费者认为商品买得不值。

比如 2007 年，宝洁在淘宝网开设旗舰店，销售一款电动剃须刀。这款产品因成本问题在线下实体店很难看到，但是借助互联网销售的低成本，这款在传统渠道里推不动的产品在网上成了热销产品。

综上所述，网络营销与线下营销各有各的平台和空间。两者整合得好，线上线下相得益彰，厂家的市场占有率可以最大化；整合得不好，线上线下同室操戈窝里斗，就会相互挤占生存的空间。

▶【同步案例 10-2】

开启全新电商模式——线下体验线上购物

背景与情境：尽管电子商务是大势所趋，但是在美国，除了亚马逊和下面排名第九位和第十位的电商平台是纯互联网公司创立的，中间从第二位到第八位都是传统的商业企业。而现在亚马逊也要改变自己纯互联网公司的形象，要在西雅图开设一家实体店面，来销售自己的书籍和 Kindle 产品。这正说明一种全新的电商模式——线下体验线上购物正在形成。

亚马逊实体化的原因之一是亚马逊的低价格优势已经对大大小小的书店，以及电子产品商场形成了破坏性的影响。因此，当他们所出版的书籍想要走进实体书店，就遇到了不小的障碍。有三家连锁书店明确表示不会销售亚马逊年轻的出版部门的产品，其中就有巴恩斯诺博 (BKS)，美国目前硕果仅存的最大的书店。巴恩斯诺博发表了一篇措辞严厉的声明，称由于亚马逊对其电子书籍都签署了垄断性的协定，他们不会在自己的店面销售亚马逊的出版物。

原因之二在于既然愈来愈多的消费者都将零售店面当作了展示厅，体验之后在线上购买——当然大多数都是在亚马逊——那么，反过来说，亚马逊也能自己提供展示厅，来个一站式服务。他们建立店面，就可以直接展示一系列他们现在正在制造的电子产品，比如 Kindle、Kindle Fire 以及任何其他亚马逊自己计划推出的东西。

（资料来源：子衿. 亚马逊走向线下欲开实体店：强化与消费者关系［EB/OL］.（2012-02-10）［2014-08-08］. http://tech.sina.com.cn/i/2012-02-10/00006703867.shtml，2012 年 2 月 10 日）

问题：你如何理解亚马逊公司的转型？

分析提示：亚马逊公司的这一举措说明了网络营销与线下营销结合的趋势势不可当。面对互联网汹涌而来的大潮，无视网络营销无疑就会被市场所淘汰，而只重视网络营销却放弃线下营销则是抛弃了基础。因此，无论是传统企业还是网络企业都必须整合网络营销和线下营销。

▶【同步业务 10-1】

××家居公司，主营业务为时尚家居，包括厨具、卫浴、卧室产品、餐具、布纺等时尚类小家居。产品单价在 500 元以下，年销售额大约 6 亿元。公司主要的销售渠道是实体店面，目前有 500 多家实体店面，覆盖了国内 150 个主要城市。其中 75% 是特许经营加盟商，25% 是自营店面。公司负责产品的研发与设计、与代加工厂的生产，物流的发送、品牌的设计与维护、市场宣传，以及加盟店的 POP 手册制作等。加盟店就只要负责进货和销售，以及店面的规则维护。在大中城市的家居行业有不错的知名度。目前企业已有企业在线销售网站，请考虑该公司如何将网络营销与线下营销相结合来提高企业的销售。

业务分析：家居公司的专业性比较强，所面对的市场有一定的针对性。因此，该公司在进行网络营销与线下营销的整合时必须注重受众的范围，考虑潜在或现实的用户所关注的此类产品的重点是什么，他们通常接触和了解产品的渠道有哪些？

业务程序：首先，完善该企业的在线销售网站，考虑网站应包括哪些具体内容。其次，考虑该企业与淘宝网等知名电商，以及中国知名的家装家居网等论坛的合作问题。最后，考虑该企业线下营销与网络营销的整合问题。

▶ 10.3 传统媒体广告与网络广告

广告是企业用以对目标顾客与公众进行说明性沟通的主要手段与方式，在企业的营销活动中发挥着重要作用。首先，通过广告，企业可以向消费者传递有说服力的有关产品或服务的性能、特点、质量、价格、购买以及使用等方面的信息，使目标顾客产生特定行为或在一定条件下的预期行为，从而最终促进企业产品或服务的销售。其次，卓有成效且持续不断的广告能扩大企业及其产品或服务的影响，塑造企业和品牌形象，培养和提高目标顾客对企业及其产品或服务的忠诚度，从而实现长期且稳定的销售。

广告媒体则是广告主与广告对象之间进行信息传递作用的物质或工具。广告媒体的种类很多，既有电视、广播、报纸等大众性传播媒体，又有路牌、灯箱、交通工具等户外媒体，以及POP、包装物、电话黄页、产品目录等其他媒体，甚至也包括人体、厕所墙壁等一切可资利用的"新"媒体，当然还有日益兴起的网络媒体。其中，报刊、广播、电视是公认的三大传统广告媒体。通过这三大媒体发布的广告是主要的传统媒体广告。

▶ 10.3.1 传统广告媒体的特点

覆盖域、到达率、并读性、注意率、感染力、时效性和持久力等指标是衡量媒体的广告效果的重要因素。每一类传统媒体都有一定的优点和局限性，因此不同的传统广告媒体具有不同的特点，下面描述了主要广告媒体及其特点：

1. 电视

从覆盖域来看，电视传播所到之处，也就是广告所到之处。但就某一具体的电视台或某一具体的电视栏目或电视广告而言，其覆盖域又是相对狭窄的。虽然不论性别、年龄、职业、民族、修养等，只要看电视都会成为电视媒体的传播对象，但电视广告无法针对目的消费者，其诉求对象不准确。

从到达度来看，由于电视覆盖域广泛，而且是人们日常生活中获得各类信息的主要途径，广告主在这些媒体上投放广告，其到达率是比较高的。但由于广告过多过滥和广告媒体中广告的随意插播，镶嵌行为导致受众对广告产生厌烦心理而躲避广告，造成广告信息到达受众的比率严重下降。电视的到达率已大幅降低。

从并读性来看，全球有数十亿的电视观众，其广告信息并读性是相当高的。但随着卫星转播、有线电视的发展以及电视频道的增多，同时网络媒体的发展以及网络数字电视广播的发展，更多的人离开电视屏幕而走向电脑屏幕，这在一定程度上减少了电视观众，降低了电视的并读性。

从注意率来看，电视广告由于视听形象丰富，传真度高，颜色鲜艳，给消费者留下深刻印象，并易于记忆而注意率最高。但不同电视台，或同一电视台不同时段的注意率又有差异，在具体选择媒体时还应结合企业产品的特点和消费对象进行具体分析和选择。

从感染力来看，广告信息借助于电视媒体，通过各种艺术技巧和形式的表现，使广告具有鲜明的美感，使消费者在美的享受中接受广告信息，因此电视对消费者的感染力最强。但是电视广告信息转瞬即逝，不易保存，持久性较弱。

2. 广播

广播的覆盖面从理论上讲很大，传播对象广泛，只要收音机在无线电广播发射功率范围之内，家家户户可以收到电台节目。但由于电视等媒体的替代作用，现在广播媒体的主要听众集中于学生、老人及汽车用户。因此，广播广告的并读性、到达率、覆盖面均处于下降趋势。

而在注意率方面，广播媒体的节目往往针对特定听众，广告主如果选择在自己的广告对象喜欢的节目前后做广告，效果较好，注意率也较高。但广播媒体具有边工作边行动边收听的特点，广告受众的听觉往往是被动的，因而造成广告信息的总体注意率不高。

此外，广播是听众"感觉补充型"的传播，听众是否受到广告信息的感染很大程度上取决于收听者当时的注意力，而仅靠广播词以及有声响商品自身发出的声音是远远不够的，因此广播的感染率和持久性较低。

3. 报纸

报纸的最大优点在于灵活、及时，对本地市场的覆盖率高，并且易于被接受和信任。加之报纸有明显的区域划分及专业划分，广告主可以有针对性地选择媒体以直接面对目标市场上的消费者，因而可以提高广告效果，并避免广告费用的浪费。

据估计，报纸的实际读者至少是其发行量的一倍以上。比如单位或公司所订阅的报纸，全体成员都可能看到。又如公共阅报的地方，一份报纸可有许多读者。但由于报纸上的广告不可能占据报纸的重要版面，如果在专门的广告版面发布广告信息，由于广告拥挤，某些广告更难被注意到，因而容易被忽视，从而降低广告的到达率。加之报纸版面众多，内容庞杂，读者阅读时倾向于新闻报道及感兴趣的栏目，如果没有预定目标，或者广告本身表现形式不佳，读者往往会忽略，所以报纸广告的注意率极低。

同时，报纸主要以文字和画面的组合传播广告信息，其感染力不强。从持久性来看，报纸虽然可以保存，但因报纸每日更新，实际上很少有人长期保留。

4. 杂志

杂志的覆盖域不如电视、报纸和广播广泛，但其最大优点在于其针对性强，广告主可以直接面对目标市场上的消费者，广告的到达率和注意率都较高。尤其一些杂志在本专业领域内处于权威地位，在此类杂志上刊登的广告往往可信度高，并有一定的权威性。此外，同报纸一样，杂志的并读性也很高，一份杂志可有许多读者。加之，杂志上有用的信息较多，往往人们的保存期较长，因此，持久性较强。

但是由于杂志最短是半月刊，最长是旬刊，因此广告购买前置时间长，时效性较差。而且，同报纸一样，杂志广告也以文字和画面的组合传播广告信息，其感染力不强。

5. 户外广告媒体

户外广告媒体往往仅限于某一地区，因此，覆盖域小，传播区域小。但其对于地区和消费者的选择性强，因此，到达率和注意率较高。加之，户外广告媒体可以进行反复诉求，具有一定的强迫诉求性质，故保存期和持久性较强。但同报纸杂志一样，户外广告媒体也以文字和画面的组合传播广告信息，其感染力不强。

6. 直接邮寄广告媒体

直接邮寄广告媒体直接针对现在的或潜在的消费者进行宣传，因此其针对性是所有媒体中最强的。正因为如此，其注意率和到达率也很高。同时，这种方式不同于其他媒体广告，不存在同类产品广告同时出现而产生的竞争情况。

但是由于直接邮寄广告媒体直接面对单一的消费者，因此并读性很差，覆盖域较小。加之，它也是以文字和画面的组合传播广告信息，其感染力不强。同时，接收人对此信件的保留欲望不强，因此，其保存期和持久性较差。

由于不同媒体具有不同的优缺点，因此，企业在选择广告媒体时必须考虑目标市场的媒体习惯、产品或服务的性质与特征、广告信息的内容、媒体的成本等因素，以便收到较好的广告效果。

▶ 10.3.2 网络广告的优势及主要形式

将一种传播媒体推广到 5 000 万人，收音机用了 38 年，电视用了 15 年，而因特网仅用了 5 年。因特网诞生之初，一直是作为一个在国防、科技、教育领域使用的通信交流工具而存在的。直到 20 世纪 90 年代初期万维网出现后，大量的信息源以超文本格式进行全球链接，终于形成了一个跨国界的全球性新型媒体。网络广告正是基于互联网所诞生的一种新的媒体方式。

网络和网络广告已取得与传统媒体和传统媒体广告相抗衡的地位。在中国，DDCI 曾在 2011 年中国广告网络蓝皮书中预测 2013 年网络广告将超过报纸广告和户外广告，成为仅次于电视广告的第二大广告主流媒介，如图 10-1 所示。

1. 网络广告的优势

网络广告是指通过互联网在网站或网页上发布的以数字代码为载体的经营性广告。同传统的广告媒体相比，基于网络媒介的网络广告拥有众多传统媒体无法达到的优点，已经受到众多企业的青睐。

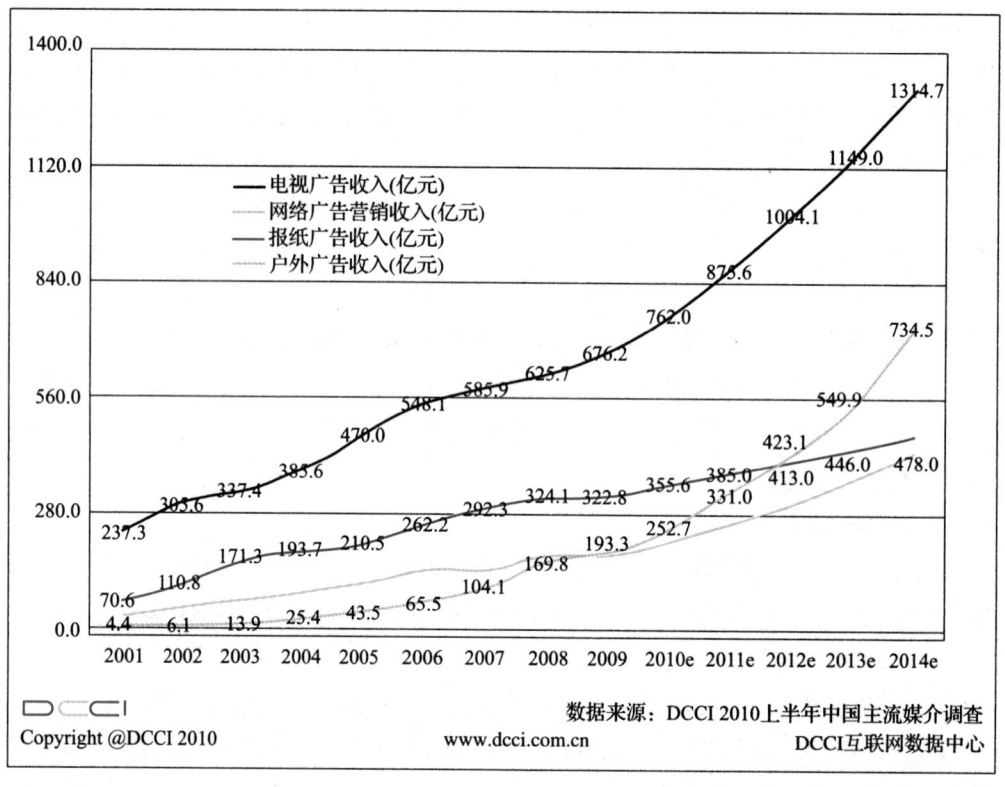

图 10-1　2001—2014 年 DCCI 中国主流媒介广告收入统计及预测

（1）网络广告的覆盖性强，无时空性制约。瑞典互联网市场研究公司 Royal Pingdom 发布研究报告称，2013 年全球网民总量已经达到 22.7 亿，较 5 年前的 11.5 亿将近翻番。该数据说明，通过因特网可以把广告传播到因特网网络所覆盖的全球数以亿计的用户中去，突破了传统广告的地域性局限。此外，互联网没有时间限制，可以 24 小时不间断地将广告信息传播到世界各地。而且网络广告可以随时发布在任何地点的因特网网站上，受众只要有电脑和网线就可以任何地点、任何时间内随意浏览广告。

（2）网络广告具有非强迫性的特点。与报纸、杂志、电视、广播、户外等传统媒体的广告不同，网络广告主要通过"Pull(拉)"方法吸引受众注意，其过程完全是开放的、非强迫性的，受众可自由选择接受或拒绝该广告。

（3）网络广告的感染力很强。与传统媒体广告不同，网络广告的表现方式多样，可以采用动态影像、文字、声音、图像、表格、动画、三维空间、虚拟现实等多媒体或超文本格式文件方式，从而向顾客传送多重感官的信息，让顾客身临其境般体验感受到广告所表现的商品或服务的特征。

（4）网络广告的实时性强且成本低廉。传统媒体广告一旦制作发布之后，基本上无法改动，即使可改动往往也须付出很大的经济代价。

而网络媒体的收费远低于传统媒体，网络广告由于有自动化的软件工具进行创作和管理，能以低廉费用按照需要及时变更广告内容。比如做网络广告每 CPM（cost-per-thousand，让一千人看到你的广告的成本）的费用是报纸的 1/5，电视的 1/8。因此，网络广告可以按照需要及时变更广告内容，这就使经营决策的变化可以及时地实施和推广，如淘宝网的店家可以根据季节和时间不断调整自己的广告内容。

（5）网络广告的针对性强且具有灵活性。信息技术使得网络广告的定向投放成为可能。网络广告可以通过在不同的网站上投放，从而直接针对特定的目标人群。由于网络广告的非强迫性，因此点阅信息者往往是潜在用户。此外，网络广告还可以在不同的网站为不同的受众推出不同的广告内容，从而保证广告的到达度，增加广告的感染力和注意率。

（6）网络广告效果的可控性。首先，在因特网上发布的网络广告，可通过权威公正的访客流量统计系统，及时精确地统计出每个客户的广告被多少个用户看过，以及这些用户查阅的时间分布、地域分布和反映情况等，从而有助于企业正确评估广告效果，审定广告投放策略。其次，网络广告收费可根据有效访问量进行计费，广告发布者可以有效评估广告效果并按效果付费，避免过去传统广告的失控性和无效性。

尽管网络广告目前看来有着良好的发展势头，但其也有局限性和缺点，如网络广告泛滥所引起的消费者的反感现象，采用多媒体格式的广告有时会降低网络速度，网络信息鱼龙混杂存在着欺诈行为等问题已经开始对网络广告的发展有所制约。

2. 网络广告的形式

最初的网络广告就是网页本身，但随着互联网的推广，网民人数的增加，网络广告对于商家的重要性的加重，网络广告的形式也越来越多样化。目前常见的网络广告有以下形式：

（1）网幅广告（包含 Banner、Button、通栏、竖边、巨幅等）。**网幅广告**是网上最早亦是常见的广告形式，一般以限定尺度表现商家广告内容的图片形式（GIF、JPG、Flash 等格式），放置在广告商的页面上，最醒目的网幅广告出现在网站主页的顶部，一般是在右上方的旗帜广告，也称为页眉广告，或者头号标题。其形式像报纸的抢眼广告。从定位在网页中，也可使用 Java 等语言使其产生交互性，用 Shockwave 等插件工具增强表现力。

（2）文本链接广告。**文本链接广告**是以一排文字作为一个广告，点击可以进入相应的广告页面的广告形式。链接式广告所占的空间较少，在网页上的位置也比较自由。其形式多样，可以是一个小图片、小动画，也可以是一个提示性的标题或文本中的热字。这是一种对浏览者干扰最少，但却较为有效果的网络广告形式。

（3）电子邮件广告。**电子邮件广告**是指通过电子邮件的方式向特定的受众或公众传递信息的广告形式。特点是：针对性强，费用低廉，广告内容不受限制。电子邮件广告现在已成为使用最广的网络广告形式，许多厂商采用这种直接而方便的广告形式。但是有一点值得注意，那些未经同意发送的垃圾广告邮件很容易引起用户的反感。广告主要在真正了解客户需求的基础上适时适量发送邮件广告，否则只会浪费广告费。

（4）赞助式广告。**赞助式广告**是指企事业单位以出资或变相出资的方式，有计划、有目的地向某些有益于社会公益的项目和活动提供赞助的广告形式。赞助有三种形式：内容赞助，节目赞助，节日赞助。广告主可对自己感兴趣的网站内容或节目进行赞助，或在特别时期（如奥运会等）赞助网站的推广活动，而被赞助方则以冠名、网页或插播等多种广告方式以补偿。赞助式广告一般放置时间较长且不与其他广告轮流滚动，故有利于扩大页面知名度。广告主若有明确的品牌宣传目标，赞助式广告将是一种低廉而颇有成效的选择。

（5）插播式广告（弹出式广告）。**插播式广告**又称弹出式广告，是指在访客请求登录网页时强制插入一个广告页面或弹出广告窗口的广告形式。它们有点类似电视广告,都是打断正常节目的播放,强迫观看。插播式广告有各种尺寸,有全屏的也有小窗口的,而且互动的程度也不同,从静态的到全部动态的都有。浏览者可以通过关闭窗口不看广告(电视广告是无法做到的),但是它们的出现没有任何征兆,而且肯定会被浏览者看到。

(6)网页广告。**网页广告**就是通过整个网页广告的设计传达广告内容。企业的网页广告一般放在自己的主页上,在其他网站媒体上通过购买带链接的广告形式可让顾客点击到达。

(7)Rich Media(富媒体广告)。**富媒体广告**指使用浏览器插件或其他脚本语言、Java语言等编写的具有复杂视觉效果和交互功能的网络广告形式。其使用是否有效,既取决于站点的服务器端设置,又取决于访问者浏览器是否能查看。从使用来看,富媒体广告具有表现更多、更精彩的广告内容的优点。

(8)在线互动游戏广告。这是一种新型的广告形式,它被预先设计在网上的互动游戏中。在一段页面游戏开始、中间、结束的时候,广告随时可以出现,并可以根据广告主的要求定做一个属于自己的互动游戏广告。相对于许多网络广告"硬推"式的宣传模式,广告游戏的娱乐性是它的最大优点,它可以引起消费者的自发关注和参考,吸引消费者主动寻找广告游戏来玩。而且在这一过程中,消费者对广告不会产生抵触的反感情绪,可以达到一种很理想的广告传播效果。它采用电子传媒,具有传播速度快、传播面广、互动性强的优点。

(9)博客广告。**博客广告是指广告主通过一定的策划与创意,在博客网站上发布有关商品和服务的信息,并劝说诱导用户购买和消费其产品和服务的信息传播活动**。它具有内容的广泛性、发布的自由性、阅读的大众性、信息的时效性和传播的交互性等特点。

博客广告分为四种形式:一是同一般的网络广告一样,在博客网站上刊登广告;二是企业募集专业写手,在博客网站上发表和企业产品相关的具有较强知识性、专业性的博客日志;三是企业建立企业或行业专题,由博客网站负责版面的设计、注释、链接和其他功能的设置,企业负责内容的提供。

(10)定向广告。**定向广告**是指按照人口统计特征,针对指定年龄、性别、浏览习惯等的受众投放广告的广告形式。目前网络中的定向广告主要是利用网络技术手段,并依托于搜索引擎庞大的网民行为数据库,对网民几乎所有上网行为进行个性化的深度分析,按广告主需求锁定目标受众,进行一对一传播,提供多通道投放,从而明确广告受众,提高广告效果。

▶【职业道德与营销伦理 10-1】

电子邮箱成"垃圾桶" 垃圾邮件泛滥成灾

背景与情境:据相关调查显示,我国电子邮箱用户平均每周收到垃圾邮件数量为14.6封。以此推算,每个电子邮箱用户一年要收到750多封垃圾邮件。而飞速增加的垃圾邮件背后则是一条非法获取、贩卖邮箱地址到专业发送垃圾邮件黑色的产业链。

邮件营销公司就是这样的公司，只要购买了他们的软件，就可以进行批量发送邮件。公司可以向客户提供巨量精准的邮箱地址，同时为了使邮件被对方成功接收，邮件发送公司会免费提供一个安全模板，使邮件不被归类到广告邮件或垃圾邮件。公司的收费分三块：一是提供邮箱数据的费用，二是软件的费用，三是代发的费用。

实际上，对于用户而言，垃圾邮件浪费的并不仅仅是时间，占据的并不仅仅是邮箱内存。垃圾邮件发送者会使用虚假中奖、免费获得商品、热点新闻等信息引诱收件人点击链接，垃圾邮件通常还会被制成病毒和木马，大范围传播会造成网民电脑中毒，导致个人信息失窃等。2003年上海警方就破获了一起通过植入木马病毒的方式盗取外贸企业电子邮箱账户密码，以此发送虚假邮件信息诈骗货款的案件，涉案金额折合人民币240余万元。

垃圾邮件其实早已在全球泛滥。早在2004年，美国企业每年由于垃圾邮件要承受89亿美元的损失，而欧洲企业的损失为25亿美元。对此，美国、澳大利亚、日本、新加坡等国家都已经制定了专门的反垃圾邮件法律，发送垃圾邮件的企业或个人，不仅要面临数百万元的罚款，严重者，还可能被起诉判刑。我国工信部于2006年，颁布了《互联网电子邮件服务管理办法》，要求禁止电子垃圾邮件的发送，同时还规定了处罚的具体措施，发送垃圾邮件由工信部门责令改正，并处以1万元以下的罚款，如果有违法所得的并处3万元以下的罚款。但由于违法成本比较低，违法收益比较大，《互联网电子邮件服务管理办法》的立法级位比较低，不是法律也不是行政法规，只是一部部门规章，因此，防范治理垃圾邮件任重而道远。

（资料来源：邵波涛. 电子邮箱成"垃圾桶"垃圾邮件泛滥成灾[EB/OL].（2013-10-12）[2014-08-08]. http://china.cnr.cn/yxw/201310/t20131012_513800393_1.shtml）

问题：面对目前日益泛滥的垃圾邮件，你认为应从哪些方面解决这一问题？

分析提示：应从技术、网络道德、立法三路共同"出击"，综合治理，方能取胜。从技术方面，电子邮件的服务提供商要堵住技术上的"漏洞"，加强对电子邮件服务器的管理。从网络道德方面，构建良好的网络道德，倡议企业少用或不用垃圾邮件营销方式。从立法方面，必须加强反垃圾邮件立法。只有对那些贩卖电子邮件地址、非法盗取电子邮件数据库的行为给予法律严惩，才有助于从根本上消除垃圾邮件。

▶【同步实训10-1】

×× 店家网络广告策略

实训目的：理解网络广告的定义和主要形式，熟悉网络广告主要形式的适用性。

实训要求：教师指导学生以班级小组为单位，在完成"同步业务10-1"的基础上，讨论××家居公司的网络广告应采用的形式。

课前准备：教师向班级学生布置课前任务：以班级小组为单位，回顾"同步业务10-1"的"业务程序"，考虑该企业所适用的网络广告的形式。

实训步骤：
（1）在课堂上以班级小组为单位，阐述本组认为适用于该企业的网络广告的形式及选择的原因。
（2）其他组同学对该组的选择进行评价，提出自己的看法。
（3）最后由教师分析该组同学选择的网络广告形式的优劣。

▶ 10.3.3 传统媒体广告与网络广告的整合

正如新浪 CEO 兼总裁曹国伟所表述的：新媒体不会取代传统媒体，新媒体的出现并未改变内容需求本身，而是改变了内容的表现形式和传播方式，内容是传统媒体和新媒体之间的桥梁，因此，新媒体和传统媒体的融合会不断加深。就像电视的出现没有取代广播一样，网络的出现也无法代替传统媒体的传播特点，而是一个相互融合、取长补短的过程。因此，传统媒体和新媒体应该是一种共存的关系，传统媒体和新媒体融合是大势所趋，跨媒体的时代已经到来。

同样，尽管网络广告具有极大的优势，但由于不同的媒体具有不同的特色及功能，网络广告不能完全取代传统媒体广告。最佳的广告活动，应该是善于利用网络媒体与传统媒体结合所产生的惊人效力，让广告的压迫力留在电视上发挥，让报纸广告继续保有高曝光度的优势，把漂亮的产品图片印在杂志上，然后充分利用网络媒体，填补传统媒体广告的漏洞，建立与消费者之间真正贴心的朋友般的互动关系，从而能更好地整合线下营销与网络营销。

比如"2005 网易全国摘星大行动"就充分体现了网络媒体与传统媒体的整合营销。在 2005 年，网易充分发挥专业整合营销能力和强大网络传播优势，发动了一场全国性、立体化、精彩纷呈的大型娱乐活动——"2005 网易全国摘星大行动"。它以一个主题网站、七个内容频道、两个通信平台为冲锋主力，以一家卫视、六家强势省级电视台的全程报道为空中配合，以 30 家平面媒体、户外、公关及海报和 DM 单页为地面支援，构成了立体的整合传播方阵。高校大学生为核心的青年族群踊跃报名，线上线下参与者数以千万计，一波波群情激荡的"摘星"狂澜，在 2005 年的整个夏季，由北京、上海、南京、杭州、广州、成都、武汉七大中心赛区向外进发，辐射全国。

网易全国摘星大行动在网民中，尤其是青年网民中产生了巨大的影响力，成为青年网民所喜爱和信赖的一个品牌。"摘星"极大地丰富了网易的频道内容，增强了网易频道的黏性，凸显了网易频道的品牌个性，最终提高了网易品牌的知名度和美誉度。这场全国性、立体化、精彩纷呈的整合营销传播运动，创造了以活动品牌提升频道品牌和网易品牌的崭新局面，真正实现了摘星活动、频道内容与网易品牌三者之间的互利与共赢。

▶【同步案例 10-3】

Google 借助传统媒体投放广告

背景与情境：根据 Kantar Media 公司提供的资料，2011 年 Google 为了宣传其社交网站

Google+ 和浏览器 Chrome，在电视广告业务上投入了 7 000 万美元。而 2010 年的时候这个数字是 600 万，2008 年是 0。此外，杂志和报纸也成了 Google 广告的战场。Google 的广告投入占其营收的比例（1.2%）已经快和苹果（1.5%）和微软（1.5%）旗鼓相当了。而在此之前，Google 几乎不在传统媒体上进行广告宣传，总的广告费支出与同行相比也极小，成为业界出名的吝啬公司。

  谷歌的做法表明，该公司逐渐开始积极利用传统媒体。在过去的很长一段时间里，谷歌一直通过病毒式营销和口碑营销进行产品推广，并试图让其他公司抛弃电视和平面媒体，转移到网上。而这一行为掠食了传统媒体利益，招致传统媒体怨声四起。现在 Google 的广告费用依然主要用于互联网，但传统媒体上的广告投入增速是十分惊人的。

  据统计，全世界的网民总数已经达到 20 亿，而 2010 年英超的电视观众则多达 47 亿。虽然互联网在过去的十几年里迅猛发展，甚至有专家预测互联网媒体将在十年内全面超越电视媒体，但在目前这个时间段，以电视为代表的传统媒体依然是受众最广的宣传渠道。

  在巴黎街头的一块广告牌充分显示了谷歌的这一变化：一名男子使用 Chrome 浏览器准备订票去观看世界杯，其中包括在 YouTube 上浏览视频，与好友聊天，寻找机票，以及通过 Twitter 发布相关消息。广告语称："打开 21 个标签窗口后，仍然没有出错，只有一个网络浏览器。"

  问题：通过这则新闻分析 Google 的行为，说明这则新闻反映了哪种现象。

  分析提示：Google 的行为正说明了我们这一节内容的核心，尽管新媒体来势汹汹，但并不能说明网络广告一定会取代传统媒体广告。由于不同媒体具有不同的特征，因此，网络营销也必然不能抛弃传统媒体广告，对于企业来说，整合各种媒体资源，不论是新媒体，还是传统媒体，建立一种媒体的联动关系，成功地宣传企业的形象及产品，才是一种最佳的选择。

▶【同步业务 10-2】

  考虑汽车行业与电子行业的传统媒体广告与网络广告的融合方式是否存在差异，如果有，请说明其原因。

  业务分析：对于不同的行业，由于产品的特征不同，消费者所接触到的媒体不同，因此，所偏重的广告方式也会有所不同，汽车行业和电子行业分别作为重公司和轻公司的代表，它们的传统媒体广告和网络广告的融合方式必然存在着差异。

  业务程序：首先，搜索汽车行业和电子行业的常见的传统媒体广告和网络广告的内容，以及两者在传统媒体广告和网络广告上的投入比例。

  其次，根据搜索结果对比两者对于传统媒体广告和网络广告在内容和投入比例上是否存在着不同。

  最后，通过对比分析，总结不同行业在融合传统媒体广告与网络广告时的差异。

▶【同步实训 10-2】

三星手机 NOTE3 的传统媒体广告与网络广告的整合

实训目的：在熟悉传统媒体广告主要形式和网络广告主要形式的基础上，进一步考虑各自的优劣之处和融合性。

实训要求：教师指导学生以班级小组为单位，在完成"同步业务 10-2"的基础上，讨论三星手机 NOTE3 的传统媒体广告与网络广告的整合宣传方案。

课前准备：教师向班级学生布置课前任务：以班级小组为单位，回顾"同步业务 10-2"的"业务程序"，考虑电子类产品的特征和所适用的传统媒体广告和网络广告的形式。

实训步骤：
（1）在课堂上以班级小组为单位，阐述本组的广告整合方案。
（2）其他组同学对该组的选择进行评价，提出自己的看法。
（3）最后由教师分析该组同学广告整合方案的优劣。

■ 本章内容结构图

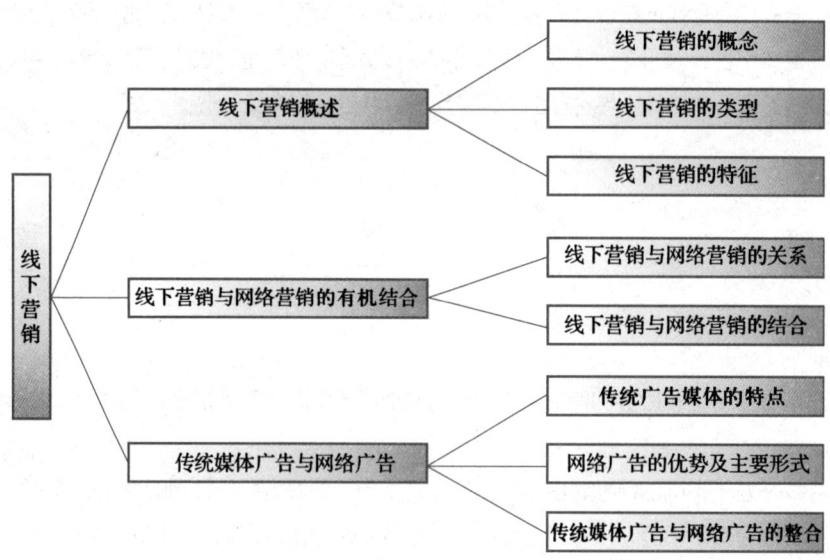

■ 主要概念和观念

□ 主要概念

线下营销　网络营销　漏斗现象　传统媒体广告　网络广告

□ 主要观念

线下营销与网络营销的整合　传统媒体广告与网络广告的融合

■ 重点实务和操作

□ 重点实务

线下营销特征及类型　线下营销与网络营销的整合　传统媒体广告与网络广告整合

□ 重点操作

"线下营销"知识应用

■ 习题和训练

□ 理论题

▲ 客观题

△ 选择题

○ 单项选择

1. 下列属于线下营销的是（　　）。
   A. 实体店面　　　　　　　　B. 网站
   C. 网络广告　　　　　　　　D. E-mail

2. 以下说法正确的是（　　）。
   A. 线下营销必然取代网络营销
   B. 网络营销必然取代线下营销
   C. 网络营销包括线下营销
   D. 网络营销以线下营销为基础

3. 传统媒体广告中（　　）的针对性最强。
   A. 电视广告　　　　　　　　B. 邮寄广告
   C. 报纸广告　　　　　　　　D. 户外广告

○ 多项选择

1. 下列属于网络营销优点的是（　　）。
   A. 无时空限制　　　　　　　B. 易与顾客形成互动
   C. 网络营销可利用多媒体进行人性化　　D. 经济性强

2. 下列对于网络营销与线下营销的关系描述错误的是（　　）。
   A. 网络营销与线下营销的理论基础不同

B. 网络营销可以完全替代线下营销

C. 网络营销不可能完全替代线下营销

D. 网络营销与线下营销有机结合的关键是优质的产品和良好的服务

3. 下列关于网络广告与传统媒体广告的说法正确的是（　　）。

A. 网络广告与传统媒体广告呈互补关系

B. 网络广告已经取代传统媒体广告，成为第一广告媒体

C. 网络广告在感染力上优于传统媒体广告

D. 网络广告与传统媒体广告一样，也存在着泛滥现象

△ 判断题

1. 漏斗现象既存在于线下营销，也存在于网络营销。（　　）
2. 淘宝、百度等网络公司做电视广告是一种浪费行为。（　　）
3. 网络营销与线下营销的整合就是建设一个高质量的网站。（　　）

▲ 主观题

△ 简答题

1. 线下营销具体有哪些类型？
2. 传统媒体广告的特点是什么？
3. 线下营销的特征是什么？
4. 简述网络广告的主要形式和优点。

△ 论述题

1. 为什么网络广告不能取代传统媒体广告？
2. 论述线下营销和网络营销各自的优劣之处。

☐ 实务题

▲ 规则复习

1. 简述线下营销与网络营销的结合方法。
2. 简述传统媒体广告和网络广告的融合方式。

▲ 业务解析

比较分析天猫和苏宁两家企业线下营销与网络营销整合方案，你认为形成两家企业的线上线下融合营销的差异之处的原因有哪些？

□ 案例题

▲ 案例分析

曲美家具线上线下融合营销案例分析

背景与情境： 提起传统家具企业的电商化，就不能不让人想到曲美家具。2008年的国际金融危机，使得中国家具行业进入萧条期，许多家具企业压缩门面、减员减价，勉强生存。在此背景下，曲美家具集团总裁赵瑞海高调宣布网络直销，成为家具行业内"吃螃蟹的第一人"。

曲美家具初涉电商的第一个难题也是传统企业电商化的共有难题：如何处理与原有销售渠道的关系，线上线下价格的冲突如何解决。曲美的解决方法是：线上线下统一价格，在大力发展线上销售的同时，也保障经销商的收益和积极性。具体的做法是，专门拿出一个系列的家具来做电子商务，由集团总公司统一定价，比原来的价格下降20%左右，并以物流补贴和压缩该系列的店内陈列面积减少成本来获得下游经销商的支持。而调整这部分所花费的成本，则通过优化供应链，由上游的原料供应商让利产生。网络促销又加快了供应链的运转，薄利多销带来良性循环。为此，2009年3—4月，曲美专程把各地经销商分批请到北京，跟他们讲电子商务的前景和好处。

在这些问题解决之后，2009年6月，曲美家具e世界网络商城正式上线。在这一网络平台上，消费者不仅可以浏览家具产品的图片，还可以直接下订单购买，此举打破了在店面买家具的传统消费方式，开启了家居企业从事电子商务的先河。经过将近半年的运营，曲美e世界网络商城业绩表现不俗。在北京、上海等一线城市的销售额有40%来源于网络商城，二三级城市的比重更高达60%。2009年12月，曲美家具淘宝商城开始营业，而2010年7—8月，曲美家具与淘宝合作的"曲亿团"活动最终以1.35万个订单和近1亿元的销售业绩这一傲人成绩在业界一举成名。此次由遍布中国各地的800多家曲美门店参与的活动，也验证了曲美电商线上线下结合的O2O模式的成功——把线上的消费者带到现实的商店中去，在线支付线下商品，再到线下去享受服务。

2011年，曲美家具和清华大学设计学院根据电子商务的特点，专门研发了一个"三维家居设计软件"，并于2012年开始，打造专门的网络定制家具品牌B8家居，让消费者通过访问曲美官方网站或在曲美家具门店，按照"三维家居设计软件"指导，自己DIY家具并看到摆放效果，从而自由搭配出称心如意的家居设计，受到了大批追求时尚个性化消费的年轻人追捧。

2013年8月，曲美正式进驻电商平台试运行，这一品牌不仅是赵瑞海和曲美公司的一次新的尝试，更是他们对电子商务第三阶段——快时尚轻模式的尝试。曲美判断网络家具产品应该是这样的：快时尚小清新、设计年轻出位、易创造能互动、价格低易更换——未来曲美电商将主攻这类产品，甚至包括周边的商品，并通过纯电商的轻模式来完成，即只做产品的线上销售，告别线下体验部分，后端服务可以交给经销商。

作为全国第一家实行电商的家具企业，从渠道协同到反向定制，再到快时尚轻模式，曲美电商在追求效益增长的同时，更注重利用网络进一步了解客户到底在怎么想、有些什么新需求，着重谋划企业的长远发展。曲美家具在电商之路上的不断创新成功，让其已经成为家具销售的"风向标"，牢牢站在家具行业的前列。

（资料来源：崔西. 曲美家具渠道电商之路：用节省的成本回馈经销商［EB/OL］.（2012-11-28）［2014-08-08］. http://tech.sina.com.cn/i/ec/2012-11-28/01057836287.shtml）

问题：

1. 曲美家具是如何整合线下营销和网络营销的？
2. 曲美家具是如何综合利用传统广告和网络广告推广自己的？
3. 曲美家具电商化过程的成功经验和不足之处是什么。

分析要求：同第 1 章本题型的"分析要求"。

▲ 决策设计

××饭店的线下营销与网络营销的整合方案

背景与情境：××饭店是较为知名的火锅店，但在顾客中，并没有像小肥羊、奇火锅、海底捞等品牌知名，但是从其价格、菜品、环境来说，却有着较高的性价比，请为其设计一个线下营销和网络营销的整合方案，使得企业能较快地提高知名度和美誉度，快速地覆盖本地区，吸引相关人群前来消费。

问题：如果你是××饭店的决策者，你打算如何就线下营销和网络营销融合计划做出决策？

设计要求：同第 1 章本题型的"设计要求"。

□ 实训题

"线下营销"知识应用

【实训目标】

见本章"学习目标"中的实训目标。

【实训内容】

专业技能与能力：其领域、技能点内容及其参照规范与标准见表 10-1。

表10-1　专业能力训练领域、技能点内容及其参照规范与标准

能力领域	技能点	名称	参照规范与标准
	技能点 1	"线下与网络营销整合"知识应用技能	1. 能全面把握"线下与网络营销整合"知识。 2. 能应用"线下与网络营销整合"知识，有质量、有效率地进行以下操作： （1）分析企业线下线上营销整合的现状，分析其成功、不足与尚待解决的各种问题。 （2）提出优化建议和解决实际问题的方案。
	技能点 2	"传统广告和网络广告整合"知识应用技能	1. 能全面把握"传统广告和网络广告整合"知识。 2. 能应用"传统广告和网络广告整合"知识，有质量、有效率地进行以下操作： （1）分析企业目前广告运作的现状，分析其成功、不足与尚待解决的各种问题。 （2）提出优化建议和解决实际问题方案。

职业核心能力和职业道德训练：其内容、种类、等级与选项见表10-2；各选项的"规范与标准"分别参见本教材附录二的附表2和附录三的附表3。

表10-2　职业核心能力与职业道德训练的内容、种类、等级与选项表

内容	职业核心能力							职业道德					
种类	自我学习	信息处理	数字应用	与人交往	与人合作	解决问题	革新观念	职业观念	职业情感	职业理想	职业态度	职业良心	职业作风	职业守则
等级	高级	高级	高级	高级	高级	高级	内化级	内化级	内化级	内化级	内化级	内化级	内化级
选项	√	√	√	√	√	√	√	√		√	√	√

【实训任务】
1. 对专业能力的各技能点，依照其"参照规范与标准"实施基本训练。
2. 对职业核心能力选项，依照其"参照规范与标准"实施"高级"强化训练。
3. 对职业道德选项，依照其"参照规范与标准"，实施"内化级"相关训练。

【组织形式】
1. 以小组为单位组成营销团队。
2. 结合实训任务对各营销团队进行适当的角色分工，确保组织合理和每位成员的积极参与。

【情境设计】
各营销团队就第一次实训选定企业或者校内实训基地，结合课业题目，从"'线下营销'知识应用"视角，对该企业（或学校专业教育实训基地）线下线上营销整合决策及业务运作现状进行调查研究，分析其成功经验与不足之处，在此基础上为其量身定制"基于'线下营销'知识应用"的《线下营销优化方案》，通过系统体验各项相关操作完成本次实训的各项任务，撰写相应《实训报告》。

【实训时间】
结束本章授课后一周内。

【操作步骤】
1. 各营销团队就第一次实训选定企业或者校内实训基地，结合本实训任务进行适当角色分工。
2. 各团队结合实训任务、情境设计和课业题目，讨论和制订本次《实训计划》。
3. 各团队实施《实训计划》，应用"线下营销"知识，系统体验如下操作：
（1）依照"技能点1"的"参照规范与标准"，应用"线下与网络营销整合"知识，分析该企

业线下线上整合营销决策和业务运作中的成功与不足,提出优化建议或解决方案。

(2)依照"技能点 2"的"参照规范与标准",应用"传统广告和网络广告整合"知识,分析该企业传统广告和网络广告整合营销现状和业务运作中的成功与不足,提出优化建议或解决方案。

4. 各团队总结上述操作体验,撰写"基于'线下营销'知识应用"的《线下营销优化方案》。

5. 在上述"专业能力"的基本训练中,融入"职业核心能力"的"高级"强化训练和"职业道德"的"内化级"相关训练。

6. 各团队综合以上阶段性成果,撰写《"'线下营销'知识应用"实训报告》。其内容包括:实训组成员与分工;实训过程;实训总结(包括对专业能力训练、职业核心能力训练和职业道德训练成功与不足的分析说明);附件(指阶段性成果全文)。

7. 在班级讨论、交流和修订各团队的《实训报告》,使其各具特色。

【成果形式】

实训课业:《"'线下营销'知识应用"实训报告》。

课业要求:

1. "实训课业"的结构与体例参照本教材"课业范例"中的范例综 -4。

2. 将《实训计划》和《线下营销优化方案》以"附件"形式附于《实训报告》之后。

3. 在校园网平台上展示经过教师点评的班级优秀《实训报告》,并将其纳入本课程的教学资源库。

■ 单元考核

考核要求:同第 1 章"单元考核"的"考核要求"。

综合训练与考核

■ 综合训练

□ 理论题

▲ 客观题

△ 选择题

○ 单项选择

1. 下列不属于网络营销特点的是（　　）。
   A. 全球性　　　　B. 整合性　　　　C. 技术性　　　　D. 市场性
2. 下列关于企业网站知识叙述错误的是（　　）。
   A. 企业网站有独立的域名，那么必须有一个 IP 地址与其对应
   B. 企业网站拥有一个好的域名，有利于企业展开网络推广和宣传
   C. 企业网站投入运行之后，内容不能经常更新，以便让用户更好地熟悉网站
   D. 网站的主题就是网站的题材。
3. "黑板报"是（　　）推出的企业博客。
   A. 博客网　　　　　　　　　　B. 新浪
   C. Google　　　　　　　　　　D. 搜狐

○ 多项选择

1. 网络营销环境分析主要包括（　　）。
   A. 威胁分析　　　　　　　　　B. 机会分析
   C. 技术分析　　　　　　　　　D. 资源分析
2. 目标关键词放在哪里会对检索结果产生不良效果？
   A. 关键词标签　　　　　　　　B. 标题标签
   C. 描述标签　　　　　　　　　D. 正文标签
3. 下列关于加权计算法说法正确的是（　　）。
   A. 是对不同广告形式、不同投放媒体等情况下的广告效果比较
   B. 是对不同投放周期等情况下的广告效果比较
   C. 对网络广告产生的效果的不同侧面赋予权重
   D. 反映某次广告投放所产生的效果
4. 目前常见的博客营销包括（　　）。
   A. 通过第三方博客平台　　　　B. 企业自建博客频道
   C. 第三方外包博客　　　　　　D. 企业员工自建博客
5. 下列关于网络广告与传统媒体广告的说法正确的是（　　）。
   A. 网络广告与传统媒体广告呈互补关系。

B. 网络广告已经取代传统媒体广告，成为第一广告媒体。
C. 网络广告在感染力上优于传统媒体广告。
D. 网络广告与传统媒体广告一样，也存在着泛滥现象。

△ 判断题
1. 需求是指人们有能力购买并愿意购买某个具体产品的欲望。（   ）
2. 网络市场机会实质上是"网络市场未满足的需求"。（   ）
3. 插页式广告又称弹出式广告，它带有强迫性，一般不受用户的欢迎。（   ）
4. 利用博客托管服务商（BSP）提供的第三方博客平台发布博客文章，是最简单的博客营销方式之一。（   ）

▲ 主观题

△ 简答题
1. 企业网站内容管理主要指哪些方面的管理？
2. 请列举网站在全文检索搜索引擎的排名位置的主要影响因素。
3. 病毒性营销具有哪些特点？

△ 论述题
1. 论述免费营销的特点。
2. 为什么说传统媒体广告与网络广告各有优劣？

□ 实务题

▲ 规则复习
1. 试述企业网络营销环境分析的内容。
2. 简述搜索引擎营销实施过程的基本步骤。

▲ 业务解析
1. 分析企业选择网络广告服务系统应考虑的因素。
2. 分析厂商在采用不同网络广告形式的影响因素。

□ 案例题

▲ 案例分析

"电子商务网站运营失败"案例分析报告

背景与情境：随着网络营销的普及，很多企业都拥有自己的网站，但是真正能从互联网上接到订单的企业却很少。实际上现在 80% 的企业占每天的流量大多数都不能超过两位数，打电话咨询业务的人更是几乎没有。于是就形成这样局面：一方面，媒体大力宣传电子商务、网络营销；另一方面，企业网站建设完成后，从网站上来的业务很少，因此大多企业还是靠传统营销完成企业的销售计划，网站就放在那儿，不去打理。

问题：
1. 结合本案例，讨论企业利用网站开展网络营销的一般规律。
2. 企业网站营销失败的原因是什么？
3. 如果你是一个企业网站的管理者，针对网站运营失败，请给出整改措施或者建议。

分析要求：同第1章本题型的"分析要求"。

▲ 决策设计

"HTC手机网络营销方案策划"决策设计报告

背景与情境：HTC公司于1997年创立。10几年来，HTC在全球知名通信大厂背后默默努力，让这些知名大厂的产品得以在全世界的市场上发光和发热。HTC与主要的行动装置品牌业者建立了独特的合作关系，包括欧洲五家领先业界的电信公司、美国最大的四家，以及亚洲许多正快速成长的电信业者。HTC同时也透过领先业界的OEM合作伙伴，将产品推向市场，并从2006年6月起发展自己的HTC品牌。HTC是行动装置业界中成长最快速的企业之一，并在过去几年深获消费者的肯定。美国商业周刊更评选HTC为2007年亚洲地区科技公司表现最佳的第二名，并在2006年将该公司列为全球排名第三的科技公司。HTC在大陆创办了著名的多普达通讯公司，该公司位于武汉市，以生产智能手机著称，绝大部分使用微软的mobile系统。在谷歌宣布将推出自己的操作系统后，HTC抓住机会和谷歌合作，推出了一系列的谷歌手机，一举成名，成为世界上智能手机新星！

但智能手机市场竞争激烈，国内市场不仅有三星、索爱等大牌企业，还有像魅族、oppo等手机生产企业，导致企业之间的竞争愈演愈烈。那么，HTC如何能在众多的竞争者中脱颖而出呢？

问题：请结合本书所学网络营销知识，为HTC制订一份网络营销策划方案。

设计要求：同第1章本题型的"设计要求"。

▲ 道德研判

"保健品频出骗局"道德研判报告

背景与情境：中国保健食品行业兴起于20世纪80年代，经历了几次大起大落之后，中国保健食品行业开始进入繁荣发展的成长时期。据不完全统计，截至2011年年底，卫生部和国家食品药品监管局共批准产品近万个，在产产品4 000多个，保健食品生产企业2 000多家，年产值2 600多亿元，年产值上亿元的企业70多家，占总产值的38%，保健食品产业已成为我国国民经济中不可忽视的朝阳产业。但与保健品产业快速发展并存的，是保健食品安全形势严峻，市场亟待规范。近年来，保健品陷阱层出不穷，且主要针对老年人频频行骗。

2011年8月，71岁的苏先生应邀参加了一场声称是"中华医疗康复协会"举办的健康讲座。一位"内科主任"在检查后，为苏先生的糖尿病开了10盒蜂胶糖脂胶囊，声称半月后一定见效。此后，由于苏先生坚信那位"主任"开出的"良药"而放弃服用降糖药，结果造成餐前和餐后的血糖指数急剧升高，险些酿成严重后果。打着"关爱老年朋友健康"的旗号，以举办"健康讲座"的形式，向老人推销保健品已经老伎俩。

与苏先生有着同样经历的还有吴先生，长期受到类风湿病折磨的他在朋友的推荐下买了一盒号称能根治类风湿的保健品，用后3天果真"腿不疼了，手不酸了"，但随后身体出现的变化让他意识到"神药"有问题。医院的检测结果验证了他的猜测：保健品里面添加了化学药物。《南方日报》记者从广州市食品药品监管局了解到，广州市保健食品非法添加每年检出率维持在3.8%左右。

而虚假夸大的广告更是保健品骗局的常用手法，如近年来，披着"深海、国外进口"的外衣，鱼油成了保健品中的高人气产品，身价也直线飙升。然而专家指出在我国很多地方的常见食谱中，DHA含量很少，而鱼油也确实可以有效补充，但所需的鱼油与是否来自深海并无关系。食用鱼油可能会对健康有一定好处，但不吃并不会让人生病。吃价格不菲的深海鱼油，其实营养还不如吃菜市场卖的鱼，因为鱼不仅有鱼油，而且有很多优质蛋白质，只要均衡饮食，完全没必要去吃鱼油胶囊。

问题：

1. 本案例中存在哪些道德伦理问题？
2. 试对上述问题做出你的道德研判。
3. 对照本教材"附录三"的附表3和网上调研资料，说明你的道德研判所依据的行业道德规范。
4. 请从相关行业规范角度对本事件做出评价。

研判要求：同第1章本题型的"研判要求"。

□ 实训题

"网络营销知识"综合应用

【实训目标】

参加"'网络营销知识'综合应用"的实践训练。在了解和把握本实训相关技能点"规范与标准"的基础上，通过系列规范化技能操作的实施，相应《实训报告》的撰写、讨论与交流等有质量、有效率的活动，培养"'网络营销知识'综合应用"的专业能力和全选项的职业核心能力（高级），强化职业道德（认同级）教育，促进健全职业人格的塑造。

【实训内容】

专业能力训练：其能力领域、技能点内容及其参照规范与标准见表综-1。

表综-1　专业能力训练领域、技能点、名称和参照规范与标准

能力领域	技能点	名称	参照规范与标准
网络营销知识综合运用	技能点1	"网络营销概论"知识应用技能	1. 能全面把握"网络营销概论"的理论与实务知识。 2. 能应用"网络营销概论"的理论与实务知识，依照表1-1中各技能点的"参照规范与标准"，有质量、有效率地进行系列相关操作。
	技能点2	"网络营销环境"知识应用技能	1. 能全面把握"网络营销环境"的理论与实务知识。 2. 能应用"网络营销环境"的理论与实务知识，依照表2-3中各技能点的"参考规范与标准"，有质量、有效率地进行系列相关操作。
	技能点3	"企业网站建设与推广"知识应用技能	1. 能全面把握"企业网站建设与推广"的理论与实务知识。 2. 能应用"企业网站建设与推广"的理论与实务知识，依照表3-1中各技能点的"参考规范与标准"，有质量、有效率地进行系列相关操作。
	技能点4	"搜索引擎营销"知识应用技能	1. 能全面把握"搜索引擎营销"的理论与实务知识。 2. 能应用"搜索引擎营销"的理论与实务知识，依照表4-3中各技能点的"参考规范与标准"，有质量、有效率地进行系列相关操作。
	技能点5	"E-mail营销"知识应用技能	1. 能全面把握"E-mail营销"的理论与实务知识。 2. 能应用"E-mail营销"的理论与实务知识，依照表5-1中各技能点的"参考规范与标准"，有质量、有效率地进行系列相关操作。
	技能点6	"网络广告营销"知识应用技能	1. 能全面把握"网络广告营销"的理论与实务知识。 2. 能应用"网络广告营销"的理论与实务知识，依照表6-1中各技能点的"参考规范与标准"，有质量、有效率地进行系列相关操作。
	技能点7	"移动营销"知识应用技能	1. 能全面把握"移动营销"的理论与实务知识。 2. 能应用"移动营销"的理论与实务知识，依照表7-1中各技能点的"参考规范与标准"，有质量、有效率地进行系列相关操作。
	技能点8	"博客营销"知识应用技能	1. 能全面把握"博客营销"的理论与实务知识。 2. 能应用"博客营销"的理论与实务知识，依照表8-1中各技能点的"参考规范与标准"，有质量、有效率地进行系列相关操作。
	技能点9	"免费营销策略"知识应用技能	1. 能全面把握"免费营销策略"的理论与实务知识。 2. 能应用"免费营销策略"的理论与实务知识，依照表9-1中各技能点的"参考规范与标准"，有质量、有效率地进行系列相关操作。
	技能点10	"线下营销"知识应用技能	1. 能全面把握"线下营销"的理论与实务知识。 2. 能应用"线下营销"的理论与实务知识，依照表10-1中各技能点的"参考规范与标准"，有质量、有效率地进行系列相关操作。

职业核心能力和职业道德训练：其内容、种类、等级与选项见表综2；各选项的"规范与标准"分别参见本教材附录二的附表2和附录三的附表3。

表综-2 职业核心能力与职业道德训练的内容、种类、等级与选项表

内容 种类	职业核心能力							职业道德					
	自我学习	信息处理	数字应用	与人交往	与人合作	解决问题	革新观念	职业观念	职业情感	职业理想	职业态度	职业良心	职业作风	职业守则
等级	高级	高级	高级	高级	高级	高级	高级	内化级	内化级	内化级	内化级	内化级	内化级	内化级
选项	√	√	√	√	√	√	√	√	√	√	√	√	√	√

【实训任务】
1. 对专业能力的各技能点实施基本训练。
2. 对职业核心能力选项实施"高级"强化训练。
3. 对职业道德选项实施"内化级"相关训练。

【组织形式】
1. 以小组为单位组成营销团队。
2. 结合实训任务对各营销团队进行适当的角色分工，确保组织合理和每位成员的积极参与。

【情境设计】
各营销团队就第一次实训选定企业或者校内实训基地，结合课业题目，对该企业网络营销现状进行调查，分析其成功经验与不足之处，在此基础上为其量身定制《××企业网络营销优化方案》，通过系统体验各项相关操作完成本次实训的各项任务，撰写相应《实训报告》。

【实训时间】
结束本课程授课后一周内。

【操作步骤】
1. 各营销团队就第一次实训选定企业或者校内实训基地，结合本实训任务进行适当角色分工。
2. 各营销团队，结合课业题目，制订本次实训的《实训计划》。
3. 各团队实施《实训计划》，系统体验如下技能操作：
（1）依照"技能点1"的"参照规范与标准"，运用相应知识，系统体验"网络营销概论知识应用"的各项操作。
（2）依照"技能点2"的"参照规范与标准"，运用相应知识，系统体验""网络营销环境知识应用"的各项操作。

（3）依照"技能点3"的"参照规范与标准"，运用相应知识，系统体验"企业网站建设与推广知识应用"的各项操作。

（4）依照"技能点4"的"参照规范与标准"，运用相应知识，系统体验"搜索引擎营销知识应用"的各项操作。

（5）依照"技能点5"的"参照规范与标准"，运用相应知识，系统体验"E-mail营销知识应用"的各项操作。

（6）依照"技能点6"的"参照规范与标准"，运用相应知识，系统体验"网络广告营销知识应用"的各项操作。

（7）依照"技能点7"的"参照规范与标准"，运用相应知识，系统体验"移动营销知识应用"的各项操作。

（8）依照"技能点8"的"参照规范与标准"，运用相应知识，系统体验"博客营销知识应用"的各项操作。

（9）依照"技能点9"的"参照规范与标准"，运用相应知识，系统体验"免费营销策略知识应用"的各项操作。

（10）依照"技能点10"的"参照规范与标准"，运用相应知识，系统体验"线下营销知识应用"的各项操作。

4. 总结上述操作体验，撰写《××企业网络营销优化方案》。

5. 在上述"专业能力"的基本训练中，融入"职业核心能力"全选项的强化训练和"职业道德"全选项的相关训练。

6. 综合以上操作与阶段性成果，撰写《"'网络营销知识'综合应用"实训报告》。其内容包括：实训组成员与分工；实训过程；实训总结（包括对专业能力训练、职业核心能力训练和职业道德训练成功与不足的分析说明）；附录（包括阶段性成果全文）。

7. 在班级讨论和交流各团队的《"'网络营销知识'综合应用"实训报告》。

8. 各团队根据讨论和交流结果，修订《"'网络营销知识'综合应用"实训报告》，使其各具特色。

【成果形式】

实训课业：《"'网络营销知识'综合应用"实训报告》。

课业要求：

1. "实训课业"的结构与体例参照本教材"课业范例"中的范例综-4。

2. 将《实训计划》和《××企业网络营销优化方案》以"附件"形式附于《实训报告》之后。

3. 在校园网的本课程平台上展示经过教师点评的班级优秀《实训报告》，供相互借鉴。

■ 综合考核

考核要求：同第1章"单元考核"的"考核要求"。

课业范例

范例综-1

"电子商务网站运营失败"案例分析报告

"电子商务网站运营失败"案例分析提纲

1. 关于"知识点"分析

（1）小组成员分别分析研究企业网站网络营销的营销策略。

（2）小组讨论各成员收集出来的本案例涉及的"知识点"，由组长汇总。

（3）小组讨论：本案例"背景与情境"是如何涉及知识点的？

（4）组长汇总讨论3的阶段性成果。

2. 关于"企业网站网络营销失败"分析

（1）小组成员应用本案例相关"知识点"知识，逐一分析"企业网站现状"。

（2）小组讨论各成员分析的"企业网站网络营销现状"，由组长汇总。

3. 关于"企业网站网络营销解决方案"设计

（1）小组成员模拟本案例中的营销经理，应用本案例涉及的企业网站营销现状，研究设计"企业网站营销解决方案"。

（2）小组讨论各成员设计的"企业网站营销策划解决方案"，由组长汇总。

4. 撰写、讨论与交流《分析报告》

（1）组长组织组员，综合以上阶段性成果，形成《分析报告》。

（2）在班级讨论、交流各组的《分析报告》。

（3）小组修改《分析报告》，提交教师点评。

"电子商务网站运营失败"案例分析报告

案例分析人_____（_____级_____专业_____班）

指导教师_____（_____学院_____系）

1. 案例综述

本案例从企业角度，研究了企业网站与网络营销的关系。本例中，网站运营好坏，对企业开展网络营销的成败起到了关键性的作用。

2. 问题分析

本例中，企业拥有网站，却不能很好地开展网络营销，进而怀疑网站对网络营销的作用，仍然靠传统营销方式完成企业的销售计划。造成这种状况的根源是什么呢？网站投入使用之后，不擅管理，网站流量小是其根本原因。没有流量，网络营销根本无法开展。造成网站流量少的原因主要如下：

（1）公司对网站的宣传力度不够，网站很少为外人所知道。

（2）公司网站在各大搜索引擎的排名表现不好。当潜在客户搜索相应产品或服务时，由于公司网站排名靠后，不能被客户所发现。

（3）网站的域名和企业本身没有什么联系，不容易记住。网站的空间不够稳定，经常打不开。

（4）没有很好地对网站进行推广。

（5）网站的内容没有及时更新。

3. 总结与结论

面对如此问题，企业应该做到如下方面：

（1）网站建设完成后，企业要尽力宣传网站。例如：名片、企业宣传册、企业送给客户的小礼品、企业的户外广告、企业传统媒体广告，都可以用来宣传网站。如果能够在相应的搜索引擎上购买排名服务或广告更好，效果也很显著。

（2）网站制作过程中，应该进行搜索引擎优化。进行搜索引擎优化的站点，相应的关键字在各大搜索引擎的排名表现都非常好，容易被潜在客户找到。

（3）找信誉较好的、有经验的网站运营商进行相应的网站建设服务。

（4）应用多种策略对网站进行推广，扩大网站知名度。

（5）及时更新网站内容，对客户增加黏性。

总之，企业网站在建设完成后，没有人访问，肯定是网站存在问题。不能因为网站不能带来业务，就否认电子商务，否认网络营销。

范例综-2

"HTC 手机网络营销方案策划"决策设计报告

"HTC 手机网络营销方案策划"决策设计报告提纲

1. 决策目标

通过对企业开展网络营销环境进行分析，找出适合企业开展网络营销的策略，达到企业顺利开展网络营销的目的。

2. 依据材料

在整个网络营销策略制订过程中，要充分考虑企业网络营销的环境和企业自身的信息并进行策略制订。

（1）了解企业概况。

（2）对企业进行网络营销的环境进行分析：宏观环境分析；产品分析；行业竞争状况分析；消费者市场和消费者购买行为分析等。

（3）网络营销方案的设计：网络营销的目标；网络营销战略；网络营销实施的策略（如产品和价格策略、渠道和促销策略、客户关系管理策略，其中重点设计渠道和促销策略，分为网站建设和网站推广）。

3. 方案设计

"HTC 手机网络营销方案策划"决策方案

案例分析人　　　（_____级_____专业_____班）

指导教师　　　　（_____学院_____系）

一、前言（略）

二、企业概况（略）

三、网络营销环境分析

（一）宏观环境分析（略）

（二）产品分析（略）

（三）行业竞争状况分析（略）

（四）消费者市场和购买行为分析（略）

（五）SWOT 分析（略）

四、网络营销设计方案

（一）网络营销目标

根据提高品牌的知名度和创造利润的需要，可为 HTC 制订两个目标：销售目标和品牌推广目标。

销售目标主要是为 HTC 拓宽销售网络，借助网上的交互性、直接性、实时性和全球性为顾客提供方便快捷的网上售点。凭借互联网的各种形式向消费者传递各种有利信息。利用网络销售成本低等特点，为企业创造利润。

品牌推广目标主要是在网上树立起品牌形象，利用各种互联网上的资源，宣传 HTC 的各种有利形象，加强消费者对 HTC 的印象，建立顾客的品牌知名度，为企业的后续发展打下扎实基础。配合企业现行的销售目标，提高销售收入。

（二）网络营销战略

我们将以市场营销的手段，以强有力的广告宣传攻势顺利拓展市场，为产品准确定位，突出产品特色，采取差异化营销策略。以产品主要消费群体为产品的营销重点，建立起点广面宽的销售渠道，不断拓宽销售区域等。

我们将以新兴市场为主要突破点，并不断巩固老的市场，创造新的成绩。

我们将 HTC 定位成一家具有创新精神的互联网企业，而不仅仅是一家手机制造企业；其产品以青年学生以及年轻的白领为主；我们希望将 HTC 的产品打造成时尚和个性的代名词。

（三）网络营销实施策略

从营销手法上，我们采用传统的 4PS 营销手法，即产品（Product）、价格（Price）、渠道（Place）和促销（Promotion）。因为现在 HTC 还处于一个企业发展的上升阶段，应该以满足市场需求为主要目标，拓宽市场，提高销售。

1. 产品和价格策略（略）

2. 渠道与促销策略

我们把网络营销主要分为网站建设和产品推广两部分。

（1）网站建设。HTC 公司的网站虽然简洁，但能很好地满足用户的信息需求。通过网站，能吸引些潜在的客户，增强网络营销的有效性。所以这是一个成功的网站。

（2）产品推广方案。包括提供免费服务、E-mail 策略、广告策略、合作策略等。

① 提供免费服务。人们都喜欢免费的东西，并且会被免费的信息所吸引。通过免费的信息吸引人们访问你的网站，比被动等别人来访问你的网站更有效。HTC 可以提供免费的手机应用软件给消费者，这样既能巩固现有的用户，也能吸引其他用户成为潜在客户。提供免费服务的同时，网站可

以提供其他的互动方式，同用户保持互动，了解用户的需求，提供一些免费的产品，比如一部手机等，以吸引更多的用户。

② E-mail 策略。一方面，可以给一些注册用户发送 E-mail，把最近的一些动态信息让其知晓，并通过一些实际利益让用户把邮件转发给好友，只要满足某些条件，该用户就能获得 HTC 公司提供的奖品。另一方面，建立完善的客户系统，每隔一段时间向用户发送新闻邮件，随时保持和用户的联系，用户可以向公司反映一些问题，公司帮助他们解决问题。这可以与客户保持联系、建立信任。这是发展品牌和建立长期关系的最好方法之一。

③ 广告策略。网络广告是常用的网络营销方法之一。主要价值表现在品牌形象、产品促销等方面。可采用的广告形式包括标志广告和关键词广告。

标志广告是网络广告最主要也是最基本的形式之一。HTC 公司可以在一些导航网站、门户网站上发布标志广告，通过发布一些促销信息、最近产品信息等吸引用户点击，增加产品的知名度，吸引潜在用户。

关键词广告的载体是搜索引擎，目前主要有百度的竞价排名和谷歌的关键词广告。我们可以在百度和谷歌上购买关键词，如手机、HTC、WM、android 等。通过关键词广告，可以自由控制广告的预算，降低制作成本，提高投放效率，可以吸引潜在用户直达任何一个期望的目的网页，广告的效果便于统计。

④ 合作策略。由于网络的自由、开放性，网络时代的市场竞争是透明的，谁都能比较容易地掌握同业的竞争对手的产品信息与营销行为。因此网络营销争取顾客的关键在于如何适时获取、分析、运用来自网上的信息，如何运用网络组成一个关系可靠、互惠互利的合作联盟，并以网络合作为基础，实现资源共享，创造竞争优势。建立网络联盟或网上伙伴关系，就是将企业自己的网站与他人的网站关联起来，以吸引更多的网络顾客。HTC 可以和网易、新浪等门户式网站结成合作伙伴联盟，相互提供网站链接地址，也可以采用站内搜索的方式，相互提供搜索内容。

3. 客户关系管理策略

（1）建立消费者个人信息数据库。为用户建立起完善的个人信息数据库系统，以便随时了解用户的动态信息，用户的诉求。一个完整有效的个人数据库对企业来说至关重要。你可以把公司的最新产品信息传递给用户，以吸引用户的好奇心，并去消费这个产品。

（2）定期与顾客保持联系。你可以通过电话或邮件随时和客户保持联系，增加互动。询问他们对现有产品的使用感受、优缺点等，以及心目中理想产品的要求，让自己更加了解消费者。

（3）为你的网站访问者提供免费的在线产品。这些产品可以是手机应用、手机使用等。你还可以以实物作为具体回报，以答谢一些资深的、对产品做出贡献的用户。

范例综-3

"保健品频出骗局"道德研判报告

"保健品频出骗局"研判提纲

（项目组组长：　　　　　项目组成员：　　　　　　　　　　）

1. 关于"道德伦理问题"分析

（1）小组成员分别分析研究本案例中中国保健品行业中的伦理问题。

（2）小组讨论各成员收集来的本案例中中国保健品行业所涉及的职业道德伦理问题。

（3）小组讨论：目前保健品行业的种种违法行为，第一违背了企业的经营目标——客户利益至上，第二违背了商业诚信这一基本原则，第三保健品的无效甚至危害到社会的公共安全。

（4）组长汇总，形成阶段性成果。

2. 关于"道德研判"分析

（1）小组成员针对本案例两个相关事件的职业道德伦理问题，逐一进行"善恶研判"。

（2）小组讨论各成员分析的"善恶研判"，对两个事件中违背职业道德伦理的行为进行批判。

（3）组长汇总，形成阶段性成果。

3. 关于"道德研判所依据的行业规范"分析

（1）小组成员分别通过网络及图书馆查找资料，研究"道德研判所依据的行业规范"。

（2）小组讨论：中国保健品行业生产和营销人员理应具有的职业操守。

（3）组长汇总，形成阶段性成果。

4. 关于"对案例做评价"分析

（1）小组成员分别对该案例进行评价。

（2）小组讨论各成员的"评价"。

（3）组长汇总，形成阶段性成果。

5. 撰写、讨论与交流《道德研判报告》

（1）组长组织组员，综合以上阶段性成果，形成《道德研判报告》。

（2）在班级讨论、交流各组的《道德研判报告》。

（3）小组修改《道德研判报告》，提交教师点评。

"保健品频出骗局"道德研判报告

1. 案例综述

案例反映的是，由于人们生活水平的提高和对自身健康的日益关注，保健品行业快速发展起来，但是由于道德伦理的缺失，一些唯利是图的厂商利用虚假的宣传手段来欺骗消费者，并且很多时候消费者购买的产品也是伪劣的。由于信息的不对称，消费者对于保健品的了解过少，很多厂商的虚假宣传骗取了大量消费者的信任。而这种因虚假宣传引发的盲目的需求增长反过来给保健品供应的盲目增长提供了市场条件，致使更多不法厂商出现，更多伪劣保健品充斥市场，更多虚假宣传迷惑消费者。

本案例中的行为违背了最基本的营销道德，即：公平、自愿和诚信。

2. 问题分析

（1）以虚假广告的形式夸大保健品的治疗效果。在鱼油的案例中，多个厂家声称能治疗多种疾病，而实际上鱼油作为一种保健食品，仅能起到预防和缓解疾病的作用。但是在营销过程中，少有厂家告知消费者。其行为丧失了基本的职业道德底线，违背了诚信这一营销道德的核心。

（2）组织虚假义诊咨询。在苏先生的案例中，营销人员利用会议营销的方式，假冒医生和专家，骗取消费者的信任，不仅造成了消费者的钱财损失，更损害了消费者的身体健康。其行为丧失了基本的职业道德底线，违背了自愿的基本营销道德。

（3）推销假冒伪劣产品。在苏先生和吴先生的案例中，营销人员明知保健品的成分和功效，但对消费者隐瞒真相，尤其是吴先生案例中，在保健品添加化学药物，存在危害公共安全的主观故意。其行为丧失了基本的职业道德底线。

（4）研判依据有三：其一，众多的保健品生产企业明知保健品不具有医疗的效果，仅对疾病起到预防和缓解的作用，但却不主动告知消费者，甚至欺骗消费者，有违基本的"职业良心"；其二，义诊必须经过国家有关部门批准，但保健品的推销者却在中国各地多次违法组织虚假义诊进行骗财，不仅违反了国家的法律，更有违营销的职业道德和行业规范；其三，市面上众多的保健品为达到所谓的保健效果，违法添加化学药物，使得吴先生等人不仅没有出现病情的好转，反而加剧病情。

（5）从以上研判来看：多数保健品企业的生产人员、营销人员等人的"职业观念""职业理想"存在较大问题；其"职业良心""职业守则"的某些要素连"顺从级"都未达到。

3. 总结与结论

（1）保证商品的安全性与品质是每个企业基本的企业伦理和职业道德，也是每一位企业员工应该遵守的行为规范和准则。保健品生产企业在保健品中违法添加化学药物，组织虚假义诊，过度夸大保健品的治疗效果等行为，不仅造成消费者的经济损失，更直接危害到消费者的身体健康，系严重违法行为。

（2）职业道德在工作过程中发挥着重要作用，我们要熟悉并努力地践行，而且要熟练地掌握所需的法律及专业背景知识。

（3）本道德研判对我们有很好的教育启示意义。践行道德规范就要知法守法，诚信为本，实事求是，善待顾客，善待物品，开展业务需要有职业观念、职业良心、职业守则。

范例综-4

"'网络营销知识'综合运用"实训报告

2013年11月18日，"求知"小组成员到洛阳独树格软轴控制器有限公司，对其网络营销知识综合应用的现状进行了调查，分析了其营销过程中网络营销知识综合应用方面存在的不足和问题，提出了优化方案。现将本次实训体验情况说明如下：

一、实训组成员分工

1. 团队名称

本实训小组根据工作任务情况，为团队命名为"求知"。设小组长1人，小组成员5人，共计6人。

2. 角色分工

实训小组组长由张霞同学担任，张霞同学理论知识比较扎实，又是学生干部，具有较强的组织能力和沟通能力。根据分工，实训小组长就是实训组织人，主要负责安排实训进度、组织研讨及实训报告的撰写工作；赵丹同学负责企业网络营销环境资料整理、加工工作；许伙同学主要负责企业网站建设与推广、搜索引擎营销部分的资料整理、加工工作；李宏同学主要负责企业E-mail营销和网络广告营销的资料整理、加工工作；王从波同学负责企业博客营销和移动营销的调研及资料整理、加工工作；刘知味同学负责免费营销策略和线下营销的资料整理、加工工作。

二、实训过程

1. 实地调查

2013年11月18日，"求知"小团队来到位于洛阳市高新开发区三山工业园的洛阳独树格软轴控制器有限公司，对该公司网络营销的环境、企业网站的建设与推广、搜索引擎营销、E-mail营销、网络广告营销、移动营销、博客营销、免费营销策略和线下营销等"网络营销知识综合应用"现状进行了调查。调查结果如下：

（1）网络营销环境。企业面临的外部网络营销环境和大多数企业是一致的：网民数量攀升、法律和政策支持、第三方支付和电子支付支持、网络虚拟营销环境支持；企业内部环境：员工综合素质较高，有专业的信息技术人员、有专业的市场营销人员等，通过调查，企业高层也比较认可网络营销。由此可见，其网络营销环境方面优势明显：有专业的信息技术人员、市场营销人员和综合素质较高的员工，企业高层也比较认可网络营销。但是，这么好的网络营销资源，企业没有很好利用，网络营销仅仅处于起步状态。

（2）企业网站建设与推广。企业拥有自己的网站（网址为http://www.lydsgrz.com/），属于典型的信息发布型网站，栏目设置有新闻中心、公司简介、产品展示、荣誉证书、在线留言和联系我们。网站没有涉及网络销售方面的内容；网站管理有专门的管理人员，网页内容建成后几乎没有版面更新，没有明确定网站管理规章制度；经调查知道，由于没有进行过网站推广，网站建成以后访问量一直较低，几乎没有通过网站引入新的客户。

（3）搜索引擎营销。经过调查和访谈得知，企业没有进行过搜索引擎登录工作，但是聘请了专门的公司进行过搜索引擎优化，可是效果不是很明显，访问量一直很低，企业管理者对此也很有意见。

（4）E-mail营销。定期给老客户用E-mail发送新产品信息或者促销等内容，人工发送，发送对象仅限于曾经有业务来往的邮件地址，没有购买专门的邮件营销软件。

（5）网络广告营销。广告形式限于传统的广告形式：报纸、电视、广播等传统媒体，没有在网络平台上做过广告宣传。

（6）移动营销。经过调查，企业没有采用任何形式的移动营销，也没有开通WAP网站，不能进行全新的无线网络营销模式；没有采用短信营销和无线广告营销。

（7）博客营销。企业有自己的博客，且有专人负责博客的日常维护。博客的栏目设置和网站的设置相仿，能起到宣传企业和产品的作用，但博客营销的其他职能没有充分利用。

（8）免费营销策略。没有采用任何形式的免费营销。

（9）线下营销。企业销售部门有多名业务员负责各市场大区的联络工作，有重大活动或者促销时，业务员也会跑到负责区域和重要客户面谈；有专门的人员负责参加各地的展销会等；没有做到线上和线下营销的有机结合。

2. 该企业经营过程中网络营销知识综合应用方面存在的不足和问题

通过调查和分析，发现洛阳独树格软轴有限公司经营过程中网络营销知识综合应用方面存在的不足和问题主要有以下几点：

（1）企业没有针对网络营销环境采取果断有效的策略。通过调查分析，企业实施网络营销的内外部条件还是很不错的，但是企业并未在真正意义上实施网络营销，具体原因还是对自身环境认识不足，没有对企业网络营销环境进行认真分析，也没有采取果断的策略和措施开展网络营销。

（2）企业网站建设与推广方面存在的不足和问题。企业网站属于信息发布型网站，不能开展网络营销；网站管理方面也存在问题，没有明确的规章管理制度；网站推广不到位。

（3）搜索引擎营销方面存在的不足和问题。企业没有建设针对适合搜索引擎搜索的网页信息源；没有创造增加网站被搜索引擎收录的机会等利用搜索引擎进行营销的策略和措施；虽然进行了专门的搜索引擎优化，因为效果不明显，企业就放弃了搜索引擎优化，其实质是企业对搜索引擎优化认识不足。通过观察，网站不是没有访问者，但其内容更新较少、内容陈旧，没有回头客才是搜索引擎营销未达到效果的根本原因。

（4）E-mail营销方面存在的不足和问题。虽然给客户发送电子邮件，但是没有按照标准的E-mail营销流程开展营销。

（5）网络广告方面存在的不足和问题。没有在网络媒体上面投放广告。

（6）移动营销和博客营销方面存在的不足和问题。企业没有采用任何形式的移动营销。没有开通WAP网站，不能进行全新的无线网络营销模式；没有采用短信营销和无线广告营销。博客营销的模式过于单一，很多模式没有采用。

（7）免费营销策略和线下营销方面存在的不足和问题。没有开展免费营销，更谈不上免费营销策略和线上营销策略的有机融合；线下营销也没有和线上营销有效结合。

3. 制定该企业网络营销知识综合应用《优化方案》

针对洛阳独树格软轴有限公司经营过程中网络营销知识综合应用方面存在的不足和问题，需要从企业网站建设与推广、搜索引擎营销、E-mail营销、网络广告营销、移动营销、博客营销、免费营销策略、线下营销等方面制订该企业网络营销知识综合应用《优化方案》（详见附件二）。

4. 研究讨论和撰写《实训报告》

针对洛阳独树格软轴有限公司的网络营销现状，以企业网站建设与推广、搜索引擎营销、E-mail营销、网络广告营销、移动营销、博客营销、免费营销策略、线下营销等方面的管理为调查内容，进行了资料收集、分析，编写了该实训报告。

5. 实施"融入性训练"

"求知"团队在实施上述训练的过程中，按照"实训要求"，依照表综–2中列入的"职业核心能力"和"职业道德"全选项，进行了相关等级的融入性训练。

三、实训总结

1. 关于"网络营销知识综合应用"的专业能力训练

（1）通过"网络营销知识综合应用"的调查，"求知"成员加深了对网络营销知识的理解；掌握了关于企业网络营销各方面的管理现状。

（2）通过对该企业网络营销知识综合应用方面存在的不足与问题的分析，基于问题分析的《优化方案》的制定，实训报告的撰写等有质量、有效率的活动，系统体验了"网络营销知识综合应用""技能点1"到"技能点10"的各项操作，达到了全面建构"网络营销知识综合应用"职业学力的目的。

2. 于"职业核心能力"与"职业道德"选项的融入性操练

实训前,"求知"团队对相关知识进行了自主预习,重温了"职业核心能力"和"职业道德"全选项的"规范与标准",这对于实施"融入性训练"十分必要,有助于克服实训过程中相关操作的盲目性。

在实训中,我们在准备和实施企业网络营销管理的全方位训练的同时,在团队分工与合作中,有意识地融入了"自我学习""与人合作""与人交往""数字应用""解决问题""革新创新"等"职业核心能力"强化训练,"职业理想""职业观念""职业良心""职业情感""职业态度""职业作风""职业守则"等"职业道德"的相关训练,培养和提高了我们的"可持续发展能力"和"职业道德素质"。对于本课程中"职业胜任力"的收官性建构来说,所有这些训练都是必不可少的。

四、附件

包括"附件一"和"附件二"。

▶ 附件一

实 训 计 划

为高质量完成此次实训任务,"求知"小组特制定洛阳独树格软轴控制器有限公司经营过程中网络营销知识综合应用实训计划如下:

1. 实训前期的准备工作:2013 年 11 月 15 日,网络营销知识应用实训动员会结束之后,老师明确了实训内容,"求知"小组立即展开行动,确定组长和组员分工。根据此次实训要求,需要对企业的网络营销环境、企业网站建设与推广、搜索引擎营销、E-mail 营销、网络广告、营销、移动营销、博客营销、免费营销策略和线下营销共 9 个方面进行调查,因时间较紧,大家又都希望亲历每一项网络营销策略调查,小组决定大家一起行动。

2. 2013 年 11 月 18 日,周一,对企业网络营销环境进行调查,详细调查企业网络营销的内部环境和外部环境。内部环境可以从企业得到第一手资料,外部环境可以通过互联网、图书馆查阅资料得知。全面了解企业面临的内外部网络环境概况之后,返回学校进行集体讨论,根据小组分工,赵丹负责记录大家的讨论内容,进行资料的收集、加工工作。

3. 2013 年 11 月 19 日,周二上午,对企业网站建设与推广进行实地调查。对企业网站进行全方位的调查,明确企业网站的类型,通过访谈、调阅资料等方式,了解企业网络营销的作用以及企业网站的推广方式等内容。下午,调查企业搜索引擎营销情况,通过访谈、调阅资料等方式,详细调查企业搜索引擎登录方式、关键词优化等内容。返回学校后进行集体讨论,根据小组分工,许攸负责记录讨论的内容,并进行资料的收集和加工工作。

4. 2013 年 11 月 20 日,周三上午,调查企业 E-mail 营销情况,通过访谈、调阅资料等方式,详细调查企业许可 E-mail 营销和病毒性营销情况。下午,调查企业网络广告营销情况,通过访谈、调阅资料方式,详细调查企业网络广告策划方案、网络广告中介选择策略和网络广告发布等内容。返回学校后进行集体讨论,找出该企业在这两个方面的成功与不足,针对不足,提出对策和建议。根据小组分工,李宏负责记录讨论的内容,并进行资料的收集、加工工作。

5. 2013年11月21日，周四上午，调查企业移动营销情况，通过访谈、调阅资料等方式，详细调查企业短信营销和无线广告营销等内容。周四下午，调查企业博客营销情况，通过访谈、调阅资料等方式，详细调查企业采用博客营销的模式、企业实施博客营销方案的实施流程等内容。返回学校后进行集体讨论，找出该企业在这两个方面的成功与不足，针对不足，提出对策和建议。根据小组分工，王从波负责记录讨论的内容，并进行资料的收集、加工工作。

6. 2013年11月22日，周五上午，通过访谈、调阅资料等方式，调查企业免费营销策略实施情况。下午，调查企业线下营销情况，详细调查企业线下营销与线上营销的整合等内容。返校后进行集体讨论，找出该企业在这两个方面的成功与不足，针对不足，提出对策和建议。根据小组分工，刘知味负责记录这部分大家讨论的内容，进行资料的收集、加工工作。

7. 2013年11月23日，周六，小组成员分工编写《洛阳独树格软轴控制器有限公司网络营销优化方案》的相关部分内容，组长总纂《实训报告》。

▶ 附件二

洛阳独树格软轴控制器有限公司网络营销优化方案

"求知"小组成员到洛阳独树格软轴有限责任公司，对其网络营销知识综合应用的现状进行了调查，分析了其网络营销知识综合应用中存在的不足和问题，提出了相应的优化方案，内容如下：

1. 网络营销环境优化

经过"求知"小组对企业网络营销所处的环境进行综合分析，综合考虑企业开展网络营销面临的机会和威胁，企业目前比较适合开展网络营销。"软轴""软轴控制器"这些词专业程度较高，很多人不知道是什么东西，如果把产品的图片放到网站上展示，能拉近与客户的距离。软轴的一些参数也可以在网站展示，方便顾客选择。另外，该类产品体积小、价值大，比较适合物流运输。故建议企业尽快开展网络营销。

2. 企业网站建设与推广优化

企业网站仅仅为信息发布型网站，不能开展网络营销；网站管理方面也存在问题，没有明确的规章管理制度；网站推广做得不到位。

企业为了开展网络营销，应构建电子商务型网站，真正实现网上销售；网站建设完成应该制订详细的规章管理制度，对网站内容更新、维护和正常运转等明确责任和奖惩措施，彻底改变现有状况；采用一定的策略和措施对网站进行必要的推广，如不断对企业网站进行搜索引擎优化、购买竞价排名等策略和措施，增加网站访问量。

3. 搜索引擎营销方面的优化

根据小组的调查情况来看，企业没有意识到搜索引擎营销带来的好处，没有进行搜索引擎营销。企业应依据搜索引擎营销的步骤开展营销，将企业网站登录到搜索引擎，采用一定的策略争取检索排名靠前，只有这样，才能吸引用户登录企业网站，促使用户采取期望行动。登录搜索引擎的方法也比较多，如目录搜索引擎登录、全文检索搜索引擎登录，只有被搜索引擎收录了，企业网站才有可能通过搜索引擎被用户找到。优化的方法也较多，可以针对不同的搜索引擎，采用不同的优化方法，促使企业网站在搜索引擎显示页面上排名靠前，以便企业网站有更多的机会被访问，有更多的潜在客户被挖掘。

4. E-mail 营销方面的优化

就企业目前的情况来看，完全没有开展 E-mail 营销。其实，开展 E-mail 营销，步骤比较简单：确定实施 E-mail 营销的功能（顾客关系、顾客服务、在线调查、产品促销等）—架设 E-mail 服务器—收集顾客的 E-mail 地址—设计好邮件内容—开展 E-mail 营销。当然这个过程，也可以使用专门的邮件群发软件进行，另外也可以采用病毒性营销的方式进行 E-mail 营销。

5. 网络广告营销方面的优化

就企业目前的情况来看，没有开展网络广告营销，其实网络广告在树立组织形象、树立产品或者服务品牌等方面，都有积极作用。网络广告营销的步骤是：首先进行网络广告策划，分别进行网络广告目标策划、对象策划和广告创意策划；其次选择合适的广告中介，这样就可以发布广告了。

6. 移动营销方面的优化

企业开通 WAP 网站，客户随时随地可以浏览网站，企业可以不受时空限制开展网络营销；适当采用短信营销和无线广告营销，增加企业的知名度，利于网络营销的展开。

7. 博客营销方面的优化

在多个平台上建立企业博客，彻底改变博客模式过于单一的现状，增加企业在网络上的宣传力度，促成企业有更多的网络营销机会。

8. 免费营销策略和线下营销方面的优化

企业应适当利用免费营销策略并使其与线上营销完美结合，也应做到线下营销与线上营销完美融合。这样，免费营销策略与线上营销、线下营销与线上营销就会互相促进，相互呼应，促成更多的网络营销机会。

主要参考文献

1. 杨群祥. 网络营销. 大连:东北财经大学出版社,2006.
2. 高凤荣. 网络营销实务. 北京:机械工业出版社,2009.
3. 邵安兆. 网络营销理论与实务. 北京:北京邮电大学出版社,2009.
4. 冯英健. 网络营销基础与实践. 北京:清华大学出版社,2004.
5. 孙志宏. 网络营销与策划. 北京:机械工业出版社,2005.
6. 杨树根. 网络营销. 成都:四川大学出版社,2004.
7. 孟丽莎. 网络营销. 郑州:河南人民出版社,2006.
8. 许茂伟. 电子商务实务. 长春:东北师范大学出版社,2010.
9. 朱瑞庭. 网络营销. 北京:高等教育出版社,2012.
10. 宋文官. 网络营销. 北京:清华大学出版社,2011.
11. 郾瞻. 网络营销. 北京:清华大学出版社,2013.

附录一

案例训练参照指标与规范

附 表 1

参照指标		参照规范
形成性训练 Σ50	个人准备 Σ20	案例概况；讨论主题；问题理解；揭示不足；创新意见；决策标准；可行性方案
	小组讨论 Σ20	上课出席情况；讨论发言的参与度；言语表达能力；说服力大小；思维是否敏捷
	班级交流 Σ10	团队协作；与人交流；课堂互动等方面的满意度；讨论参与的深度与广度
课业训练 Σ50	分析依据 Σ8	分析依据的客观性与充分性
	分析步骤 Σ8	分析步骤的恰当性与条理性
	理论思考 Σ8	理论思考的正确性、深刻性与全面性
	解决问题 Σ8	理解问题与解决问题能力的达标性
	革新创新 Σ10	揭示不足与提出改进能力的达标性
	文字表达 Σ8	文字表达能力的强弱性

附录二

职业核心能力训练参照种类、等级、规范与标准

附表 2

种类	等级	参照规范与标准
自我学习	初级	在确定短期学习目标时,能明确学习动机和目标,并计划时间、寻求指导;在实施学习计划时,能按照行动要点开展工作、按时完成任务,使用不同方式,选择和运用不同学习方法实现目标,并能对计划及时做出调整;在检查学习进度和效果时,能对学习情况提出看法、改进意见和提高学习能力的设想
自我学习	中级	在确定中期学习目标时,能明确提出多个学习目标,列出实现各目标的行动要点,确定实现目标的计划,并运筹时间;在实施学习计划时,能开展学习和活动,通过简单的课程和技能训练,提高工作能力;在检查学习进度和成果时,能证明取得的学习成果,并能将学到的东西用于新的工作任务
自我学习	高级	在确定长期学习计划目标时,能根据各种信息和资源确定要实现的多个目标及途径,明确可能影响计划实现的因素,确认实现目标的时限,制订行动要点和时间表,预计困难和变化;在实施学习计划时,能保证重点、调整落实、处理困难、选择方法,通过复杂的课程和技能训练提高工作能力;在检查学习进度和成果时,能汇总学习成果、成功经验和已实现的目标,证明新学到的东西能有效运用于新选择的职业或工作任务
信息处理	初级	在获取信息时,能通过阅读、计算机或网络获取信息;在整理信息时,能使用不同方法,从多个资源中选择、收集和综合信息,并通过计算机编辑、生成和保存信息;在传递信息时,能通过口语、书面形式,用合适的版面编排、规范方式的展示、电子手段传输信息
信息处理	中级	在获取信息时,能定义复杂信息任务,确定搜寻范围,列出资源优先顺序,通过询访法和观察法搜寻信息;在开发信息时,能对信息进行分类、定量筛选、运算分析、加工整理,用计算机扩展信息;在展示信息时,能通过演说传递信息,用文字图表、计算机排版展示组合信息,用多媒体辅助信息传达
信息处理	高级	在获取信息时,能分析复杂信息任务,比较不同信息来源的优势和限制条件,选择适当技术、使用各种电子方法发现和搜寻信息;在开发信息时,能辨别信息真伪,定性核校、分析综合、解读与验证资料,建立较大规模的数据库,用计算机生成新的信息;在展示信息时,能用新闻方式发布、平面方式展示、网络技术传递,利用信息预测趋势、创新设计,收集信息反馈,评估使用效果
数字应用	初级	在采集、解读数据信息时,能按要求测量并记录结果,准确统计数目,解读简单图表,读懂各种数字,并汇总数据;在进行数字计算时,能进行简单计算并验算结果;在展示和使用数据信息时,能正确使用单位,根据计算结果说明工作任务
数字应用	中级	在解读数据信息时,能从不同信息源获取信息,读懂、归纳、汇总数据,编制图表;在进行数据计算时,能从事多步骤、较复杂的计算,使用公式计算结果;在展示和使用数据信息时,能使用适当方法展示数据信息和计算结果,设计并使用图表,根据结果准确说明工作任务
数字应用	高级	在解读数据信息时,能组织大型数据采集活动,通过调查和实验获取、整理与加工数据;在进行数据计算时,能从事多步骤的复杂计算,并统计与分析数据;在展示和使用数据信息时,能选择合适的方法阐明和比较计算结果,检查并论证其合理性,设计并绘制图表,根据结果做出推论,说明和指导工作

续表

种类	等级	参照规范与标准
与人交流	初级	在交谈讨论中,能围绕主题,把握讲话的时机、内容与长短,倾听他人讲话,并以多种形式回应;使用规范易懂的语言、恰当的语调和连贯的语句清楚地表达意思;在阅读和获取资料时,能通过有效途径找到所需资料,识别有效信息,归纳内容要点,整理确认内容,会做简单笔记;在书面表达时,能选择基本文体,利用图表、资料撰写简单文稿,并掌握基本写作技巧
与人交流	中级	在交谈讨论中,能始终围绕主题参与,主动把握讲话时机、方式和内容,理解对方谈话内容,推动讨论进行,全面准确传达一个信息或观点;在作简短发言时,能为发言作准备,当众讲话时把握讲话内容、方式,借助各种手段说明主题;在阅读和获取资料时,能根据工作要求从多种资料筛选有用信息,看懂资料的观点、思路和要点,并整理汇总资料;在书面表达时,能掌握应用文体、注意行文格式,组织利用材料、充实内容要点,掌握写作技巧、清楚表达主题,注意文章风格、提高说服力
与人交流	高级	在交谈讨论中,始终把握会议主题,听懂他人讲话内容并做出反应,主持会议或会谈,全面准确表述复杂事件或观点;在当众讲演时,能为讲演作准备,把握讲演的内容、方式,借助各种手段强化主题;在阅读和获取资料时,能为一个问题或课题找到相关资料,看懂资料的思路、要点、价值和问题,分析、筛选和利用资料表达主题;在书面表达时,能熟悉专业文书、把握基本要求,有机利用素材、说明内容要点,掌握写作技巧、清楚恰当表达主题,采用适当风格、增强说服力
与人合作	初级	在理解合作目标时,能确定合作的基础和利益共同点,掌握合作目标要点和本单位人事组织结构,明确个人在团队中的职责和任务;在执行合作计划时,能接受上级指令,准确、顺利地执行合作计划;在检查合作效果时,能通过检查工作进展情况,改进工作方式,促进合作目标的实现
与人合作	中级	在制订合作计划时,能与本部门同事、组织内部横向部门、组织外部相关部门共同制订合作计划;在完成合作任务时,能与他人协同工作,处理合作过程中的矛盾;在改善合作效果时,能判断合作障碍,表达不同意见,接受批评建议,弥补双方失误
与人合作	高级	在调整合作目标时,能发现各方问题,协调利益关系,进行有效沟通,调整合作计划与工作顺序;在控制合作进程时,能整合协调各方资源,妥善处理矛盾,排除消极因素,激发工作热情;在达到合作目标的过程中,能及时全面检查工作成效,不断改善合作方式
解决问题	初级	在提出解决简单问题的基本思路时,能用几种常用的办法理解问题、确立目标,提出对策或方案;在实施计划时,能准备、制订和实施被人认可并具有一定可行性的计划;在检查问题的解决情况时,能寻找方法,实施检查,鉴定结果,提出改进方式
解决问题	中级	在确认较复杂问题和提出解决问题的对策时,能描述问题,确定目标,提出并选择较佳方案;在实施计划、解决问题时,能准备、制订和实施获得支持的较具体计划,并充分利用相关资源;在检查问题的解决情况时,能确定方法,实施检查,说明结果,利用经验解决新问题
解决问题	高级	在揭示复杂问题和提出解决问题的对策时,能分析探讨问题的实质,提出解决问题的最优方案,并证明这种方案的合理性;在制订计划、实施解决办法时,能制订并实施获得认可的详细计划与方案,并能在实施中寻求信息反馈,评估进度;在检查问题、分析结果时,能优选方法,分析总结,提出解决同类问题的建议与方案

续表

种类	等级	参照规范与标准
革新创新	初级	在提出创新意见时，能指出事物不足，提出改进意见；在做出创新方案时，能在采纳各方意见的基础上，确定创新方案的目标、方法、步骤、难点和对策，指出创新方案需要的资源和条件；在评估创新方案时，能进行自我检查，正确地对待反馈信息和他人意见，对创新方案及实施做出客观评估，并根据实际条件加以调整
	中级	在提出创新意见时，能指出新需求条件下事物的不足，提出改进事物的创新点和具体方案；在做出并实施创新方案时，能从多种选择中确认最佳方案，并利用外界信息、资源和条件实施创新活动；在评估创新方案时，能按常规方式和专业要求，对创新改进方法和结果的价值进行评估，根据实际条件进行调整，并指导他人的创新活动
	高级	在提出创新意见时，能客观分析事物发展与需求之间的矛盾，提出首创性的改进意见和方法；能根据实际需要，设计并实施创新工作方案，并在条件变化时坚持创新活动；在评估创新方案时，能按常规方式和专业要求，对创新方法和结果进行检测和风险预测；针对问题调整工作方案、总结经验、指导他人，提出进一步创新改进的方法

（资料来源：[1]中华人民共和国劳动和社会保障部职业技能鉴定中心.职业核心能力培训测评标准.北京：人民出版社，2007.[2]中华人民共和国劳动和社会保障部职业技能鉴定中心.训练手册.北京：人民出版社，2007.）

附录三

职业道德教育领域及参照规范与标准

附表 3

领域	参照规范与标准
职业观念	对职业、职业选择、职业工作、营销人员职业道德和企业营销伦理等问题具有正确的看法
职业情感	对职业或职业模拟有愉快的主观体验、稳定的情绪表现、健康的心态、良好的心境,具有强烈的职业认同感、职业荣誉感和职业敬业感
职业理想	对将要从事的职业种类、职业方向与事业成就有积极的向往和执着的追求
职业态度	对职业选择或模拟选择有充分的认知和积极的倾向与行动
职业良心	在履行职业义务时具有强烈的道德责任感和较高的自我评价能力
职业作风	在职业模拟、职业实践或职业生活的自觉行动中,具有体现职业道德内涵的一贯表现
职业守则	热爱岗位,忠于职守;遵纪守法,尊师爱徒;讲求信誉,公平竞争;关心企业,善待顾客;热情服务,勤于思考;实事求是,注重调查;严于律己,认真负责;勇于开拓,善于创新

(资料来源:中华人民共和国劳动和社会保障部. 国家职业标准:营销师. 北京:中国劳动社会保障出版社,2002:5. 本表参照"资料来源"所列文献相关内容编制)

主编简介

邵安兆，河南巩义人，1955年生，洛阳理工学院教授。国家精品课程主持人，河南省工商管理专业核心课程教学团队负责人，河南省特色专业负责人，河南省优秀教师，洛阳市应用经济研究中心主任，洛阳市优秀专家，洛阳理工学院首届名师，工商管理专业建设首席教授。主要研究领域：区域经济学、营销管理。

许茂伟，南京大学工程管理学院管理科学与工程专业毕业，硕士学位，洛阳理工学院副教授，研究方向为电子商务和网络营销。主编《跟我学HTML+CSS》（清华大学出版社出版）、《电子商务实务》（东北师范大学出版社出版），参编《网络营销》（高等教育出版社出版）等教材多部，发表论文十余篇。

郑重声明

高等教育出版社依法对本书享有专有出版权。任何未经许可的复制、销售行为均违反《中华人民共和国著作权法》，其行为人将承担相应的民事责任和行政责任；构成犯罪的，将被依法追究刑事责任。为了维护市场秩序，保护读者的合法权益，避免读者误用盗版书造成不良后果，我社将配合行政执法部门和司法机关对违法犯罪的单位和个人进行严厉打击。社会各界人士如发现上述侵权行为，希望及时举报，本社将奖励举报有功人员。

反盗版举报电话　　（010）58581897　58582371　58582488
反盗版举报传真　　（010）82086060
反盗版举报邮箱　　dd@hep.com.cn
通信地址　　北京市西城区德外大街4号
　　　　　　高等教育出版社法律事务与版权管理部
邮政编码　　100120

防伪查询说明

用户购书后刮开封底防伪涂层，利用手机微信等软件扫描二维码，会跳转至防伪查询网页，获得所购图书详细信息。用户也可将防伪二维码下的20位密码按从左到右、从上到下的顺序发送短信至106695881280，免费查询所购图书真伪。

反盗版短信举报

编辑短信"JB,图书名称,出版社,购买地点"发送至10669588128

短信防伪客服电话

（010）58582300

资源服务提示

授课教师如需获得本书配套辅教资源，可致电资源服务支持电话，或电邮至指定邮箱，申请获得相关资源。

资源服务支持电话：010-58581854　　邮箱：songcheng@hep.com.cn

本书编辑邮箱：wangpei@hep.com.cn